本译著受国家自然科学基金（项目批准号70573074）资助

幸福测定

Happiness Quantified

——满足度计量方法

A Satisfaction Calculus Approach

[荷兰] 伯纳德 · M.S.范普拉格　埃达 · 费勒-i-卡博内尔　著

文燕平　傅红春　等译

格致出版社　上海人民出版社

修订版序言

本书修订版在 2004 年初版后的第三年——2007 年问世。在这三年中,“幸福经济学”历经了激烈的变革。正如 Clark 等在 2006 年所证实的那样,三年间相关的研究文献资料在数量上大致翻了一番,而且更进一步的研究正在如火如荼的进行之中。由此便引发了一些问题,即这些研究专论在文献资料中的地位。

本书不曾打算也不想成为“幸福经济学”的概括论述。其一是因为本书包括了当下出现的一些有关“幸福经济学”不同领域的研究,比如Frey, Stutzer(2002a)和 Layard(2005)的专论,比如 Frey 和 Stutzer(2002b), DiTella 和 MacCulloch(2006), Graham(2006), Clark, Frijters 以及 Shields(2006)的调查论文。我们还在书中提到了由 Easterlin(2002)编辑的大量经典理论。其二,由研究文献资料呈指数级增长而引发的问题表明对“幸福经济学”的单一概论事实上已经在本书出版时就过时了。这便阻止了我们要将本书打造为“幸福经济学”单一概论的雄心。

虽然我们十分重视自身的科研环境,但是本书的首要意图还是向读者介绍研究方法的发展、应用以及基于社会经济学政策问题的讨论。这使得本书带有少许教科书的味道。我们认为,迄今在“幸福经济学”领域,这是第一本也是唯一一本具备此类特点的书籍。

其次,本书对始于 1971 年,以莱登学派之名开展起来的我们自己的研究中的主要观点作了说明。尽管最近对于“幸福经济学”高潮迭起的研究给我们提供了许多新的视角和成果,但不得不承认的是一些非常相似的模型和结果早已在 20 世纪 70 年代被莱登学派发现。我们旨在本书中将新老研究有机和谐地融合。

第三,我们向读者提供了一些尚未在别处发表的概念和模型,我们将其视为对这一领域的新贡献。

本书修订版相比初版在以下几点作了改进:第一,我们引入了混合最小二乘法概率值这一研究方法,从而彻底改变了初版第 2.6 节的内容。第二,我们新增了最新的参考资料,改正了一些印刷错误,并且在必要之处添加了内容。最后,我们增加了关于多维贫困这一章。由于方法是主要的研究重点,我们并未更新所使用的数据集。

序 言

本书的第一作者是一位大学教授，第二作者是一位阿姆斯特丹大学的博士研究助理。我们感谢写作时良好的环境和他人给予的帮助。

很明显，如果没有其他研究者的帮助，我们是不可能写成这本书的。30 多年前，Van Praag(1968, 1971)便开始了相关的研究。然而，本书主体部分可能被视为新的研究成果。之后，有更多的学者加入了研究的行列，由于他们主要来自荷兰的莱登大学(the University of Leyden)，因此，他们有时候被称为莱登学派。在此详细地列出谁在某时做了什么似乎不太可能，但在下面的篇章中，我们将给出适当的参考信息。我们在这里所提到的是一些重要的编者，因为没有他们，本书将无法完成，他们是，Arie Kapteyn, Aldi Hagenaars, Theo Goedhart, Huib Van der Stadt, Nico Van der Sar, Erik Plug, Barbara Baarsma Paul Frijters 和 Peter Hop。对他们为本书做出的贡献，我们深表感激。

本书是阶段性的研究成果，因为它主要收录的是 30 年来的相关论文，这些论文使用了各种各样的数据集，如荷兰的、德国的、英国的、俄罗斯的，以及其他一些欧洲国家的。如果我们想要用一组具体的数据集来解决具体的问题，一般不重复使用其他数据集。采用这种方法是为了提高效率，进而可以避免单调的重复。有时候我们也比较有竞争力的方法，但不会总是使用相同的数据集。有时候一些具体的问题只包含在特定的调查而非其他调查中。然而，就像任何行进中的科学研究一样，我们所拥有的为现时所需的研究成果有可能被将来注入了新观点的研究所取代。我们斗胆于现在出版此书，是因为研究的时间越长,我的同事们就越发认为有必要把到目前为止莱登学派的相关研究集结成册。为了避免混淆,在这里需要指出的是,1986 年后,相关的研究工作不再与莱登有关。

本书的题目,是我们对主观问题的分析而得出的,与以上我们所提到的人名和莱登学派没有特别的联系。首先,社会学(参看 Bradburn, 1969 和 Cantril, 1965)和心理学(如 Kahneman 和 Diener)文献中已经开始关心这类数据。我们的大多数问题模式事实上来源于这些科学家的研究。然而,大多数经济学家(Katona, 1951, 1975 和他的学派是一个例外)没有认真分析这些数据;而且由于社会学家和心理学家对所谓的经济变量分析不足,直到 20 世纪 70 年代,包含家庭收入信息的调查很少,因为向调查者询问此类问题被认为是困难或无礼的。社会学家和心理学家对于经济学家关心的问题不感兴趣,而且他们所使用的分析方法(如要素分析法)与经济学家所使用的计量分析法有本质的区别。荷兰社会心理学家 Ruut Veenhoven 终身都在致力于建立世界幸福度数据库,同时,他发表了大量相关的著作(1989, 1996, 1999),他还是幸福度研究期刊的创始人。

值得一提的是,大约从 1990 年开始,不止是莱登学派,一些其他经济学家也开始系统研究主观问题。按照年代大致地排序,他们有 Easterlin, Oswald, Graham, Helliwell, Frey, Clark, Blanchflower, Ravallion, Frijters, Dolan, DiTella, MacCulloch, Senik, Stutzer 和 Pradhan。我们将在以下相关章节中介绍他们的研究。可见,借鉴作为先驱者的莱登学派的早期观点和现今已经成熟的满足度研究或幸福度研究的相关观点是同样必要的。

本书主要集中于一些早期的研究。然而,为了使本书体系完整,且避免单调的重复,我们重写了这部分篇章。与之前的版本相比,本书的大部分章节也已经过扩充和改变。第 3 章和第 4 章的大部分内容出自《经济行为和组织期刊》;第 7 章的前半部分曾发表在 Maital 杂志上(Van Praag 和 Van Weeren, 1988);第 9 章是基于《健康经济学》上的一篇论文;第 10 章取材于《欧洲经济评论》和《气候变化》上的两篇文章;第 11 章是基于一篇在《经济学期刊》发表的论文;第 12 章参考了《公共经济学期刊》上的相关内容;第 13 章和 15 章部分参考了 20 世纪 70 年代《欧洲经济评论》、《人力资源期刊》、《经济学与统计学评论》和《收入与财富评论》上的相关文章,以及近期在《经济不平等期刊》和《幸福度研究期刊》发表的相关文章。

目录

图目录

表目录

1. 绪 论

1.1 满足度

对于科学研究者来说，最有趣的课题莫过于研究人类自身。因为研究者也是人类的一分子，他或她在研究课题的同时，便是在研究他或她自己。我们之所以能够用公式表示出各种假设并做出简单的预测，是因为我们与研究的客体有很多相似之处。然而，如果认为所有人都是相同的，或是认为只要研究自身就足够了，那就错了。我们需要通过访谈、调查、追踪、实验等方法来观察其他个人以及由个人构成的市场行为，以拓展我们的研究。

人类是社会科学研究的课题，社会科学包括心理学、社会学、经济学、人类学和政治学。而这些学科之所以长期未能结合起来，可以说是人为的，也是非常令人遗憾的。说它是人为的，是因为经济学与社会学、心理学或是其他学科没有关系这一点是毋庸置辩的；说它是令人遗憾的，是因为这些人为分离的学科界线分明，从而使得要完整、彻底地研究一项涵盖经济学、社会学和心理学的现象变得十分困难。很明显，现在人们认识到了这个缺陷，进而设计出类似“经济心理学”、“社会心理学”、“经济人类学”等学科，但这些仍然是科学研究落后的一面，而并非主流。

本书的主题是满足度分析。人们评价他们生活的各个方面，比如说：我对我的工作满意吗？我对我的健康满意吗？我对我的家庭满意吗？我对自己休闲时间的利用情况满意吗？我对自己选择的汽车、早餐果酱满意吗？等等。之所以会提出一系列诸如监测自身生活状况的问题，是因为我们总是在不断追求最佳的状态。如果我们对某事不满意，我们会尝试并努力进行改变以达到期望的状态。

对于生活各个方面满足度的评价其实包含一个明确的目标，即我们可以通过改变自己的生活来提高生活满足度，这种改变可具体表现为改变生活习惯、调换工作、改善家庭情况或者是购买新家具等。当然，也会出现无论多不满意都无法改变的情况，如果出现这种情况，不断重复这种评价过程将是十分痛苦的。我们应该调整自身以适应周围的环境，而不要总是去进行有意识的比较。同样地，如果我们每次得出的结论都是满意的，且没有必要进行改变，那么每天进行生活满足度评价简直是浪费时间。

事实上，我们在心里按照从完全不满意到完全满意这一系列的等级指标来进行满足度测算。实践中，对满足度的测算是一件非常困难的事。大多数情况下，我们使用描述性的语言，如“好”或“坏”来表示满足度，但是我们也越来越多地使用数字等级，如 0 到 10 或 0%到 100%来表示满足度。我们经常可以听到别人说：“今天我 100%的满意”，即意味着他今天心情特别好。这是一种基数的满足度指标，采用这种指标，满足度由 30%提高到 40%与满足度由 70%提高到 80%是一样的，这是一个梯度距离相等的指标。但是在调查问题中所出现的指标大多是离散的，比如说，你可以在 0，1，2，…，10 中选择一个数字表示所达到的满足度。

让我们假设有两种情况，用 a_1 和 a_2 表示，并假设与两种情况相关的满足度效用或满足度水平是 $U(a_1)$和 $U(a_2)$，其值介于 0%到 100%之间。a_1 是目前的情况。假定 $U(a_1)=0.6$，$U(a_2)=0.7$，在此情形下，个人将偏向于 a_2，继而努力将他的情况由 a_1 向 a_2 转变。这种转变可能是搬家、与目前的配偶离婚、买一种新型的早餐果酱等。在这里，我们忽略了可能存在的交易成本，比如搬家或离婚的成本。也有可能出现这样的情况，即个人可能一开始就想选择 a_2，给定目前的情况仍是 a_1，但鉴于交易成本过高，个人将选择暂时停留在 a_1。

在此，我们遇到了 20 世纪经济学发展中相当重要的一个问题，即我们是否可以通过观察某人偏好 a_2 而不是 a_1 而得出 $U(a_1)$和 $U(a_2)$。第一反应似乎是不可能。让我们修改上述情况，假定 $U(a_1)=0.5$，$U(a_2)=0.8$，在这种情况下，我们会做出与 $U(a_1)=0.4$ 和 $U(a_2)=0.7$，或是 $U(a_1)=u_1$，$U(a_2)=u_2(u_1\leqslant u_2)$ 相同的选择和行为。从观察到的行为来说，我们无法评估两种满足度水平的差异。我们再假设 $U(a_1)=0.5$，$U(a_2)=0.6$，在这种情况下，我们还是会看到相同的行为。这是否意味着个人不能在一个数字等级上，如 0%到 100%，表示他的满足度呢？有一点是显而易见的，即我们不能通过观察选择来估计 U 值，也不能通过比较 U 值来说明个人不是在某一 U 函数基础上思考和行动。对行动的观察也不能对估计 U 值提供足够的信息。对 a_2 的偏好只能说明 $U(a_1)<U(a_2)$。

早在 19 世纪，经济学家就研究了消费者行为，即消费者购买大量商品的行为。我们以具体事例来说明这个问题，有面包和啤酒两种商品，分别以价格 p_1 和 p_2 出售，售出量分别为 x_1 和 x_2，则总支出为 $p_1x_1+p_2x_2$。假设消费者通过满足度 $U(x_1, x_2)$ 值来决定他所购买的商品量 (x_1, x_2)，其支出用 y 表示，则该问题简化为求满足 $p_1x_1+p_2x_2\leqslant y$ 条件下的关于 (x_1, x_2) 的 $U(x_1, x_2)$ 值最大化问题。经济学家没有使用满足度这个术语，而是用了更为中性的“效用”一词。如果某人知道在给定价格 p 的情况下，从 y 中可以得到最大效用，则他也可以知道用 y 量的钱得到的效用，并用 $U(y, p)$ 表示。该函数叫做“间接效用函数”或金钱效用函数。如果 y 就是收入，该函数又可称作“收入效用函数”。从社会政治角度来看，收入效用函数是非常重要的。我们可以用它来比较国民的情况，评价收入分配的公平性；亦可以用它来指导个人所得税下收入的再分配，从而得到更高的平均效用。

20 世纪初，帕累托(1909)发现，按照以上定义的消费者行为观察除了可以说明人们从偏好的商品中获得的效用更高之外，并不能反映出效用函数的本质。但如果仅从序数意义上来定义效用函数，这样的序数效用函数又不能解决复杂的社会政治问题。另一个问题是，如果具有相同收入的个人购买了相同且最优的商品数量，仍然不能说明他们从商品中得到的满足度相同。这两个消费者 A 和 B 可能具有不同的效用函数 $U_A(\cdot)$ 和 $U_B(\cdot)$，这两个效用函数都在 x 量上达到最大，但此时 $U_A(x)\neq U_B(x)$。由于效用是不能直接观察到的，以上结论只能通过个人之间的效用比较得到检验,而最终比较又是不可能的。整个经济学界逐渐认识到这个问题,作为满足度函数的基数效用概念从此不了了之。在几乎所有的教科书里,学生都被灌输这样一种理念,即基数效用是不能测度的。然而精确的描述应该是这样的:只通过观察选择行为,如购买行为,基数效用是不能测度的。

根据罗宾斯(Robbins, 1932)、希克斯和艾伦(Hicks and Allen, 1934)、萨缪尔森(Samuelson, 1954、1979)以及霍撒克(Houthakker, 1961)等一些主流经济学家的观点,只有序数效用才是有意义的。而另一些主流经济学家,如诺贝尔经济学奖获得者弗里希(Frisch, 1932、1964)、丁伯根(Tinbergen, 1956)和森(Sen, 1999)则对基数效用论不被主流经济学重视表示了惋惜。经济学家表示,如果基数论有意义的话,那也是心理学家的研究课题。经济学对于效用概念重视的逐步减少,是简化科学的一个例证,即如果某个假设是多余的,那么它就应该从公理体系中剥离出来。

尽管如此,基数效用概念还是被一些传统的有识之士所接受,出现在经济学的许多分支领域,例如储蓄理论、投资理论、不确定性下的决策理论以及宏观经济理论。除了这些理论外,基数法在感知实证理论中也被证明是不可缺少的,在感知实证理论中,个人的福利(或幸福)就社会福利函数的变化被比较,经济政策也就前者函数的变化被评估。我们非常重视贫困和不平等问题,税收和社会安全问题,以及博弈理论。但是,当今经济学的发展避开了对基数效用的可操作化研究,从而进入了一个死胡同,即人人都谈论效用,但是没有人对这个概念的度量进行可操作性研究。

我们的问题仍然是观察满足度可能与否。在过去的50年里,如下问题被不断提及:你对你的财政状况、工作状况、健康状况、生活状况等有多满意?请按照"很不满意"到"很满意"的等级或者从1到7或1到10的数字等级作出回答。

我们把这类问题称作"满足度问题"(SQ)。这些问题的实践和成功充分说明,个人能够而且愿意在一个基数等级上表达他们的满足度。如果我们假设不同的被测者以近乎相同的理解方式来作答这些问题,我们会发现得到的回答是相似的,这就能充分说明人与人之间的比较是可行的。有人说这些实践中的问题要求人们在一个连续的等级上做出大致的回答而非精确的回答，可能导致分析的不精确，但是我们并没有因此从根本上改变我们的立场。

心理学家在尽力测算和解释各种满足度，包括生活总体、健康和更多日常生活方面的满足度，如一杯咖啡给人的满足度。我们把这些称为"规定的"行为或"规定的"偏好。如果偏好的直接测算是可能的，我们这些经济学家就不应武断地认为它是不可测算的，相反，我们应该借此扩展信息来源，努力寻找直接测算偏好的方法。我们这样做的目的不在于取代传统经济学家的一般工具和研究方法，而是扩展相关的研究方法。

本书的大部分内容是决策之前的东西，即偏好顺序产生的评价和评估，喜欢及不喜欢的表示。很多学科都研究了评价和评估，它们在心理学、经济学和社会学中的地位特别突出。虽然本书是由两位经济学家主编的，但也适用于所有的社会科学家，以促进不同学科之间的互相讨论。我们也很清楚地意识到这样做会使我们更易受到批评，在获得一个相关但明显不属于同一学科的读者群的同时，我们将面临比针对一个同类读者群更多的批评，因为前者有他们自己的传统、范例以及惯常的知识。另外，我们不可能在社会科学领域的各个方面都有专长，因此只能倾向于某一擅长的方面，而不是去引用所有的相关文献或结论。我们处在学科边缘，甚至是无人研究过的涉及多学科领域进行研究。虽然我们以经济学家的思维来看问题，但我们不认为我们的研究发现只限于经济学领域，它们与其他的社会学科也是相关的。因此，我们愿意，也觉得非常必要去进行一些跨学科的研究。

这种研究方法在某种程度上也表明，在某些知识点上，我们所涉及的不仅仅局限于经济学一个学科。例如，对于某些心理学家所熟知的知识，对于经济学家来说可能是未知的领域。

我们对于很多问题都没有使用基数假设，而是接受这样一个观点，即人们可以通过相同的数组来评估生活满足度，而不需要基于差异相同的假设。这种假设方法被称为序数法，受到罗宾斯和大多数主流经济学家的青睐（见 Suppes 和 Winet，1954）。我们的研究方法是相当实际的，需要用序数法的时候我们就用序数法，需要用基数法的时候就用基数法。

1.2 满足度及其标准

除了上述提到的满足度问题,我们再介绍另一种问题模式,即“收入评价问题”(IEQ)。它首先由 Van Praag 在 1971 年提出,而后在 20 世纪 70 年代被莱登大学的一个研究小组,即所谓的莱登学派(Leyden School)广泛使用。IEQ 是这样的:

给定您目前的家庭情况,您认为每月的家庭收入水平是:

家庭收入非常糟糕,为________美元;

家庭收入糟糕,为________美元;

家庭收入不够,为________美元;

家庭收入足够,为________美元;

家庭收入不错,为________美元;

家庭收入非常不错,为________美元。

很明显,该问题也可以用来表示人的高度(高—矮)、年龄(年轻—年老)和许多其他方面。我们将其结果称为“标准”,该词在这里没有任何伦理涵义,它只是指出了回答者所认为的高和矮或者收入不错和收入糟糕。这些标准因人而异,因此,我们所说的标准是指个人的标准。如果我们插入回答者的个人情况这一项,我们就可以得到基于回答者标准的自我评估。比如说,一个人的身高是 1.9 米,他或她可能回答这种高度为“高”,该回答等价于他们评价自己是“高”的。同样的,如果一个人认为糟糕的收入为每月 2 000 美元,而他或她的收入恰好是 2 000 美元,我们就可以认为他或她所得的收入是糟糕的。如果我们将这种从糟糕到不错的收入解释为满足度等级,我们就可以得出这个回答者对他或她的收入非常不满意的结论。

这种问题评价方法与前面的满足度评价方法在三个方面有所不同。第一,它不是指个人收入。第二,它是一种口头标识,需要回答收入水平,该水平可被称为回答者收入“糟糕”、“足够”等的收入标准。第三,它提供了多种口头标识。在上例问题中,我们有六种水平或是六种收入标准对应六种口头标识。与上文的收入满足度问题相比,这种问题的优点在于，我们可以得到每个人更多的信息。另外，由于回答者要提供六种回答，他或她就需要权衡思量每种收入水平的真实情况。因此，我们认为这种回答要比在一种水平上的回答更精确。研究发现，答案很大程度上依赖于回答者的个人收入，也就是说，回答者的收入越高，他或她所设置的收入标准就越高，但即使这种联系在大多数情况下也是不成比例的。

如果我们将口头标识转换为0到1的数字，就可以通过图表直观地理解这种标准。比如有五组口头标识，我们将其看作五组区间[0, 0.2]，…，[0.8，1.0]，继而将其转换为中点0.1，0.3，…，0.9。很明显，分类过程会导致某种程度上的不精确。

但是，我们可以通过图1.1的曲线来表示标准，这是一种累积分布函数。

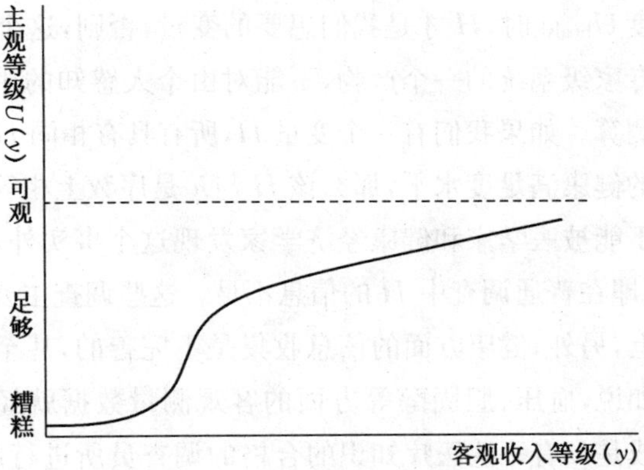

图1.1 收入评价函数

1.3 因子满足度

我们发现当今的研究不止包括收入满足度问题，还包括工作满足度、健康满足度、居住满足度、婚姻满足度等等。比如，我们在英国家庭调查(BHPS)和德国社会经济面板数据调查(GSOEP)的调查问卷中都找到了类似的问题模式，并在本书中经常使用上述调查所提供的两组数据集。我们所说的因子满足度(domain satisfactions，DS)与不同的生活领域相对应,如收入、工作、健康、住房、婚姻等。

收入满足度问题与其他生活领域的问题有一个本质的区别。我们可以用“好”、“坏”或 0—10 的数字等级来评价健康状况,然而,如果我们想要找一个类似收入满足度函数 $U_{\text{income}}(y)$ 的健康满足度函数 $U_{\text{health}}=U(h)$,我们便会碰到难题。收入或财务状况可以用每月或每年一定数量的金钱 y 表示,因此是客观的、一维的。但是,在描述健康状况时,是否也有一个一维、客观的可测量变量 h 呢? 健康经济学家通过询问一些健康方面 $H_1, H_2, \cdots, H_k$ 的问题,如你是否能行走、奔跑、看东西,你是否失眠等等,来设法客观地评价健康。他们用这种方法收集了很多有关不同健康方面的指标,然后,他们将这些指标用某种方法汇总,比如,平均得到一个健康指数 $H(H_1, H_2, \cdots, H_k)$。但是,这个构造的 H 是否就是我们想要的变量 h 还不清楚。只有当具有相同 H 值的个人都有相同水平的满足度 U_{health} 时,H 才是我们想要的变量,否则,这个构造出的 H 将只是完美专家级系统的一个产物,不能对由个人感知的主观健康状况进行相关的测算。如果我们有一个变量 H,所有具有相同 H 值的回答者都具有相同的健康满足度水平,那么该 H 与 h 是序数上相等的。除了 H 目前似乎还不能被医学家和健康经济学家发现这个事实外,还有一个操作上的问题,即在普通调查中 H 的信息不足。这些调查主要建立在自我报告的基础上,另外,健康方面的信息收集是不完善的,甚至没有这方面的信息。比如说,血压、胆固醇等方面的客观测量数据就经常丢失。在一些由医生或是具有一些医疗知识的合格的调查员所进行的调查中,这些数据集是能够找到的,但是这些调查内容大多都是和医学有关的,和非医学有关的很少。比如,英国家庭调查(BHPS)为个人设置了很多健康方面的问题,但是却没有医疗专家对于个人健康状况所做的独立意见。在德国社会经济面板数据调查(GSOEP)的问卷中实际上没有健康状况方面的问题。

我们也许会问,将健康描述为一维的是否必要? 将主观健康满足度作为不同健康方面的函数而考虑 $U_{\text{health}}(H_1, H_2, \cdots, H_k)$ 是不是会更有趣? 我们正是想选用这种方法。我们可以估计健康方面的不同变化所带来的相关影响,来得到总体的健康满足度。假如我们发现主观健康满足度不仅仅取决于医疗方面,还取决于年龄、收入、受教育程度等非医

疗变量 x,我们就得出这样的结论,即主观健康满足度不只是由医疗因素决定,即写作 $U_{\text{health}}(H_1, H_2, \cdots, H_k; x)$。

IEQ 问卷中没有设置健康评估方面的问题,那么是否有必要考虑一个基数健康满足度函数呢?我们认为是非常有必要的。在以上我们所引用的问题模型中,回答者在 0 到 10 或 1 到 7 的数字等级上评价他们的健康。如果回答者理解这些问题,并给出系统而非偶然的回答,则可以说他们具有基数评价函数概念。因此,我们认为有一个基于 0—1 等级的基数健康满足度函数。所有单调的 $\widetilde{U} = \phi(U_{\text{health}})$ 转换都是其序数等价物。

现在我们来考虑工作满足度,它与健康满足度有相同的观测结果,工作不能被描述成一维的。本书中的其他满足度也是这样。我们发现一些国家尝试用"客观"质量指数来评估住房满足度。比如荷兰社会住房政策采用"点数"来评估社会部门的居住情况。该点数的评估建立在住房内有多少房间,多少楼层,起居室地板用何材料,是否有浴室,如果有的话是盆浴、淋浴还是两种都有等问题之上。我们这里面对着与健康满足度相同的问题:这种客观质量指标并不反映主观住房满足度。

其他版本的满足度问题要么建立在 1—7 的数量等级上(Likert 1932),要么基于"好"或"坏"等口头标识,要么用笑脸或哭脸等表情符号表示(Shizgal, 1999; Sandvik 等,1993)。这些回答模式总体上没有很大区别,也不需要特殊的分析方法去解决我们上述考虑的问题。

1.4　一般满足度及因子满足度

我们可能想要知道总的生活满足度。我们将其称作"一般(生活)满足度",用 *GS* 表示。很多研究都有这方面的论述。这个问题是目前新兴的幸福经济学文献中使用最为广泛之一。纵览这些文献,我们会提到 Clark, Frijters 和 Shields(2006), Di Tella 和 MacCulloch(2006), Dolan, Peasgood 和 White(2006), Frey 和 Stutzer(2002b), Graham(2006), Layard(2005), Senik(2005)。对于重要的方法讨论,我们会提到 Bertrand和 Mullainathan(2001), Bruni 和 Porta(2005), Kahneman 和

Krueger(2006),Bruni 和 Sugden(2007),以及 Van Praag(2007)。我们要问 GS 和 DS 的相关性有多少?我们是否能找到这样一种关联,即一般满足度是因子满足度的加总,即:$GS=GS(DS_1, DS_2, \cdots, DS_k)$?这是我们想要解决的一个很重要的问题,读者可以在本书中找到相关介绍。

1.5　本书的内容安排

第 2 章我们将把财务满足度问题作为我们如何进行量化分析的例子。我们在本书第 2.6 节引入了一个新的、直观的、更易测算的方法来解决“离散回答问题”,我们称之为 POLS 法。首字母缩写 POLS 代表 OLS 概率值。这种方法的应用不如概率统计那么普遍,但是在实际操作上它通常能得出与概率统计相似的结果。我们之所以要引入 POLS 法是因为它比概率统计更易被应用于较为复杂的模型,而且对于它的衍生方法所要接受的附加假设,在我们看来是近乎真实的。同时,POLS 法也节省了大量的计算时间。整个 2.6 节部分几乎略去了读者们不感兴趣的方法论。该章部分是分析性质的,部分是方法论性质的。

财务满足度问题测算了一种感觉,我们采用目录的形式来计算这些回答。这两种特性(感觉,目录)似乎使分析变得复杂,但我们会发现至少有四种分析方法所得到的结果几乎是一致的。我们将使用该结果定义家庭等值规模(family-equivalence scales)——一种进行社会经济政策分析的著名方法。另外,我们将比较基于 IEQ 问题的莱登学派研究结果和现在使用满足度问题的主观方法学派研究结果的异同。我们还会介绍偏好变化现象。我们可以看到,决策效用概念与由 Kahneman, Wakker和 Sarin(1997)提出的经验效用之间存在相似性。

在第 3 章中,我们把财务满足度的分析方法 POLS 法应用到其他生活领域的满足度之中,即人们可以主观表示出有或没有满足度。比如,我们考虑健康、工作、居住和婚姻情况的质量。我们利用两组研究数据来分析这些不同因子的满足度,即德国社会经济面板数据调查(GSOEP)和英国家庭调查(BHSP)。我们的结论是,虽然因子满足度看起来有些深奥,但它们都是量化分析的有效变量。

在第 4 章中,我们继续第 3 章的分析。主要的论点是,总的生活满足度可被看作是不同领域满足度的加权合计。该结论在两组数据中都经过实证检验,同时表明不同因子的满足度可以用相同单位来度量。因此,在不同领域进行平衡计算也就成为可能。由于各因子满足度客观上取决于诸如收入、年龄等可测算的变量,因此得到所有领域的额外收入的效应,以及将这些效应汇总成总的生活效应也就成为可能。我们可以看到,该满足度模式不取决于某一特定的基数,而是一个二元模型。

使用英国数据集的工作满足度也采用了相同的模型。在这里,工作被分解成若干方面,如薪水、保障、稳定性等等。工作者/回答者在这些“亚领域”中评价他或她的工作。我们可以看到,工作满足度可被看作是各种亚领域满足度水平的汇总。结果,我们构造出一个三元模型。

我们在第 5 章中采用相同的方法分析政治满足度。我们研究了许多荷兰问卷,其中包括了与政治满足度相关的问题。与总的生活满足度相似,我们考察了个人对政府政策的满足度。我们采用与生活各因子满足度类似的方法将政治满足度分解为政府的医疗政策、就业政策、移民政策、收入政策等等。我们可以看到,人们的政治满足度可由不同的(政治)因子满足度来解释,而后者可由客观的变量测得。政府政策满足度在另一个系统中是总的生活满足度的一部分。

在第 6 章中,我们调查了家庭中的男性和女性对于满足度的看法是否大致相同,两者的相关矩阵是什么。这对于支撑我们接受其中的一人作为家庭代表这个假设是很重要的。如果男性和女性之间彼此意见不统一,或者两者看法的关联性很低,我们很难假设其中一个回答者能够成为家庭的代表。我们的分析结果是两者之间存在很强的关联性。

第 2 到 6 章的内容表明,我们可以像处理其他经济变量一样来处理满足度,并以客观变量的方式将它们用于计量分析中。这些章节有双重目标:第一,它们可以被看作是量化和计算满足度方法的必要标准研究;第二,发展了一种不需要基数论假设的标准方法论。

至此,本书对于方法论的讨论到此结束,在下面的章节中,我们将应用这些方法,并用特别的方法来解决特定的问题。

在第 7 章中,我们将讨论过去的经历如何影响目前的标准,以及人们预期怎样的未来。对该问题很难进行一般性的回答,因为个人的标准是不易被观察到的。庆幸的是,我们有一种处理的方法,即个人福利函数,它得自收入评价问题中关于收入的个人标准,那样,问题就可以转换为过去的收入如何决定我们现在对于“收入可观”和“收入糟糕”的看法。如果过去影响了我们现在的标准,那么是否也可以假定,我们对未来的预期也会受到影响?在第7章中,我们假定过去和未来都有影响,这种影响分布表示为基于时间轴的质量密度函数。我们估计了该函数,并且发现该函数随着年龄和其他变量的变化而改变它的位置和形状,年轻和年长者对过去设置较大的权重,而中年人则对未来设置较大的权重。

我们在第8章中继续寻求收入标准的起源。我们认为,除了自身的经历会影响个人的标准外,相关群体的状况也会对个人的标准产生一定的影响。在这里,我们必须区分两种情况。第一种情况是,我们需要知道某人的相关群体是由哪些人构成的,比如是由相同年纪或受教育程度相同的人构成的,还是由相同的工作性质所构成的。在此,我们发现了很重要的相关群体效应,即相关群体的平均收入越高,个人所能感受的满足度越低。第二种情况的要求更高,我们事先不知道个人的相关群体,而要从他或她的收入标准中预测出来。相关群体由基于社会相关空间的社会筛选函数表示,它给社会学意义上距离较近的个人赋了较大的值,对于社会学意义上距离较远的个人则不予重视。我们希望该社会筛选模型能获得成功。

第7章和第8章涉足了心理学和社会学领域。我们把这些领域的方法视为潜在的模型,但我们也意识到,特别是对于第8章,这些模型只是迈向更复杂的量化和实证预测模型的第一步,在这个模型中,个人标准由个人自身的经历和社会相关群体的期望而决定。

至此,本书的第二部分告一段落。第9、10、11和12章主要阐述外部因素对于幸福和福利的影响。

在第9章中,我们考察了幸福的健康差异效应。我们采用了第3、4章中的交易模型,得到了货币补偿,该补偿是为了解决由健康不佳所引起的幸福损失。这些结果与现代医疗政策是息息相关的。医疗机构面对财政和人才的稀缺,必须以货币的指标来评价医疗措施所带来的利益。当前医疗经济学所采用的方法建立在“有生之年的质量调整”(QALYs)的医疗措施上。医疗措施所带来的好处以QALYs方法来评价,但是

QALY 的货币价值是多少却不得而知。一些健康经济学和政治家将每 QALY 任意地定为 100 000 美元,但基于科学基础的估值是缺失的。每 QALY 改善的价值可能会因人而异,比如根据年龄而变化。我们在第 9 章所建议和被实证检验为具有可操作性的方法,使按照货币来评估健康政策利益成为可能。不过,我们要牢记,这种补偿可能随不同国家、文化和社会政治环境的不同而不同。

在第 10 章中,我们使用了相同的方法来评估气候差异效应。很明显,阿拉斯加的气候条件要比佛罗里达恶劣。因此,我们考虑使用一种货币补偿,可以使生活在两地的人们感到生活在哪里都无所谓。这就产生了气候等价水平。我们在这里碰到一个问题,即气候不是一维的,它是一个多维的现象,我们不能仅用温度或降雨量来描述它。我们必须找到一个一维的复合变量,可把其称为"气候指数"。我们评估了欧盟和俄罗斯的气候指数。其结果与较大国家的收入政策和在不同气候区经营的公司的补偿政策相关。很明显,在这章对气候所使用的分析方法也同样适用于其他外部因素,如公共基础建设等。

我们在第 11 章介绍了 Van Praag 和 Baarsma 的研究报告,他们考察了阿姆斯特丹机场附近的生活情况。此处的外部效应是由航空运输所制造的噪音。有两种可知的极端情况。第一种是噪音环境下的房子比安静环境下相同的房子价格要低。说得精确一些,这种价格差异使住在两栋房子中的人们各安其命。这种情况下的外部效应(飞机噪音)被称作市场"内部化"。主流经济学一般认为市场是有效的。因此,外部效应问题对于特定个人的利益或损失在效应产生之时只是暂时的,如在一个安静的郊区建造一条高速公路或机场时,即产生了外部效应问题,但是一段时间以后(有时是痛苦的),外部效应的影响就会消失,它被适应后的市场价格中和了。第二种情况是没有价格适应。坦白地说,这就意味着当价格相同时,不同的房子可能对个人幸福感的贡献率不同。显然,这种情况发生在市场失灵或至少是不完善的情况下,因此市场是不均衡的。继而,我们发现飞机噪声必定对个人幸福产生影响。众所周知,阿姆斯特丹的房屋市场是不均衡的。在这种情况下,外部效应不能或者不能完全被内部化,因此就有了造成外部效应的机场进行赔偿的理由。在这章中,我们评估了外部效应是否有影响以及该影响的大小。我们发现阿姆斯特丹的房价完全不取决于噪声,并进而得出该市甚至不是部分内部化的结论。我们所采用的方法适用于许多环境外部效应评估问题,它是传统“偶然事件评估”方法的补充。

在第12章中,我们基于Plug, Van Praag和Hartog(1999)的研究,考察了将观测效用函数应用到税收方案的建立中去。我们回到Tinbergen的“能力税”(talent tax)概念,即个人的智商和受教育程度决定了个人的收入,进而影响个人的福利。基于该原理,我们构造一种取决于智商和受教育程度而非收入或消费额的总税。Tinbergen(1970a/b)指出,这种税基消除了与收入税,甚至与几乎所有税种有关的消极工作影响。通过对荷兰数据的实证研究,我们惊奇地发现引入智商和受教育程度税种并没有导致出现与现在的收入税基差别很大的另一税收体系。然而,不幸的是,该数据集局限于1940年前后出生的人,如果对下一代人进行相同的调查,结果很可能会不一样。但是,我们没有可比较的关于已知回答者智商信息的数据集。

在第13、14、15、16章中,我们研究了不平等的定义和测量方法。

我们首先在第13章分析了收入不平等。这里的不平等是一个主观上感觉到的收入差异指数。因此,我们应利用收入评估问题和财务满足度问题的实证观察资料。我们不是基于文献中所用的公理性的方法而顺理成章得到了具体的不平等定义,而是基于可测算的满足度差异。这就使得所得到的指数在表示不平等感觉方面更可靠。就像我们在第2章和第13章解释的,IEQ问题所产生的不平等指数因人而异。因此,相同的收入分配在穷人看来可能是极不公平的,而在富人看来可能是很公平的。除此之外,两种问题都产生了第二种不平等概念,它不是个人的感受而是一般的指数。

我们在第14章中扩展了不平等的概念。我们除了考虑收入不平等以外,还考虑了健康、工作满足度、婚姻质量等的不平等,继而累计得到总的生活满足度不平等。我们将详细说明生活中各个领域的社会不平等,以及总的生活满足度的不平等。我们还试图说明两个不同领域内满足度的相关性,从而得到满足度协方差(相关性)矩阵。从对德国和英国的数据集进行实证分析可知,该相关性是很高的。因此,某人对其某个生活领域感到不满意也可能对其他领域也会感到不满意。当我们考察总的生活满足度不平等时，我们想到在第 4 章中，我们将总的生活满足度看作不同生活领域满足度的汇总，因此，我们也可以将总的生活满足度不平等分解为不同生活领域内的满足度不平等。

我们在第 15 章分析了贫困现象。在本章中，我们区分了客观贫困与主观贫困。我们认为，按照最低收入或基本需求定义的客观贫困可能使实际上不穷的人声称他很穷困，或者正好相反。我们采用相同的主观问题来说明主观贫困，并得到一条主观的贫困线。许多统计机构采用了很多技巧，以期获得客观贫困与主观贫困之间的差距。但是，这只是一种实验。事实上，“贫”与“非贫”的分类可被视为一个大致的收入概念的极端，此时，收入轴被分为两栏。从而我们可将贫困率视为一种大致的不平等指数。我们在第 14 章所采用的方法也可以用在研究贫困问题上。

在第 16 章中，我们通过考察不同生活领域的贫困，如财务贫困、健康贫困、住房贫困、工作贫困等，来概括主观贫困概念。简而言之，我们将定义一个与多维度不平等方法相对应的多维度贫困概念。使用第 3 章和第 4 章中的回归分析，我们鉴于个人的客观情况 X 预测其贫困的几率。通过这些个人贫困几率的平均值，能预期总体贫困率。有了这些信息，我们就可以研究通过改变个人情况 X 来降低贫困率的方法了。另外，在本章中，我们还区分了暂时贫困和永久贫困，并且利用数据的面板性质探究了脱离贫困和陷入贫困的转变。

最后一章是简短的结语。

读者将会发现，本书的各章节内容都有一条共同的主线，但是同时又涉及了很多的主题，因此，细细地看完每个章节是不必要的。我们建议读者将第 2 章、第 3 章和第 4 章作为必读章节，之后，你可以随意选择想看的章节，因为之后的每个章节都是各成体系的，除了关于不平等的第 13 章、第 14 章和第 15 章，因为这三章的内容是相互联系的。

2. 应用家庭等值规模的收入满足度分析

2.1 导言

在上一章里，我们介绍了所需的研究工具，即各种问题模型，并且解释了这些研究工具的用途。在本章，我们开始介绍收入满足度的实证研究。我们知道有多种方法从受访者那里获得我们所需要的信息。而我们特别感兴趣的是这些不尽相同的问题模型能否产生具有可比性并且相似的结果。我们将研究五种看似不同但却能产生大致相同结果的方法。这一个章节我们重点介绍研究方法，同时，我们将利用对德国和英国数据的实证结果来定义和评价何谓家庭等值规模(family-equivalence scales)。通过这种方式，我们将研究方法介绍给读者，而这些方法是在本书中通篇使用的。

如果我们想了解某人是否对其收入满意，最好的方法就是直接问他(或她)这个问题。可以有多种询问方式，比如通过面对面的交谈、打电话或者写信。从经验上来看，我们偏爱那种回答者是匿名的情形。必须尽量避免"诱导"回答者。因为如果有人认为他(或她)回答对自己的收入不满意可以直接或间接地提高收入的话，那么我们可以确切地说很多回答者将会给出并不客观的回答。他们将会夸大他们的不满意感。最好是让被调查者填一个多用途问卷，通过把收入问题放在许多不同主题的问题之中，我们可消除这样一个风险，即有些人会采用策略隐讳地回答那些关于收入的问题。通过问询被调查者一组互不相关的问题,这个目的可以很好的实现。这些例子可见本书中关于德国和英国的数据资料。

2.2 收入满足度问题

我们所使用的收入满足度问题是研究工具的一部分,这些问题牵涉到生活的各个领域,包括财务方面。例如:

你现在对自己在下列生活的各方面的满意程度有多高?(请在下列范围中进行选择,其中 0 表示完全不满意,10 表示完全满意):

你对自己家庭收入的满意程度有多高?……

这个问题是德国社会经济面板数据调查(GSOEP)[1]提出的。英国家庭调查(BHPS)[2]也提出过类似的问题。两者唯一不同之处是英国对于该问题的选择答案分为 7 种,而德国则分为 11 种。

对于该问题,我们的处理方法有两种:序数法和基数法。

我们先从序数法开始,因为序数法是大部分文献中普遍采用的方法。也就是说,我们假设回答者使用数字 0, 1, 2, …, 10 表示 11 种收入范围,其中收入 6 表示"收入足够",而收入 4 则表示"收入糟糕",等等。如果我们假设回答"4"的人其满足度是回答"8"的人的一半,那么我们采用的是基数法。我们先不采用这种基数假设。

首先要采用的分析方法是"有序 Probit"法(Ordered-Probit, OP)。假设存在一个名义的(即不能直接观察到的)满足度变量 $\ln(Z)$,以及一条被等距分为 11 份的数轴 $I_i=[\mu_{i-1}, \mu_i]$,其中 $-\infty=\mu_0<\mu_1<\mu_2<\cdots<\mu_{10}<\mu_{11}=\infty$,当且仅当 $\ln(Z)\in I_i$ 时回答者回答"收入 i"。因此,如果一个回答者估计他的财务状况是"5",这就暗示 $\mu_5<\ln(Z)\leqslant\mu_6$。参数 μ 是未知的,必须从回答中进行估计。满足度变量 Z 自然而然依赖于收入 y。此外,还有其他一些决定回答类别的变量 x。比如,在这一章考虑的家庭规模的影响,用 fs 表示。我们不能假设具有相同个人特征(y, x)的每个人的回答都一致。因为,首先找到所有的解释变量 x 是不可能的,总是会遗漏某些变量。第二,即使理论上可能找到所有解释变量,这些所有相关变量能在一个大范围调查中被系统测量或收集的可能性也

是很小的。第三,会存在一些随机影响。为了解决这些不可避免的不足,我们引入随机变量 ε 表示每个回答者的特定值,并建立如下模型:

$$Z = f(y,\ x;\ \varepsilon) \tag{2.1}$$

我们采用这个模型并不意味着我们真的相信个体是完全按照该模型做出反应。这只是个近似模型,即对回答行为作近似的描述。一旦发现更好的模型,我们将不再使用该模型,因此对于该模型的使用不能太教条。

在计量经济学上,对于该问题传统的研究方法是使用 OP(或叫有序 Logit)模型(见 Maddala, 1983; Greene, 1991)。可能有些读者还不知道什么是 OP 法。因为该方法在本书中将频繁使用,所以我们先对这种方法做一个较为详细的解释。

假设一个名义模型方程[3]:

$$\ln(Z) = \alpha\ln(y) + \beta\ln(fs) + \varepsilon \tag{2.2}$$

这里我们假设 ε 是一个标准的正态随机变量,与变量 y(家庭收入)和 fs(家庭规模)不相关。也就是说 $E(\varepsilon) = 0$, $\sigma^2(\varepsilon) = 1$, $\text{cov}(y,\ \varepsilon) = \text{cov}(fs,\ \varepsilon) = 0$。因此,求得如下期望:

$$\begin{aligned} E[\ln(Z)] &= \alpha\ln(y) + \beta\ln(fs) + E(\varepsilon) \\ &= \alpha\ln(y) + \beta\ln(fs) \end{aligned} \tag{2.3}$$

在这个例子中,我们假设 $\ln(Z)$ 依赖于两个解释变量:家庭收入和家庭规模。因此,回答类别也依赖于这两个变量。由于每一个个体都不是完全相同的,我们的研究也不可能包括所有的相关变量,而且也不能完全确定函数的形式,因此我们选择线性对数方程(2.2)作为研究模型,其理由首先只是出于一种直觉,其次是由于它在该领域中经常被使用,第三则是由于计量经济学上的方便。这些理由也同样适用于随机误差变量 ε 遵循正态分布的选择。在这个方面,这种形式与 logistic 分布有所不同,但不是说分析或其结果不同于正态分布。我们以后还会回到这个问题上来。

拥有收入 y 和家庭规模 fs 的个人回答他(或她)的满足度为第 i 种的概率为:

$$P(\mu_i < \ln(Z) = \alpha\ln(y) + \beta\ln(fs) + \varepsilon \leqslant \mu_{i+1})$$
$$= P[\mu_i - \alpha\ln(y) - \beta\ln(fs) < \varepsilon \leqslant \mu_{i+1} - \alpha\ln(y) - \beta\ln(fs)]$$
$$= N[\mu_{i+1} - \alpha\ln(y) - \beta\ln(fs)] - N[\mu_i - \alpha\ln(y) - \beta\ln(fs)] \tag{2.4}$$

$N(\cdot)$在这里表示标准正态分布函数。当我们估算出未知参数 μ、α 和 β 时，就能估算出每一个回答者的上述概率。然而，实践中的首要问题是估算这些参数。对于这个问题我们使用“最大似然估计”(ML)来估算。假设有 N 个人，他们所具有的特征为 $(y_n, fs_n)(n = 1, 2, \cdots, N)$。样本可以简洁地表示为观察集 $\{(i_n, y_n, fs_n)\}_{n=1}^{N}$，这里 i_n 表示第 n 个人回答的回答类别。假设对回答者的观察是完全独立的，样本中组合的机会或可能性为：

$$L(\mu, \alpha, \beta) = \prod_{n=1}^{N} \{N[\mu_{in+1} - \alpha\ln(y_n) - \beta\ln(fs_n)] - N[\mu_{in} - \alpha\ln(y_n) - \beta\ln(fs_n)]\} \tag{2.5}$$

这里，$I_{in} = (\mu_{in}, \mu_{in+1}]$ 是第 n 个人的回答区间。

找到这一样本的组合机会表示为 $L(\mu, \alpha, \beta)$，依赖于未知参数 μ、α、β。最大似然法则认为这些未知参数的最大可能值就是使我们在现实中找到该样本的概率最大化。因此我们使该例中关于 μ、α、β 最大似然值为$L(\mu, \alpha, \beta)$。在实践中，我们并不是使这个表达式最大化，而是取其对数最大化：

$$\ln[L(\mu, \alpha, \beta)] = \sum_{n=1}^{N} \ln\{N[\mu_{in+1} - \alpha\ln(y_n) - \beta\ln(fs_n)] - N[\mu_{in} - \alpha\ln(y_n) - \beta\ln(fs_n)]\} \tag{2.6}$$

最大化 $L(\mu, \alpha, \beta)$与最大化其对数值显然是一回事。

方程(2.6)并不包括一个常量，如 β_0。我们可以用 $(\mu_i - \beta_0)$ 代替所有的 μ_i 来包括这样一个变量，并估计后者的大小。我们注意到 β_0 是未经确认的，除非我们事先固定一个 μ 值。在软件包中 μ_1 经常固定在 0 上。接下来本书中将经常使用这种软件。

现在让我们开始实证分析吧。我们考虑 GSOEP 的数据集，更准确地说是考虑 1997 年的数据，在这年的数据中我们把自己限制为联邦德国工作者的子集。无人工作且无工作报酬的家庭被排除在外。

表 2.1 列出了 11 种回答类别的回答人数的百分率。

表 2.1　1997 年联邦德国工作者收入满足度的回答情况频率表[4]

满意类别	相对频率(%)
0	0.00
1	0.30
2	1.05
3	2.74
4	5.34
5	12.31
6	13.60
7	24.46
8	25.62
9	10.03
10	4.55
接受调查的人数(N)	4 964

表 2.2 中列出了财务满足度方程的三个版本。第一个版本由方程(2.2)描述。

表 2.2　三种不同的收入满足度方程的有序概率估计(德国,1997)

变　量	估计值	t 值	估计值	t 值	估计值	t 值
常数	−3.061	−10.224	−3.093	−10.232	−3.128	−10.319
ln(家庭收入)	0.734	20.251	0.738	20.113	0.738	20.093
ln(家庭规模)	−0.223	−6.800	—	—	—	—
ln(成人)	—	—	−0.223	−6.269	−0.246	−6.751
ln(孩子+1)	—	—	−0.128	−3.680	−0.164	−4.465
家庭结构	—	—	—	—	0.070	2.844
截距*						
μ_0	$-\infty$		$-\infty$		$-\infty$	
μ_1	$-\infty$		$-\infty$		$-\infty$	
μ_2	0		0		0	
μ_3	0.556		0.556		0.557	
μ_4	1.049		1.048		1.049	
μ_5	1.495		1.495		1.496	
μ_6	2.057		2.057		2.058	
μ_7	2.482		2.482		2.483	
μ_8	3.134		3.134		3.136	

(续表)

变　量	估计值	t 值	估计值	t 值	估计值	t 值
μ_9	3.970		3.970		3.972	
μ_{10}	4.617		4.617		4.620	
μ_{11}	$+\infty$		$+\infty$		$+\infty$	
N	4 964		4 964		4 964	
似然对数	−9 310		−9 310		−9 306	
Pseudo-R^2	0.020		0.020		0.021	

* :$\mu_1=-\infty$是因为样本中第一个回答分类是空的。

我们有两个解释变量,即家庭收入和家庭规模。在第二个版本中,我们把家庭规模替换成两个变量。我们将家庭中小于 16 岁的孩子与家庭中其他成人成员进行区分。[5] 在第三种版本中,我们加入第三个变量"家庭结构",该变量中 0 表示独身,1 表示家里有两个工作的成人,2 表示家里有两个成人但只有一个在工作。这种序列表明了家庭结构是相当固定的,而且只有一个人在工作的家庭比两个人都在工作的家庭的负担更大。而单身或家庭不完整的在这方面的负担最大。表 2.2 反映的结果与事先预料的情形是一致的,我们将在第 2.4 节中讨论这个问题。

2.3　研究方法题外话

本节要讨论一些基本方法问题,熟悉这部分知识的读者可以跳过。在开始介绍我们所做的一些估计的经济解释之前,不熟悉这些统计图表的读者可以先去阅读相关书籍,这对他们读懂这些图表以及学习本部分知识会有所帮助,因为接下来我们会碰到很多本节中所提及的图表。

每个方程都对应表 2.1 中的两列,第一列表示估计值,第二列则给出 t 值。t 值是一个有关估计的统计可信度的统计量。由于估计是建立在一个样本的基础之上的,因此会与样本本身的变量有一定差别。这就意味着对估计对象有一个关于估计值的概率分布,该分布近似于我们所要研究的大样本的正态分布(高斯分布)。t 值定义为 $t=b/s$,这里 b 表示估计值,s 表示对估计对象的标准差的一个估计,b/s 值越大估计值的锋度越尖。图 2.1 是估计值的两种分布。

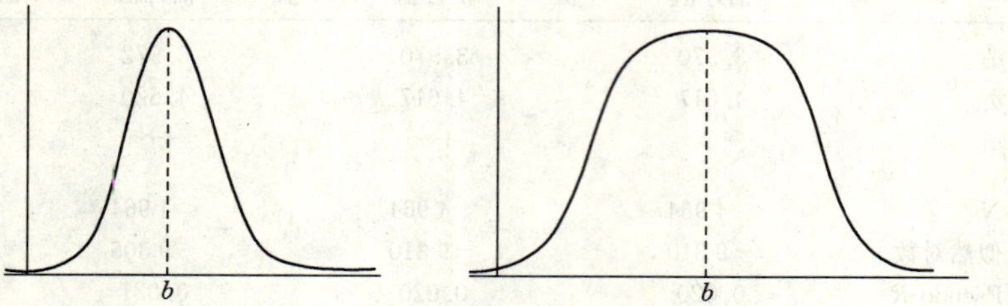

图 2.1 精确估计值和模糊估计值的密度

这两种分布都是正态高斯曲线分布,但左边的分布集中在估计值周围的锋度高,而右边的分布则相对分散。换句话说,左边的估计值有一个较小的标准差,而右边的分布则有个相当大的标准差。

根据估计值本身可以很好地估计这个标准差,通常是看 t 比率即 b/s。当 $t>20$ 时,表示估计的标准差是相应值的 1/20。在学术上我们称之为估计值的置信区间。常见的双边区间是估计值周围的一个 2σ 区间。真正的参数值落到该区间的概率是 95%。当家庭收入的系数(见表 2.2)估计为 0.738,相应的 t 值在 20 左右,则相应的置信区间是

$$\left[\left(1-2\times\frac{1}{20}\right)(0.738),\ \left(1+2\times\frac{1}{20}\right)(0.738)\right]=[0.664,\ 0.812]$$

可以看出这个置信区间并不包括 0 值。因此,我们称估计值在 95% 水平上统计显著(不等于 0)。很明显,如果 $-2<t<2$,则估计值不显著,因为置信区间包括 0。那种情况下,无法可靠地来确定影响。

Pseudo 相关系数 R^2(其定义见 McFadden, 1974)表示解释的质量。它通常被用来与回归分析中的 R^2 做比较。如果 $R^2=100\%$ 则解释为相当好,而 $R^2=0$ 则毫无解释力。对于将 R^2 的值作为分析工具,学术上有很多讨论。一些学者,但不是微观经济学家,有当 R^2 低于 80%左右时无需讨论就抛弃所有结论的习惯。我们不这么做,甚至反对这种做法。在研究一开始就指明这些是有好处的。

在这类研究中,我们对变量关系的结构部分感兴趣。这个术语的意思有些模糊,但如果把误差项设为零,我们可以把它作为关系的一部分。

比如,在当前这个例子中需要估计的关系为:

$$\ln(Z) = \alpha\ln(y) + \beta\ln(fs) + cons + \varepsilon \tag{2.7}$$

这里我们加入了一个常数。

这个结构部分是：

$$\ln(\hat{Z}) = \alpha\ln(y) + \beta\ln(fs) + cons \tag{2.8}$$

这里 $\ln(\hat{Z})$ 被称为结构部分。估计 α 和 β 之后，我们将计算具有特征 (y_n, fs_n) 的每个个体 n 的一个结构预测值 $\hat{Z}_n$。误差是一个与结构部分相独立的随机量。因此，它与解释变量和待估计的参数值均无关。

有很多理由可以解释小 R^2 在未估计时是不可信的。在本例中以及几乎所有的概率结果中，Pseudo R^2 的值较小，这表明关于期望的误差项扮演了一个非常重要的角色。结构部分的显著性表明这里也存在一个很强的结构趋势。误差项也代表遗漏变量。我们推测这其中的大部分是不能被观测到的，因为它们是在一个可接受的精确度内很难观测到也很难测量的个人心理因素。解释误差程度的第二个理由是我们通过群体观察，尽量解释连续变量 Z。我们采用一些较粗的数据，就好像我们透过不是非常适合眼睛的眼镜看东西一样。解释 R^2 偏小的第三个理由是在很多观测中，我们使用一个非常特殊的样本，在相同的观察状态下，多次观察并不一定会比小样本提供更为合适的观测值。在微观经济学中一个大约为 0.10 的 R^2 是很正常的，在概率估计模型中更小的 R^2 也是可以接受的。值得注意的是时间序列中的相关系数通常在 90%左右，因为连续观察与时间是高度相关的，而在数量上反而会很小。唯一令人感兴趣的标准是结构模型中的估计是否显著。如果有一个较小的 R^2，这就意味着有一个相关残差变量。这一问题可以通过一个更好的模型来解决，但大多数情况下我们不得不接受人的行为中存在一个很强的残差随机成分的事实。

2.4 经济学上的解释

看一下表 2.2 中的 t 值，我们得出结论，所有的估计是非常“显著”的。表 2.2 中第 1 列的估计关系可以明确写成如下形式：

$$\ln(Z) = 0.734\ln(y) - 0.223\ln(fs) - 3.061 + \varepsilon \tag{2.9}$$

我们现在考虑 Z 为常数下的 y 值和 fs 值的轨迹,即 $\ln(Z)=c$。这种轨迹用如下方程表示:

$$0.734\ln(y)-0.223\ln(fs)-3.061+\varepsilon=c \qquad (2.10)$$

这描述了一条在($\ln(y)$, $\ln(fs)$)区间内关于收入满足度的一条无差异曲线[6]。等号右边的常数 c 表示一个特定的满足度水平。相同的无差异曲线由以下方程在区间(y, fs)表示:

$$e^{\ln(Z)}=Z=y^{0.734}\cdot fs^{-0.223}\cdot e^{\varepsilon}=e^{C}=C \qquad (2.11)$$

这两个方程是序数等价的,第一个方程通过单调转换 $\varphi(\cdot)=\exp(\cdot)$ 可以转换为第二个方程。这里设 $C=\exp(c)$。

我们通过不同的 ε 值和一个固定的满足度水平 C 画出无差异曲线,如图 2.2 所示。很明显,每个人都有他自己的干扰值 ε。当 ε 在 0 周围呈正态分布时,50%的例子中 $e^{\varepsilon}<1$,而另外 50%的因素会大于 1。$\varepsilon=0$ 的无差异曲线被认为是类型为(y, fs)的某个人的处于中间的无差异曲线。如果我们取 $\varepsilon=0$ 和不同的常数 C,就能看到无差异曲线随着不同的 C 值是如何改变的。这是对图 2.2 的第二个解释。

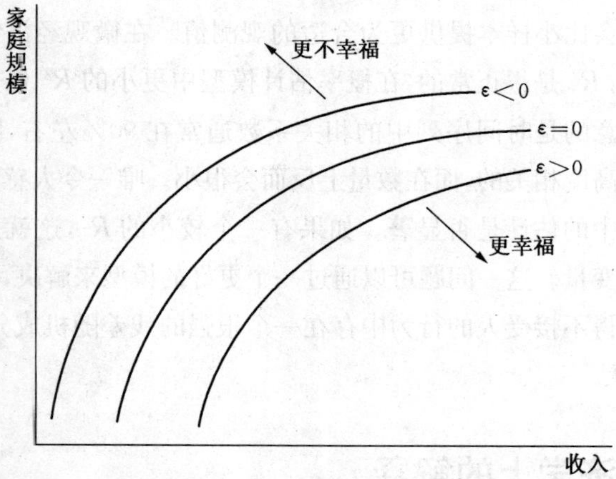

图 2.2 空间(收入,家庭规模)上的无差异曲线

现在我们可以看到满足度随着收入水平 y 的上升而上升,随着家庭规模 fs 的上升而降低。这两种情况跟预测的一样。家庭规模越大意味着同样的收入要养活更多的人,从而使得收入满足度降低。但我们不知道如果这些变量中的其中之一发生改变，满足度会改变多少。因为 $\ln(Z)$ 并不代表满足度本身，而只是满足度的一个单调转换，除此之外还有很多转换形式。

现在让我们来看一下 y 和 fs 之间的转换关系。

以下是一个基本问题。如果 $\ln(fs)$ 增加了 $\Delta\ln(fs)$[7]，个人为了保持相同的满意水平，$\ln(y)$ 需要提高多少？通过解 $\Delta\ln(y)$ 方程，可以得到答案：

$$\begin{aligned}\ln(Z) &= 0.734(\ln(y)+\Delta\ln(y))-0.223(\ln(fs)+\Delta\ln(fs))+cons+\varepsilon \\ &= 0.734\ln(y)-0.233\ln(fs)+cons+\varepsilon \end{aligned} \tag{2.12}$$

或：

$$0.734\Delta\ln(y)-0.233\Delta\ln(fs)=0 \tag{2.13}$$

得出结果：

$$\Delta\ln(y)=\frac{0.223}{0.734}\Delta\ln(fs) \tag{2.14}$$

或转换为微分形式：

$$\frac{d\ln(y)}{d\ln(fs)}=\frac{0.223}{0.734}=0.304 \tag{2.15}$$

经济学家称公式(2.15)中的对数求导为弹性。我们可以看出在收入满足度保持不变的情况下，收入—家庭规模弹性为 $0.223/0.734=0.304$。由于功能的双对数形式，这是一个常数弹性。

假设开始时的收入水平为 y_0、家庭规模为 fs_0，当 fs 上升到 fs_1 时，如果在新的收入水平 y_1 时收入满足度保持为一个常数，我们就要把收入水平 y_0 乘以因子

$$y_1/y_0=(fs_1/fs_0)^{\frac{0.223}{0.734}}=(fs_1/fs_0)^{0.304} \tag{2.16}$$

这个公式直接导出了用于家庭补贴的一个补充公式。如果家庭规模从 2 个人上升到 4 个人，变量 fs 就上升了 2 个因子。根据以上规则，为了保持收入满足度不变，净家庭收入就要乘以因子 $2^{0.304}=1.235$。因为 $0.304<1$，可以看出，每增加一个孩子，需要增加的相关补偿越小。这个方程系统在某种意义上是一个残差系统。国家家庭津贴系统会从家庭结构补偿其增加的部分。方程(2.16)表示一个家庭能获得多少国

家提供的结构家庭津贴。在理想情况下,国家能全额补贴多生一个小孩所需的费用,我们将会看到家庭不再需要额外的补偿(指数等于零)。(也可参考 Buhmann 等,1988。)

这个公式的亮点是修正因素不依赖于收入。因此,富裕的家庭和贫困的家庭将受益于相同的修正因子。在绝对数量上,富裕的家庭会比贫困的家庭需要更多的补偿。在某种程度上这并没有什么好奇怪的。戈森第一定律认为,如果假设效用是非基数的,对于任何东西,一个人得到越多则边际效用递减,虽然实证上无法证实这一点,但该定理却是公认的。在戈森第一定律的基础上,我们认为经济富裕的家庭要比贫困的家庭缴纳更多的税收。这是因为收入税收采用累进制。相同的规则将导致富裕的家庭得到比较高的补偿。然而,对很多人来说,这一点是很难在政策上被接受的。在政策上应该选择何种家庭等价系统确实是一个问题。假设家庭等价系统能产生福利中立的家庭等值规模,我们的研究便提供了一个基准。如果政治家为了名誉而选择另一种系统,很明显他们会选择系统的平衡点。唯一一点不同的是这种系统不再是福利中立。既然我们可以引入其他规格的平衡,如表 2.2,估计系统显然不再是那么神圣不可侵犯了。为了比较结果,请参考 Buhmann 等(1988)。根据方程(2.2),我们在表 2.3 列出了家庭等值规模的结果。

表 2.3　为保持收入满足度不变的家庭等值规模

家庭规模	修正因子(%)	家庭规模	修正因子(%)
1	81	5	132
2	100	6	140
3	113	7	146
4	123	8	152

等值规模问题是一个政治问题。在几乎所有的国家经济中,我们发现对于大规模的家庭都会有些补偿,要么通过与家庭规模挂钩的税收,要么通过儿童福利。

恩格尔是首先注意到这个问题的研究者之一,他于 1895 年提出了著名的恩格尔定律。朗特里(Rowntree)于 1941 年提供了一个政策尺度,他试图建立一种尺度,通过对不同的家庭规模进行修正后实现贫困家庭之间相互比较。我们这里的研究方法是建立在主观方法之上的。这种主观方法，即家庭等值规模的实证定义法，首先是由 Van Praag(1971)提出的，之后 Van Praag 和 Kapteyn(1973)以及 Kapteyn 和 Van Praag(1976)进一步研究了此种方法。最近该方法被 Rojas(2007a)提出并应用于墨西哥这样一个欠发达的国家。在我们能找到的文献中采用的其他方法主观性比较小，它们都是建立在对家庭消费模式观察基础之上的。

最简单的方法是对消费者单位定义一个规模值。一个著名的、经常被使用的例子是所谓的牛津系数[8]，即第一个成人计为 1，其他成人计为 0.7，增加一个小孩就计为 0.5。用这种取值计算一对夫妇带两个小孩的家庭的消费者单位表示为

$$1.0 + 0.7 + 2 \times 0.5 = 2.7(\text{个})$$

这里存在明显的规模经济，但我们如上估计的“主观”公式会导致一个更令人满意的规模值。根据表 2.3，我们可以将比率设定为 123/81 = 1.52。另外一些主观方法观察成人的消费，并计算他们的绝对值或作为家庭收入的一个分数的相对值(见 Deaton 和 Mullbauer，1986)。如果我们使用的标准是不考虑家庭规模的常数，这也会导致补偿随着收入增长相应地提高。Pollak 和 Wales(1979)在一个简短但颇具影响的注解中表明，对那些客观方法有相当多的反对。鉴于这项研究的指定范围，我们不能对那些迷人的著作关注太多。关于方法最近的大致研究可以参考 Whiteford(1985)，Browning(1992)，Van Praag 和 Warnaar(1997)。

这里我们有一个可提供解释的收入满足度指标：Z 或 $\ln(Z)$。这个指标与小孩的数量呈反向关系。由于家庭通常能影响他们的小孩数量，因此每个家庭为了提高收入满足度，都尽量减少小孩数直至零。然而，仍有许多家庭愿意生小孩。有三个原因可以解释这个悖论。首先，生活中有比单独的一个收入满足度更重要的因素。这也许是生小孩对家庭而言有其他积极的方面，这些方面能对生小孩而带来的收入满足度的负面影响进行补偿。第二个原因可能是家庭缺乏远见。当他们决定生小孩时，他们不能预见到这对他们未来收入满足度的负面影响。第三个原因可能是我们的指标需要改进。回头我们再来讨论这个问题。

表 2.2 中第三列的第二个分类介绍了一种更为复杂的家庭定义。我们区分了一个家庭中的成人和十六岁以下的小孩。家庭的这两个特征都分别被引入如下方程中：

$$\ln(Z) = \alpha\ln(y) + \beta_1\ln(adults) + \beta_2\ln(children + 1) + \varepsilon \quad (2.17)$$

或简化为[9]:

$$\ln(Z) = \alpha\ln(y) + \beta_1\ln(Ad) + \beta_2\ln(Ch) + \varepsilon \quad (2.18)$$

我们现在可以做如下估计:

$$\ln(Z) = 0.738\ln(y) - 0.223\ln(Ad) - 0.128\ln(Ch) - 3.093 + \varepsilon \quad (2.19)$$

这里的 t 值是显著相关的。

现在一个家庭由二维变量定义,即(成人,小孩)(Ad, Ch)并且通过归纳上述理由我们可以得出相关补偿公式。我们发现:

$$\frac{y_1}{y_0} = \left(\frac{Ad_1}{Ad_0}\right)^{\frac{0.223}{0.738}} \cdot \left(\frac{Ch_1}{Ch_0}\right)^{\frac{0.128}{0.738}} \quad (2.20)$$

从公式中,我们也能看出成人比小孩承担更大的权重。更确切地说,我们有一个转换比率 0.128/0.223 = 0.57。因此,成人的数量从 1 翻倍成 2 时,几乎是小孩数量从 1 翻倍成 2 时的两倍。

我们把二维的家庭规模制成表 2.4。

表 2.4　修正(成人,小孩)差异的二维等值规模*

小孩数量	成人数量	
	1	2
0	0.670	0.827
1	0.756	0.932
2	0.811	1.000
3	0.853	1.051
4	0.886	1.093
5	0.915	1.128

*:指包括两个成人和两个小孩的家庭。

最后,我们从第三个分类中得出一个等值规模。第三个分类中我们考虑了家庭结构:一个家庭中是否有一个或两个负担家计者,或者两个都不是负担家计者;是否是单亲或双亲家庭?

我们知道有两个负担家计者的家庭的需要比一个负担家计者的家庭多。这反映了一个事实,即当只有一个成人有收入时,可能会有更多的家庭生产(表 2.5)。

表 2.5 修正(成人,小孩)差异和家庭结构的二维等值规模*

成人数量	小孩数量				
	0	1	2	3	4
1	0.566	0.660	0.722	0.770	0.890
2,1个负担家计者	0.783	0.914	1.000	1.066	1.120
2个负担家计者	0.861	1.005	1.099	1.172	1.232

*:德国数据集中包括两个成人,一个负担家计者和两个小孩的家庭。

我们为 BHPS 估计了相同的等式,如表 2.6 所示。

表 2.6 对三种不同家庭收入满足度方程的有序概率估计,英国,1997 年

变量	估计值	t 值	估计值	t 值	估计值	t 值
常数	−1.637	−14.996	−1.686	−15.383	−1.714	−15.639
ln(家庭收入)	0.484	32.784	0.487	32.256	0.487	32.383
ln(家庭规模)	−0.237	−8.199	—	—	—	—
ln(成人)	—	—	−0.220	−6.317	−0.230	−6.583
ln(孩子+1)	—	—	−0.110	−4.197	−0.124	−4.613
家庭结构	—	—	—	—	0.047	2.317
截距						
μ_0	$-\infty$		$-\infty$		$-\infty$	
μ_1	0		0		0	
μ_2	0.499		0.498		0.498	
μ_3	1.015		1.013		1.014	
μ_4	1.622		1.620		1.621	
μ_5	2.386		2.383		2.385	
μ_6	3.223		3.219		3.221	
μ_7	$+\infty$		$+\infty$		$+\infty$	
N	6 298		6 298		6 298	
似然对数	−10 904		−10 911		−10 909	
Pseudo-R^2	0.021		0.021		0.021	

我们发现英国的收入系数大约为 0.48,而德国的收入系数大约为 0.73。这两个国家的另外两个系数是相同的。因此,德国的家庭等值规模为 $0.223 \div 0.734 = 0.304$,英国的指数为 $0.237 \div 0.484 = 0.490$。英国的规模比德国的更陡些。

表 2.7 中列出了两个国家家庭等值规模的结果。坦白地说,这暗示

了英国家庭中每增加一个小孩的费用比德国家庭贵。对这个结果的解释是英国的家庭津贴系统和教育支持可能比德国更苛刻。如果政府对家庭规模的差别进行完全补偿,这种差别对收入满足度就不会有影响,系数 β 就会等于零。因此,等值规模与特定国家的社会保障结构有关。

表 2.7 英国和德国家庭等值规模

家庭规模	家庭等值规模(%)	
	英国	德国
1	71	81
2	100	100
3	122	113
4	140	124
5	157	132
6	171	140
7	185	146
8	197	152

2.5 暗含的基数化

我们知道有序概率分析法对定义序数财务满足度这个概念是一个有用的工具,但我们现在要做进一步的探索。通常认为,有序概率法是基数问题的一个解决方法。使用序数概率工具意味着我们可以坚持使用序数而不必接受特定的基数化。我们提醒读者,满足度 ln(Z)被认为是一个效用,它不能用一个模糊的方法直接测量。我们的估计是建立在如下假设上的:如果回答者属于回答类别 i,则

$$\mu_{i-1} < \ln(Z) = \alpha\ln(y) + \beta\ln(fs) + \varepsilon \leqslant \mu_i \tag{2.21}$$

因此 ln(Z)被"粗略"地基数化了。我们知道 ln(Z)位于一个特定的区间 $(\mu_{i-1}, \mu_i]$ 中。这个基数化取决于三个因素:

(1) 将误差的分布选择为正态分布;

(2) 方差固定为 1;

(3) 选择特定结构模型。

因此,我们得出结论,即序数概率模型引出了一个基数满足度概念,

并且这个基数化取决于以上或多或少有点专断的选择要素。

为了更好地理解这个基数化，我们用一个非常特别的方法说明我们最后的选择。我们假设这里没有结构部分。因此在本例中 $\ln(Z)=\varepsilon$。

本例中，我们得出：

$$N(\mu_i\,;\,0,\,1)-N(\mu_{i-1}\,;\,0,\,1)=P_i(i=1,\,2,\,\cdots,\,k) \quad (2.22)$$

这里 P_i 是属于类别 i 的回答者的百分数。因此如果第一个回答类别占 10%，那么我们可以通过计算 $N(\mu_1)=0.10$[10] 来计算 μ_1。如果下一个类别又占了 5%，我们可以从 $N(\mu_2)=0.15$ 得出 μ_2。如果我们能把类别放在一个无限大的数中，以上所述就很明显了。该例中家庭人数 N 将根据满足度升序排列。一个人的序数为 n/N，相应的满足度为：

$$\ln(Z)=N^{-1}(n/N) \quad (2.23)$$

如果我们用对数或其他连续分布函数代替正态分布，满足度将如何变化是很明显的。这个评论并不打算减少概率方法对满足度分析的有用性。然而，不涉及任何基数化的说法将不能继续下去。

2.6 修正的 Probit OLS 法[11]

根据前面的分析，我们反躬自问，我们是不是不能利用暗含的基数法去重新架构这个问题，使它可以利用最小二乘法(OLS)得到解决。尽管 Probit 如今大多作为常规项被兼容在统计软件中，接下来我们就会注意到，当我们处理更复杂的多方程模型或面板数据集时，我们很容易就会联想到 Probit 公式所导致的技术和计算方面的困难。

因此，我们现在要研究出一种估计无差异曲线的新方法。研究最终是要找到新方法，在大多数情况下这种新方法将得出与序数概率法大致相同的结果，但是这种新方法将更易被理解，更节省计算时间，而且更易被推广至较复杂的模型。这种方法的不足之处在于它是基于本文后面要提到的附加假设之上的，而序数概率法是无需附加假设的。如果这种假设成立，那么这种方法将等同于序数概率法。我们将其称为 POLS (Probit OLS)。

对于统计方法和公式不感兴趣的读者可以跳过这部分,直接转而阅读下一部分的内容。

让我们重新思考方程(2.10),为了方便起见我们将它写在下面:

$$0.734\ln(y) - 0.223\ln(fs) - 3.061 + \varepsilon = \mu$$

这里的 μ 表示效用或满足水平。

这个方程描述了相同满足水平下个人的状况集($\ln(y)$, $\ln(fs)$)。在此集合中个人是无差异的。他可以在某个情况下选择同一条无差异曲线上的这一点或是那一点。在区间($\ln(y)$, $\ln(fs)$)上方程(2.10)是线性的。当 μ 固定不变时,它表示在 R^2 上的直线。如果 μ 变化,我们会在 R^2 上得到一个完整的无差异曲线网络。我们称 μ 为效用水平,它与无差异曲线上相应的情况区间有关。那些无差异曲线是平行的,因为变量系数(在本例中为 0.734 和−0.223)不随 μ 的变化而变化。大多数情况下,假定无差异曲线是平行的,不然当它们相交时则表示同一种情况下同时有两种效用(满足度)水平。这里的线性正是实证的需要,它是一个相当好的近似数。我们已经注意到许多曲线都依赖于其所涉及的变量。在章节 2.4 中,可以看到如果我们不使用对数转化,我们将得到一条在(y, fs)范围内的无差异曲线,它不是直的而是曲的(图 2.2)。鉴于与收入较多相比收入较少更受偏好,当且仅当 $\mu_1 < \mu_2$ 时,曲线上的情况 μ_2 将比情况 μ_1 更受偏好。无差异曲线是序数型的。然而,效用水平只有序数意义,它是一种标签系统。

现在我们来归纳一下这个概念。让我们用向量 x 表示"状况"区间,则 $x = (\ln(y), \ln(fs))$。如果描述这一情况需要更多的相关变量,比如 m 个变量,那么向量 x 表示一个元组 m,且 $x \in R^m$。一个线性的无差异曲线系统将被表示成如下方程:

$$\beta_1 x_1 + \beta_2 x_2 + \cdots + \beta_m x_m + \beta_0 = \beta' x + \beta_0 = \mu \tag{2.24}$$

这样的线性无差异曲线网络可以被描述成效用函数 $U(\beta' x) = U$。当 U 固定为一个具体的 u 值时,我们会找到一条对应的无差异曲线。当函数 $U(\beta' x) = U$ 被 $\widetilde{U}(x) = \varphi(U(x))$,这里的 $\varphi(\cdot)$ 是一个单调递增函数,$\widetilde{U}(\cdot)$ 仍然表示上述的无差异曲线网络。因此,这里的术语"效用"便没有基数意义了。这个效用函数描述了在各个 x 间的偏好排序,并且存在一组无限多的效用函数来描述在几何学上相同的无差异曲线网络。

从代数学角度而言，相同的直线可能被描述成许多方程。例如，方程

$$1 = x_1 + 2x_2$$
$$-3 = -3x_1 - 6x_2$$
$$3 = x_1 + 2x_2 + 2$$

都表示相同的 R^2 的直线。

为了减少不确定性，我们引入标准化向量 $\bar{\beta} = \frac{1}{|\beta|} \cdot \beta$，其中 $|\beta| = \sqrt{\sum_{j=1}^{m} \beta^2 j}$。我们可以把每个 β 记为 $\lambda\bar{\beta}$，其中 $\lambda = |\beta|$。显而易见，存在比率代换 $\beta_i/\beta_j = \bar{\beta}_i/\bar{\beta}_j$ 作为因数 λ 的抵偿。由于向量描述了无差异曲线（共同）的斜率，这从任意的效用函数中都是可估计的。参数 λ 随着效用函数具体的基数化而改变。

如果我们假定存在个体间的相似性，也就是说，如果不同个体通过口头或数字等的估计的满足度在相同水平上，那么，他们就处在同一条无差异曲线上，我们可以通过在区间 R^2 或 R^m 内绘制不同的情况 $x^{(1)}$，$x^{(2)}$，…找到一条几何学意义上的曲线。这与静态消费者行为模型惊人的相似。正如帕累托在 1909 年已经证明的那样，在商品领域的无差异曲线是可被观察的。它们可能被描述成效用函数 $U(x)$，这样，不同的无差异曲线便被描述成方程 $U(x) = u_1, u_2, \cdots$，但是这里的效用函数是"序数"的。它可能被任何的单调转化 $\tilde{U}(x) = \varphi(U(x))$ 所替代，$\tilde{U}(x) = \varphi(U(x))$ 指的是相同的无差异曲线网络。

在现实生活中，我们碰到这样的问题，即人们在相同的客观情况 x 下，不会以同样的方法来精确地估计他们的情况。因此，我们假设存在一个随机变量 ε。于是，我们假设存在相对应的行为：

$$u = \beta' x + \beta_0 + \varepsilon,\ E(\varepsilon) = 0,\ \sigma(\varepsilon) < \infty \tag{2.25}$$

即当个人处于情况 x 时，通常会将自己定位于无差异曲线 $u = \beta' x + \beta_0$。

我们引入随机概念来说明被忽略的因素或多或少会改变个人的满足度这一事实，以至于他或她可能在无差异曲线上的位置比预期要稍高一点或稍低一点。我们将把这个思想应用于当前的语境。

让我们假设拥有样本$\{(U_n, x_n)\}_{n=1}^{N}$，它为个人n描绘了客观情况x和他们的估计值U。估计值将以数字表示，而且我们假设它将会在一个连续的数值范围之内。我们可能要思考一个问题，即回答者从一个连续区间，比方说[0, 10]上的哪一点可以表达出他的估计值U。我们不会对这个估计值作出基数解释，不过我们假设所有的回答者使用的都是相同的评价系统，这就意味着除非出现随机误差，两个处于相同情况下的个人不可能在评估他们的情况时得出两个不同的数字。于是，我们将回归应用于如下方程：

$$U_n = \beta' x_n + \beta_0 + \varepsilon_n$$

然而，回归模型从逻辑上假定数字u_n是连续的，例如：在0和10之间。因此，在回归之前，我们将通过一个单调转化函数$f(\cdot)$来转化估计值U，这样的单调转化$f(U)=u$可以假设在区间$(-\infty, \infty)$实线上的所有值。那么，我们可以应用回归，其结果将得到一个估计$\hat{\beta}=\lambda\hat{\hat{\beta}}$。由此可推得替代率估值以及无差异超平面的倾斜系数。我们可以在大样本中找到评价者惯例的统计特性。特别地，存在$\sigma^2(\hat{\beta})=\lambda^2\sigma^2(\hat{\hat{\beta}})$。而他们的两个$t$值与$\frac{\hat{\beta}}{\sigma(\hat{\beta})}=\frac{\hat{\hat{\beta}}}{\sigma(\hat{\hat{\beta}})}$是一致的。

现在的问题是在序数数据集中什么样的转化$f(\cdot)$是令人满意的。我们注意到通过假设误差ε是呈正态分布的。表达式$\mu_n=\beta' x_n+\varepsilon_n$是随机变量的总和。在大多数的实际例子中，我们至少使用8个变量加上误差。当我们使用序数概率(OP)方法，以及使用预测值$\beta' x_n$和从正态分布中添加$\tilde{\varepsilon}_n$来考虑近似样本$\{\bar{u}_n\}$时，我们发现$\tilde{u}_n$是正态分布的假说在本例中不可摒弃(Jarques-Bera)。这也表明总和$u_n=\beta' x_n+\beta_0+\varepsilon_n$也大致服从正态分布。因此，这意味着应用转化，如$f(U_n)=u_n$服从正态分布。这可以通过根据$u$和以$N(u_n; 0, 1)=\frac{n}{N}$定义$u_n$对观察值进行排序来实现，其中$N(\cdot)$代表标准正态分布函数。

由于u_n有一个条件分布，鉴于x_n，我们假设u_n的条件期望$E(u_n; x_n)=\beta' x_n+\beta_0$。无条件期望$E(u)=0$，方差$\sigma^2(u)=1$。在公式(2.25)应用回归，得

$$u_n = \beta' x_n + \beta_0 + \varepsilon \tag{2.26}$$

在此，假设 $E(\varepsilon) = 0$，$\sigma^2(\varepsilon) < \infty$，我们发现后正态化 $\hat{\hat{\beta}}$。我们注意到 $E(u) = 0$ 和 $\sigma^2(u) < \infty$ 是 λ 和 β_0 的识别条件。

现在还有第二个棘手的问题有待解决。到目前为止，我们假定满足度可以在一个无穷大的范围内区别和观察。

实际上，满足度水平 u 不能连续观察而只能对应回答类别分为 A_1，A_2，…，A_k 的若干区间，这些区间构成了实轴的一部分。这就引发了对"离散统计分析"的需要，正如对序数概率或 Logit 的需要那样。

在此背景下，我们在上文提出的问题已经不成问题。在这种情况下，最小二乘准则对下式适用：

$$\sum_{i=1}^{k} \sum_{n \in S_j} E((x'_n \beta - u_j)^2 \mid u_j \in A_j) \tag{2.27}$$

其中，我们采用关于集合 A_j 的 u_j 的条件期望。我们将条件期望表示为 $E(u_j \mid u_j \in A_j) = \bar{u}_j$，则第一个序数 OLS 条件变为：

$$\sum_{j=1}^{k} \sum_{n \in S_j} E(x_n (x'_n \beta - u_j) \mid u_j \in A_j) = \sum_{j=1}^{k} \sum_{n \in S_j} (x_n (x'_n \beta - \bar{u}_j)) = 0 \tag{2.28}$$

换而言之，未知数 u 的值被其条件期望所替代。

当我们选择了一个正态分布，便表明区间 A_1，A_2，…，A_k 由 $\{(\mu_{j-1}, \mu_j)\}_{j=1}^{k}$ 表示，而且可以毫不费力地通过使回答类别频率 p_1，p_2，…，p_k 与理论上的频率相等来决定，以下就是边界 μ_j 的解决系统：

$$\begin{aligned} N(\mu_1) &= p_1 \\ N(\mu_2) &= p_1 + p_2 \\ &\cdots \end{aligned} \tag{2.29}$$

现在可以轻松地决定条件期望 $E(u \mid \mu_{j-1} < u_j \leqslant \mu_j) = \bar{u}_j$。根据正态分布理论，存在（见 Maddala，1983:366）：

$$E(u \mid \mu_{j-1} < u_j \leqslant \mu_j) = \frac{n(\mu_{j-1}) - n(\mu_j)}{N(\mu_j) - N(\mu_{j-1})} \tag{2.30}$$

根据上文描述的方法，我们将关于解释变量 x 作 $E(u \mid \mu_{j-1} < u_j \leqslant$

$\mu_j) = \bar{u}_j$ 的回归。

所以,我们可以将 POLS 方法归纳如下:

(1) 计算样本分数 $p_1, p_2, \cdots, p_k$;

(2) 通过解决系统计算边界值:

$$N(\mu_1) = p_1, N(\mu_2) = p_1 + p_2, \cdots \tag{2.31}$$

(3) 计算条件的方法 $E(u \mid \mu_{i-1} < u_i \leqslant \mu_i) = \bar{u}_i$; (2.32)

(4) 对 $\bar{u}_{i_n}$ 作关于 x_n 的回归计算。

最后的问题在于这与序数概率(OP)有何不同?区别之处就在于我们假设 $u_n = \beta' x_n + \varepsilon_n$ 近似地服从正态分布,而 OP 没有。因此,OP 无疑比 POLS 更普遍。对于实验等式的测算表明 OP 和 POLS 得出了统计意义上不同的比例值。而在当前背景下,这两种方法都得到了相同的比例值 0.30。通过对 t 值的测算也可同样证明。因此,在这种情况下假设是成立的。而且,通过对解释变量 x 进行具体的转换(如求对数),我们可以改进标准状态。基于真实或模拟的数据的许多估计值,我们已经运用了 POLS 和 OP,并且经济推理强烈建议在大多数情况下交换比率(或规范化的 $\beta's$)大致相同(虽然有差异,但在统计学意义上是无关紧要的差异),由 t 值测算的可信度也同样如此。我们指的是在表 3.13a 中,为对比一个多变量小组模型的 OP 和 POLS 结果所举的例子。

现在回到财务满足度分析,用我们最初的计数法来替代这个计数法,表示为:

$$\ln(Z_{i}..) = E(\ln(Z \mid \mu_{i-1} < Z \leqslant \mu_i)) = \frac{n(\mu_{i-1}) - n(\mu_i)}{N(\mu_i) - N(\mu_{i-1})} \tag{2.33}$$

然后,我们根据 POLS 方法来观察回归模型:

$$\ln(Z_{i_n}..) = \alpha \ln(y_n) + \beta \ln(fs_n) + cons + \varepsilon_n \tag{2.34}$$

在表 2.8 中,我们对应表 2.2 中给出的概率结果列出了 OLS 的结果。

这样的比较显示由 OP 和 POLS 得出的估计值除了一个乘法因素,几乎是完全相同的。这表示导致这个结果的交换比例几乎是一样的。我们通过表中 t 值的一致性和锐度也可以看出,其实 t 值是相同的。除

表 2.8　德国收入满足度方程的 POLS 结果

变　量	影响	t 值	影响	t 值	影响	t 值
常数	−5.475	−19.849	−5.504	−19.663	−5.534	−19.770
ln(家庭收入)	0.678	19.829	0.681	19.581	0.681	19.584
ln(家庭规模)	−0.206	−6.642	—	—	—	—
ln(成人)	—	—	−0.205	−6.122	−0.227	−6.597
ln(孩子+1)	—	—	−0.118	−3.645	−0.152	−4.407
家庭结构	—	—	—	—	0.065	2.842
N	4 964		4 964		4 964	
调整后的 R^2	0.073		0.073		0.075	

了乘法因素，标准差是相同的。在表 3.13a 中，我们利用随机固定效应在一个小组数据中做了另外的比较，其中我们通过 OP 和 POLS 估计了同样复杂的关系。估计结果的相似性是惊人的，但是 POLS 的优势在于大约一分钟内就能计算出小组等式的估计值，而通过 OP 的传统方法却需要大约两小时。从现在开始，我们可以称这个方法为调整概率 OLS，或简称 POLS。在下面的统计分析中，我们将使用这个像搭积木一样的方法。你将会看到很多复杂的统计模型都可以用 POLS 轻松解决。在接下来的章节中可以直观地看到，我们还可以利用这个经典线性统计方法的另一个优势。

POLS 方法在计算上比概率法简便得多，而且能得到与概率法相同的结果。因此，我们将在此项研究中主要使用 POLS，或者将第 2.8 节中提及的基数变量作为概率类模型的简化。

2.7　基数方法(CP 和 COLS)

现在我们来看第三种方法，这种方法在收入满足度研究里使用了基数信息。这种基数信息常常被序数概率和 POLS 所忽视。如果某人将他的满足度提高到 7 这个等级，并不意味着他的满足度确实达到了 7。举个例子，更为准确的满足度可能是 6.75 或 7.25，但是，出于对变量的设定，我们只能让它等于 7。然而，如果确切的值非常有可能是 7.75，在这个例子中，我们通过四舍五入就设这个值为 8。更精确地说，如果某人的真实满足度是 7,我们就将其设为在 6.5 到 7.5 之间。出于同样的原因,对其他的值也做了类似的调整。最极端的情况就是:0 值对应的是 0 到 0.5 之间的值;10 对应的是 9.5 到 10 之间的值。如果我们把从区间[0, 10]到[0, 1]的取值范围规格化,那么这个范围将会调整到[0, 0.05], …, [0.95, 1]。

现在我们假设满足度 U 在一定程度上可以由带有说明性的变量 x 的向量来解释(其中包括收入的对数)。更进一步,我们可以假设

$$U = N(\beta' x + \beta_0;\ 0,\ 1) \tag{2.35}$$

其中 $N(\cdot)$代表(标准)正态分布函数。我们强调方程(2.35)是一个非随机的设定,其中正态分布函数只是用来作为一种易得的设定。为了估计的目的,我们再加上一个任意值 ε,并且假设:

$$U = N(\beta' x + \beta_0 + \varepsilon;\ 0,\ 1) \tag{2.36}$$

我们可以看到满足度由一个主要的结构部分和一个任意的干扰值 ε 决定。我们假设这个任意干扰值 ε 是符合正态分布的并且期望值为 0。它的方差也可以估计出来。通常,我们假设 x 和 ε 的协方差为 0。注意到这个模型,尤其是方程(2.36)的规范形式是一个假设。如果存在另一个模型更加适合这个数据,我们就会用它来替代。然而,请允许我们的上述假设成立。

在上例中,当回答者的满足度值是 7 时,

$$\begin{aligned} P[0.65 < U \leqslant 0.75] &= P[N^{-1}(0.65) < \beta' x + \beta_0 + \varepsilon \leqslant N^{-1}(0.75)] \\ &= N(u_{0.75} - \beta' x - \beta_0;\ 0,\ \sigma) \\ &\quad - N(u_{0.65} - \beta' x - \beta_0;\ 0,\ \sigma) \end{aligned} \tag{2.37}$$

与方程(2.4)相比,两个公式得出的可能性是一样的,除非将未知的 μ 替换成已知正态参数 u,而且 σ 不是固定不变的,但必须要估计。β 是通过最大化可能性对数估计而得的。

用这个方法处理德国的数据集,我们就可以得到表 2.9 的数据,除了比例性不同,它与表 2.2 的数据非常相似。与"序数概率"(OP)法相比,我们将这个方法称为"基数概率"(CP)法。CP 法看起来与研究资料中的"群体智慧"或"区间回归法"非常一致。

表 2.9 使用 CP 方法估算出的收入满足度

变　量	估计值	t 值	估计值	t 值	估计值	t 值
常数	−2.524	−18.236	−2.536	−18.055	−2.550	−18.159
ln(家庭收入)	0.342	19.923	0.343	19.652	0.353	19.657
ln(家庭规模)	−0.102	−6.568	—	—	—	—
ln(成人)	—	—	−0.101	−6.019	−0.112	−6.480
ln(孩子+1)	—	—	−0.060	−3.697	−0.076	−4.430
家庭结构	—	—	—	—	0.032	2.765
$\sum$	0.466	94.190	0.466	94.190	0.465	94.184
N	4 964	—	4 964	—	4 964	—
Log 可能性	−9 500	—	−9 500	—	−9 496	—
Pseudo-R^2	0.019 8	—	0.019 9	—	0.020 2	—

现在的问题是我们是否可以从 POLS 的变量中推得一种基数 OLS，并将其称作 COLS。

我们可以通过设定一个回答类别 i 来构建一个变量 $\ln(\dddot{Z})$：

$$\ln(\dddot{Z}_i) = \ddot{E}(\ln(Z) \mid u_{i-1} < \ln(Z) \leqslant u_i) \tag{2.38}$$

其中 $\ln(Z)$ 是标准正态分布函数。应用 OLS 回归处理观察值 $\{\ln(\dddot{Z}_{i_n})\}_{n=1}^{n=N}$ 将会得到表 2.10 的数据：

表 2.10 使用 COLS 方法估算出的收入满足度

变　量	估计值	t 值	估计值	t 值	估计值	t 值
常数	−2.464	−16.738	−2.477	−16.575	−2.492	−16.678
ln(家庭收入)	0.354	19.388	0.355	19.123	0.355	19.126
ln(家庭规模)	−0.108	−6.515	—	—	—	—
ln(成人)	—	—	−0.107	−5.966	−0.118	−6.427
ln(孩子+1)	—	—	−0.063	−3.669	−0.081	−4.403
家庭结构	—	—	—	—	0.034	2.766
N	4 964	—	4 964	—	4 964	—
调整后的 R^2	0.070	—	0.070	—	0.072	—

我们再次看到了非常相似的结果。事实上，我们可以看到比例值和 t 值在 OP、POLS、CP、COLS 四种方法中数值几乎是一样的。

进一步而言，出于平衡比例的计算，OP、POLS、CP、COLS 在实际用途上是同等的。C-版本是应用了基数方面的相关知识。概论版本的计算较为复杂。如果 $\ln(\dddot{Z})$是变量 x 的线性组合,那么上述对 $\ln(\dddot{Z})$也将成立,而且平衡比例也将同样适用。

如果我们应用回归(于 k 观察)去找寻"POLS-Z"和"COLS-Z"之间的关系,我们将找到德国数据的回归结果,即 $R^2 = 0.99$。

$$\ln(\dddot{Z}) = 0.535\,9\ln(\dddot{Z}) + 0.196\,5$$

出于计算的简便,我们宁愿选择 COLS 或 POLS,而非 CP 或 OP。

概率和 POLS 中固有的技术化处理程序是来源于从现在起将被称为频率论的基数化处理程序,因为这个基数化处理程序是基于满足度的频率分布水平的。而 CP 和 COLS 基于的基数化处理程序来源于满足度基数化处理程序。也可参考 Wolfers(2003)中的类似方法。

2.8 收入评价问题(IEQ)

最后,让我们重新考虑一下在第 1 章中提过的收入评价问题。这个问题最早是由满足度问题的先驱者 Van Praag(1971)年提出来的。IEQ 已经在不同国家被提出。在此,我们重点关注的是来源于收入满足问题的结果比较。幸运的是,在 GSOEP 数据集中 IEQ 有 1992—1997 年之间的数据。这给了我们一个直接对比的机会,即利用基于收入满足度问题的研究结果与来源于 IEQ 方面的研究结果进行比较。我们使用了 1997 年的数据。

我们要解决的首要问题是收入评价问题是否提供了至少像收入满足度问题中一样多的信息。第二,我们对 IEQ 研究是否可以比收入满足度问题提供更多的信息感兴趣。

> 你对收入是满意还是不满意取决于你个人的情况和你的预期。以你为例,你认为你的家庭净收入为:
>
> 非常低 DM ________
>
> 低 DM ________
>
> 不够 DM ________
>
> 够用 DM ________
>
> 较高 DM ________

很高　　　　　　　　　　　　　　　　　　　DM ________

关于这个问题，有几个措辞需要解释。第一，随着时间的变化分类等级水平在 5 和 9 之间变动。当它第一次在 Van Praag(1971)的关于比利时的调查报告中出现时，口头表达用的就是 9 个等级水平。在俄国的调查报告中(见 Ferrer-i-Carbonell 和 Van Praag, 2001)，则用了 5 个等级水平。第二，在最早的 1971 年的译本中，这个问题以一种稍显复杂的方式格式化如下：

鉴于我当前的家庭情况，我认为我的家庭月收入：

低于________美元		收入很低
在________美元到________美元之间		收入低
在________美元到________美元之间		收入不够
在________美元到________美元之间		收入较高
高于________美元		收入很高

当介绍这种类型的问题(即 IEQ)时，比起通常的收入满足度问题需要从反馈的回答中得到更多的信息，调查机构预言如果被调查者不严肃地对待这个问题，调查问卷回收率将会非常低。在实践中也确实如此，该问卷的回答率低于其他的普通问卷，但差别不是特别明显。这些回答可能也是不完整的，但只要至少有三个回答，这些资料就可以用。而且，所需收入的多少应该进行排序，在某种意义上，收入较高者比收入较低者所需的收入更多。最后，如果回答"很低的收入"远高于回答者的当前收入，或回答"很高的收入"远低于回答者的当前收入，回答均被认为是不真实的。当然，这样的情况在问卷中只占了很小的一个比例，并且被剔除在进一步的分析之外。

现在让我们来分析 IEQ 的结果。我们用 c_1 到 c_6 表示答案。经过分析，我们得出两种可能性。第一种是一个序数分析，存在离散方程：

$$\ln(c_i) = \alpha_i \ln(y) + \beta_i \ln(fs) + \gamma_i + \varepsilon_i \quad (i = 1, 2, \cdots, 6) \tag{2.39}$$

根据不同的水平 i，这些方程可以用来描述无差异曲线。问题是这些系数是什么以及这些系数是否等于六种水平。这六种水平方程的回归结果在表 2.11 中。我们在这里使用的是关于 GSOEP1997 年数据集的 SUR 模型，考虑六种水平之间各自单独的相关性。相关系数矩阵估计在表 2.12 中。

表 2.11　序数分析法对 IEQ 的六种水平方程分析

	c_1		c_2		c_3		c_4		c_5		c_6	
	影响	t 值	影响	t 值	影响	t 值	影响	t 值	影响	t 值	影响	t 值
γ_1	3.499	33.653	3.422	42.488	3.447	46.647	3.558	51.176	3.788	51.033	3.961	41.326
α_1	0.468	35.134	0.507	49.193	0.527	55.774	0.539	60.572	0.550	57.904	0.571	46.534
β_1	0.165	12.870	0.149	14.996	0.141	15.490	0.130	15.144	0.089	9.706	0.056	4.715

注:系统权数 $R^2 = 0.2318$。

表 2.12　误差的相关性系数矩阵

	c_1	c_2	c_3	c_4	c_5	c_6
c_1	1	0.906	0.836	0.744	0.611	0.467
c_2	0.906	1	0.963	0.887	0.784	0.630
c_3	0.836	0.963	1	0.951	0.856	0.706
c_4	0.744	0.887	0.951	1	0.917	0.772
c_5	0.611	0.784	0.856	0.917	1	0.899
c_6	0.467	0.630	0.706	0.772	0.899	1

在 1988 年 Van Praag 和 Van der Sar 所做的进一步序数分析研究中,使用不一样的数据集却得到了相似的结果。我们的结论是不同等级的相关系数是不一样的,但是他们遵循相同的模式,这一模式已由 Van Praag 和 Van der Sar 发现。当满足度处于一个低水平时,满足度与收入的相关性是 0.468,并且这一相关性随着满足度水平的提高而增加,当相关性增至 0.571 时,满足度水平达到最大。虽然无差异曲线将在某一点(比方说收入接近零的点)相交,但是上述分析无疑是为无差异曲线非平行的猜想提供了强有力的证据。

最有趣的一点是每个人对什么是好的收入或足够的收入等的理解都不尽相同。这取决于他们的家庭净收入和居住环境,并且还与家庭规模有关。这说明评价是相关的。当 $\alpha = 0$ 时,评价是绝对的;也就是说,独立于当前收入。当 $\alpha = 1$ 时,评价是完全相关的。从表 2.11 中可以看出两者之间的变化。评价标准随着收入提高而变动的现象,被称为"偏好漂移"(见 Van Praag, 1971)。这与 Brickman 和 Campbell 于同年独立得到的结果相类似。他们称之为"享乐跑步机"效应。Brickman 和 Campbell 是通过对一小组人员进行非定量效应实验得出了"享乐跑步机"的修正效应。α,即 $\ln(y)$ 的参数可以衡量偏好漂移。我们注意到偏好漂移会随着满足度等级 i 而变动。

显然,偏好漂移是一个令人困惑的现象。评价一个具体的家庭收入与家庭支出的结合,在观念上,应该根据传统的经济模型,而不是被访问者的具体情况。然而,我们看到在实践中,它取决于被访问者的收入。这清楚地表明"好收入"这个概念在某种程度上是相对的且由心理决定。贫穷也是同样的道理,之后我们便将提到。

家庭规模效应 β 则以相反的方式变化。它与满足度成反比[12]。当收入依赖象征着一个心理参考影响时,我们可以认定家庭规模受实际需求的影响。那么,我们的结论便可以概括为:当个体变得更加富裕时,实际的需求压力就会变得小一些,这时,个体的评价标准将更受参考因素的影响。

根据水平 i 和个体 n,我们可计算相应的收入水平 y_i^*。对于这样的(口头)水平存在方程:

$$\ln(y_i^*) = \alpha_i \ln(y_i^*) + \beta_i \ln(fs_n) + \gamma_i \quad (i = 1, 2, \cdots, 6) \tag{2.40}$$

推得:

$$\ln(y_i^*) = \frac{\beta_i \ln(fs_n) + \gamma_i}{1 - \alpha_i} \quad (i = 1, 2, \cdots, 6) \tag{2.41}$$

我们注意到家庭规模弹性为 $\frac{\beta_i}{1-\alpha_i}$。并且,弹性和相对应的家庭等值规模,是随着满足度 i 的变化而变化的。我们试图用早些时候导出的弹性值与这些值对比,但是我们要推迟片刻再做这个工作。

现在让我们来看定义为"收入的个人福利功能"(WFI)。Van Praag (1968)提出财务满足度做为一个基数概念可以用 0 到 1 来衡量。那时,被称为财政效用或来源于收入的福利。在 1968 年,这显然是一个异端邪说,不为主流经济学所接受(见 Seidl, 1994,一个尖锐但迟来的批评)。大约的关系被争论为含有参数 μ 和 σ 的标准正态分布。几年后,Van Praag (1971)以及 Van Praag 和 Kapteyn(1973)依据 IEQ 的资料估计出了每个个体的 μ 值和 σ 值。他们假设答案 $c_1, \cdots, c_i, \cdots, c_6$ 与满足度 $\frac{1}{12}$, $\frac{(2i-1)}{12}$ 和 $\frac{11}{12}$ 分别对应;这被称为等分位数假设(见 Van Praag, 1991, 1994,由经验数据得到该假设)。更进一步,假设满足度 $U(c; \mu, \sigma) = \Lambda(c; \mu, \sigma)$,其中 $\Lambda(c; \mu, \sigma) = N(\ln(c); \mu\sigma)$。函数 $\Lambda(\cdot)$表示在图 1.1

中拟定的标准正态分布函数,并能估计每一个个体的 μ 值和 σ 值。我们可以得到 6 个值,或者更多,即每个个体对应 k 个观察值,并且我们假设:

$$N\left(\frac{\ln(c_i)-\mu}{\sigma}\right)=\frac{(2i-1)}{12}\quad(i=1,\ 2,\ \cdots,\ 6)\tag{2.42}$$

我们通过下式为每一个个体观察值 n 估计参数 μ 和 σ:

$$\hat{\mu}_n=\frac{1}{6}\sum_{i=1}^{6}\ln(c_{in})\quad\hat{\sigma}_n^2=\frac{1}{5}\sum_{i=1}^{6}\ln(c_{in}-\hat{\mu}_n)^2\tag{2.43}$$

这与我们在上文提及的运用 CP 方法和 COLS 方法建构的 $u's$ 十分相像。

然后用以下的回归方程中的观察值 N 作为样本解释估计值 $\hat{\mu}_n$:

$$\hat{\mu}_n=\alpha\ln(y_n)+\beta\ln(fs_n)+\gamma\tag{2.44}$$

表 2.13 中列出了 μ 的回归结果。正如我们所料,系数就是表 2.11 中纵列 6 个值的平均值。

表 2.13 IEQ 以 μ 为参量的 OLS 回归分析

	M	
	影　响	t 值
γ_i	3.611	54.308
α_i	0.527	61.964
β_i	0.121	14.819
N	3 962	—
调整后的 R^2	0.631	—

到目前为止,已经证明要在一个可接受的范围内解释变量 σ 实属不易,这被 Van Praag(1968, 1971)称为“福利的敏感性”。它看似以一种随机的方式分布在个体之间。在很多研究中,我们假设它对于相同人群中的个体是个常数。Hagenaars(1986)通过一个多国数据集发现参数与一个国家的收入分布的正态分布有关。她认为福利敏感性 σ 在公平性稍低的社会中要高一些。在最近的研究中(GSOEP, 1997),我们发现 $\sigma=0.453$。

现在我们可以通过个人参数($\mu(y)$, σ)得出自己的收入 y 的估值:

$$N\left(\frac{(\ln(y)-\mu(y))}{\sigma}\right)=N\left(\frac{(\ln(y)-\alpha\ln(y)-\beta\ln(fs)-\gamma)}{\sigma}\right)\tag{2.45}$$

或者使用其序数等式：

$$\frac{(\ln(y)-\mu)}{\sigma}=\frac{(\ln(y)-\alpha\ln(y)-\beta\ln(fs)-\gamma)}{\sigma} \tag{2.46}$$

我们注意到，IEQ有效地引入了个体福利函数的两个概念。第一个概念由保持μ的连续性产生。通过一张时间表，说明个体是怎样通过对他们收入的预期去评价收入水平的变化的，在目前水平下又是怎样保持不变的。我们称其为“虚拟”或“短期”福利函数。这可以通过具体的IEQ个体问卷估计出来。

第二个概念是福利函数关于现实中有不同收入的不同个体评价他们的收入。这是一个人际概念。我们称其为“真实”或“长期”福利函数。这个函数来自于使用一个由不同个体组成的样本。从方程(2.46)可知，真实福利函数也是对数正态分布，参数为：

$$\left(\frac{\beta\ln fs+\gamma}{1-\alpha},\ \frac{\sigma}{1-\alpha}\right) \tag{2.47}$$

在图2.3a和2.3b中，我们画出了这两个函数。我们可以注意到真实福利函数的斜率较虚拟福利函数更为平坦。这表明在预期中收入改变比在实际中改变得要更大一些。事实上，这两个概念对应着决定和经验效用的两个概念，这点是由Kahneman、Wakker和Sarin(1997)发现的。虚拟福利函数描述了一个特定个体不同收入水平的路径。这是基于个体决定的收入和福利之间的预期关系。真实福利函数描述了实际拥有收入的个体如何在现实中估计他们的收入。

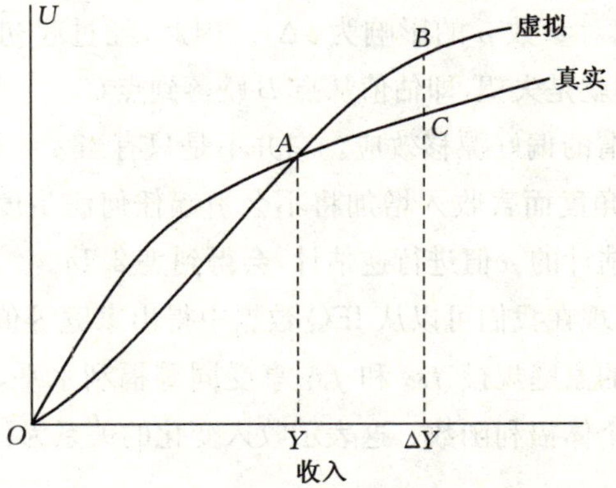

图 2.3a　虚拟和真实福利函数

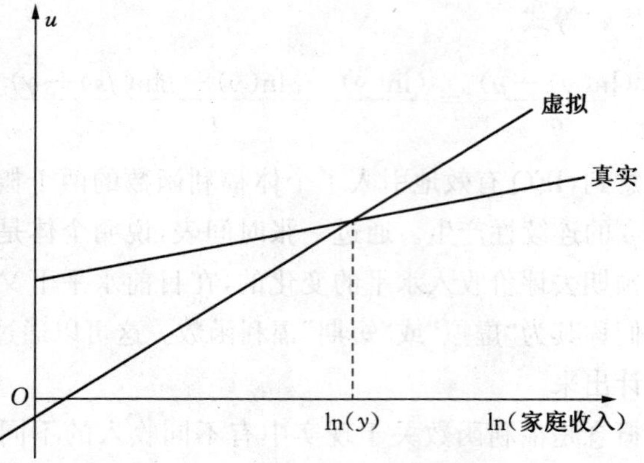

图 2.3b　虚拟和真实福利函数(线性变形)

福利函数将收入变化的范围划定在估计区间[0，1]。第二种(更容易的)方法是将福利函数的区间划定放在现实中的坐标轴去考虑，并考虑函数 $u(y)$。

$$u(y)=[(1-\alpha)\ln(y)-\beta\ln(fs)-\gamma]/\sigma \tag{2.48}$$

这两种表示方法基本是一样的。我们称后者为线性变形。两种表示方法都可由图 2.3a 和图 2.3b 表示。短期福利函数对应的 α 值为 0。因此，短期虚拟函数要比长期真实函数更为陡峭。

短期概念和长期概念的区别可由下面简单的思想实验来说明。假设某人最初收入为 y，随后增长 Δy，产生一个新的收入 $y+\Delta y$。对应地，在图 2.3a 中，他的短期福利从点 A 上升到点 B。经过一段时间，曲线会发生改变，由此对参数 μ 的影响为 $\alpha\Delta y$。因此，经过起初的一段好时光后，紧随其后的就是失望，即估值从点 B 跌落到点 C。

这就是所谓的偏好漂移效应。它并不是只有当 $\alpha=0$ 时才发生，若 $\alpha=1$，从长期角度而言收入增加将不会引起任何满足度的增加。我们对表 2.8 中所估计的 μ 值进行逆估计，会得到表 2.14。

显而易见，现在我们可以从 IEQ 数据中得出家庭等值规模。我们可以通过使不同的家庭规模 fs_0 和 fs_1 享受同等福利水平，得到与家庭等值规模有关的个体福利函数。这表示收入变化的关系为：

$$y_1/y_0=(fs_1/fs_0)^{\frac{0.121}{0.473}}=(fs_1/fs_0)^{0.26} \tag{2.49}$$

表 2.14　家庭等值规模的 IEQ 估计，μ 值 OLS

变　量	估计值	t 值	估计值	t 值	估计值	t 值
常数	3.611	54.308	3.572	52.302	3.574	52.309
ln(家庭收入)	0.527	61.964	0.533	60.667	0.533	60.644
ln(家庭规模)	0.121	14.819	—	—	—	—
ln(成人)	—	—	0.090	8.093	0.089	7.958
ln(孩子+1)	—	—	−0.096	11.976	−0.083	5.355
家庭结构	—	—	—	—	0.011	0.963
N	3 962	—	3 962	—	3 962	—
调整后的 R^2	0.631	—	0.632 2	—	0.632	—

我们注意到幂为 0.26。用先前的方法(OP 方法等)得出的同等的幂为 0.30。

现在我们将家庭等值规模分为 6 个水平 i，数据来源于表 2.11 和平行计算的 μ-方程(表 2.15)。我们可以看到所有的主观刻度差别很小。

表 2.15　来源于 IEQ，德国 1997 年的家庭等值规模(%)

家庭规模	c_1	c_2	c_3	c_4	c_5	c_6	μ
1	81	81	81	82	87	91	84
2	100	100	100	100	100	100	100
3	113	113	113	112	108	105	111
4	124	123	123	122	115	109	119
5	133	132	131	129	120	113	127
6	141	139	139	136	124	115	133
7	147	146	145	142	128	118	138
8	154	152	151	148	131	120	143

Van Praag 和 Filk(1992)用同样的 IEQ 方法为不同的欧洲国家计算了等值规模。他们注意到在不同的国家，因受到文化和社会系统差异的影响，刻度是不一样的(也可参考 Hagenaars, 1986 和 Goedhart 等, 1977)。

最后，以财务满足度为基础(表 2.3 与表 2.15 最后一列对比)，对比这一章中 IEQ 的结果和我们早期得出的结果是很有趣的。从实际 WFI 中得到的 t 值，与早期数据中的 t 值很相似。我们在 IEQ 中得到的额外结果和在财务满足度中没有解决的问题，仍然指向当前收入，是虚拟 WFI。正如前所述，实际的 WFI 与经验效用函数相对应，虚拟 WFI 与决定效用函数相对应。

德国实际的或经验的福利函数与此相比的估计是:

$$U(y) = N(\ln(y);\ 0.26\ln(fs) + 7.63,\ 0.96) \qquad (2.50)$$

用基数概率方法得出的经验福利函数与上面的估计相比,我们发现参数的差别并不大。

对比公式(2.36)和公式(2.50),我们发现两者对于 y 虽然是不同类型的正态分布,但都符合对数正态分布。毕竟,关于 1968 年对数正态福利函数的猜想仍然具有现实意义。

2.9 结论

现在让我们对本章节内容做一个总结。

1. 我们发现收入满足度可以用客观因素解释。由此产生了家庭规模、收入、成人和孩子之间的比例系数。

2. 我们发现基数概率方法(OP 方法)是以暗含基数论假设为基础的。

3. 我们发现可以用最小二乘法下的调整概率方法(POLS 方法)代替序数概率法(OP)方法,若排除乘法因素,结果不会有很大差别。

4. 我们发现可以用从财务满足度问题中得来的重要信息,得出基数概率法(CP)和基数最小二乘法(COLS)。

5. 频率论和基数方法是暗含了满足度的两种不同基数化。

6. 根据经验估计,这四种方法之间的相似性很高而且(几乎)会得出相同的比例。

7. 由于 POLS 和 COLS 方法计算上比较简单,而且应用 OP 在实际中可行性不大(这将在以后的章节中论述),只要概率可用,我们就要使用 POLS 或 COLS 方法。

8. 较早地使用定量分析方法研究收入满足度的是 Van Praag 和 Kapteyn(即"莱登学派")。在本章节,我们比较了他们分别来源于收入评价问题(IEQ)和财务满足度问题(FSQ)的研究成果。我们发现这两种方法所得出的比例参数相似。

9. Kahneman, Wakker 和 Sarin 用 FSQ 得出经验效用函数。IEQ 得出了一个虚拟和一个实际的个体福利函数,它们分别与 Kahneman,

Wakker 以及 Sarin 得出的决定效用函数和经验效用函数如出一辙。由这个对比结果可知，几乎所有的结果都是由 WFI 分析而得，或者在“莱登学派”中同样可由 FSQ 分析而得。

10. FSQ 比 IEQ 更易应用。而且，在问及健康满足度、住房满足度等问题时，IEQ 显得无用武之地，但是 FSQ 却可以做到。因此，研究的重心便转移至基于 FSQ 的研究。但是，IEQ 可以提供(事先的)决定效用函数的相关信息，而 FSQ 不可以。

11. 早期以 IEQ 为基础的研究很难再转换为以 FSQ 为基础，在这项研究中，我们将在被视为等价的两种工具中任选其一作为基础来得出研究结果。

注　释

[1] 我们要感谢德国 SOEP 及其主席 Gert Wagner 教授为我们提供了这些有用的数据。

[2] 本书中所使用的 BHPS 数据是由英国数据档案馆提供。这些数据最早是由 Essex 大学的 ESRC 研究中心(现已与社会经济研究协会合并)在研究微观社会变化时收集的。这些数据最早的收集者以及英国数据档案馆都不对本书中的分析或解释负责。

[3] 自然对数用 ln(·)表示，以 10 为底的对数用 lg(·)表示。

[4] 我们这里所使用的 1997 年的数据是未审定的初步数据，与最终审定后的版本略有不同。在最终的版本中我们也发现一些满意类别为 0 的人。

[5] 我们在这里加 1 是为了避免当孩子的数量为 0 时而造成无意义的 lg 0。

[6] 本例中的“曲线”是一条直线。值得注意的是，我们无需为了确定无差异曲线去假设个人的最优行为。因为无差异曲线能根据经验得出。

[7] 方便起见，我们按照对数差异来处理该问题。一种截然不同的解决方法将得到相似的结论。

[8] 这个系数经稍加修改后，被 OECD 采纳为他们“正式”的等值规模单位。

[9] 我们用 Ad 代表 $adults$，Ch 代表($children+1$)。其中的加 1 是为了避免出现无意义的 lg 0。

[10] 在目前的(德国)样本中，第一个回答类别是空的(见注释 4)。其中，$\mu_1=-\infty$。

[11] 这部分内容较之 2004 年的版本作了相当大的改动。

[12] 也可参考 Van Praag 和 Flik(1992)为其他欧洲数据集所作的比较。

3. 满足度的因子分析*

3.1 简介

生活中,比收入重要的事情还有很多。心理学家进行了多种多样的满足度因子分析。一个人可能会对他的经济状况非常满意,但会对他的工作或可利用的休闲时间不满意。每个人能区分出他生活的很多方面,并且可以分别评价关于这些方面的满足度。在德国 GSOEP 数据集中划分了 6 个不同的因子,而在类似的英国 BHPS 数据集中有 8 个不同的因子。表 3.1 列出了这两个数据集中的因子的相似处和不同处。

表 3.1 德国和英国的因子分析

德国社会经济面板数据	英国家庭调查数据
工作满足度	工作满足度
财务满足度	财务满足度
健康满足度	健康满足度
住房满足度	住房满足度
休闲满足度	休闲满足度:总量
—	休闲满足度:利用
环境满足度	—
—	社会生活满足度
—	婚姻满足度
总体满足度	总体满足度

* 本章部分内容来自 Van Praag, Frijters, and Ferrer-i-Carbonell(2003)。

GSOEP中的围绕各因子满足度的问题大致是按照如下的一般格式(而具体的因子是变化的:比如说健康、工作等等)进行提问的:

请按下面的数字等级来回答,其中0表示完全不满意,10表示完全满意:

关于……你有多满意(你的健康,工作,……)?

注意,回答者要给出一个数字进行评价。在老式答卷中,我们看到供被调查者回答的可选类别是用文字来描述的,如"很差"、"可以"、"很好"。这表明开展这些调查的知名民意调查机构对这种满足度调查问题很有信心,因为这种方式通俗易懂且易被回答者接受。他们用语一致而且他们的回答是可比较的。

很显然,其实可以划分出更多的因子。例如,在英国BHPS中就将休闲满足度划分成两个子维度:休闲总量和休闲时间的利用。而且,英国数据集中还有另外两个因子:婚姻满足度和社会生活满足度,而在德国数据集里没有。不过,英国数据集没有包括环境满足度。

这两个数据集都包含有总体生活满足度。我们简称其为"总体满足度"。

在这一章我们对各因子满足度进行逐一分析解释,并比较德国数据和英国数据进行分析后的结果。注意这两个数据集都是面板数据集。我们用的德国数据集涵盖1992—1997年,而英国数据只涵盖1996—1998年[1]。两个数据集所使用的变量并不完全一样。他们所使用的变量描述可以在附录3A和3B中找到。

各种因子的评价的总体分布在表3.2—3.7中列出。

表3.2 满足度分布,联邦德国工作者,1996(%)

	0	1	2	3	4	5	6	7	8	9	10
工作满足度	0.80	0.55	1.73	3.04	4.32	10.93	9.96	17.97	27.89	13.73	9.08
财务满足度	0.31	0.33	0.77	1.89	3.46	9.35	10.62	22.19	30.10	13.46	7.53
健康满足度	0.68	0.54	2.03	3.59	4.51	12.13	10.11	17.49	26.06	13.25	9.62
住房满足度	0.93	0.50	1.51	2.49	3.50	7.89	7.68	14.85	25.72	17.87	17.06
休闲满足度	1.02	1.33	3.57	5.49	6.32	13.68	11.51	16.86	21.40	10.01	8.81
环境满足度	0.81	0.71	1.78	4.73	6.64	16.95	14.56	22.15	20.29	7.68	3.69
总体满足度	0.23	0.25	0.71	1.35	2.76	9.72	11.07	23.98	33.51	11.63	4.77

表 3.3 满足度分布,民主德国工作者,1996(%)

	0	1	2	3	4	5	6	7	8	9	10
工作满足度	0.62	0.72	2.00	4.62	4.26	10.93	10.07	19.31	27.02	10.79	6.83
财务满足度	0.25	0.25	1.41	3.17	4.98	9.35	15.54	25.49	23.73	7.99	2.82
健康满足度	0.45	0.25	1.36	4.17	5.58	12.13	10.51	19.91	25.84	11.01	5.43
住房满足度	1.16	0.91	2.37	4.79	5.95	7.89	9.54	15.69	23.26	13.67	10.80
休闲满足度	1.16	2.11	5.33	8.25	8.51	13.68	13.84	16.91	16.51	6.44	4.03
环境满足度	1.56	1.46	4.58	9.00	11.56	16.95	17.40	19.31	11.66	2.46	0.75
总体满足度	0.30	0.15	0.85	2.82	4.37	9.72	15.43	27.95	24.59	5.23	1.61

表 3.4 满足度分布,联邦德国非工作者,1996(%)

	0	1	2	3	4	5	6	7	8	9	10
财务满足度	0.64	0.92	1.54	3.55	3.91	11.43	9.42	17.44	27.26	13.20	10.68
健康满足度	2.71	2.09	4.18	6.05	6.67	14.90	11.19	14.20	20.33	9.62	8.06
住房满足度	0.82	0.65	1.60	2.67	3.29	8.60	6.63	14.17	24.45	16.81	20.32
休闲满足度	0.53	0.90	1.40	2.97	3.84	8.58	7.80	13.60	23.70	14.47	22.21
环境满足度	0.92	1.06	2.21	3.94	6.82	16.30	13.84	21.17	20.61	7.97	5.15
总体满足度	0.73	0.67	1.56	3.07	3.63	13.65	11.61	19.35	28.53	10.11	7.09

表 3.5 满足度分布,民主德国非工作者,1996(%)

	0	1	2	3	4	5	6	7	8	9	10
财务满足度	0.78	0.57	2.26	4.95	7.14	15.91	13.51	19.73	22.84	7.71	4.60
健康满足度	1.97	1.48	4.09	7.19	6.84	21.30	12.91	14.32	18.12	7.05	4.72
住房满足度	1.28	1.07	1.85	4.42	5.49	11.55	9.27	13.47	23.16	13.40	15.04
休闲满足度	0.92	0.71	1.77	3.05	3.26	12.84	9.36	13.76	25.67	12.55	16.10
环境满足度	1.55	1.76	4.52	9.39	11.86	20.82	17.01	16.30	13.06	2.96	0.78
总体满足度	1.13	0.42	2.04	4.65	5.07	22.06	15.15	19.80	21.28	5.29	3.10

表 3.6 满足度分布,英国工作者,1996(%)

	1	2	3	4	5	6	7
工作满足度	3.23	4.40	9.11	16.15	25.64	25.51	15.97
财务满足度	4.20	6.52	12.94	21.29	26.75	19.33	8.97
健康满足度	1.74	2.72	8.65	14.12	22.41	30.96	19.39
住房满足度	1.97	3.32	7.23	14.79	22.94	29.96	19.80
休闲-总量满足度	3.88	7.94	16.35	19.90	23.96	16.52	11.46
休闲-利用满足度	1.98	5.00	10.80	19.48	25.98	22.22	14.54
社会生活满足度	1.56	3.77	8.74	17.78	26.95	25.55	15.65
婚姻满足度	1.07	1.03	3.13	5.62	9.59	24.60	54.96
总体满足度	0.70	1.76	5.81	14.30	31.62	34.12	11.69

表 3.7 满足度分布，英国非工作者，1996(%)

	1	2	3	4	5	6	7
财务满足度	12.59	8.74	13.12	18.59	16.63	14.04	16.30
健康满足度	9.11	5.66	11.48	15.16	18.23	20.60	19.76
住房满足度	3.66	3.24	5.25	11.09	15.84	22.85	38.07
休闲-总量满足度	3.29	4.13	7.25	12.94	14.75	17.18	40.46
休闲-利用满足度	4.49	4.32	8.92	13.68	18.78	18.62	31.19
社会生活满足度	5.54	3.93	8.60	16.37	19.01	20.38	26.17
婚姻满足度	1.78	1.34	2.69	4.75	6.67	16.66	66.11
总体满足度	2.92	3.37	5.88	14.95	22.81	26.87	23.20

从上面这些表中很明显地看出大多数回答者都很满意。但是，我们仍然可以看到有相当一部分的回答者对他们的状况并不满意。例如，超过 20%的联邦德国工作者评价其工作满足度时选择了 0—10 中的 5 或更低的数值。对于英国工作者，我们发现大约 17%的人把他们的工作满足度的评价值定在 1—7 的 3 或更低。更一般地，我们看到每一个评价值都有人选择。由此，我们得出结论是由这些多种多样的回答可以让我们相信回答者的行为是可信的而且没有被社会期望动机所左右。我们唯一没有把握的就是英国样本中关于婚姻满足度问题的调查结果。实际上，选择最高评价值回答这个问题的人的比率很高。这也许可以表明存在一些互相关联的回答并由此受到伴侣间的相互影响。不过，在下文我们是假定回答者的回答都反映真实情况。

3.2 第二个分析：方法考虑

在这一章中我们将提出并就一些方程进行估计，利用这些方程来解释每个因子满足度调查中被调查者所提供的回答。我们将被调查者分为工作者和非工作者，也把联邦德国和民主德国区分开来。对于德国数据集有 24 个方程，英国数据集有 16 个方程。由于方程太多，我们对每个方程的细节不作太多分析。

在上一章中我们研究了财务满足度，在这一章我们又将提到它，但是这一次我们将使用更复杂的方程。不过，我们先分析我们将要估计的关系的一般结构和计量经济学方法。

我们假定一个基本方程:

$$\ln(Z) = \beta_1 X_1 + \cdots + \beta_m X_m + \varepsilon \tag{3.1}$$

由于无法准确地确定多少个被解释的变量,因此,用 i 进行区分,$i = 1, 2, \cdots, 1$。变量 X 代表解释变量(自变量)。我们选择哪些解释变量则要考虑多个因素。首先,该变量必须对方程的左边(因变量,即回答)有一个直观上合理的影响。其次,数据必须是可获得的。第三个因素是参考的框架。比如说,在上一章中我们用一些变量解释了财务满足度,在这一章我们将继续研究财务满足度,但是会用更多的变量。原因是在上一章中我们仅仅对家庭规模大小对财务满足度的影响产生了研究兴趣。

在第 2 章我们看到不止一种方法来估计这类模型。首先,有 4 种方法来估计同一个方程,且得出的结果非常相似。第一种传统的方法是使用定序概率(OP)。在上一章中已表明 OP 暗含着一个特别的 ln(Z)基数方法。

另一个基数方法是基于回答者被要求给出一个具体数字来评价其各因子满足度。假定在 0 到 10 的区间内有一个潜在的连续的评价函数,那我们可以假定在用离散数字进行评价时选择 7 来评价其满足度的话,就落在 6.5 和 7.5 之间。在这种情况下,我们可以对分组数据做个回归,这些分组数据的分界点是 0.5, 1.5, …, 9.5。我们把这种方法叫"基数概率方法"(CPA: cardinal-probit approach)。在统计文献中也叫"组回归"。我们看到在财务满足度分析中 OP 的 Z 数值与 CPA 的 Z 数值有一一对应的关系,在这一章我们将看到其他因子也存在这样的关系。

估计这个模型的第三种方法就是给出每个回答类别的 ln(Z)的条件期望,假定这个条件期望在一个特定回答区间内是存在的。这就是概率最小二乘法变量。这个技巧也可以在基数框架里使用。这样,那些条件期望由最小二乘法解释,成为 POLS 或 COLS 变量。由于应用所有这四种变量不太可行,因为它们会得出相似的结果,所以在这一章我们将应用 POLS 方法。我们使用条件期望的原因是它非常符合在下一章的分析。

我们的数据集,至少在这章和下一章都是面板数据。也就是说,我们在 T 个连续的期间有 N 个观察单元。这样,每一个变量都有两个下标 n、t。这就使分析难上加难,但也更有趣。

首先,大多数变量在一生中并不是固定不变的。它们围绕平均水平上下波动或被人们认识到在发生变化。一个著名的例子是弗里德曼(1957)的关于恒久性收入与暂时性收入的区分。基本思想是大多数人 n 有一个固定收入水平 y_n,而且当前收入可分解为 $y_{n,t}=y_n+\Delta y_{n,t}$。$y_n$ 是恒久性收入,$\Delta y_{n,t}$是暂时性收入。这两部分收入都影响消费(或储蓄)水平但是这两者的影响并不一样。接下来我们把回归方程中的 $\beta.\, y_{n,t}$替换为$\beta.\, y_n.+\gamma.\, \Delta y_{n,t}$。$\beta.\, y_n.$代表恒久性收入的影响,$\gamma.\, \Delta y_{n,t}$代表暂时性收入的影响。很显然,如果我们有一个纵向数据集,所有的变量都可以这样分解。因此,一般说来,是分解为水平影响和冲击影响。显然,对涉及的每个变量都应用这个分解不大有用。因为有一些变量多年都不变。决定哪些变量值得分解是靠经验方法的。

第二个重点是误差项。误差项的一种解释是它代表被忽略的变量比如半固定的心理特征。有时这些被忽略的变量可能与观测变量以及自变量相关。这就暗含着误差项与解释变量相关,这会导致回归估计中出现估计偏差。如果一个观察变量 X 和一个被忽略的 V 有重复(也就是彼此相关所导致的结果),那么 X 的回归系数会与方程中包含 V 时的估计值不同,这是个事实。变量 X 同时也扮演了 V 的角色。因为在回归正交条件下,误差项中仅仅包含 V 与其他变量不相关的部分。这里我们会使用通常的假设,就是误差项与解释变量不相关。

我们也许要假设,对于同一个被调查者,在观察期间的各误差项之间存在相当程度的正相关关系。因此,我们把误差项分解为一个固定部分 $\varepsilon_n.$ 和一个可变部分 $\eta_{n,t}$。我们假定:

$$\varepsilon_{n,t}=\varepsilon_n.+\eta_{n,t} \tag{3.2}$$

假定在观测期间对每个独立的 n,满足 $E(\varepsilon_n)=0$, $E(\eta_{n,t})=0$。而且,我们假定这两个部分相互独立。相关系数 $\rho(\varepsilon_{nt},\varepsilon_{nt'})=\rho$ 反映了 ε_n 的时间稳定性有多大。通常,我们假定这两部分都是正态分布的。这个模型在面板分析(见 Greene, 2000)中叫做“随机影响”模型。实际上,误差的分解方法与观测变量分解为一个水平影响和一个冲击影响的方法是相似的。不同之处是在观测变量中,两部分的数字观测值我们都可以获得,而对于误差项来说这是不可能的。对于误差项,我们不得不通过规定统计结构来取得较好的结果。估计完成后,当然对于每个(n, t)观察,计算出残差 $\hat{\varepsilon}$ 是可能的。然后,我们可以通过把每个个体在 T 观察期间的残差平均来估计个体影响。

3.2.1 固定或随机的个体影响

有两种方法研究一段时间内的个体观察的相关性。第一个是随机影响方法。第二个是固定个体影响。在概率公式中 Chamberlain(1980)已说明第二种选择是不可能的。Das 和 Van Soest(1999)和 Ferrer-i-Carbonell和 Frijters(2004)提出了其他包含个体固定影响的替代方法。然而,如果我们选 POLS,即 OLS,两种方法都可行。在整个研究中,我们选择了随机影响模型,下面会对之所以如此选择进行分析。两种方法的不同可以用下面两个模型等式简明描述:

$$y_{n,t} = \beta x_{n,t} + e_n + \varepsilon_{n,t} \tag{3.3}$$
$$y_{n,t} = \beta x_{n,t} + \varepsilon_n + \varepsilon_{n,t}$$

在第一个等式中我们引入一个特定个体的非随机固定影响 e_n。而在第二个等式中我们用的是一个随机影响。为什么我们倾向于第二种做法而不是第一种有两点理由(另见 Mundlak, 1978)。

在第一个模型中 e_n 项是一个要被估计的未知参数。这样,如果我们有 5 000 个个体,每一个个体都要估计一个附加参数,加起来多于 5 000 个参数。我们的第一个反对理由是我们不能称之为小模型。模型的首要条件之一是应该只有很少的参数和关系。如果观察次数是一个个体一次——横截面数据集而不是纵向数据集的情形下——那么模型就暗示着 $e_n = y_n$,而且结构影响 β 会是 0,但是解释力是 100%。我们弃之不用的理由就是在横截面分析中这个模型太繁琐。很明显,简洁的理由同样也适用于使用纵向观测数据的模型。我们的第二个反对理由是关于模型结构的。在分析中我们在方程中引入了水平可能性(α)和冲击影响(β):

$$DS_{n,t} = \alpha X_n + \beta X_{n,t} + \varepsilon_{n.} + \varepsilon_{n,t} \tag{3.4}$$

然而,如果我们以要估计的 N 个个体固定影响 e_n 代替随机影响,那么水平影响 αX_n 就完全不适合引入,因为通过设定 $\alpha = 0$ 就能得到最好的变换。因此,我们必定只能估计冲击影响。即使拟合性更好,虽然不是对横截面数据分析中的 100%,直观上我们也认为不合理。估计完成后计算每个个体的残差是可能的，而且每个个体 T 期内观测值的平均值是每个个体的随机固定影响的估计。

这一章的基本等式是：

$$DS_{n,t} = \alpha \bar{X}_n + \beta X_{n,t} + \varepsilon_n + \varepsilon_{n,t} \tag{3.5}$$

$\bar{X}_n$ 代表所考虑的 T 期的 $X_{n,t}$ 平均值，而且 $\ln(Z)$ 被特定因子的满足度变量 DS 代替。注意我们可以这样写 $\alpha\bar{X}_n + \beta X_{n,t} = (\alpha+\beta)\bar{X}_n + \beta\Delta X_{n,t}$（另见 Mundlak，1978）。我们将用 POLS 估计(3.5)式。

水平影响 α 与变量的平均值相联系。所以“家庭收入平均对数”代表期间内的平均水平而冲击影响与“家庭收入对数”相联系。总体长期影响是$(\alpha+\beta)$。

把 probit 分析推广到纵向数据集是可行的。理论上很简单，但是实际操作起来却相当复杂。在 STATA 软件中我们可以同时进行 POLS 和 OP 分析，结论是，除了一个乘积因子外，实际上两种选择没有系统性差别（另见 Stewart 1983；Van Praag，Frijters，和 Ferrer-i-Carbonell，2003）。随机影响的 t 值和相对方差也是几乎相等的。对于定序 probit 方法来说，我们不得不求解许多积分，我们使用 POLS 方法时就能避免这种情况。计算时间上的差距相当引人注目。在 STATA 软件中对一个经典等式做积分估计我们需要 2 小时，而用 POLS 方法只需要不到一分钟的时间。在表 3.13 中，我们列出了对联邦德国工人财务满足度进行 OP 和 POLS 估计的结果。在最后两列中我们给出了相关正态化变量的平衡系数，正态化是要使这两个范数都等于 1。我们发现正态化后两种估计值几乎相等，对应的 t 值也具有同样特点。这是我们全篇选择 POLS 或 COLS 方法的另一个原因。在这一章中我们用 POLS。但是在这一章的结尾我们将每个因子从 POLS 到 COLS 的转换列在表 3.25 中。

3.3 第二个分析：一些发现

现在我们将考虑满足度等式的估计结果。从完美的角度看，对于德国和英国的数据使用完全相同的函数甚至将两个数据集合为一个是很好的。出于几个原因我们戒除了这种理想化做法。首先，两种集合没有包含相同的信息。最明显的是,在德国数据集中关于健康的信息比英国的少得多。其次,德国和英国的个体不一样。这样,我们不能期望满足度以同样方式、同样的变量在两个(或三个,取决于你的界定)国家中测量出来。除非我们假定存在相同反应行为的一些内在规律,否则肯定没有具有说服力的理由说明为什么变量是相同的而且系数也相等。最后,我们指出会经常使用一个年龄影响的 log 二次方程式。有关年龄的影响依赖于个体年龄多大,以及对于一个特定的因子,年龄的增长可能会导致满足度的下降,直到某个年龄,之后个体满足度随年龄的增加而增加。年龄轴上的拐点,有时称作最大或最小年龄(取决于抛物线的形状),在表中列出(另见 Blanchflower 和 Oswald, 2007)。

3.3.1 健康满足度

在表 3.8 中我们列出了一些规格的健康等式估计量。我们以德国数据集为开始,在健康经济学中,基于报告的主观健康满足度的研究正在发展,见,例如,Frijters, Shields 和 Haisken-DeNew(2005), Kerhofs 和 Lindeboom(1995)与 Dolan(2006)。我们从德国数据集开始,这里区分了四个子样本:联邦德国工人、民主德国工人、联邦德国未工作者、民主德国未工作者。因为我们感觉这些样本不同而且预计会得出不同的估计值所以进行了区分。数据集跨度是从 1992 年到 1997 年。虽然民主德国和联邦德国在 1989 年统一,但是众所周知在这个国家的这两地之间总体收入和生活状况还是很不同的。非工作者是有点不同质的组别,因为它们包括非工作的家庭妇女、退休人员、失业者、学生等等。共同之处是他们都没有雇佣收入。

表中第一部分列出了整体随时间发展的影响。我们发现对于联邦德国工作者来说健康并未随时间而系统地改变。对于东部人口来说似乎有个时间趋势。对于工作者来说趋势似乎是下降的。这也许可以解释为一些年轻健壮的工作者移居到西部,东部这几年的状况一直很艰难。但是对于东部的非就业者,我们没有发现什么系统性趋势。

正如所预期的,年龄有一定影响。对于工作的人来说,根据一条顶点出现在 5 的对数抛物线,健康随着年龄恶化。对于非工作者来说,也发现健康随着年龄恶化,但是恶化程度随着年龄增长变轻,在生命期间没有最小值。然而,与我们预期相反的是,年龄影响并不总是很显著。教

表 3.8 德国的健康满足度,1992—1997,POLS 个体随机影响

	联邦德国工作者		民主德国工作者		联邦德国非工作者		民主德国非工作者	
	估计值	*t* 检验	估计值	*t* 检验	估计值	*t* 检验	估计值	*t* 检验
常数	−0.985	−1.154	−0.598	−0.441	5.203	7.226	3.454	2.931
1992 年虚拟变量	0.016	1.140	0.133	6.394	0.001	0.055	0.011	0.381
1993 年虚拟变量	−0.007	−0.521	0.114	5.342	0.021	1.168	0.051	1.920
1994 年虚拟变量	−0.001	−0.101	0.047	2.253	−0.004	−0.208	0.023	0.897
1995 年虚拟变量	−0.001	−0.066	0.044	2.171	−0.001	−0.048	−0.005	−0.189
1996 年虚拟变量	−0.034	−2.289	0.033	1.513	−0.001	−0.040	0.050	1.792
ln(年龄)	0.755	1.564	0.552	0.712	−2.523	−6.292	−1.173	−1.797
[ln(年龄)]^2	−0.225	−3.310	−0.194	−1.761	0.208	3.778	0.035	0.385
拐点	5	—	4	—	431	—	2.E+7	—
ln(家庭收入)	0.004	0.250	0.037	1.534	−0.001	−0.042	−0.014	−0.413
ln(教育年限)	0.122	2.909	0.217	3.072	0.237	4.341	0.292	3.586
ln(孩子+1)	0.008	0.514	−0.020	−0.878	0.003	0.143	0.047	1.227
男性	0.081	4.818	0.103	4.264	−0.003	−0.142	0.023	0.726
住在一起	−0.012	−0.879	0.008	0.307	0.044	2.489	−0.017	−0.501
	0.041	1.707	−0.016	−0.432	—	—	—	—
ln(储蓄)	0.005	2.733	−0.001	−0.428	0.008	2.986	0.003	0.601
ln(家庭收入)的均值	0.106	3.985	0.017	0.376	0.061	1.957	−0.064	−1.245
ln(孩子+1)的均值	0.013	0.499	0.051	1.290	−0.014	−0.408	0.055	0.932
ln(储蓄)的均值	0.019	4.406	0.017	2.597	0.020	3.185	0.022	2.667
个体随机影响 ε_n 的标准差	0.643	—	0.596	—	0.700	—	0.659	—
随 ε_n 变动的百分率	0.515	—	0.514	—	0.547	—	0.533	—
调查数量	30 669	—	12 359	—	20 883	—	8 532	—
接受调查人数	8 153	—	3 238	—	6 424	—	2 705	—
R^2:								
	0.008	—	0.023	—	0.006	—	0.009	—
	0.126	—	0.123	—	0.273	—	0.260	—
	0.083	—	0.089	—	0.191	—	0.172	—

注:本表没有包括缺失变量的虚拟值。

育有正面作用。这也许因为受高等教育的人更关心他们的健康,但是第二个可能因素是受过高等教育的人大多都不从事太耗费体力的工作。有孩子没有显著的影响。

男性工作者明显要比女性工作者更健康,联邦德国个人收入越高,他们越健康。民主德国人没有这类特征。这也许归因于医疗保健的提供,东部比西部更平等。最后,联邦德国自雇者比被雇佣者健康一点。

健康不怎么受冲击变量影响。它是个长期状况。

德国关于健康的数据不充足,因为德国数据集中没有关于普遍流行的疾病和伤害的信息。

在英国的数据集中这个信息是可得的。整个英国数据集分别在表3.9和3.10中有两个规格。在第一个规格中我们使用了普通信息,这与德国数据一样。在第二个规格中我们假定疾病或灾害的主观影响会随个体的年龄而改变。令关于损害 j 的虚拟变量为 d_j,如果个体遭受损害这个值就是1,否则就是0。我们把一个交互作用变量包含进去,而且我们把模型影响作为 $\alpha_{j1}.d_j.\ln(age)$。用这种方式我们就得到特别年龄疾病影响。Croot(2000)与 Cutler 和 Richardson(1997)使用了一个更简单的模型,在那里疾病的影响被假定与年龄恒定独立。在第9章中我们会返回这个选择。

表3.9 英国的健康满足度,1996—1998,POLS个体随机影响

	工 作 者		非工作者	
	估计值	t 检验	估计值	t 检验
常数	−0.062	−4.019	8.378	9.504
1996年虚拟变量	−0.009	−0.606	−0.017	−0.911
1997年虚拟变量	−0.265	−0.440	−0.018	−1.052
ln(年龄)	0.014	0.166	−4.622	−9.448
[ln(年龄)]^2	−0.034	−1.518	0.610	9.082
拐点	1.227	—	44.158	—
ln(家庭收入)	−0.096	−3.555	0.003	0.155
ln(教育年限)	0.006	−0.120	−0.004	−0.122
ln(孩子+1)	0.076	3.353	−0.044	−0.500
性别(男性)	−0.010	−0.386	−0.034	−1.221
住在一起	0.063	1.963	0.055	1.875
自我雇佣	0.011	2.278	—	—
ln(储蓄)	−0.180	−2.174	0.009	1.211
ln(家庭收入)的均值	0.095	1.655	0.003	0.135
ln(孩子+1) 的均值	0.018	2.410	0.167	1.790
ln(成年人)的均值	0.879	0.836	0.028	2.351
个体随机影响 ε_n 的标准差	0.834	—	0.837	—
随 ε_n 变动的百分率	0.780	—	0.739	—
调查数量	17 979	—	12 022	—
接受调查人数	7 728	—	5 783	—
R^2:				
	0.002	—	0.000	—
	0.013	—	0.032	—
	0.011	—	0.024	—

注:本表没有包括缺失变量的虚拟变量。

表 3.10 英国的健康满足度，用疾病解释，1996—1998，POLS 个体随机影响

	工作者		非工作者	
	估计值	t 检验	估计值	t 检验
常数	3.252	3.295	8.669	10.975
1996 年虚拟变量	−0.082	−5.351	−0.047	−2.513
1997 年虚拟变量	−0.019	−1.296	−0.031	−1.817
ln(年龄)	−0.561	−2.762	−4.922	−11.192
[ln(年龄)]^2	0.233	2.911	0.710	11.721
拐点	28	—	32	—
ln(家庭收入)	−0.039	−1.725	0.004	0.196
ln(教育年限)	−0.097	−3.843	−0.041	−1.355
ln(孩子+1)	−0.023	−0.448	−0.047	−0.534
性别(男性)	0.010	0.479	−0.055	−2.274
住在一起	−0.004	−0.186	0.029	1.115
自我雇佣	0.056	1.849	—	—
ln(储蓄)	0.011	2.216	0.010	1.247
胳膊、腿、手、脚、背或颈部问题 * ln(年龄)	−0.109	−18.596	−0.118	−21.915
视力困难 * ln(年龄)	−0.047	−3.297	−0.044	−5.270
听力困难 * ln(年龄)	−0.039	−3.428	−0.019	−2.599
皮肤问题/过敏 * ln(年龄)	−0.049	−6.728	−0.020	−2.650
胸腔或呼吸问题 * ln(年龄)	−0.112	−13.533	−0.100	−15.146
心脏/血液问题 * ln(年龄)	−0.113	−12.008	−0.067	−11.218
胃/肝/肾问题 * ln(年龄)	−0.129	−12.641	−0.089	−11.757
糖尿病 * ln(年龄)	−0.145	−6.026	−0.087	−6.540
癫痫 * ln(年龄)	−0.142	−3.728	−0.083	−2.995
周期性偏头痛或头痛频率 * ln(年龄)	−0.070	−8.476	−0.054	−6.333
其他健康问题 * ln(年龄)	−0.163	−14.479	−0.107	−12.527
ln(家庭收入)的均值	−0.011	−0.366	−0.001	−0.031
ln(孩子+1)的均值	0.074	1.319	0.155	1.665
ln(成年人)的均值	0.009	1.315	0.014	1.230
个体随机影响 ε_n 的标准差	0.736	—	0.666	—
随 ε_n 变动的百分率	0.772	—	0.734	—
调查数量	17 966	—	12 019	—
接受调查人数	7 780	—	5 782	—
R^2：				
	0.021	—	0.012	—
	0.166	—	0.275	—
	0.126	—	0.221	—

注：本表没有包括缺失变量的虚拟变量。

我们首先转向第一个设定,与德国数据估计粗略相比,没有关于健康的特别信息。

在第一个设定中我们看到收入有很大的正面影响,有孩子是负面的。健康与年龄负相关。

在第二个设定中我们发现各种各样的疾病都有很强的负面影响。然而,我们也发现似乎存在一个疾病等级,皮肤和听力问题得分低而糖尿病和心脏病得分高。注意到收入影响减半,这样疾病的发生就与收入相关。对于所有的不独立于年龄的影响,我们发现当个体变老时疾病会更加严重。

很显然关于疾病发生的信息仍然受到很大的限制。我们不知道疼痛的程度。也许很严重也许很轻。缺少更多有质量的信息,现在我们只能研究到这里。

3.3.2 工作满足度

工作满足度(JS)是研究很多的一个主题。首先,在人力资源和人事领域中有数不清的研究;第二,这个主题以(工作的)心理学为中心。然而,这些文献里的研究方法与我们的明显不同。社会科学家和一些经济学家都考察过此问题。我们提到 Bender, Donohue 和 Heywood(2005), Benz(2005), Clark(1997,1999,2000, 2001), Clark 和 Oswald(1994), Drakopoulos 和 Theodossiou(1997), Groot 和 Maassen Van den Brink(1999), Wottiez 和 Theeuwes(1998)这些作者。

注意到那些没有工作的个体的工作满足度信息存在明显缺失。

表 3.11 列出了德国工作者的结果,然后又一次把民主德国和联邦德国工作者分开为两个子样本。

假定 JS 依赖于年龄。既然一个单调的关系看起来不大可能,那么我们就引进了一个 ln(age)的二次关系。我们发现年龄有很大的影响,满足度为 U 形曲线。联邦德国在 61 岁时达到最小值,民主德国在 44 岁时达到,然后 JS 曲线随年龄而上升。Clark 和 Oswarld(1994)和其他人发现了相同的 U 形曲线。联邦德国男人比女人的工作满足度低。对于联邦德国,家庭中成年人的数量对 JS 有显著的负面影响。

收入与 JS 的关系是模棱两可的。我们必须区分回答者的工作所得

表 3.11 德国的工作满足度,1992—1997,POLS 个体随机影响

	联邦德国工作者		民主德国工作者	
	估计值	*t* 检验	估计值	*t* 检验
常数	3.447	3.459	5.384	3.165
虚拟变量 1992 年	0.101	6.398	0.052	1.791
虚拟变量 1993 年	0.029	1.771	0.107	3.804
虚拟变量 1994 年	0.009	0.573	0.042	1.538
虚拟变量 1995 年	0.014	0.907	0.025	0.961
虚拟变量 1996 年	−0.009	−0.582	0.010	0.400
ln(年龄)	−2.883	−5.155	−4.801	−4.921
$[\ln(年龄)]^2$	0.350	4.423	0.633	4.523
最小值年龄	61	—	44	—
男性	−0.060	−1.383	0.030	0.429
ln(家庭收入)	0.067	3.700	0.066	1.971
ln(教育年限)	0.035	0.329	−0.013	−0.068
ln(成人)	−0.057	−2.821	0.023	0.577
ln(儿童+1)	0.008	0.397	0.002	0.052
住在一起	0.008	0.511	−0.018	−0.538
ln(工作收入)	0.026	0.571	0.221	2.698
ln(工作收入) * ln(年龄)	0.013	1.551	−0.010	−0.695
ln(工作收入) * ln(教育年限)	−0.011	−0.918	−0.008	−0.328
ln(工作收入) * 男性	0.002	0.425	−0.010	−1.152
自我雇佣	0.129	4.090	0.185	3.521
ln(工作小时数)	−0.015	−0.849	0.021	0.602
ln(额外收入)	0.013	4.444	0.000	0.016
ln(加班小时数)	0.004	0.942	0.013	1.995
ln(家庭收入)的均值	0.164	5.136	0.175	3.124
ln(工作收入)的均值	0.006	0.874	0.030	2.701
ln(儿童+1)的均值	0.030	1.034	0.015	0.297
ln(成人)的均值	0.025	0.752	−0.074	−1.187
个体随机影响 ε_n 的标准差	0.668	—	0.623	—
随 ε_n 变动的百分率	0.471	—	0.406	—
调查数量	30 084	—	12 122	—
接受调查人数	8 023	—	3 180	—
R^2:				
内部	0.007 5	—	0.006 8	—
当中	0.025 1	—	0.062	—
总计	0.019 8	—	0.035 9	—

注:本表没有包括缺失变量的虚拟变量。

收入,即是工作薪金还是家务所得。工作薪金当然是工作范畴:它在很大程度上表达了老板对工人的评价如何。给定工作时间和工作要求,工作薪金越高,JS越大。另一方面,家庭收入可能也影响了JS。更多的家庭收入给家庭中每一个工作人员对于他/她的就业有更多的选择机会,而且如果在家庭中有更多的收入那么将会更容易离开一个不太满意的工作。表3.11列出了在联邦德国ln(工作薪金)的系数是0.026而且不显著,而在民主德国却高度显著并且等于0.221。这样,对于民主德国来说,工作薪金的变化对JS有很强的影响,而对于联邦德国不是。影响随着年龄、教育、性别改变的想法还未被证明。自雇者的工作满足度显然比被雇者的更高。这可能是因为他们的工作更合意,但也有可能是自雇者有不同的和更积极的态度。工作时间对JS没有显著影响。但是,加班会有一定影响。对于奖金之类的"额外的钱"也是一样:

根据对英国数据估计的JS等式在表3.12中列出。

表3.12 英国的工作满足度,1996—1998,POLS个体随机影响

	工作者	
	估计值	t 检验
常数	11.070	9.330
虚拟变量1996年	−0.009	−0.574
虚拟变量1997年	0.017	1.142
ln(年龄)	−7.323	−11.297
[ln(年龄)]^2	1.162	12.556
最小值年龄	23	—
性别(男性)	−0.465	−4.159
ln(家庭收入)	0.029	1.078
ln(教育年限)	0.008	0.068
ln(成人)	−0.089	−1.750
ln(儿童+1)	−0.003	−0.048
住在一起	0.128	5.048
ln(工作收入)	0.416	4.768
ln(工作收入) * ln(年龄)	−0.109	−4.989
ln(工作收入) * ln(教育年限)	−0.014	−0.788
ln(工作收入) * 男性	0.053	3.266
自我雇佣	0.143	1.996
ln(工作小时数)	−0.031	−1.900
ln(加班小时数)	0.029	3.437
晚间工作	−0.119	−1.961

（续表）

	工　作　者	
	估计值	t 检验
ln(家务时间)	－0.004	－0.396
ln(家庭收入)的均值	－0.041	－1.140
ln(工作收入)的均值	0.006	0.434
ln(儿童＋1)的均值	0.133	2.314
ln(成人)的均值	0.075	1.212
个体随机影响 ϵ_n 的标准差	0.766	—
随 ϵ_n 变动的百分率	0.778	—
调查数量	17 575	—
接受调查人数	7 619	—
R^2：		
内部	0.003	—
当中	0.047	—
总计	0.038	—

注：本表没有包括缺失变量的虚拟变量。

在英国的估计中，我们也发现了一个比重很大的年龄因素，但是与德国数据有很大不同。德国 JS 曲线在生命的大部分时间是下降的，但是英国 JS 从 23 岁起就开始增加；在联邦德国最小值大概在 61 岁时达到，民主德国最小值在 44 岁。

在英国数据的估计中工作薪金对 JS 有很显著很迅速的影响，它随着年龄增长而减少。JS 也与是否有伴一起居住有很大关系。男人比女人对工作的满意程度低。自我雇佣者的虚拟变量是正的，揭示了自我雇佣者比被雇佣者在工作中得到的满意程度更大。

工作时间看起来也很重要。在某种意义上，加班时间有显著影响，似乎会提高工作满足度。这也许因为加班会提高自我认可度，使工人们感觉他们确实在工作中受到器重。

不规律工作时间像夜班和周末班的频率也会有很大的影响。

3.3.3 财务满足度

最近关于主观财务满足度问题的研究可参见 Alessie、Crossley 和 Hildebrand(2006)与 Joo 和 Grable(2004)。财务满足度(FS)问题的结果在表 3.13 和表 3.14 中列出。曲线中年龄影响是非常显著的。联邦德国工作者达到最低满足度水平是 44 岁而民主德国是 54 岁。对于非就业者来说,西部是 38 岁而东部是 39 岁。这个数据结果也许与薪水—年龄和职业种类不同相关。也许是期望改变的结果,我们可以把它归为中年危机。在生命的起初,个人经历提升而且这将导致“普通”的期望值提高。在中年,人们已经有了大体上的提升而且环境也巩固了,他们没有大幅度的加薪,这需要适应现实。如果开始时目标定得太高,在中年他们会适应现实。

表 3.13 德国的财务满足度,1992—1997, POLS 个体随机影响

	联邦德国工作者		民主德国工作者		联邦德国非工作者		民主德国非工作者	
	估计值	t 检验	估计值	t 检验	估计值	t 检验	估计值	t 检验
常数	1.729	1.984	1.529	1.128	8.417	11.294	10.506	8.912
虚拟变量 1992 年	0.214	13.342	−0.074	−2.836	0.079	3.830	−0.230	−6.482
虚拟变量 1993 年	0.105	6.370	0.008	0.302	0.117	5.515	−0.139	−4.154
虚拟变量 1994 年	0.055	3.283	−0.287	−11.168	0.181	8.598	−0.020	−0.622
虚拟变量 1995 年	0.035	2.152	−0.030	−1.173	0.117	5.716	−0.011	−0.353
虚拟变量 1996 年	0.016	0.885	−0.026	−0.952	0.022	0.964	−0.081	−2.286
ln(年龄)	−2.854	−5.757	−2.686	−3.474	−6.844	−16.696	−7.258	−11.340
$[\ln(\text{年龄})]^2$	0.376	5.395	0.336	3.071	0.942	16.764	0.993	11.348
最小值年龄	44	—	54	—	38	—	39	—
ln(家庭收入)	0.133	6.705	0.225	6.463	0.133	5.131	0.212	4.401
ln(教育年限)	0.121	2.895	−0.049	−0.738	0.142	2.578	−0.274	−3.525
ln(成人)	−0.089	−4.195	−0.139	−3.624	−0.014	−0.458	−0.067	−1.129
ln(儿童+1)	−0.039	−1.881	−0.154	−4.349	−0.066	−2.330	−0.088	−1.531
性别(男性)	−0.023	−1.391	−0.041	−1.881	−0.153	−7.216	−0.086	−3.019
ln(储蓄)	0.015	6.267	0.017	4.255	0.018	5.285	0.024	4.283
住在一起	0.094	4.760	0.169	4.211	0.139	7.178	0.053	1.504
第二挣钱者	−0.015	−0.825	−0.073	−2.290	—	—	—	—
自我雇佣者	−0.020	−0.787	0.120	3.153	—	—	—	—
ln(家庭收入)的均值	0.263	8.204	0.022 4	4.264	0.288	7.353	0.157	2.364
ln(储蓄)的均值	0.042	9.813	0.032	4.747	0.050	8.875	0.045	5.144
ln(儿童+1)的均值	−0.065	−2.291	0.042	0.913	−0.128	−3.255	−0.024	−0.343
ln(成人)的均值	−0.080	−2.512	−0.153	−2.789	−0.206	−4.812	−0.254	−3.315
个体随机影响 ε_n 的标准差	0.565	—	0.461	—	0.621	—	0.495	—
随 ε_n 变动的百分率	0.365	—	0.285	—	0.386	—	0.279	—
调查数量	30 622	—	12 357	—	20 867	—	8 536	—
接受调查人数	8 148	—	3 236	—	6 419	—	2 699	—
R^2:								
内部	0.015	—	0.035	—	0.011	—	0.037	—
当中	0.115	—	0.136	—	0.181	—	0.201	—
总计	0.074	—	0.081	—	0.145	—	0.142	—

注:本表没有包括缺失变量的虚拟变量。

表 3.13a 德国的财务满足度,1992—1997,个体随机影响

	POLS		Ordered Probit		POLS	OP
	估计值	t 检验	估计值	t 检验	Norm=1	Norm=1
常数	1.734	1.990				
虚拟变量 1992 年	0.214	13.340	0.307	13.780	0.074	0.073
虚拟变量 1993 年	0.105	6.370	0.312	13.550	0.036	0.074
虚拟变量 1994 年	0.054	3.280	0.249	10.770	0.019	0.059
虚拟变量 1995 年	0.035	2.160	0.220	9.860	0.012	0.052
虚拟变量 1996 年	0.016	0.880	0.293	11.920	0.005	0.069
ln(年龄)	−2.849	−5.750	−4.108	−6.000	−0.980	−0.973
[ln(年龄)]^2	0.375	5.380	0.544	5.640	0.129	0.129
最小值年龄	44		44			
ln(家庭收入)	0.133	6.710	0.180	6.530	0.046	0.043
ln(教育年限)	0.119	2.860	0.173	3.020	0.041	0.041
ln(成人)	−0.089	−4.190	−0.123	−4.200	−0.030	−0.029
ln(儿童+1)	−0.039	−1.890	−0.057	−2.000	−0.013	−0.014
性别(男性)	−0.023	−1.420	−0.035	−1.550	−0.008	−0.008
ln(储蓄)	0.015	6.260	0.020	6.050	0.005	0.005
住在一起	0.094	4.750	0.134	4.900	0.032	0.032
第二挣钱者	0.015	−0.830	−0.017	−0.710	−0.005	−0.004
ln(家庭收入)的均值	0.261	8.180	0.361	8.160	0.090	0.085
ln(储蓄)的均值	0.043	9.890	0.059	9.820	0.015	0.014
ln(儿童+1)的均值	−0.065	−2.290	−0.086	−2.200	−0.022	−0.020
ln(成人)的均值	−0.079	−2.480	−0.114	−2.590	−0.027	−0.027
截距项 1			−5.617			
截距项 2			−5.354			
截距项 3			−5.002			
截距项 4			−4.588			
截距项 5			−4.185			
截距项 6			−3.532			
截距项 7			−3.056			
截距项 8			−2.340			
截距项 9			−1.323			
截距项 10			−0.561			
个体随机影响 ε_n 的标准差	0.565					
随 ε_n 变动的百分率	0.365		0.374			
调查数量	30 622		30 622			
接受调查人数	8 148					
R^2:						
内部	0.015					
当中	0.115					
总计	0.074					
可能性对数			−56 649.3			

注:本表没有包括缺失变量的虚拟变量。

表 3.14 德国的财务满足度,1996—1998,POLS 个体随机影响

	工作者		非工作者	
	估计值	t 检验	估计值	t 检验
常数	9.176	9.570	14.383	18.295
虚拟变量 1996 年	−0.071	−5.196	−0.115	−6.210
虚拟变量 1997 年	0.005	0.365	−0.044	−2.605
ln(年龄)	−7.197	−13.012	−9.672	−22.172
[ln(年龄)]^2	1.016	13.009	1.371	22.965
最小值年龄	35	—	34	—
ln(家庭收入)	0.245	11.144	0.085	4.306
ln(教育年限)	−0.057	−2.405	0.049	1.643
ln(成人)	−0.109	−2.512	−0.010	−0.147
ln(儿童+1)	−0.120	−2.626	−0.087	−0.999
性别(男性)	−0.025	−1.251	−0.179	−7.356
ln(储蓄)	0.054	12.775	0.028	3.670
住在一起	0.078	2.475	0.120	4.132
第二挣钱者	0.032	1.199	—	—
自我雇佣者	0.119	4.281	—	—
ln(家庭收入)的均值	0.191	6.372	0.191	7.184
ln(储蓄)的均值	0.040	6.042	0.104	9.225
ln(儿童+1)的均值	0.086	1.712	0.031	0.329
ln(成人)的均值	−0.232	−4.307	−0.120	−1.596
个体随机影响 ε_n 的标准差	0.719	—	0.681	—
随 ε_n 变动的百分率	0.685	—	0.735	—
调查数量	17 957	—	12 005	—
接受调查人数	7 770	—	5 775	—
R^2:				
内部	0.035	—	0.015	—
当中	0.143	—	0.230	—
总计	0.119	—	0.187	—

注:本表没有包括缺失变量的虚拟变量。

对于联邦德国工作者来说总体家庭收入水平影响为 0.396(= 0.133 + 0.263),但是对于联邦德国非工作者是 0.421。对于民主德国工作者是 0.449,而非工作者是 0.369。教育对于联邦德国的 FS 有正的影响,但是对于民主德国却是 0 或负的影响。这种差别也许反映了在两个地区不同的劳动力市场特性和文化。正如所预期的,家庭中的成年人和孩子的数量通常对 FS 有显著的负影响,但是对于民主德国工作者,孩子的数量对 FS 影响不大。家庭中如果有个伴侣,将会产生正效应,并且回答者中男性比女性较不满意。正如所预期的,有储蓄对 FS 产生正的影响。

我们发现英国数据与德国数据大体上类型一样。自我雇佣的虚拟变量揭示了在其他条件相同的情况下自我雇佣者比被雇佣者有更高的 FS。

在表 3. 13a 中我们比较了传统 Probit 模型与 POLS 的估计结果。我们发现,除了虚拟变量外,最后两列的 Norm 影响很相似。

3.3.4 住房满足度

住房满足度(HS: Housing satisfaction)也被研究过,如 Cuellar, Bastida, Braccio(2004), Healy(2003), Parkes, Kearns, Atkinson(2002),及 Varady 和 Carozza(2000)。与分析健康满足度相似,有两种方法来处理。第一种方法是享乐主义法,第二种是预测法。

首先,而且这也是最明显的方式,我们会对回答者住房情况的精确描述来解释 HS。那就是说,有多少间房间,面积,建房多少年,邻近地区的类型,等等。很显然,当我们加入这些解释变量时,收入和租金或住房成本将只有很小的解释作用。这是因为房子的质量与回答者的收入和租金多少相关。富人住在宽敞舒适但昂贵的房子里,穷人们则不能。

第二个可能性是放弃具体的住房变量,仅仅用收入、年龄等"一般"变量来解释 HS。然后就可能预测涉及个人具体特性的个人平均 HS。

现在我们用第二种预测方法。分别看表 3. 15 和表 3. 16 德国和英国数据,我们发现在这两个国家的影响是相似的。年龄影响是 U 形的,在 29 岁达到最低点。家庭收入的平均值对 HS 有很强的正影响。孩子和成人的数量有预期的负影响,暗示随着家庭人员增多,HS 会下降。教育的影响是负向的,虽然对于联邦德国来说不那么显著。我们得出的结论是受过高等教育的人对他们的住房条件要求更苛刻或者有不能达到的过高的期望值。男性似乎比女性对住房条件更不满意。

现在我们用享乐主义法在相同的国家中来估计 HS。结果列在表 3. 17和表 3. 18 中。对于德国数据集我们没有关于住房的大量变量。我们使用两个变量:就是住房者拥有房子的成本,还有住房最近是否装修的问题。这可以从虚拟变量"革新"中得知。在这个方法中我们不考虑收入。我们发现成本对于 HS 来说有很强的影响。其他变量的影响与预测方法中的相似。

表 3.15 德国的住房满足度(预测方法),1992—1997, POLS 个体随机影响

	联邦德国工作者		民主德国工作者		联邦德国非工作者		民主德国非工作者	
	估计值	t 检验	估计值	t 检验	估计值	t 检验	估计值	t 检验
常数	2.737	3.137	6.741	4.566	2.546	3.671	4.052	3.550
虚拟变量 1992 年	0.032	2.213	−0.099	−4.018	0.196	11.601	0.083	2.582
虚拟变量 1993 年	0.015	1.011	−0.097	−3.900	0.161	9.236	0.056	1.858
虚拟变量 1994 年	−0.012	−0.781	−0.100	−4.127	0.132	7.672	0.065	2.240
虚拟变量 1995 年	0.023	1.614	−0.055	−2.323	0.082	4.912	0.013	0.441
虚拟变量 1996 年	−0.011	−0.754	−0.048	−2.060	0.018	1.068	−0.005	−0.181
ln(年龄)	−3.578	−7.136	−4.386	−5.127	−3.602	−9.362	−3.406	−5.436
[ln(年龄)]^2	0.535	7.567	0.649	5.320	0.536	10.109	0.498	5.742
最小值年龄	28	—	29	—	29	—	31	—
ln(家庭收入)	0.094	5.623	0.033	1.118	0.059	2.888	−0.029	−0.722
ln(教育年限)	−0.032	−0.724	−0.548	−6.855	−0.026	−0.472	−0.389	−4.503
ln(成人)	−0.118	−6.294	−0.047	−1.335	−0.063	−2.584	0.011	0.219
ln(儿童+1)	−0.055	−3.004	0.020	0.602	−0.022	−0.945	−0.019	−0.373
性别(男性)	−0.056	−3.259	−0.043	−1.602	−0.080	−3.735	−0.040	−1.222
自我雇佣	−0.003	−0.136	0.009	0.216	—	—	—	—
ln(家庭收入)的均值	0.325	10.981	0.191	3.682	0.395	12.155	0.349	5.856
ln(成人)的均值	−0.064	−2.311	−0.010	−0.213	−0.204	−5.692	−0.061	−0.878
ln(储蓄)的均值	−0.058	−1.858	−0.018	−0.300	−0.203	−5.233	−0.191	−2.555
个体随机影响 ε_n 的标准差	0.654	—	0.651	—	0.697	—	0.662	—
随 ε_n 变动的百分率	0.492	—	0.481	—	0.549	—	0.474	—
调查数量	30 554	—	12 309	—	20 810	—	8 477	—
接受调查人数	8 143	—	3 232	—	6 393	—	2 681	—
R^2:								
内部	0.002 8	—	0.005 8	—	0.008 9	—	0.003 2	—
当中	0.061 2	—	0.038 5	—	0.113 1	—	0.058 7	—
总计	0.041	—	0.023 8	—	0.111 1	—	0.047	—

注:本表没有包括缺失变量的虚拟变量。

表 3.16 英国的住房满足度(预测方法),1996—1998, POLS 个体随机影响

	工作者		非工作者	
	估计值	t 检验	估计值	t 检验
常数	12.176	11.807	9.794	12.297
虚拟变量 1996 年	−0.057	−3.645	0.009	0.459
虚拟变量 1997 年	−0.025	−1.756	−0.003	−0.141
ln(年龄)	−8.088	−13.440	−6.555	−14.604
[ln(年龄)]^2	1.203	14.094	0.992	15.916

（续表）

	工作者		非工作者	
	估计值	t 检验	估计值	t 检验
最小值年龄	29	—	27	—
ln(家庭收入)	0.044	1.773	−0.011	−0.513
ln(教育年限)	−0.072	−2.699	−0.083	−2.501
ln(成人)	−0.071	−1.449	−0.098	−1.351
ln(儿童+1)	0.069	1.326	0.010	0.109
性别(男性)	−0.077	−3.440	−0.115	−4.276
自我雇佣	0.051	1.607	—	—
ln(家庭收入)的均值	0.124	3.722	0.116	3.984
ln(成人)的均值	−0.124	−2.168	−0.060	−0.593
ln(储蓄)的均值	0.103	1.688	0.127	1.540
个体随机影响 ε_n 的标准差	0.812	—	0.767	—
随 ε_n 变动的百分率	0.779	—	0.812	—
调查数量	17 936	—	12 003	—
接受调查人数	7 766	—	5 776	—
R^2：				
内部	0.003	—	0.002	—
当中	0.061	—	0.155	—
总计	0.046	—	0.121	—

注：本表没有包括缺失变量的虚拟变量。

表 3.17　德国的住房满足度(享乐主义方法)，1992—1997，POLS 个体随机影响

	联邦德国工作者		民主德国工作者		联邦德国非工作者		民主德国非工作者	
	估计值	t 检验	估计值	t 检验	估计值	t 检验	估计值	t 检验
常数	4.717	5.494	6.343	4.523	5.953	8.954	5.842	5.771
虚拟变量 1992 年	0.082	5.709	0.090	3.778	0.207	12.202	0.256	8.280
虚拟变量 1993 年	0.055	3.721	0.017	0.686	0.170	9.760	0.155	5.287
虚拟变量 1994 年	0.035	2.384	0.006	0.250	0.148	8.473	0.159	5.389
虚拟变量 1995 年	0.042	2.909	−0.001	−0.051	0.088	5.223	0.051	1.760
虚拟变量 1996 年	0.017	1.202	0.012	0.504	0.029	1.713	0.040	1.394
ln(年龄)	−3.841	−7.712	−4.269	−5.160	−4.195	−10.842	−3.946	−6.568
[ln(年龄)]^2	0.578	8.216	0.627	5.314	0.623	11.679	0.575	6.920
最小值年龄	28	—	30	—	29	—	31	—
ln(教育年限)	0.076	1.809	−0.440	−6.022	0.098	1.790	−0.360	−4.355
ln(成人)	−0.118	−6.900	−0.100	−3.166	−0.057	−2.551	−0.084	−1.802
ln(儿童+1)	−0.069	−3.861	−0.014	−0.446	−0.027	−1.198	−0.051	−1.040
性别(男性)	−0.041	−2.402	−0.031	−1.179	−0.093	−4.279	−0.038	−1.210

(续表)

	联邦德国工作者		民主德国工作者		联邦德国非工作者		民主德国非工作者	
	估计值	t 检验	估计值	t 检验	估计值	t 检验	估计值	t 检验
自我雇佣	−0.009	−0.349	−0.037	−0.907	—	—	—	—
ln(租金)	0.128	26.406	0.270	22.712	0.110	11.420	0.223	14.303
装修	0.045	6.372	0.052	5.457	0.026	2.531	0.051	4.031
ln(儿童+1)的均值	−0.065	−2.395	−0.015	−0.313	−0.165	−4.642	−0.012	−0.177
ln(成人)的均值	0.097	3.546	0.016	0.318	0.057	1.701	0.018	0.293
个体随机影响 ε_n 的标准差	0.650	—	0.622	—	0.703	—	0.627	—
随 ε_n 变动的百分率	0.494	—	0.469	—	0.553	—	0.451	—
调查数量	30 554	—	12 309	—	20 810	—	8 477	—
接受调查人数	8 143	—	3 232	—	6 393	—	2 681	—
R^2:								
内部	0.021	—	0.048 1	—	0.009 9	—	0.019	—
当中	0.071 8	—	0.107 8	—	0.092 6	—	0.111 7	—
总计	0.054 1	—	0.086 1	—	0.089	—	0.086 3	—

注:本表没有包括缺失变量的虚拟变量。

表 3.18　英国的住房满足度(享乐主义方法),1996—1998, POLS 个体随机影响

	工　作　者		非工作者	
	估计值	t 检验	估计值	t 检验
常数	12.068	12.406	9.120	12.182
虚拟变量 1996 年	−0.033	−2.195	0.019	0.936
虚拟变量 1997 年	−0.008	−0.539	0.012	0.653
ln(年龄)	−7.227	−12.965	−5.626	−13.142
[ln(年龄)]^2	1.057	13.362	0.850	14.301
最小值年龄	31	—	27	—
ln(教育年限)	−0.079	−3.161	−0.106	−3.347
ln(成人)	−0.098	−2.197	−0.127	−1.912
ln(儿童+1)	0.059	1.163	0.061	0.635
性别(男性)	−0.072	−3.440	−0.112	−4.408
自我雇佣	0.023	0.773	—	—
房间数量	0.047	7.293	0.021	2.503
空间缺陷	−0.390	−19.923	−0.412	−14.968
邻居噪音	−0.225	−9.305	−0.209	−6.671
街道噪音	−0.145	−6.949	−0.138	−5.283
光线不足	−0.096	−3.306	−0.135	−3.589
供暖不足	−0.261	−7.798	−0.260	−6.579
污染/环境问题	−0.118	−4.364	−0.087	−2.632

（续表）

	工　作　者		非工作者	
	估计值	t 检验	估计值	t 检验
肆意破坏公物或犯罪	−0.139	−6.765	−0.164	−6.877
拥有的房子	0.295	12.711	0.156	5.857
ln(儿童+1)的均值	−0.110	−1.983	−0.045	−0.450
ln(成人)的均值	0.106	2.011	0.195	2.695
个体随机影响 ε_n 的标准差	0.740	—	0.696	—
随 ε_n 变动的百分率	0.761	—	0.806	—
调查数量	17 940	—	12 014	—
接受调查人数	7 767	—	5 779	—
R^2：				
内部	0.047	—	0.018	—
当中	0.176	—	0.248	—
总计	0.144	—	0.194	—

注：本表没有包括缺失变量的虚拟变量。

在英国享乐主义方法中，我们引进了一些具体的住房特征，如房间数和所有权虚拟变量之类的。而且，我们还引入“邻居的噪声”和“街道噪音”这两个变量。上述变量被界定为虚拟变量。这样就使得构造一个住房质量指标成为可能。被估计出的相关系数是根据其含义来赋值的。比如说，我们看到“街道噪音”比“邻居的噪声”所占的比重要小。

3.3.5　休闲满足度

3.3.5.1　休闲满足度，德国数据集

在 GSOEP 数据集中使用了两种时间，即工作时间和休闲时间。这样，就有可能区分两个不同类型的时间支出变量，第三个与家务工作相等同。休闲时间没有包括设为 8 小时的睡觉时间。不出意料，工作小时数（自动不是休闲时间）对休闲满足度（LS）有负的影响，而花在休闲上的时间有很小的正面影响。高等教育者有较少的 LS。自我雇佣者比被雇用者有更少的 LS。年龄的影响仍然是 U 形的，最低值对于工作者来说是出现在 37 岁，对于非就业者出现在 31 岁。家庭收入对 LS 没有很强影响，但是水平影响总是正向的。看来当人们单独居住时享受休闲时间有一个趋势，在联邦德国比在民主德国明显。成人和儿童对 LS 都有负的

影响,住在一起也有负的影响,虽然这仅仅对于民主德国非工作者是显著的。男性比女性享受更多的休闲时间。

3.3.5.2 休闲满足度,英国数据集

对于英国数据集,LS的记录分两种类型。LS的第一个类型是与休闲的总量(LS_A)相关。第二个休闲方面是可得休闲时间(LS_U)的利用。一个人可能对或不对他花在休闲活动上的时间的质量感到高兴。很显然,德国的概念包括了英国数据集中所区分的两个子概念。这样,德国与英国的LS不能比较。在英国数据集中也包含了利用第三类时间的信息:家务工作。

休闲总量满足度

首先我们考虑LS_A。像前面一样,我们区分了工作者和非就业者。我们预期对于工作者来说休闲时间的实际总量是最重要的。可是尽管系数很大,它仅仅是接近显著。最重要的是年龄,又一次是U形的,最小值是出现在32岁。年轻人在32岁之前对休闲看得越来越轻。在那以后对休闲将看得越来越重。正如所预期的,休闲时间总量对非工作者不重要。工作时间有很大的负影响。一个人受的教育越高,他对于休闲总量的满足度会越少。休闲总量评价随着家庭中儿童数量的增多而降低。对这种影响的解释是一个人的"休闲时间"大部分花在小孩身上。很多人可能认为这种时间利用不能算是真正的休闲。从这个角度看,有趣的是有更多的成人,总的来说,会产生正向影响。这也许是因为照顾孩子的负担被分担了。这也说明了单身比(没孩子的)夫妇境况更不好。收入看起来不是个相关因素。

表3.19 德国的休闲满足度,1992—1997,POLS个体随机影响

	联邦德国工作者		民主德国工作者		联邦德国非工作者		民主德国非工作者	
	估计值	t检验	估计值	t检验	估计值	t检验	估计值	t检验
常数	10.183	11.987	12.678	9.748	9.578	14.664	7.028	6.737
虚拟变量1992年	0.048	3.349	−0.083	−3.522	0.114	6.522	0.109	3.362
虚拟变量1993年	0.066	4.465	−0.043	−1.799	0.055	3.038	0.014	0.461
虚拟变量1994年	0.110	7.109	−0.005	−0.222	0.113	6.120	0.020	0.678
虚拟变量1995年	0.006	0.449	−0.111	−4.887	0.090	5.193	0.151	5.169
虚拟变量1996年	0.097	6.449	0.053	2.253	0.067	3.758	−0.008	−0.282
ln(年龄)	−5.340	−11.033	−5.712	−7.626	−5.636	−15.632	−4.504	−7.911

（续表）

	联邦德国工作者		民主德国工作者		联邦德国非工作者		民主德国非工作者	
	估计值	t 检验	估计值	t 检验	估计值	t 检验	估计值	t 检验
[ln(年龄)]^2	0.742	10.864	0.794	7.431	0.811	16.319	0.655	8.312
最小值年龄	37	—	37	—	32	—	31	—
ln(家庭收入)	0.011	0.583	−0.010	−0.312	0.000	0.019	0.042	0.938
ln(教育年限)	−0.076	−1.814	−0.228	−3.359	−0.152	−2.977	−0.246	−3.150
ln(成人)	−0.036	−1.906	−0.082	−2.407	−0.078	−3.040	−0.068	−1.292
ln(儿童+1)	−0.026	−1.402	−0.044	−1.404	−0.031	−1.286	−0.032	0.616
性别(男性)	0.170	9.837	0.165	7.128	0.126	6.345	0.074	2.535
ln(工作时间)	−0.251	−17.738	−0.415	−15.212	—	—	—	—
自我雇佣	−0.339	−13.707	−0.254	−6.711	—	—	—	—
ln(休闲时间)	0.045	2.096	0.013	0.364	0.008	0.457	0.006	0.168
ln(休闲时间)*ln(家庭收入)	−0.003	−1.133	0.001	0.288	0.002	0.811	0.001	0.290
ln(家庭收入)的均值	0.094	3.247	0.045	0.965	0.072	2.287	0.132	2.325
ln(工作时间)的均值	−0.014	−1.489	−0.027	−2.026	—	—	—	—
ln(儿童+1)的均值	−0.129	−4.775	−0.054	−1.216	−0.180	−5.176	−0.121	−1.808
ln(成人)的均值	−0.041	−1.344	0.026	0.496	−0.060	−1.598	−0.237	−3.299
个体随机影响 ε_n 的标准差	0.615	—	0.521	—	0.609	—	0.557	—
随 ε_n 变动的百分率	0.463	—	0.393	—	0.460	—	0.378	—
调查数量	30 569	—	12 323	—	20 804	—	8 528	—
接受调查人数	8 151	—	3 230	—	6 415	—	2 703	—
R^2：								
内部	0.016 2	—	0.02	—	0.010 1	—	0.017 1	—
当中	0.092	—	0.148 5	—	0.150 6	—	0.109 2	—
总计	0.068 6	—	0.102 7	—	0.135 1	—	0.092 6	—

注：本表没有包括缺失变量的虚拟变量。

休闲利用的满足度

除了预期与年龄相关的U形曲线，我们发现家庭收入对时间利用的评估没有任何影响。孩子的数量有负影响，男性比女性对他们休闲时间的利用更满意。一个人的教育程度越高，他就越不满意。这也许因为更高的教育意味着有更多的可能性，因此他们对于无法充分利用这些可能性的感觉会不断增强。

虽然影响不显著，但是休闲时间总量正向影响了休闲时间利用的评估。

表 3.20 英国的休闲满足度总量,1996—1998, POLS 个体随机影响

	工作者		非工作者	
	估计值	t 检验	估计值	t 检验
常数	10.141	6.316	6.258	2.558
虚拟变量 1996 年	−0.020	−1.364	0.064	3.128
虚拟变量 1997 年	−0.033	−2.443	−0.009	−0.453
ln(年龄)	−6.750	−11.615	−4.444	−10.049
[ln(年龄)]^2	0.974	11.814	0.690	11.259
最小值年龄	32	—	25	—
ln(家庭收入)	0.086	0.543	−0.176	−0.534
ln(教育年限)	−0.068	−2.700	−0.026	−0.819
ln(成人)	−0.064	−1.418	−0.122	−1.673
ln(儿童+1)	−0.194	−4.053	−0.157	−1.620
性别(男性)	0.047	2.133	0.129	4.856
ln(工作时间)	−0.080	−3.968	—	—
自我雇佣	−0.040	−1.332	—	—
ln(休闲时间)	0.539	1.885	0.012	0.023
ln(休闲时间) * ln(家庭收入)	−0.026	−0.688	0.041	0.568
ln(家庭收入)的均值	−0.034	−1.082	0.067	2.339
ln(工作时间)的均值	−0.069	−3.315	—	—
ln(儿童+1)的均值	−0.056	−1.063	−0.244	−2.382
ln(成人)的均值	0.177	3.125	0.082	0.996
个体随机影响 ε_n 的标准差	0.768	—	0.720	—
随 ε_n 变动的百分率	0.720	—	0.823	—
调查数量	17 951	—	11 982	—
接受调查人数	7 780	—	5 784	—
R^2:				
内部	0.007	—	0.002	—
当中	0.094	—	0.202	—
总计	0.075	—	0.170	—

注:本表没有包括缺失变量的虚拟变量。

表 3.21 英国的休闲利用满足度,1996—1998, POLS 个体随机影响

	工作者		非工作者	
	估计值	t 检验	估计值	t 检验
常数	12.254	7.431	9.373	3.822
虚拟变量 1996 年	0.017	1.167	0.061	3.078
虚拟变量 1997 年	−0.011	−0.820	−0.023	−1.285
ln(年龄)	−7.740	−12.972	−5.717	−12.456

（续表）

	工　作　者		非工作者	
	估计值	t 检验	估计值	t 检验
[ln(年龄)]^2	1.111	13.125	0.843	13.244
最小值年龄	33	—	30	—
ln(家庭收入)	0.045	0.279	−0.003	−0.010
ln(教育年限)	−0.110	−4.286	−0.047	−1.401
ln(成人)	−0.048	−1.026	−0.083	−1.192
ln(儿童+1)	−0.090	−1.829	−0.076	−0.814
性别(男性)	0.080	3.506	0.061	2.194
ln(工作时间)	0.006	0.309	—	—
自我雇佣	−0.018	−0.588	—	—
ln(休闲时间)	0.286	0.973	−0.095	−0.184
ln(休闲时间) * ln(家庭收入)	−0.012	−0.304	0.009	0.122
ln(家庭收入)的均值	0.007	0.225	0.016	0.567
ln(工作时间)的均值	−0.039	−1.805	—	—
ln(儿童+1)的均值	−0.119	−2.176	−0.150	−1.510
ln(成人)的均值	0.096	1.645	0.171	2.117
个体随机影响 ε_n 的标准差	0.787	—	0.790	—
随 ε_n 变动的百分率	0.740	—	0.786	—
调查数量	17 951	—	11 989	—
接受调查人数	7 781	—	5 786	—
R^2：				
内部	0.002	—	0.003	—
当中	0.064	—	0.106	—
总计	0.050	—	0.093	—

注：本表没有包括缺失变量的虚拟变量。

3.3.6　在德国的环境满足度

在德国的样本中，还有关于对环境满足度的问题。具体的问题是对“你所在地区环境状况”的满足度。因此，我们理解为对当地环境的满足度，例如，住宅区的环境质量。文献中很少有用主观问题分析住宅区和居住地环境质量的研究。已研究过的有 Cuellar，Bastida 和 Braccio (2004)以及 Grzeskowiak，Sirgy 和 Widgery(2003)。我们发现家庭收入有一个正的影响，可能由于富人生活的社区要好些。然而，对于非就业者而言，同样的影响要弱得多。对于民主德国人而言，我们发现对于提高教育有一个负的影响，而这个影响对于联邦德国人而言明显不存在。

也许因为民主德国人比较不能自由地选择自己的工作类型。我们发现了通常的年龄影响。男性比女性对环境的看法更积极一些。英国数据集没有问到环境满足度。

表 3.22 德国的环境满足度,1992—1997, POLS 个体随机影响

	联邦德国工作者		民主德国工作者		联邦德国非工作者		民主德国非工作者	
	估计值	t 检验	估计值	t 检验	估计值	t 检验	估计值	t 检验
常数	0.002	0.002	−2.251	−1.765	3.506	5.192	2.970	2.926
虚拟变量 1992 年	0.224	15.155	−0.429	−18.650	0.225	11.992	−0.298	−9.447
虚拟变量 1993 年	0.115	7.823	−0.154	−6.875	0.122	6.550	−0.114	−3.833
虚拟变量 1994 年	0.450	29.016	0.100	4.296	0.455	23.704	0.253	8.424
虚拟变量 1995 年	0.069	4.891	−0.104	−4.799	0.059	3.346	−0.086	−2.995
虚拟变量 1996 年	0.070	4.717	−0.090	−3.902	0.036	1.945	−0.105	−3.562
ln(年龄)	−1.037	−2.133	0.724	0.987	−2.614	−6.981	−1.843	−3.252
[ln(年龄)]^2	0.157	2.296	−0.094	−0.900	0.388	7.572	0.280	3.604
最小值年龄	27	—	47	—	29	—	27	—
ln(家庭收入)	0.051	3.129	0.058	2.225	0.017	0.808	0.000	−0.011
ln(教育年限)	−0.059	−1.357	−0.341	−4.759	−0.041	−0.751	−0.254	−3.171
性别(男性)	0.123	7.115	0.095	3.858	−0.032	−1.467	0.060	1.993
自我雇佣	−0.020	−0.785	−0.058	−1.490	—	—	—	—
ln(休闲时间)	0.004	2.285	−0.002	−0.675	−0.001	−0.811	−0.007	−2.339
ln(家庭收入)的均值	0.161	6.106	0.120	2.836	0.094	3.175	0.038	0.761
ln(工作时间)的均值	0.006	1.721	−0.006	−1.037	0.014	4.264	−0.001	−0.212
个体随机影响 ε_n 的标准差	0.653	—	0.579	—	0.665	—	0.587	—
随 ε_n 变动的百分率	0.476	—	0.437	—	0.462	—	0.398	—
调查数量	30 606	—	12 346	—	20 865	—	8 523	—
接受调查人数	8 145	—	3 235	—	6 417	—	2 697	—
R^2:								
内部	0.051	—	0.075	—	0.051	—	0.067	—
当中	0.022	—	0.042	—	0.036	—	0.038	—
总计	0.036	—	0.050	—	0.045	—	0.051	—

注:本表没有包括缺失变量的虚拟变量。

3.3.7 在英国对社会生活的满足度

对于英国来说,我们可以构造两个非常有趣的指标,一个是对于社会生活的满足度,另一个是与(大多是婚姻中的)伴侣的关系。我们首先分析社会生活满足度。表 3.23 列出了结果。

表 3.23　英国的社会生活满足度总量,1996—1998,POLS 个体随机影响

	工作者		非工作者	
	估计值	t 检验	估计值	t 检验
常数	15.818	14.829	13.354	13.735
虚拟变量 1996 年	−0.009	−0.611	0.041	2.067
虚拟变量 1997 年	−0.067	−4.964	−0.028	−1.524
ln(年龄)	−9.598	−16.212	−7.395 7	−15.132
[ln(年龄)]^2	1.351	16.108	1.019	15.200
最小值年龄	35	—	38	—
ln(家庭收入)	0.034	1.600	0.026	1.387
ln(教育年限)	−0.101	−3.925	−0.044 52	−1.336
ln(儿童+1)	−0.222	−4.625	−0.161	−1.746
性别(男性)	−0.027	−1.182	0.031	1.108
共同生活	0.052	2.164	0.140	4.764
ln(工作时间)	0.027	1.338	—	—
自我雇佣	0.007	0.242	—	—
ln(休闲时间)	0.098	1.965	−0.169	−2.621
ln(家庭收入)的均值	0.058	2.042	0.049	1.974
ln(儿童+1)的均值	0.016	0.302	−0.124	−1.257
ln(工作时间)的均值	−0.010	−0.488	—	—
个体随机影响 ε_n 的标准差	0.804	—	0.795	—
随 ε_n 变动的百分率	0.724	—	0.783	—
调查数量	17 948	—	11 975	—
接受调查人数	7 779	—	5 785	—
R^2:				
内部	0.005	—	0.003	—
当中	0.069	—	0.078	—
总计	0.054	—	0.062	—

注:本表没有包括缺失变量的虚拟变量。

年龄特征很明显。社会关系满足度随着年龄增长而变差直至在 35 岁达到最小值。这也许可以解释为年龄在 23—40 之间时人们更多地朝着家庭生活和建立事业的方向努力。在 35 岁之后,社会关系随着年龄而改善。社会生活随着孩子数量的增多而恶化。这反映了有孩子家庭更少地外向交往的事实。我们发现家庭收入对其没有很显著的影响。男性的社会生活满足度比女性的稍低一些。高等教育有负向影响。住在一起具有正向影响。显然,伴侣双方都有他们各自的社会关系网并且增加了一个家庭的社会吸引价值。然而,另一个解释可能就是因为伴侣之间满足了彼此的需要而减少了对社会关系的需求。

3.3.8 婚姻

表3.24列出了英国的婚姻满足度结果。婚姻对幸福(或是总体满足度)引起了一些经济学家的兴趣,例如Stutzer和Frey(2006)研究了是幸福的人们会结婚还是结婚的人更幸福。但是,经济学领域的婚姻满足度研究很少。我们假定男性和女性的年龄有不同的影响。虽然不太显著,这个差异还是存在的。它反映了性别不同,年龄的影响也不同。对于女性来说,我们发现最低值约在32岁,而男性是在21岁。如果这是正确的话,它反映了在年轻妇女感觉婚姻质量下降的同时,男人正感觉越来越好。那么由于在20—30岁时男女双方对婚姻质量的感知不同,所以婚姻

表3.24 英国的婚姻满足度总量,1996—1998, POLS个体随机影响

	工作者		非工作者	
	估计值	t 检验	估计值	t 检验
常数	7.596	3.569	0.926	0.532
虚拟变量1996年	0.016	0.904	0.006	0.254
虚拟变量1997年	−0.003	−0.153	−0.014	−0.657
ln(年龄)	−4.141	−3.400	−1.115	−1.130
[ln(年龄)]^2	0.600	3.493	0.231	1.700
性别 * ln(年龄)	2.472	1.567	1.839	1.263
性别 * [ln(年龄)]^2	−0.325	−1.470	−0.241	−1.222
最小值年龄,女性	32	—	11	—
最小值年龄,男性	21	Max age	1.E+15	—
ln(家庭收入)	−0.067	−2.484	−0.012	−0.447
ln(教育年限)	−0.124	−3.679	−0.054	−1.215
ln(儿童+1)	−0.154	−2.616	−0.036	−0.334
性别(男性)	−4.508	−1.611	−3.376	−1.274
第二个挣钱者	0.289	10.628	—	—
ln(家务劳动时间)	0.009	0.706	−0.013	−1.274
ln(家庭收入)的均值	0.027	0.739	0.057	1.605
ln(儿童+1)的均值	0.021	0.321	−0.063	−0.532
个体随机影响 ε_n 的标准差	0.915	—	0.892	—
随 ε_n 变动的百分率	0.580	—	0.610	—
调查数量	14 142	—	6 924	—
接受调查人数	6 280	—	3 468	—
R^2:				
内部	0.001	—	0.003	—
当中	0.043	—	0.084	—
总计	0.029	—	0.075	—

注:本表没有包括缺失变量的虚拟变量。

在这个时期是不稳定的。对于男女双方的不同影响表明女性年龄的影响比男性的更显著,女性为0.600,男性为0.275(=0.600−0.325)。

注意到我们这里没有考察夫妻的情况。在第6章我们试着把夫妇作为观察的一项。更有趣的是,更多的家庭收入不是更高的婚姻满足度的保证。相反的,孩子的影响很大。然而我们注意到,关于孩子的决策效用和体验效用必定是显著不同的。当决定要孩子时,我们假定决策效用大体上是正向的。但是事实上有了后是另外一回事,系数是负的。最后,我们观察到男性比女性有更少的满足度,而且教育程度对婚姻质量的认知也产生一个负向影响。有趣的是,当夫妇双方都养家时,它对婚姻质量的影响将是正的。这与家庭妇女作用的传统观点有差异。

3.4 POLS与COLS影响估计的关系

就估计统计分析方法来说,在第2章我们看到,我们可以应用序数或基数概率单位或它们的最小二乘估计量。我们分别把它们缩写为OP,CP,POLS和COLS。在这一章我们选择了POLS这种方法,但是这一选择不会使普遍性消失。参考第2章,我们给每个满足度指标设置一个u变量和一个Z变量。u变量依靠于基数值。Z变量分配给每个回答类型一个值,它们对应于并由样本反应分布决定。两个变量都近似正态分布(假定),但是它们的期望和方差不同。然而,我们可能会发现两者之间存在线性关系,正如我们已在第2章的财务满足度等式(2.31)中发现的一样。

表3.25列出了不同因子的相同等式。

表3.25 基数和概率POLS的关系

满足度因子	斜 率	t值	常 数	t值	R^2
财务满足度	0.536	18.558	0.196	2.713	0.977
工作满足度	0.567	16.210	0.210	3.832	0.971
健康满足度	0.603	19.564	0.123	2.801	0.980
住房满足度	0.636	16.398	0.343	5.899	0.971
休闲满足度	0.648	23.129	0.183	4.783	0.985
环境满足度	0.529	21.395	−0.016	−0.416	0.983
总体满足度	0.514	15.434	0.143	2.558	0.968

表的第一行表明对于财务满足度我们有:

$$Z_{\mathrm{Fin}} = 0.536\, u_{\mathrm{Fin}} + 0.196 \tag{3.6}$$

对于工作满足度我们相似地发现:

$$Z_{\mathrm{Job}} = 0.567 u_{\mathrm{Job}} + 0.210 \tag{3.7}$$

R^2 表明线性关系实际上是完全的。其他满足度也类似。让我们现在假设

$$u_{\mathrm{Fin}} = \beta'_{\mathrm{Fin}} x + cons_{\mathrm{Fin}} \tag{3.8}$$

在这种情况下我们得到:

$$Z_{\mathrm{Fin}} = 0.536(\beta'_{\mathrm{Fin}} x + cons_{\mathrm{Fin}}) + 0.196 \tag{3.9}$$

用 u 或 Z 变量对满足度变量处理后,解释的满足度对于协调相关度时不相同。对于概率单位也一样。

3.5 结论

在这一章中我们已经考虑了一些关于满足度的问题,其中的一些已被经济学家、社会学家和心理学家[2]研究过。这里我们证明了那些满足度基本上与生活的不同范畴相关。它们构造相似并且可以被相似的模型解释。

这一章的主要结论可以概括如下:

我们可以把这些满足度因子(DS)作为可观察的离散的正态变量来处理。

我们强调的事实是,与传统变量一样,这些变量也可以用很多方法来解释。我们把它们分为预测法和享乐主义法。两种方法都有各自的优点。很显然,通常我们不能只有一种解释方法或者是最好的解释方法。我们所给出的不同 DS 的解释都基于一个直觉上合理的、可得变量的选择。另一些研究者会倾向于不同的方法,取决于他们的目标和数据可得性。更多地,由于文化不同,分类标准和行为也不同。

由于本书的范围有限,我们在这一章没对 DS 做一个详尽的分析。

在下一章我们会看到 DS 如何被应用于同步模型中，那时 DS 会成为解释变量。

附录 3A 对于 GSOEP 的变量描述

附录 3A 描述了 GSOEP 的回归分析所用到的可能需要说明的变量：

家庭收入：以德国马克表示的家庭每月净收入（对于来自同一个家庭的所有回答者这项都一样）。

教育年限：对于联邦德国来说这个变量是根据 GSOEP 记录计算的。对于民主德国来说我们按相似的规则进行了转变。

儿童＋1：在家庭中不满 16 岁的小孩子（＋1）人数。

成人：在家庭生活中的成人人数。

住在一起：虚拟变量，其中 1 代表结婚或有伴侣一起生活。

第二个挣钱者：虚拟变量，取值 1 代表在家中不止有一个人挣钱。

自我雇佣者：虚拟变量，1 代表自我雇佣者。非就业者没有定义这些变量。

工作收入：总薪水、总自我雇佣收入、总的附加工作收入之和。

工作时间：平均每周。

额外收入：额外工作时间例如第 13 个月或 14 个月的收入，圣诞节红利，假期津贴，或利润分享的总和。

额外时间：额外工作时间，例如，加班时间。

储蓄：每个月主要消费、紧急支付后的剩余或储蓄存款。

租金：每个月的住房花费，包括：每个月租金，利息和每个月的分期付款，每月的其他费用，上年维修房子的总费用（＊1/12），上年取暖和热水的总费用（＊1/12）。

改进：虚拟变量，如果回答者或房主在上一年把房子装修了，其值为 1。

休闲时间：平常一周（工作日和周日）内花费在兴趣上的时间和其他的休闲时间。

附录 3B 对于 BHPS 的变量描述

附录 3B 描述了 BHPS 的回归分析所用到的可能需要说明的变量：

家庭收入：以英镑表示的家庭每月（回答前一个月）净收入（对于来

自同一个家庭的所有回答者这项都一样)。

儿童+1:在家庭中不满 16 岁的小孩子(+1)人数。

成人:在家庭生活中的成人人数。

住在一起:虚拟变量,其中 1 代表结婚或有伴侣一起生活。

第二个挣钱者:虚拟变量,取值 1 代表在家中不止有一个人挣钱。

自我雇佣者:虚拟变量,1 代表自我雇佣者。非就业者没有定义这些变量。

工作收入:上个月的劳动收入。

工作时间:平均每周。

夜班:值为 1 代表回答者经常倒夜班。

额外时间:额外工作时间,例如,加班时间。

家务工作时间:每周在家务上花的时间(平均每周)。

储蓄:个人每月的平均储蓄。

休闲时间:每周减去工作时间和家务时间后的剩余时间。

屋子的数量:房子里的房间,包括卧室、厨房、浴室、回答者出租或转租给别人的房间。

空间缺陷:邻居家的噪音、街道噪音、光线不足;供暖不足,环境污染问题;还有蓄意破坏公物或犯罪:如果回答者认为他们的房子没有这些方面的问题变量取值 0,否则取值 1。

拥有的房子:如果回答者对他/她居住的房子有所有权,变量取值 1。

注 释

[1] 英国数据之所以从 1996 年算起是因为之前的调查中没有包含一些关键性问题。对于德国的数据,我们从 1992 年算起是因为这个时候民主德国已被很好地纳入在调查中了。

[2] 见 Clark 和 Oswald(1994),DiTella et al.(2001),Frey 和 Stutzer(2000),McBride(2001),Oswald(1997),Pradhan 和 Ravallion(2000),Van Praag 和 Frijters(1999),以及 Tsou 和 Liu(2001)。早期的研究包括Easterlin(1974),Van Praag(1971),Van Praag 和 Kapteyn(1973)。

4. 满足度汇总：作为汇总的总体满足度*

4.1 引言

正如第1章所述，我们可以将生活分为多个不同的领域，而在区分生活领域之前，则可以将生活看成一个整体。我们可以以量化的形式来评估各个生活领域的满足度，同样也可以将生活看成一个整体来估算满足度。我们将后者定义为总体满足度(General Satisfaction，简称 GS)。有些人可能会质疑把生活看成一个整体来估算它的质量是否可行，并且即使是可行的，有些人也会质疑其正确性。但是根据我们对数千位被调查者的观察发现，他们在回答这个问题时并没有困难，并且调查结果呈现相似特性。因此，我们将此作为被调查者能够评估他们生活的实证，并且他们的答案使他们成为科学分析的实例。

我们第一步要做的是对总体满足度进行分析，这与我们前几章所做的对各个因子满足度的分析相似；第二步是将总体满足度(GS)看成各个因子满足度(DS)的一个汇总，如果某一个因子满足度(DS)提高了，就意味着在其他条件不变的情况下，总体满足度(GS)也将提高。这表明，不仅被解释的这个变量是满足度，其解释变量也同样是满足度，即因子满足度。目前学术界还没有这种研究方法，所以我们不仅对估算两者之间

---

* 本章部分内容的研究基础是 Van Praag，Frijters 和 Ferrer-i-Carbonell(2003)的研究。

的关系感兴趣,而且对这一整套研究方法感兴趣。

此外,在英国那组数据中,不仅有关于工作满足度(JS)的问题,还有关于工作价值方面的问题,我们称之为工作子因子(job sub-domains)。于是,我们认为JS本身是这些独立的子因子满足度的加总。所以本章将这种加总的研究方法应用于工作满足度(JS),把它看成是不同的工作子因子满足度的加总。

总体满足度是通过询问被调查者与因子满足度相类似的问题而得到的。唯一的区别在于我们提问的前提是将生活看成一个总体。事实表明,被调查者能够回答这些问题,并且能够以量化的方式来评价他们的生活,这也为本书提出的这类问题能够被提出且能够被一般人回答提供了证据。很明显,将生活看成一个总体是一个非常模糊的概念。你对此思考得越深入,这个概念就越模糊。被调查者可以将这个概念解释为是他们现在的生活,去年的生活,甚至是出生后至今的生活。很遗憾,我们并没有在问卷中非常精确地界定这个概念,而且这很可能会引起"过分思考",从而引起混淆,因为被调查者很可能不知道该如何回答这些问题。

我们假设所有的被调查者都能在生活质量这个概念上达成共识,尽管这只能在某种程度上成立。然而如果我们能够用特定的变量来解释GS的话,那么我们的假设肯定能成立。如果我们无论如何都找不到那些变量来解释GS的话,也不能说明被调查者在认识生活质量这个问题上没有达成共识,只能说明现象不能被我们所选择的这些变量解释而已。接下来我们可以建立回归方程,因变量 y 是可以被明确解释的,但不能被不相关的变量解释。在此,我们会发现GS是可以被解释的,所以我们将使用针对GS的问题,这是建立在假设人们对此有相似理解的基础上的,当这种假设不太确切的时候便会产生误差项。如果我们因为偏好不可知论而拒绝这种假设的话,那我们根本无法研究这个问题。

GS方程可以用第2章所提到的四个方法来处理。我们再次采用最小二乘法(PLOS),原因马上就会清楚。采用其他的方法可以得出几乎一样的结果,除了一些倍增因数。因此,在这里我们就不使用那些方法来困扰读者了。

4.2 预测(传统)研究方法

首先,我们用传统的方法来解释GS,同时选取一些直接的、客观的、可测量的并且具有解释意义的变量。这在幸福经济学文献中是最常用的分析法，并被用于许多有趣的相关主题的研究。紧接着本书的研究之后，幸福经济学文献还研究了离异的夫妇是否会变得更加幸福（Gardne和 Oswald，2006）、结婚的货币价值（Blanchflowe 和 Oswald，2004）、与幸福相关的失业效果（Clark 和 Oswald，1994）、与个人幸福相关的宏观经济变量的重要性（Alesina，Di Tella 和 MacCulloch，2004；Di Tella 和 MacCulloch，2005；Di Tella，MacCulloch 和 Oswald，2001；Di Tella，MacCulloch 和 Oswald，2003）以及许多其他有趣的主题（Shields 和 Price，2005）。

我们是在尝试了许多方法后才选择这个方法的，因为这个方法似乎更为直观清楚，且更具有统计意义。但是我们同样可能引用一些没有意义的变量，这只是为了让读者明白，对于我们的期望，甚至是读者的期望，它们确实毫无意义。此外，有些变量包含了调查期间的平均价值，从而使我们能够区分出程度影响和强度影响。估计方程如表 4.1 和表 4.2 所示，它们分别是英国和德国的情况。

表 4.1　德国总体满足度的预测解释，1992—1997，个体随机影响的 POLS

	联邦德国工作者		民主德国工作者		联邦德国失业者		民主德国失业者	
	估计量	*t* 检验	估计量	*t* 检验	估计量	*t* 检验	估计量	*t* 检验
常量	3.234	3.750	3.542	2.650	7.579	9.750	13.620	11.150
虚拟变量 1992	0.137	9.830	−0.094	−4.240	0.176	9.440	−0.135	−4.250
虚拟变量 1993	0.077	5.380	−0.046	−2.090	0.155	8.090	−0.103	−3.490
虚拟变量 1994	0.056	3.770	−0.044	−1.940	0.070	3.560	−0.119	−4.050
虚拟变量 1995	0.035	2.550	0.011	0.540	0.058	3.140	−0.066	−2.330
虚拟变量 1996	0.009	0.550	0.003	0.130	−0.012	−0.540	−0.045	−1.430
ln 年龄	−2.414	−4.930	−2.921	−3.840	−5.179	−12.100	−8.357	−12.580
(ln 年龄)^2	0.298	4.310	0.363	3.360	0.670	11.390	1.123	12.330
最小年龄	57.643	—	56.185	—	47.724	—	41.294	—
ln(家庭收入)	0.069	3.680	0.172	5.460	0.017	0.670	0.061	1.380
ln(接受教育年限)	−0.034	−0.800	−0.046	−0.670	0.038	0.650	−0.170	−2.070
ln(儿童+1)	−0.100	−0.540	−0.716	−2.360	−0.434	−1.920	−0.718	−1.630
ln(成人)	−0.036	−2.000	−0.049	−1.560	−0.031	−1.140	−0.025	−0.490
ln(工作时间)	−0.021	−1.500	−0.062	−2.420	—	—	—	—
ln(家庭收入) * ln(儿童+1)	0.012	0.540	0.080	2.150	0.051	1.850	0.103	1.870
ln(储蓄)	0.010	4.750	0.021	6.200	0.018	5.990	0.019	3.850

(续表)

	联邦德国工作者		民主德国工作者		联邦德国失业者		民主德国失业者	
	估计量	t 检验	估计量	t 检验	估计量	t 检验	估计量	t 检验
第二收入者	−0.028	−1.740	−0.097	−3.520	—	—	—	—
性别	0.009	0.530	0.002	0.090	−0.144	−6.280	−0.081	−2.630
共同生活	0.101	5.630	0.176	4.880	0.163	8.550	0.101	2.760
ln(闲暇时间)	0.005	3.740	0.002	0.760	0.001	0.800	0.000	−0.080
平均 ln(家庭收入)	0.142	4.580	0.119	2.360	0.239	6.140	0.159	2.460
平均 ln(儿童−1)	−0.027	−1.010	0.046	1.080	−0.106	−2.740	−0.129	−1.920
平均 ln(成人)	0.008	0.260	−0.177	−3.430	−0.116	−2.740	−0.276	−3.760
平均 ln(储蓄)	0.037	8.670	0.023	3.450	0.034	6.030	0.037	4.340
平均 ln(工作时间)	−0.019	−2.100	0.008	0.630	—	—	—	—
个体随机影响标准差 ε_n	0.643	—	0.549	—	0.735	—	0.620	—
随 ε_n 变化的百分率	0.510	—	0.458	—	0.530	—	0.450	—
调查数量	30 625	—	12 354	—	20 909	—	8 540	—
接受调查人数	8 150	—	3 238	—	6 427	—	2 695	—
R^2								
内部	0.011	—	0.021	—	0.015	—	0.014	—
当中	0.060	—	0.096	—	0.105	—	0.169	—
总计	0.046	—	0.067	—	0.086	—	0.1157	—

注:有些丢失的虚拟变量没有包含在内。

表 4.2　英国总体满足度的预测解释,1996—1997,个体随机影响的 POLS

	工作者		失业者	
	估计量	t 检验	估计量	t 检验
常量	7.740	11.371	6.739	9.784
虚拟变量 1996	−0.014	−1.522	0.005	0.373
虚拟变量 1997	−0.015	−1.771	−0.018	−1.332
ln(年龄)	−4.851	−12.557	−4.409	−12.692
(ln(年龄))2	0.685	12.561	0.641	13.481
最小年龄	34.457	—	31.210	—
ln(家庭收入)	−0.001	−0.096	0.012	0.838
ln(接受教育年限)	−0.071	−4.496	−0.076	−3.243
ln(儿童+1)	−0.111	−2.251	0.060	0.694
ln(儿童+1)^2	0.017	0.494	0.041	0.853
ln(成人)	−0.046	−1.595	−0.081	−1.656
ln(工作时间)	−0.030	−2.597	—	—
ln(家庭收入)× ln(儿童+1)	0.050	1.649	−0.089	−2.322

(续表)

	工 作 者		失 业 者	
	估计量	t 检验	估计量	t 检验
ln(储蓄)	0.010	3.718	0.004	0.664
第二收入者	0.012	0.656	—	—
性别	−0.019	−1.403	−0.076	−3.952
共同生活	0.140	6.309	0.149	6.142
ln(闲暇时间)	−0.014	−0.680	−0.059	−1.272
平均 ln(家庭收入)	−0.005	−0.259	−0.023	−1.098
平均 ln(儿童+1)	0.030	0.886	−0.092	−1.353
平均 ln(成人)	0.044	1.220	0.157	2.775
平均 ln(储蓄)	0.012	2.638	0.029	3.387
平均 ln(工作时间)	0.007	0.756	—	—
个体随机影响标准差 ε_n	0.471	—	0.526	—
随 ε_n 变化的百分率	0.507	—	0.454	—
调查数量	17 921	—	11 985	—
接受调查人数	7 774	—	5 784	—
R^2				
内部	0.003	—	0.001	—
当中	0.045	—	0.092	—
总计	0.034	—	0.073	—

注:有些丢失的虚拟变量没有包含在内。

这些关于时间的虚拟变量呈现出了显著的模式。在此期间,联邦德国人的幸福水平在下降,而同一期间,民主德国人的幸福水平在提高。这表明,这个重新统一的国家的两个地区人们的幸福水平正向着同一点集中。可以看出家庭收入是 GS 的一个重要决定因素。经济学文献已对通过观察彩票中奖者来研究收入的内生性做了初步的尝试(Oswald 和 Gardner, 2007),并且对德国统一之后,民主德国的收入增加的研究进行了初步的尝试(Frijters 等,2005)。关于收入与幸福之间的关系的其他研究见本书的第 7 章和第 8 章,此外,Clark、Frijters 和 Shields(2006),Easterlin(1995),Frijters、Geishecker、Shields 和 Haisken-DeNew(2006)以及 Rojas(2007b)对此也有介绍。儿童的影响则不太明确。总体来说,儿童对于低收入者的影响是消极的,对于高收入者的影响则是积极的。但是对于联邦德国的工作者来说这似乎是例外的,儿童对他们的影响几乎是没有区别的。

年龄的影响非常显著,个体的生活满足度在年龄较大的时候才不会下降。尽管我们不是心理学家,但解释这个问题并不难。我们假设在早期的时候人们对生活都充满了希望,这为幸福生活设定了一个标准,如果得以实现他们就感觉到快乐,否则就会有不满的情绪出现。在生活的早期,随着眼界的开阔,人们对生活的期盼会不断扩张,对于大多数人来说这种期盼上升到了太高的水平,以至于后来得不到实现而感到十分失望,但这同样也会产生适应机制,于是便导致了在 50 岁时人们的生活满足度达到了最低水平,此后开始逐步上升。储蓄的影响很小,但是非常重要。

从英国的数据中我们发现了类似的现象,只是年龄的影响更为显著,达到生活满足度最低的年龄要比德国的小很多,为 30 岁。令人吃惊的是,收入对满足度的影响几乎可以忽略。英国的其他各项指标与德国基本相同。最令人吃惊的发现是,与对因子满足度的影响相比,大多数变量对 GS 的影响要小很多,这个现象或许可以这样解释:尽管这些变量在不同领域中有着很大的影响,但并不意味着对 GS 也有同样大的作用,因为他们对各个不同的 DS 的影响可能是相反的,于是相互抵消掉了;也可能是某个变量只对其中一个 DS 有显著的影响,而对其他的没有任何影响,于是它对 GS 总体的影响就削弱了,因为这个特定的 DS 只是构成 GS 的众多 DS 中的一个而已。最后要说明的一点是,很多我们靠直觉认为很重要的变量不包含在其中,比如个人健康状况,我们很难定义一个准确描述个人健康状况的变量。像年龄和收入这些变量是可以预测健康状况的,但是它们的预测可靠性比较低,这个在前面的章节已经给出了证明。我们需要一个更加全面的方法,将收集来的关于 DS 的信息全部考虑进去。

4.3 汇总的方法

现在我们来看第二个方法,我们称之为汇总的方法(也可参见Rojas, 2006a 和 Borooah, 2006)。

正如我们在第 1 章对自发行为的讨论,我们可以把生活看成很多不同领域的汇总,每一个领域都可以分别被估测,其结果就是因子满足度

(Domain Satisfaction) DS_1, DS_2, …, DS_k。

因此,我们得到以下方程:

$$GS = GS(DS_1, DS_2, \cdots, DS_k) \tag{4.1}$$

例如,这可以是个线性的方程:

$$GS = \alpha_1 DS_1 + \alpha_2 DS_2 + \cdots + \alpha_k DS_k \tag{4.2}$$

这正是我们为了利用条件期望来使 $DS_j(j = 1, 2, \cdots, k)$ 变量产生作用所要做的,正如我们在第3章对 POLS 进行估计所做的一样。我们定义:

$$\dddot{DS}_j = E(\ln(DS_j) \mid \mu_{j,\,i-1} < DS_j \leqslant \mu_{j,\,i}) = \frac{n(\mu_{j,\,i-1}) - n(\mu_{j,\,i})}{N(\mu_{j,\,i}) - N(\mu_{j,\,i-1})} \tag{4.3}$$

在这里,我们可以看到选择 POLS 方法具有巨大的优势。我们可以(再次)认为满足度是一个一般变量,如果我们仍然用有序概率法(ordered-probit),那么在这个模型中采用解释变量就会产生很大的问题,因为那样将会产生$(k+1)$维正态定限概率,按常规这是无法全面统计和计算的。另外一个计量经济学的方法是模拟动差估计法(simulated-moments,见 Hajivassiliou 和 Ruud, 1994; Gourieroux 和 Monfor, 1995; Eggink、Hop、Van praag, 1994),事实上,在我们需要的数值范围内这个方法也是不适用的。

因此,我们的基本模型采用以下形式:

$$\begin{aligned} GS_{n,\,t} = {} & \alpha_{1,\,0}\,\overline{DS}_{1n} + \cdots + a_{k,\,0}\,\overline{DS}_{kn} + \alpha_{1,\,1}\dddot{DS}_{1,\,n,\,t} + \cdots \\ & + \alpha_{k,\,1}\dddot{DS}_{k,\,n,\,t} + \beta.\,Z_n + \gamma.\,X_{n,\,t} + \varepsilon_n + \eta_{n,\,t} \end{aligned} \tag{4.4}$$

在这个方程中,我们用 DS 和一个神秘的变量 Z 来解释 GS,这个 Z 变量接下来我们将会给出解释。我们同样留出包含其他变量 X 的可能性。此外,我们还在调查过程中加入了观测期平均值这项,用来区分程度影响和强度影响,并引入个体随机影响作为误差项。

现在我们来解释 Z 变量。我们在前面的章节中考虑 DS 方程时发现,DS 不能被所观察到的变量完全解释。可能存在一些心理上的因素(比如悲观或者乐观)共同决定了满足度,而这些因素至少不能在现在的样本中被观测到,这些省略的变量是回归误差项的一部分。而如果我们假设在长期内这些变量是一定的,那么它们将会是个体随机影响 $\varepsilon_{j,\,n}$(见方程(3.5))的一部分。

当我们把所有的DS当作一个整体考虑时,我们可以假定它们受到同一个心理因素影响,尽管受影响的程度不同。但是如果这样假设的话,几乎可以确定对于不同领域的 $\varepsilon_{j,n}$,如对于 j 和 j',将是相关的。事实上,在我们研究了6个德国的DS方程(或8个英国的DS方程)之后,就可以从估计的结构方程中计算出残差。下面我们就以英国为例,其中涉及八个领域,方程如下:

$$\ddot{D}\ddot{S}_{jnt}(x) = \hat{r}'_j X_{jnt} + \hat{\varepsilon}_{jnt} \quad (j = 1, 2\cdots, 8) \tag{4.5}$$

其中,$\hat{\gamma}_j$ 表示第 j 个因子满足度方程的估计参数向量,向量 X_j 表示第 j 个领域的解释变量集。这时便可得到其残差 $\hat{\varepsilon}_{jnt} = \hat{\varepsilon}_{jn} + \hat{\eta}_{jnt}(j = 1, 2 \cdots, 6)$,将每个个体的残差取平均值,对于个体 n 和领域 j,我们找到了相应的个体影响 $\hat{\varepsilon}_{jn}$ 的估计值,因为第二组数据中每个个体的平均值趋向于0。所以可以估计出对于两个领域的固定影响的协方差:

$$\operatorname{cov}(\varepsilon_{j.}, \varepsilon_{j'.}) = \frac{1}{N}\sum_{1}^{N} \hat{\varepsilon}_{jn.} \cdot \hat{\varepsilon}_{j'n.} \tag{4.6}$$

这里,我们列出了英国已婚工作者的8×8方差/相关矩阵,对角数据是方差,而非对角数据则是相关系数。由此可见,固定影响之间的相关性很强。

表4.3 因子误差方差/相关性矩阵,英国已婚并有工作的人

	工作满足度	财务满足度	住房满足度	健康满足度	闲暇时间利用情况满足度	闲暇时间量满足度	社会生活满足度	婚姻满足度
工作满足度	0.625	—	—	—	—	—	—	—
财务满足度	0.395	0.655	—	—	—	—	—	—
住房满足度	0.279	0.355	0.667	—	—	—	—	—
健康满足度	0.292	0.357	0.251	0.858	—	—	—	—
闲暇时间利用情况满足度	0.335	0.345	0.290	0.335	0.719	—	—	—
闲暇时间量满足度	0.351	0.335	0.263	0.290	0.676	0.742	—	—
社会生活满足度	0.411	0.370	0.313	0.341	0.681	0.609	0.663	—
婚姻满足度	0.226	0.208	0.243	0.200	0.287	0.263	0.328	0.797

如果在这些固定的影响中有一个一般的心理因素的话,那一定要以

一个一般变量的形式表现出来,并且它是造成固定影响之间具有很强相关性的原因。

由于对固定影响协方差矩阵进行了主成分[1]分析,因此该成分被分离出来了。事实上,我们发现第一个主成分解释了误差/协方差矩阵中超过50%的方差。考虑第n个人的个人影响向量$\varepsilon_n=(\varepsilon_{1n}, \varepsilon_{2n}, \cdots, \varepsilon_{8n})$引入一个新的由主成分作为坐标轴的坐标体系,我们可以根据这个新的坐标体系将每个个人影响向量改写成$\varepsilon_n=(\upsilon_{1n}, \cdots, \upsilon_{8n})$。这里,数值$\upsilon_{1n}$使用了第一个主成分,我们将该主成分等同于潜在的心理因素,这个数值用Z_n表示。这样,我们就成功地将(部分)潜在的心理因素分离出来了。

再看方程(4.4)我们可以知道,影响DS的一般心理因素很有可能影响将生活看成一个整体的GS。对于GS来说,这种一般影响也被列入误差项。在这种情况下,用未曾检验过的回归方程(4.4)进行估计将会导致有偏的结果,计量经济学家将这种情况称之为“内生性误差”(见Greene, 2000)。

当回归方程中的误差项与其他一个或多个解释变量存在相关关系时,我们称之为“内生性误差”。在基本的最小二乘法的假定中,各个干扰项之间是不相关的,在这种情况下回归系数是无偏的。即:样本的估计量和总体的估计相差很大的唯一原因是样本无法完全代表总体。这是因为样本只是总体中随机挑选出来的一部分。如果样本的容量趋向于无穷大,则其估计值就越趋近于真实值,而对于内生性误差这种情况并不适用。但是我们已经将这个一般的因素分离出来并定义为变量Z,若我们将Z看作一个外生的解释变量,则将会使被忽略的变量显现出来,这样它就不再存在于误差项中,而内生性误差便不存在了。

在表4.4和表4.5中,我们列出了德国的四个子样本和英国的两个子样本应用方程(4.4)得出的估计值。对于英国来说,其DS与德国不同。很显然,那些没有结婚或者没有伴侣一起生活的人无法回答关于婚姻满足度的问题。因此,我们为未婚的人设置了一个虚拟变量。若为已婚者或与伴侣一起生活的人,则该变量的值为0;若为单身者,则该变量的值为1。

表 4.4 德国总体满足度的解释,1992—1997,个体随机影响的 POLS

	联邦德国工作者		民主德国工作者		联邦德国失业者		民主德国失业者	
	估计量	t 检验	估计量	t 检验	估计量	t 检验	估计量	t 检验
常量	0.051	4.697	−0.036	−1.950	0.021	1.369	−0.111	−4.798
虚拟变量 1992	0.065	5.382	−0.092	−4.991	0.093	5.552	−0.153	−5.810
虚拟变量 1993	0.037	3.079	−0.071	−3.841	0.077	4.626	−0.115	−4.443
虚拟变量 1994	0.001	0.120	−0.013	−0.709	−0.027	−1.592	−0.138	−5.369
虚拟变量 1995	0.015	1.247	0.019	1.028	−0.002	−0.131	−0.071	−2.769
虚拟变量 1996	0.002	0.171	−0.004	−0.227	−0.015	−0.959	−0.049	−1.955
工作满足度	0.138	23.452	0.145	17.701	—	—	—	—
财务满足度	0.128	22.669	0.154	18.166	0.125	17.008	0.142	12.681
住房满足度	0.072	11.677	0.077	8.497	0.083	8.994	0.099	7.615
健康满足度	0.169	25.419	0.108	10.175	0.245	28.066	0.190	13.441
闲暇时间满足度	0.061	9.937	0.036	3.905	0.076	8.730	0.074	5.909
环境满足度	0.044	7.453	0.044	4.798	0.056	7.074	0.028	2.307
平均工作满足度	0.063	3.835	0.047	2.167	—	—	—	—
平均财务满足度	0.235	15.593	0.243	10.142	0.380	18.251	0.341	11.499
平均住房满足度	−0.012	−0.919	−0.042	−2.271	0.003	0.212	−0.032	−1.524
平均健康满足度	0.088	7.276	0.087	4.789	0.113	8.654	0.057	2.753
平均闲暇时间满足度	0.021	0.967	0.036	1.389	−0.017	−1.115	0.112	4.662
平均环境满足度	−0.010	−0.706	0.037	1.632	−0.146	−4.463	−0.029	−0.567
前件	−0.070	−1.630	−0.063	−1.038	−0.193	−3.384	−0.076	−0.798
个体随机影响标准差 ε_n	0.362	—	0.342	—	0.446	—	0.430	—
随 ε_n 变化的百分比	0.284	—	0.279	—	0.324	—	0.307	—
调查数量	29 636	—	11 941	—	20 427	—	8 335	—
接受调查人数	7 995	—	3 157	—	6 353	—	2 651	—
R^2:								
内部	0.170	—	0.153	—	0.137	—	0.116	—
当中	0.567	—	0.519	—	0.536	—	0.470	—
总计	0.464	—	0.413	—	0.464	—	0.405	—

表 4.5 英国总体满足度的解释,1996—1998,个体随机影响的 POLS

	工作者		失业者	
	估计量	t 检验	估计量	t 检验
常量	−0.887	−126.015	−0.908	−85.739
虚拟变量 1996	−0.001	−0.139	−0.018	−1.498
虚拟变量 1997	−0.009	−1.137	−0.012	−1.021
工作满足度	0.067	11.899	—	—
财务满足度	0.075	11.810	0.037	3.864

(续表)

	工作者		失业者	
	估计量	t 检验	估计量	t 检验
住房满足度	0.019	3.447	0.055	6.458
健康满足度	0.066	12.085	0.096	10.132
闲暇时间利用满足度	0.103	15.057	0.134	12.589
闲暇时间量满足度	0.032	4.729	0.057	5.842
婚姻满足度	0.054	9.524	0.046	4.141
社会生活满足度	0.086	12.779	0.143	14.135
平均工作满足度	0.046	3.700	—	—
平均财务满足度	−0.011	−0.919	0.050	4.013
平均住房满足度	0.022	2.621	0.002	0.166
平均健康满足度	0.035	2.300	0.071	5.603
平均闲暇时间利用满足度	0.007	0.389	0.103	5.698
平均闲暇时间量满足度	0.003	0.166	−0.082	−5.225
平均婚姻满足度	0.017	2.212	0.022	1.600
平均社会生活满足度	0.030	2.897	0.044	3.126
第一主成分	−0.019	−0.437	−0.149	−4.917
未婚虚拟变量	−0.024	−2.567	−0.047	−3.955
个体随机影响标准差 ε_n	0.254	—	0.254	—
随 ε_n 变化的百分比	0.279	—	0.203	—
调查数量	17 310	—	11 578	—
接受调查人数	7 580	—	5 717	—
R^2:				
内部	0.206	—	0.230	—
当中	0.555	—	0.588	—
总计	0.478	—	0.531	—

估测的结果非常有趣。我们可以看到,GS 确实可以看作所有个别 DS 的汇总,对于该汇总来说,每一个不同的领域都有自己特定的贡献。有趣的是,我们会发现几乎所有领域的影响都是显著的。作为一般可忽略因素的 Z 变量却只在少数情况下影响显著。相关系数非常高,尤其是与表 4.3 所列出的常规解释相比的时候。在直观上我们可以用图 4.1 所示的两层模型来解释,并可这样描述:

$$\text{具体变量} \longrightarrow \text{因子满足度} \longrightarrow \text{总体满足度}$$

很显然,若我们把重点放在第二个箭头上,就会得到比我们试图把两个阶段都包括在一个方程中更详细、更精确的描述。

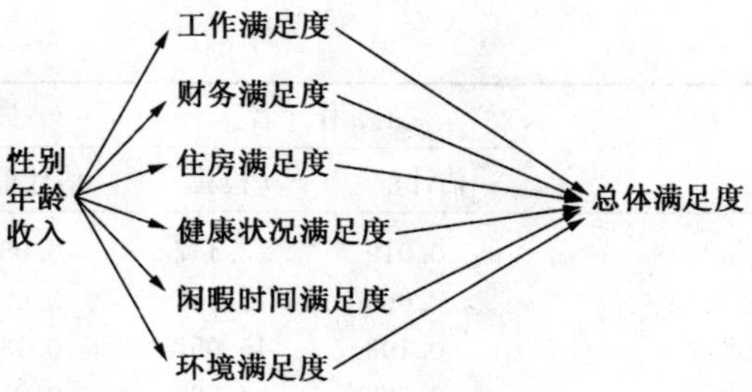

图 4.1 两层模型

从这些表格中我们还可以明显观察到，总体满足度(GS)不能和财务满足度(FS: financial satisfaction)划等号，尽管这一点在前面的内容中显得微不足道，但我们不要忘记，在经济学学术领域，到目前为止，这两个概念之间还没有绝对的区分。然而，现在我们看到，极大化的 FS 与极大化的 GS 带来的结果显然是不同的。

从表面上看，根据英国的样本估测出来的影响比根据德国的样本估测出来的影响要小得多。但是，我们必须认识到这一点，即英国和德国的样本的解释变量的数目不同，并且在德国的数据中，有 11 个截然不同的答案类别，而英国只有 7 个。假设我们从 6 个不同的子样本中得到了相似的结果，那么就意味着我们找到了充分的证据能够证明这一方法是可行的，并且若将这一方法应用于任何西方国家的数据都能得到相似的结果。尽管我们无法证明将这一方法应用于非西方国家的数据也能得到相似的结果，但我们推测对于非西方国家来说，也能得到同样的结果。

让我们把强度影响和程度影响再度区分开来。例如，对于联邦德国工作者来说，FS 的强度影响是 0.128，而程度影响则是 0.363(＝0.128＋0.235)。我们在表 4.6 和表 4.7 中列出了对应的程度影响。

表 4.6 程度影响，德国

	联邦德国工作者	民主德国工作者	联邦德国失业者	民主德国失业者
工作满足度	0.202	0.191	—	—
财务满足度	0.363	0.397	0.505	0.483
住房满足度	0.060	0.035	0.086	0.067
健康满足度	0.257	0.194	0.357	0.246
闲暇时间满足度	0.082	0.072	0.059	0.186
环境满足度	0.035	0.081	−0.091	−0.001

表 4.7 程度影响,英国

	工作者	失业者
工作满足度	0.112	—
财务满足度	0.064	0.087
住房满足度	0.041	0.057
健康满足度	0.102	0.166
闲暇时间利用满足度	0.109	0.237
闲暇时间量满足度	0.036	−0.025
婚姻满足度	0.071	0.068
社会生活满足度	0.116	0.187

我们找到了强度影响和程度影响的事实说明存在一个随时间变化的动态适应过程。因此,x_t 变化的直接影响便是强度影响,是该变化产生的影响的平均值的 1/6。通过 $0.128/0.363+\left(\frac{1}{6}\times 0.235\right)\Big/(0.363)=0.35+0.11=0.46$ 得到的比率可以解释为被立即吸收的变化的一部分。如果 x_t 的变化是持久的,那么其余 54%的部分将会在整个适应过程剩下的 5 年中被吸收。如果变化是随机的,那么在接下来的 5 年中,其影响将会减少到 11%,然后突然下降到 0。对适应过程的类似估计也同样适用于其他变量的暂时性影响。我们发现,这种适应过程不是唯一的,每一种变量的适应过程都不相同。很显然,这里我们对这种适应过程的描述非常粗略,这是因为我们采用了 Mundlak 模型,并在这种模型中对于时间采用了非加权平均值。若能更准确地估计时间的权重则会很有趣,但这不是本章所研究的内容,我们将在第 7 章对这些"记忆权重"的估计作更适当的尝试。

从上面两个表中我们还能发现不同领域之间的平衡。就像计算具体变量之间的平衡系数一样,我们同样能从估计 GS 的方程中得到构成 GS 不同领域之间的平衡比率。例如,假定工作满足度(JS)由于 ΔJS 而降低了,那么若要保持 GS 的水平不变,我们需要将 FS 提高到什么水平呢?对于联邦德国工作者来说,解出以下方程就能得到答案:

$$-0.202\Delta JS+0.363\Delta FS=0 \tag{4.7}$$

于是得到:

$$\Delta FS=\frac{0.202}{0.363}\Delta JS \tag{4.8}$$

平衡系数是(0.202/0.363),约等于0.55。乍一看,我们可能会觉得这个表示不同满足度之间平衡关系的计算很难理解。但是,如果我们注意到FS取决于收入,并且FS的提高是由于某个具体方面的收入提高而产生的,那么就可以推导出JS的降低(或提高)可以转换成等价的收入降低(或提高)。在接下来的某些章节中,我们将会广泛应用平衡系数。

事实上,在GS方程中,不同的DS之间是可以相互比较的。例如,我们可以将不同的DS划分等级。对于联邦德国工作者来说,其不同DS的等级顺序依次是:经济满足度、健康满足度,然后是工作、闲暇时间以及住房满足度,而环境满足度则排在最后。

同样,我们发现这个等级划分甚至是比率的大小顺序对德国的子群来说也非常相似。而对于英国工作者来说,健康满足度排在财务满足度之前,而在所有的因子满足度中,排在第一位的是社会生活满足度。请读者注意,社会生活满足度和婚姻满足度这两个问题没有在德国的调查中出现。

为了估计“未婚”相对于“已婚”[2]状况的不同,我们将虚拟变量“未婚”的增量与“已婚”的增量进行比较。已婚的程度影响是0.071(表4.7),而未婚的影响是-0.024(表4.5),也就是说,未婚状况等于已婚满足度是-0.024/0.071=-0.34的水平,这也可以说是离婚的临界值。

4.4 工作满足度的分解

很显然,上述汇总模型的运用是将满足度(在这里是GS)分解成很多组成部分的一个例子,这样便有可能进行“满足度微积分”。

这个方法同样可以用来对各个因子满足度进行分解。因为我们可以把某个领域分解成很多不同的方面,并且能够在各个方面衡量自己的满足度,我们将这些方面称为子因子(sub-domains)。

在英国的数据样本里,我们可以将该方法应用到工作满足度(JS)上。在调查问卷中包括一个将工作满足度作为一个整体衡量的问题,但是同样也有反映该工作满足度不同方面的问题[3],我们将它们分为7个方面,分别是:对升职的预期、总工资、与管理者的关系、工作的安全性、在工作中掌握自主权的机会、对工作本身的满足度以及工作时间。现在我们来重新估测 JS 的回归方程,这次将 JS 看作其子因子满足度的一个汇总,方程如下:

$$JS = \alpha_1 JSPROM + \alpha_2 JSPAY + \alpha_3 JSBOSS + \alpha_4 JSSECUR + \alpha_5 JSINIT + \alpha_6 JSWORK + \alpha_7 JSHOURS + \beta. Z_{JS} \cdots \quad (4.9)$$

接下来我们用与第 3 章所采用的步骤类似的程序来指定 JS 的子因子。对于自由职业者或者私营老板我们加入一个虚拟变量,因为对于他们来说,和老板的关系以及升职这样方面的因素是不存在的,这些因素被一个虚拟变量所代替,对于自由职业者来说,该值是 1;而在其他情况下,该值为 0。

表 4.8 中关于子因子的问题非常有趣。我们看到,收入越高的人对自己的管理者和工作稳定性越不满意。年龄用我们熟悉的取对数的方式表示。男性的满足度低于女性,而自由职业者对自己工作的满足度要高于一般受聘于他人的个体。

表 4.8 英国 7 个工作子因子满足度方程,1996—1997,个体随机影响的 POLS

	升职满足度		工资满足度		对管理者的满足度		工作稳定性满足度	
	估计量	t 检验	估计量	t 检验	估计量	t 检验	估计量	t 检验
常量	7.941	6.296	3.880	3.840	6.559	6.013	6.915	6.670
虚拟变量 1996	0.017	1.098	−0.006	−0.413	0.002	0.100	−0.001	−0.066
ln(工作收入)	0.060	2.105	0.089	6.530	−0.145	−5.510	−0.032	−2.388
ln(年龄)	−4.524	−6.056	−2.339	−3.946	−3.275	−5.060	−3.651	−6.004
$(\ln(\text{年龄}))^2$	0.660	6.200	0.345	4.104	0.481	5.232	0.512	5.942
最小年龄	30.765	—	29.730	—	30.093	—	35.277	—
ln(工作时间)	−0.035	−1.043	−0.071	−2.842	−0.073	−2.372	−0.007	−0.287
ln(加班时间)	0.035	2.394	0.040	2.976	0.048	3.246	0.016	1.221
上夜班	−0.161	−2.165	−0.025	−0.368	−0.091	−1.305	−0.220	−3.239
性别(男)	−0.131	−4.801	−0.117	−4.924	−0.045	−1.787	−0.150	−6.198
自由职业者	—	—	0.404	4.758	—	—	−0.134	−1.579
ln(接受教育年限)	−0.114	−3.403	−0.034	−1.147	−0.042	−1.327	−0.075	−2.473
平均 ln(工作收入)	0.006	0.233	0.076	4.645	0.043	1.853	0.018	1.088
平均工作时间	−0.093	−2.281	−0.214	−7.318	0.003	0.091	−0.034	−1.142
平均加班时间	0.036	1.735	−0.048	−2.575	−0.040	−2.007	0.028	1.486
个体随机影响标准差 ε_n	0.744	—	0.714	—	0.647	—	0.741	—
随 ε_n 变化的百分比	0.555	—	0.521	—	0.426	—	0.546	—
调查数量	8 784	—	11 615	—	10 095	—	11 522	—

(续表)

	升职满足度		工资满足度		对管理者的满足度		工作稳定性满足度	
	估计量	t 检验	估计量	t 检验	估计量	t 检验	估计量	t 检验
接受调查人数	5 547	—	6 972	—	6 154	—	6 923	—
R^2:								
内部	0.004	—	0.010	—	0.002	—	0.001	—
当中	0.020	—	0.048	—	0.036	—	0.023	—
总计	0.019	—	0.042	—	0.028	—	0.019	—

	对工作自主权的满足度		对工作本身的满足度		工作时间满足度	
	估计量	t 检验	估计量	t 检验	估计量	t 检验
常量	0.252	0.250	1.949	1.925	3.677	3.707
虚拟变量 1996	0.006	0.412	0.016	1.159	0.013	0.981
ln(工作收入)	−0.018	−1.340	0.001	0.067	−0.004	−0.310
ln(年龄)	−0.360	−0.609	−1.388	−2.338	−1.630	−2.802
(ln(年龄))^2	0.085	1.012	0.245	2.906	0.249	3.019
最小年龄	8.369	—	17.089		26.429	—
ln(工作时间)	0.001	0.025	−0.038	−1.515	−0.099	−4.000
ln(加班时间)	0.054	3.998	0.024	1.760	−0.059	−4.386
上夜班	−0.050	−0.751	−0.237	−3.511	0.003	0.039
性别(男)	−0.064	−2.706	−0.124	−5.197	−0.088	−3.792
自由职业者	0.254	3.002	0.080	0.945	−0.003	−0.037
ln(接受教育年限)	−0.023	−0.780	−0.003	−0.100	−0.112	−3.816
平均 ln(工作收入)	0.022	1.369	0.001	0.056	0.011	0.676
平均工作时间	−0.033	−1.116	−0.007	−0.229	−0.085	−2.921
个体随机影响标准差 ε_n	0.007	0.397	0.022	1.179	−0.111	−5.944
随 ε_n 变化的百分比	0.706	—	0.717	—	0.690	—
调查数量	0.509	—	0.521	—	0.501	—
接受调查人数	11 629	—	11 659	—	11 656	—
R^2:	6 972	—	6 986	—	6 985	—
内部	0.007	—	0.006	—	0.002	—
当中	0.042	—	0.033	—	0.073	—
总计	0.037	—	0.028	—	0.062	—

注:那些没有包括在内的变量用虚拟变量代替。

表 4.9 中给出的第二个方程表示,可以将 JS 按照不同子因子的满足度水平进行分解,每个方面对工作满足度的程度影响见表 4.10。

表 4.9 英国由工作子因子满足度解释的工作满足度,1996—1997,个体随机影响的 POLS

	估计量	t 检验
常量	−0.201	−17.150
虚拟变量 1996	−0.042	−3.142
升职满足度	0.128	6.995
工资满足度	0.098	6.073
对管理者的满足度	0.164	10.389
工作稳定性满足度	0.124	7.557
对工作自主权的满足度	0.017	0.987
对工作本身的满足度	0.224	13.231
工作时间满足度	0.119	7.436
平均升职满足度	0.020	0.638
平均工资满足度	0.081	3.982
平均对管理者的满足度	0.007	0.259
平均工作稳定性满足度	−0.006	−0.246
平均对工作自主权的满足度	0.029	0.930
平均对工作本身的满足度	0.052	1.259
平均工作时间满足度	0.024	1.150
第一主成分	−0.166	−1.902
自由职业者	0.192	6.029
个体随机影响 ε_n 的标准差	0.493	—
随 ε_n 变化的百分比	0.374	—
调查数量	9 842	—
接受调查人数	6 172	—
R^2:		
内部	0.242	—
当中	0.507	—
总计	0.482	—

表 4.10 不同工作方面对工作满足度的程度影响

升职满足度	0.148
工资满足度	0.179
对管理者的满足度	0.171
工作稳定性满足度	0.118
对工作自主权的满足度	0.046
对工作本身的满足度	0.276
工作时间满足度	0.143

我们可以看到,工作本身的内容占了最大的权重,接着是工资,而公

司的管理也同样非常重要。

4.5 小结

在本章中,我们拓展了满足度汇总的模型。我们可以区分出很多不同的因子,它们可能包含两个或者三个分层模型。首先,我们"将生活看成一个整体",研究了总体满足度。从中我们发现,总体满足度可以通过它的各个因子的满足度来解释。在本章的第二部分中,我们将这一方法运用到工作满足度上,并且通过不同的工作子因子或工作领域的不同方面来解释工作满足度。于是,我们把上述两个模型合二为一,就构成了一个三层结构模型。

本章中最重要的一点是,我们可以将各个满足度看作是数字形式的变量,这样我们就能应用计量经济学中的一对多方程模型,这为"感觉计量经济学"开辟了新的道路。

显然,我们可以将现在的尝试看成是第一步努力,发展的空间肯定还很大。例如,模型的结构可以在加入因果关系的基础上进一步优化。此外,这种形式的研究在很大程度上取决于现有数据,尽管目前数据正在不断增加(见 Diener, 2006),但现在可利用的数据仍然不多。

在接下来的章节中,我们将会有选择地应用该扩展模型,将重点放在特定的方面和方程上,并将部分素材建立在之前的工作基础上。

注 释

[1] 遗憾的是,与读者讨论主成分分析不在本书的研究范围之内。对主成分分析的基本解释可参见 Dhrymes(1970)。

[2] 在此,我们对于合法婚姻与其他任何形式的永久同居不加区分。

[3] 有些子因子中的工作满足度方面的问题没有在 1997 年后的数据中提出。

5. 政治满足度*

5.1 引言

在前面的内容中，我们将个体满足度放在其各自的环境中加以研究并区分出了一系列的"生活领域"，如健康、财务状况、工作等等。对于每一个领域，个体既可以用"好"或者"坏"的方式来表达他们的满足度，同时也可以通过给一个具体的 0 到 10 之间或 1 到 7 之间的数值作为评价。我们对以下形式的方程做估计：

$$DS_i = \beta_i x + \varepsilon_i \tag{5.1}$$

方程的第一部分叫做结构部分，残差 ε 表示个体因子和误差项。对于结构部分我们找到了稳定而显著的估计量，但是能解释的程度很低，也就是说，没有做测度的个体因素一定非常重要。

在第 4 章中，我们通过引入多方程结构模型扩展了这种分析。我们将生活看成一个整体来提出有关个人满足度的问题，这叫作总体满足度（缩写为 GS），我们发现 GS 可以由其因子满足度（DS）来解释。

在前几章中，这种估计体系很令人满意，在第 4 章中，我们将工作满足度看作其子因子满足度的一个汇总，比如收入、工作时间、工作内容这

* 本章部分内容的研究基础是 Chris Van Klaveren（阿姆斯特丹大学，2002）的硕士学位论文以及 Van Klaveren，Maassen Van de Brink 和 Van Praag（2002）的论文。我们对 Chris 以及 Henriette 允许我们在本文中使用他们的结论表示感谢。

便引入了三层结构模型。

在本章中,我们将该模型应用到政治满足度上,每个人的政治满足度可以通过询问他们对政府的满意程度获得,他们的答案便是政治满足度 PS。然后,我们可以设法用具体变量 x 来直接解释 PS。另外一个方法是区分出不同政治子因子的满足度 PDS, PDS 由具体变量 x 解释。这样,我们可以把政治满足度与其他生活领域并列,将其看作是总体满足度的决定因素之一。我们将这种结构用图 5.1 来表示。

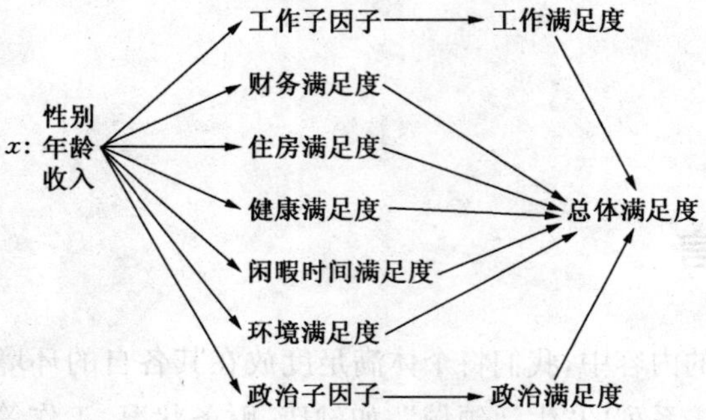

图 5.1　一个三层结构的模型

在本章中,我们将用荷兰横截面数据集来估计这个结构,为了避免使读者感到枯燥,我们会将重点放在图 5.1 最底层的由 x 到 GS 的路径上。

5.2　数据集

我们的数据是一组经过非正统方法,也就是通过荷兰的日报收集到的截面数据。我们现在需要说明一下数据集的特点。

在荷兰有很多不同的日报社,我们可以将它们分为三个部分。第一部分大概有 6 个国家级日报,相当于英国的《泰晤士报》和《卫报》,或者是美国的《纽约时报》和《华盛顿邮报》。除了传播新闻和表达观点外,它们或多或少都具有明确的政治色彩,在整个国家发行。他们并不关注地区及当地新闻。

第二部分是地区性的日报,它们没有政治色彩,发行的区域局限在某个地区或城市。在荷兰大约有23个这样的日报,它们当中的大多数在2001年联合成立了联合报社服务(在荷兰简称为GPD)。它提供了联合作业的便利,大部分国内和国际上的新闻由GPD的成员共享。同时,为了保证它们各自的独立性和自主性,允许其成员从大型报社的规模经济中获利。每一个GPD的成员在国际和国内的新闻页上添加地区性的新闻。按照订阅量计算,读者群总计大约有220万个家庭。荷兰的大多数家庭阅读GPD的报纸,受教育程度更高或者政治敏感度更高的读者则选择国家级的报纸作为第二个订阅刊物。

第三部分是在火车或地铁里发放的日报,它们是免费的,广告费用是它们的经济后盾。

1983年,GPD联系Van Praag和Hagenaars,想在其所有成员的周六版上发布调查问卷。1983年是第一次,在1984、1991、1998和2001年又做过同样的问卷调查。很明显,参与双方都认为该项举措是成功的。很明显,人们不禁会提出这样的问题:这样一种抽样过程的优缺点在哪?

因为问卷是匿名的,被调查者的身份无从查起,因此,相比面对面的采访或记名问卷,更多隐私性的问题可以出现在问卷上,并且在这样的调查问卷上可以问更多的问题。在最近的一次调查中,问卷上提出了超过1 000个问题,用于回答这些问题的时间从半小时到两小时不等,显然这样的问卷回复率是很低的,大概只有2%,并且不可能提醒潜在的受调查者来接受调查,因为我们根本不知道他们的名字。然而,就读者的总量而言,2%的回复率就意味着有40 000名接受调查者,这已经是一个很庞大的数字了。为了节省数据输入的成本,我们只利用了收到回复的问卷的50%,因此,实际的样本大小从7 500—15 000不等,很难估计这种调查的代表性。总是有这样比较难处理的群体出现:有的人就是不愿意合作,有的人是文盲不能够读或者写,有的人没有订阅GPD。但是众多的调查表明,重新作了权重之后,GPD的样本在荷兰有着很强的代表性,但不包括在荷兰与日俱增的少数民族。这些数据同样被政府委托的社会政治项目研究所利用。在本章中,我们的兴趣当然不是有代表性的结论,而是发展新的理论和模型,就这个目标而言,GPD的问卷是一个很好的研究平台。

对于这个项目中的学术伙伴来说,其最大的好处在于,在不需要成本的条件下能获得如此大量的数据,同时这些问卷的内容可以根据设计者的意愿而设定,于是就可以设置这样一些问题,这些问题被认为是非验证的,但对于研究员来说风险要小一些。大部分这样的问题会导致创新的研究,并且大量这样的问题被荷兰和海外的官方调查所采用。此外,在20世纪80年代,对于荷兰的经济研究工作者来说,不可能获得那么大量的数据,除非他们自己出资去筹集。而过于谨慎的隐私约束意味着这些数据的实用性将不及美国和斯堪的纳维亚(半岛)(瑞典、挪威、丹麦、冰岛的泛称)的数据。但在后来的研究中我们没有获得感兴趣的主观问题[1]。有一些调查研究,多数是社会学的研究,甚至没有涉及简单的收入问题,因为这些被认为是与社会学无关的。在GPD问卷中列出了一个系列的问题,尽管该问卷在数年中有所改动,但是一个相对比较固定的核心是关于被调查者及其伴侣的客观状况、家庭及其成员构成、劳动力的健康和财务状况等。此外,还有许多主观性问题,它和那些被称为"坏心理"问题一样,曾经有一阵被几乎所有主流经济学家认为去关注这样一些问题是一种诅咒。

对于商业伙伴(GPD的成员)来说,最大的优点就是可以以最低的成本获得大量信息以及学术成员的基本数据分析。由于这项调查规模非常大,每一个地区性的日报都有600—1 000个问卷回答者的子样本,因此,在地区性的水平上就可以提取大量的信息,这些信息被参与的报纸杂志转换成了特定的形式。在2001年11月的调查问卷中,一些关于政府政策方面的问题被提出。让我们看表5.1中的问题模块,其中N代表回答每个问题的人数,而1—5列列出了答案是1—5的百分率,最后一列是平均水平,用0—10的数字来衡量。

表5.1 对荷兰当前形势的满足度(2001年9月)

N	领　域	1	2	3	4	5*	平均值
14 328	我们的政府	5.67	17.09	36.93	36.97	3.34	6.30
14 103	荷兰议会制度	2.49	9.85	29.19	48.39	10.09	7.08
13 763	选举制度	1.74	6.21	27.44	50.62	13.99	7.38
13 075	教育私有化政策(DS1)	17.78	40.35	31.03	9.66	1.18	4.72
13 651	医疗保障私有化政策(DS2)	26.86	43.54	21.27	7.28	1.04	4.24
13 936	重大决议中发言权(DS3)	18.00	34.44	30.13	14.75	2.68	4.99
13 991	国家环境政策	9.68	29.62	44.13	16.19	0.88	5.41

(续表)

N	领　域	1	2	3	4	5*	平均值
13 924	地方环境政策(DS4)	8.68	25.95	46.66	17.83	0.88	5.53
13 874	地方停车政策	14.24	25.90	34.03	23.05	2.78	5.48
13 930	地方交通政策	14.21	28.34	36.53	19.48	1.45	5.31
13 047	国家雇佣劳动政策(DS5)	3.31	11.91	54.22	29.04	1.52	6.27
13 895	针对购物时间的政策(DS6)	7.53	20.94	37.96	30.68	2.90	6.01
13 795	全天候经济政策(DS7)	31.97	30.19	23.17	11.92	2.75	4.47
12 331	小学教育(DS8)	6.99	23.53	43.18	24.60	1.70	5.81
12 069	中学教育(DS9)	6.74	25.44	44.78	21.64	1.41	5.71
11 682	职业教育(DS10)	6.23	21.39	47.19	23.52	1.66	5.86
11 233	大学教育(DS11)	4.31	15.22	48.86	29.13	2.47	6.20
13 346	养老金政策(DS12)	7.22	24.15	41.65	25.24	1.73	5.80
12 908	针对史基浦机场(位于阿姆斯特丹的国家机场)的政策(DS13)	10.37	27.90	40.85	19.15	1.73	5.48
13 538	国家铁路政策(DS14)	30.62	46.14	18.56	4.18	0.51	3.96
12 687	国家社会救助政策(DS16)	11.18	28.99	47.66	11.32	0.86	5.23
12 851	无劳动能力者福利政策	12.63	33.53	42.35	10.82	0.66	5.07
13 758	国家医疗保障政策(DS17)	20.88	41.22	27.14	10.17	0.59	4.57
13 449	国家的农民政策	20.88	33.01	32.11	12.11	1.89	4.82
13 892	女王	6.10	7.52	32.74	39.28	14.36	6.97
13 575	Maxima(未来的储妃)	6.48	6.38	34.53	37.65	14.95	6.96
13 606	Willem Alexander(皇储)	6.28	7.23	34.46	39.31	12.71	6.90
13 869	抵制社会保障中的欺诈行为	23.12	41.03	25.53	9.16	1.15	4.48
13 823	抵制腐败	33.70	42.51	17.29	5.66	0.84	3.95
12 381	工会对工作者利益的提升	6.02	16.02	53.86	22.17	1.93	5.96
11 599	职工委员会	4.91	15.29	55.65	22.25	1.89	6.02
12 922	抵制股票交易中的欺诈行为	24.24	35.96	30.53	8.25	1.02	4.52
13 604	对外来移民与寻求收容者的综合政策(DS18)	29.26	40.14	23.95	5.99	0.66	4.17
13 426	对外来移民与寻求收容者参与劳动力市场的政策(DS19)	26.06	42.34	25.86	4.90	0.84	4.24
13 830	寻求收容者许可政策(DS20)	35.24	36.27	21.80	6.03	0.66	4.01
13 406	外来移民许可政策(DS21)	28.00	30.96	31.36	8.77	0.90	4.47
13 917	欧元政策(DS22)	8.53	10.74	38.24	36.52	5.96	6.41
13 481	欧盟扩张政策(DS23)	10.41	20.53	42.24	24.00	2.83	5.77
13 147	欧盟委员会政策(DS24)	13.85	29.57	43.31	12.08	1.19	5.14
13 600	向联合国维和部队派遣荷兰士兵政策(DS25)	7.96	13.76	44.67	30.45	3.15	6.14
13 653	荷兰在联合国中的作用(DS26)	4.67	14.81	47.07	30.10	3.35	6.25

*:1 表示非常失望;2 表示比较不满意;3 表示不是很满意;4 表示满意;5 表示非常满意。

显然,这个有41个项目的模块其本身就可以作为一个完整研究的主题。在现有的框架中,我们要花点笔墨对问题进行一下说明,因为这些问题必须放在荷兰2001年底的政治背景下进行理解。令人惊异的是,在一些公共话题上,被调查者表现得非常不满,这些问题包括私有化政策、全天候经济等等。回想2002年5月的大选,从某种意义上说是荷兰战后历史上最令人吃惊的一次,以皮姆·佛图恩(Pim Fortuyn)的被杀达到了高潮,他在3个月内便成立了一个党派,即List Pim Fortuy(LPF),尽管它的领导人在竞选的前一天被杀害,LPF仍然试图以本国第二大党的身份出现。因此,在表中表现出来的不满都是真实的。我们应当看到,这个调查是在没有政治活动以及佛图恩的思想没有广泛散布之前进行。因此,这些都是真实的不满,不是因为佛图恩而造成的。

这项研究所区分出来的政治子因子是上述41个问题的子集。

我们要解释的第一个变量是对政府的满足度,这正是我们之前所说的政治满足度(PS)。我们试着用政治领域满足度(PDS)对此进行解释,因此,我们采用了上述列表中的一个子集。

表5.2 划分不同子群的政府满足度(5分制)

	总体情况	年龄(岁)			教育程度			是否有工作	
		16—36	36—56	56以上	低	中	高	否	是
非常不满意	5.67	3.12	4.70	7.46	7.35	5.70	4.59	9.68	4.44
	813	*52*	*313*	*448*	*269*	*238*	*293*	*15*	*382*
不满意	17.09	14.59	15.06	20.04	19.13	18.11	15.17	32.26	15.30
	2 449	*243*	*1 002*	*1 204*	*700*	*756*	*968*	*50*	*1 316*
无所谓	36.93	36.13	36.17	37.99	38.62	37.53	35.60	28.39	35.96
	5 291	*602*	*2 407*	*2 282*	*1 413*	*1 567*	*2 271*	*44*	*3 094*
满意	36.97	42.98	40.41	31.50	31.40	35.45	41.29	25.81	40.66
	478	*716*	*2 689*	*1 892*	*1 149*	*1 480*	*2 634*	*40*	*3 498*
非常满意	3.34	3.18	3.67	3.01	3.50	3.21	3.34	3.87	3.64
	—	*53*	*244*	*181*	*128*	*134*	*213*	*6*	*313*
平均值	—	3.29	3.23	3.03	3.05	3.12	3.24	2.82	3.24
	—	*1 666*	*6 655*	*6 007*	*3 659*	*4 175*	*6 379*	*155*	*8 603*

注:表5.2给出了相对发生次数,并在下面列出了调查人数(斜体字部分)。

人们对政府的满足度以及一些子群对政府的满足度的分布情况如表5.2所示。表5.2显示，大约有40%的人对政府表示满意。很显然，那些在“对政府表示无所谓”左右徘徊的数据暗示了调查特定子群对政府的满意程度是非常有用的。表5.2中的数据将政治满足度分为三组进行描述统计，分别是：受调查者的年龄、教育程度和工作职位[2]。年龄大于56岁的被调查者对政府不满的情绪更加强烈一些，因为年龄大的人健康状况不好，并且平均而言，他们的收入水平也比较低(Frey和Stutzer, 2002a/b)。如果人们对某些特定领域的政策感到不满，如医疗保障和收入，那么年龄相对较大的则是其中最为不满意的，因为他们是经历过最多“痛苦”的人。

接受教育程度更高的人对政府的满足度也更高。较高的教育水平导致了高收入水平。首先，高学历的人一般是为政府工作的，这一点使他们比一般人对政府的满意程度更高。同样，政府也把重点放在了收入高的阶层上，例如，在8年内将最高所得税税率由72%降低到了52%。另外一个原因是，低学历的人需要与外来移民以及寻求收容的人在劳动力市场上竞争，这将会对他们的总体政治满足度造成消极的影响。平均而言，有工作的人比没有工作的人更对政府满意。

PDS是根据荷兰的政治现状来选择的，被调查者需要有自己的观点和立场或者很容易形成自己的观点，因为在调查期间政治斗争非常激烈，我们觉得我们能够选择包含面足够广的问题，这些问题足以涵盖全部的政府政策。现在，我们就简要地描述一些问题，记住，我们考虑的是2001年“9·11事件”以前的情况。

1. 2001年的首相是Wim Kok，他是所谓的“紫色联盟”的领导人，这个组织由社会主义者和保守派组成。作为1990—1994年间政府中稳定一员的基督教民主党在1994—2002年间没有参与。

2. 几乎所有的教育系统都由政府掌控，并且有95%—100%都是公立的。人们对此表示了不满，并认为更多私有化的教育将会提高教育系统的质量。

3. 医疗保障制度也同上。

4. 参加政治决议的机会比较多，尤其在地方，而结果出来的比较晚，有的人甚至认为虽然他们参与了决议的过程，但是没有任何影响。

5. 很多公民认为对于失业者的政策太宽松,很多人靠失业救济金生活,没有足够的动力寻找新工作,而与此同时,劳动市场上的劳动力却供不应求。

6. 商店的停止营业时间延长了,很多商店在周日还营业或者营业至晚上10点,但有些商店尤其是小商店却对这个政策感到不满。

7. 为了实现全天候经济运作,最近在商业部门和工业部门出现了大量的违规现象。

8. 国家为"账单到期即付"者提供了一个国家养老金,并为个人养老金储蓄提供了"投资支持"。因为在有的国家,老龄化问题使对未来养老金削减的恐惧与日俱增。

9. 阿姆斯特丹的国家机场造成了严重的环境问题和交通堵塞,争论的焦点在于,是应该继续扩大机场的规模还是保持它现在的规模。

10. 随着国家支出的减少,国家铁路正处于私有化进程中,服务水平正是让人头疼的问题。

11. 关于社会救助制度的争议与失业保障制度的状况相同。

12. 据统计,残疾人的数量是有劳动能力者数量的20%,所以令人怀疑他们是否真的是残疾人,还是伪装成残疾人的失业者,因为残疾人保障金要比失业保障金高。

13. 对于外来移民和寻求收容者的政策过于宽松,造成了很多非法移民的迁入。

5.3 对政治因子满足度的解释

我们采用第3章的方法来解释政治因子满足度,对此我们采用COLS方法。我们已经解释过该方法与概率法得出的结果是一样的,并且通过被调查者提供的信息,我们不仅能得到序数的信息,也能得到基数的信息。正如我们所预期的,第2章提供的三种方法的估计结果,除了比例系数之外,与我们现在采用的方法得到的结果并无明显的差别。

我们重新将相关的方面进行因子划分。在问卷中我们应用了一个不同的提问顺序,这是我们特意这么做的。当来自不同方面的各个问题被放在一起的时候,我们希望人们对问题的回答会在一定程度上相一致。举个例子,如果我们想要了解人们对医疗保障、教育、公共交通等私有化的态度,被调查者会认为是一类问题,即国家的服务职能是否应该私有化。这样会导致一种下意识的惯性,会让回答者得出一样的答案,而事实上他们可能对这些问题并没有统一的态度。因此,我们将这些私有化问题融入各领域中,而不是把它们放在一起。

从表 5.3 中我们可以看到,年纪大的人相对于年轻人对教育政策的态度更加富有批判性,而他们受教育的水平只有很小的影响。拥有儿童越多的家长对小学的教育政策越是持肯定态度。R^2 检验值总是比较低。大多数批评都是来自那些与教育系统没有直接关系的人。这是一个很令人吃惊的发现,正如许多 2001 年的刊物都认为这是非常突然的现象一样,但这可能只是那些专业人士(教师、校长和政客)的观点。幸运的是,这并不是被调查者统一的观点。

表 5.3 对教育政策满足度的估计结果

解释变量	因变量				
	私有化 (DS_1)	小学教育 (DS_8)	职业教育 总体情况 (DS_9)	职业教育 低等/中等 (DS_{10})	职业教育 高等 (DS_{11})
性别(男)	−0.022	−0.021	−0.044	−0.083	−0.028
	−1.750	*−1.640*	*−3.430*	*−6.520*	*−2.110*
婚否	0.002	0.073	0.054	0.054	0.035
	0.120	*5.350*	*3.860*	*3.860*	*2.430*
lg(儿童+1)	0.007	0.044	0.008	0.016	0.024
	0.480	*2.880*	*0.520*	*0.990*	*1.430*
lg(年龄)	0.951	1.601	1.311	1.381	0.578
	3.720	*6.510*	*5.200*	*5.440*	*2.170*
(lg(年龄))^2	−1.073	−1.823	−1.467	−1.564	−0.670
	−3.900	*−6.870*	*−5.400*	*−5.700*	*−2.330*
教育	−0.017	−0.009	−0.035	−0.005	0.031
	−1.340	*−0.720*	*−2.730*	*−0.350*	*2.350*
lg(月薪)	0.039	−0.004	0.011	0.032	0.022
	2.520	*−0.260*	*0.690*	*2.030*	*1.290*

(续表)

解释变量	因变量				
	私有化(DS_1)	小学教育(DS_8)	职业教育		
			总体情况(DS_9)	低等/中等(DS_{10})	高等(DS_{11})
居住在城市中	0.000	−0.009	−0.021	−0.015	0.021
	0.030	*−0.780*	*−1.740*	*−1.220*	*1.670*
居住在乡村中	0.016	0.062	0.047	0.045	0.009
	1.230	*4.880*	*3.580*	*3.420*	*0.660*
有工作	0.023	0.028	0.004	0.025	0.082
	0.980	*1.130*	*0.160*	*1.030*	*3.010*
常量	−0.087	−0.061	−0.042	−0.071	−0.022
	−3.700	*−2.620*	*−1.770*	*−2.960*	*−0.890*
调查数量	6 995	6 718	6 587	6 467	6 183
R^2	*0.006*	*0.024*	*0.015*	*0.022 2*	*0.008 2*

注:斜体字部分为 t 值。

接下来的一系列问题是关于医疗保障和社会保障制度的满足度(表5.4)。我们发现,对医疗保障体系私有化构成威胁的主要是老年人,这是可以理解的,因为相对于年轻人来说,老年人更需要医疗保障,或者说他们比年轻人要承担更大的健康风险。生活在城市里的人较生活在城市外面的人持更加消极的态度,这反映了城市中存在极端的医疗匮乏,在城市中很难找到一个全科医师或得到家庭保健,等等。收入越高的被调查者对私有化政策的态度越支持,这个现象可以这样解释:收入越高则市场的掌控度越强。

表 5.4　对医疗保障和社会保障制度满足度的估计结果

解释变量	因变量				
	医疗保障私有化(DS_2)	养老基金(DS_{12})	社会保障(DS_{15})	福利水平(DS_{16})	国家卫生保健(DS_{17})
性别(男)	−0.021	−0.039	−0.043	0.0252	0.0279
	−1.7	*−3.18*	*−3.33*	*2.07*	*2.26*
婚否	−0.011	0.03	0.07	0.066	0.007 4
	−0.79	*2.33*	*5.07*	*5.1*	*0.56*
lg(儿童+1)	0.029	0.057	−0.037	−0.007 7	0.036
	1.87	*3.82*	*−2.4*	*−0.52*	*2.41*

(续表)

解释变量	因变量				
	医疗保障私有化(DS_2)	养老基金(DS_{12})	社会保障(DS_{15})	福利水平(DS_{16})	国家卫生保健(DS_{17})
lg(年龄)	0.559	−1.262	−0.488	−0.102 4	−1.038 9
	2.15	*−5.02*	*−1.83*	*−0.4*	*−4.08*
(lg(年龄))^2	−0.765	1.314	0.507	0.075 2	0.8951
	−2.73	*4.86*	*1.77*	*0.28*	*3.27*
教育	−0.045	0.107	0.042	0.106 3	0.056 4
	−3.51	*8.63*	*3.2*	*8.69*	*4.51*
Lg(月薪)	0.007	0.072	0.014	−0.037 3	−0.023 1
	0.42	*4.59*	*0.83*	*−2.43*	*−1.48*
居住在城市中	−0.017	−0.013	−0.035	−0.011 9	0.032 6
	−1.38	*−1.08*	*−2.89*	*−1.03*	*2.77*
居住在乡村中	−0.013	0.008	0.033	0.012 5	0.021 6
	−0.97	*0.62*	*2.35*	*0.97*	*1.66*
有工作	−0.038	0.018	0.017	0.054 1	0.053 7
	−1.65	*0.73*	*0.72*	*2.59*	*2.48*
常量	−0.109	−0.08	−0.026	−0.045 5	−0.049 5
	−4.59	*−3.53*	*−1.09*	*−2.01*	*−2.15*
调查数量	7 144	6 870	6 794	6 862	7 188
R^2	*0.022*	*0.023*	*0.01*	*0.018 3*	*0.048*

注:斜体字部分为 t 值。

接下来的四组满足度不是关于未来趋势的,而是针对当前形势的一些评价,这些评价是基于养老政策、社会保障制度、社会福利水平、医疗保障体系等提出的。我们发现,年龄会对社会福利制度和医疗保障产生巨大的影响,年龄越大,态度越消极,这一点并不让人感到吃惊。

在表 5.5 中,我们考察了关于移民和收容政策的满足度,主要得出的结论是:随着年龄的增长,所持的态度越消极;而教育程度越高,则对移民和收容政策所持的态度越积极。

在表 5.6 中,我们考察了一些国际事务政策满足度。我们可以看到人们对接下来(2001)即将介绍的欧元在尽管有一些不好的预言的情况下却是怀有好感的。这种态度在已婚并且接受过良好教育的男性身上显得更为积极,且越富有的人,态度越积极。对于欧盟的扩大,我们发现有工作的被调查者比那些没有工作或者退休的人的态度更为积极。年龄大的人对欧盟的扩张更不支持。欧盟委员会的做事方法不为年龄大

表 5.5 对外来移民与寻求收容者政策满足度的估计结果

解释变量	因变量(DS)			
	国有化 (DS_{18})	劳动力市场 (DS_{19})	外来移民政策 寻求收容者 (DS_{20})	外来移民 (DS_{21})
性别(男)	−0.073	−0.005	−0.085	−0.070 8
	−5.78	*−0.36*	*−7.11*	*−5.87*
婚否	0.021	0.011	0.008	0.007 9
	1.53	*0.79*	*0.64*	*0.61*
lg(儿童+1)	−0.011	−0.01	−0.03	−0.002 6
	−0.73	*−0.64*	*−2.07*	*−0.180 18*
lg(年龄)	1.181	1.526	0.157	0.437 8
	4.55	*5.78*	*0.63*	*1.81*
$(\lg(年龄))^2$	−1.254	−1.651	−0.155	−0.460 3
	−4.5	*−5.81*	*−0.58*	*−1.77*
教育	0.056	0.085	0.141	0.109 9
	4.35	*6.46*	*11.53*	*8.91*
lg(月薪)	−0.031	−0.051	−0.027	−0.029 7
	−1.96	*−3.12*	*−1.81*	*−1.95*
居住在城市	0.036	0.038	0.042	0.044
	3.01	*3.13*	*3.69*	*3.8*
居住在乡村	0.016	0.002	0.027	0.055 2
	1.2	*0.11*	*2.12*	*4.39*
有工作	0.068	0.033	0.047	0.065 4
	3.13	*1.32*	*2.19*	*3.16*
常量	−0.103	−0.109	−0.05	−0.085 9
	−4.4	*−4.5*	*−2.23*	*−3.8*
调查数量	7 267	7 154	7 393	7 266
R^2	0.016	0.017	0.034	0.025 5

注:斜体字部分为 t 值。

表 5.6 对国际事务政策满足度的估计结果

解释变量	因变量				
	欧元 (DS_{22})	欧盟 (DS_{23})	欧盟委员会 (DS_{24})	荷兰士兵派遣 (DS_{25})	荷兰在联合国中的作用 (DS_{26})
性别(男)	0.077	−0.042	−0.148	0.116	0.039 6
	6.14	*−3.34*	*−11.75*	*9.45*	*3.1*
已婚	0.046	−0.002	0.012	0.012 8	0.048 1
	3.4	*−0.13*	*0.88*	*0.98*	*3.51*

(续表)

解释变量	因变量				
	欧元 (DS_{22})	欧盟 (DS_{23})	欧盟委员会 (DS_{24})	荷兰士兵派遣 (DS_{25})	荷兰在联合国中的作用 (DS_{26})
lg(儿童+1)	0.012	0.037	−0.012	0.020 3	0.022
	0.77	*2.46*	*−0.75*	*1.36*	*1.41*
lg(年龄)	−0.443	−0.489	−0.217	−0.821 7	−1.973
	−1.77	*−1.98*	*−0.87*	*−3.27*	*−7.55*
$(\lg(\text{年龄}))^2$	0.474	0.468	0.13	0.799 8	2.0134
	1.75	*1.76*	*0.48*	*2.96*	*7.17*
教育	0.146	0.069	0.056	0.128 5	0.120 5
	11.41	*5.49*	*4.42*	*10.32*	*9.3*
lg(月薪)	0.096	0.078	0.023	0.032 3	0.058 5
	6.17	*4.93*	*1.46*	*2.1*	*3.63*
居住在城市	0.014	0.009	0.025	−0.031 1	−0.012 8
	1.2	*0.73*	*2.06*	*−2.66*	*−1.05*
居住在乡村	0.032	−0.019	0.029	0.034 5	0.037 7
	2.47	*−1.45*	*2.22*	*2.65*	*2.77*
有工作	0.038	0.118	0.019	0.067 3	0.079 1
	1.76	*5.11*	*0.85*	*2.66*	*3.36*
常量	−0.011	−0.039	−0.1	0.018 9	0.068 9
	−0.45	*−1.68*	*−4.32*	*0.83*	*2.9*
调查数量	7 435	7 104	6 958	7 141	7 159
R^2	0.041	0.017	0.046	0.040 6	0.035 2

注：斜体字部分为 t 值。

的人所接受。同样的情况还表现在人们对于荷兰军队参加国际维和任务和荷兰参加联合国方式的态度上。这是年龄较大和经济条件较差的人比年轻人更不愿参加国际事务的一种体现。

最后一组问题是关于以下方面满足度的：参与重大事务、环境政策、雇佣劳动政策、商店停止营业时间、全天候经济政策、史基浦机场和铁路。结果如表 5.7 所示。

我们看到迄今为止很熟悉的年龄带来的消极影响在一定程度上可以这样解释：2001 年 9 月政党的合并有一些进步的色彩，而年龄较大的人认为自己不包括在内。生活在乡村的被调查者对于环境政策较为不满，而对铁路很满意。

表 5.7 对环境、雇佣劳动、参与重大事务、经济灵活性及交通运输满足度的估计结果

解释变量	因变量					
	参与度 (DS_3)	环境政策 (DS_4)	雇佣劳动政策 (DS_5)	商店停止营业时间 (DS_6)	全天候经济 (DS_7)	史基浦机场 (DS_{13})
性别(男)	−0.110	0.001	0.035	−0.108	0.049	0.006
	−8.930	*0.110*	*2.850*	*−8.770*	*3.900*	*0.440*
婚否	0.063	0.036	0.001	−0.019	−0.048	0.073
	4.740	*2.780*	*0.110*	*−1.400*	*−3.590*	*5.390*
lg(儿童+1)	0.002	0.058	0.009	−0.022	−0.029	−0.016
	0.110	*3.950*	*0.610*	*−1.450*	*−1.890*	*−1.000*
lg(年龄)	−0.430	−1.128	0.269	0.264	−0.445	−0.763
	−1.740	*−4.530*	*0.990*	*1.060*	*−1.770*	*−2.940*
$(\lg(\text{年龄}))^2$	0.428	1.092	−0.437	−0.273	0.373	0.754
	1.610	*4.070*	*−1.500*	*−1.020*	*1.380*	*2.690*
教育	0.096	0.057	0.026	0.047	0.053	0.050
	7.680	*4.640*	*2.030*	*3.690*	*4.170*	*3.860*
lg(月薪)	0.046	0.044	0.078	−0.002	0.086	0.037
	2.930	*2.830*	*4.900*	*−0.110*	*5.470*	*2.290*
居住在城市	0.020	0.005	−0.047	−0.015	−0.007	−0.020
	1.710	*0.390*	*−3.970*	*−1.290*	*−0.560*	*−1.670*
居住在乡村	0.036	−0.009	0.010	0.002	−0.054	0.012
	2.830	*−0.690*	*0.740*	*0.130*	*−4.120*	*0.850*
有工作	0.091	0.034	0.085	−0.023	−0.023	0.048
	3.940	*1.560*	*3.810*	*−1.050*	*−1.030*	*2.050*
常量	−0.025	−0.010	−0.093	0.006	−0.007	−0.023
	−1.090	*−0.420*	*−3.920*	*0.260*	*−0.310*	*−0.990*
调查数量	7 411	7 366	7 164	7 535	7 520	6 900
R^2	0.028 5	0.017 9	0.027 6	0.017	0.031 5	0.012 7

注:斜体字部分为 t 值。

总结以上的结果,我们可以把政治相关领域的满足度当作独立的满足度来解释。这种解释的力度是比较小的,但是这却是五变量离散模型结果的一部分,这种解释本身来说是直观可信的,尽管不是很完美。我们可以通过对每个领域增加选择性的解释变量来提高解释的精确度,但是本章对此不做讨论。很显然,主要的结构部分与年龄和收入的相关性很强。

5.4 政治满足度

正如第 4 章所述,我们假设政治子因子满足度的集合构成了对政府政策的满足度。我们做出如下方程:

$$PS_n = \beta_1 PDS_{1,n} + \cdots + \beta_{26} PDS_{26,n} + \gamma Z_n + \varepsilon_n \tag{5.2}$$

就像第 4 章一样,我们引用了一个变量 Z,它是我们区分的 26 个政治子因子的 26×26 协方差矩阵的第一个主成分。这个变量的存在是为了纠正潜在的内生性误差。

在表 5.8 中,我们给出了上述方程的估计,每一个 PDS 都根据它自身人口的标准离差重新作了划分。回归结果的系数就是所谓的标准回归系数,这么做并不会改变 t 检验值。但是,由于我们并不知道在不同的 PDS 方差之间是否有很大的差异,因此,我们将其标准化,从而使它们有

表 5.8 对总体政治满足度(标准化)的估计结果

满 足 度		满 足 度	
平均私有化政策	0.079***	社会保障	−0.003
	4.31		*−0.170*
参与重大事务	0.108***	社会福利	−0.004
	7.42		*−0.21*
环境政策	0.082***	国家卫生保健政策	0.109***
	5.67		*6.66*
雇佣劳动政策	0.113***	平均教育政策	0.035
	7.99		*1.37*
商店停止营业时间	0.083***	平均外来移民政策	0.106***
	6.10		*4.18*
全天候经济	0.065***	平均国际事务政策	0.155***
	5.01		*6.79*
养老基金	0.013	内生修正变量	−0.077
	0.84		*−1.04*
史基浦机场	0.022	常量	0.038
	1.46		*2.86*
N	4 856		—
R^2	0.244		—

注:***=显著性水平为 1%;斜体字部分为 t 值。

更强的可比性。每一个解释变量的标准离差为1。我们可以根据重要性的不同将子因子排序。对于一些有着高度相关性的特殊的PDS,用它们的均值代替[3]。关于铁路的项目被去掉了,因为它得出的结果不可解释,这可能是由于许多被调查者并不乘坐火车,而仅仅给出了一些自己的观点,每个人对于这些问题的理解并不都是一样的。

从这个表中可以看出,对政治满足度的决定因素是对私有化的态度、参加政策决定的可能、环境政策、雇佣劳动政策、国家卫生保健政策、外来移民政策以及国际事务政策。值得注意的是,国际事务政策是最重要的决定因素。最后,我们发现 Z 变量在这个方程中不显著。

5.5 政治满足度和总体满足度的关系

最后,我们感兴趣的是政治满足度是如何运用到总体满足度方程中的。因此,我们通过GPD的调查,将总体满足度对分支领域满足度作回归(用COLS)。这里,GPD的调查与之前第3章和第4章所述的英国和德国的调查不同,采用标准化系数进行估计的结果如表5.9所示。

表5.9 由5个生活因子及政治满足度所解释的荷兰的总体满足度

变 量	影 响	t值
政治满足度	0.068	6.00
工作满足度	0.219	11.98
经济满足度	0.217	12.74
住房满足度	0.169	10.07
健康满足度	0.263	13.65
闲暇时间满足度	0.235	14.12
Z	−0.390	−7.47
常量	−0.008	−0.75
N	6 820	—
R^2	0.187 5	—

正如我们所期望的,在此得到了与第4章相似的结果,与之不同的是加入了政治满足度,尽管相对来说,这与其他我们所区分的个人相关领域相比不是那么重要,但是政治方面的因素肯定不能忽视。在荷兰相关领域的相对重要性与英国和德国的平衡系数相比略有不同。值得注意

的是,闲暇时间满足度的得分与健康满足度一样高,而在英国和德国闲暇时间的影响较小,这可能是因为 2001 年荷兰人的生活具有休闲导向性。事实上,无论是在荷兰的报纸上,还是在生活中,闲暇时间的量和闲暇时间的利用都受到了不恰当的关注。住房满足度的得分很高,这可能与荷兰房产市场的特殊情况有关,第二次世界大战结束后,荷兰住房供给严重不足,这使荷兰人对住房状况相对敏感。

5.6 小结

本章的主要结论如下:

在第 3 章和第 4 章所用的"满足度微积分"学的方法在公共领域同样适用。我们发现政治满足度,即对政府的满意程度,可以根据不同的政治方面划分成不同子因子的满足度。更重要的是,我们发现政治满足度对于将生活看成一个整体的总体满足度来说是不能忽视的组成部分。这意味着,在政治满足度和个体领域满足度之间存在着一个平衡关系。在此,我们用这一方法对荷兰的数据进行了应用,当然此方法也适用于其他政治自由度比较低的国家,例如言论自由比较低的国家。

注 释

[1] 20 世纪 80 年代,Van Praag 和 Kapteyn 花费了大量的心血尝试使美国的代理处及其他调查组织将类似于 IEQ 的一些问题包含在调查中,但没有成功。这同样也是一个关于政治投机主义的问题,因为它可能导致关于美国贫困线的自发结果。

[2] 根据儿童的数量或性别进行区分不能产生有趣的结果。

[3] 我们将其定义如下:"平均私有化政策满足度" $= (DS_1 + DS_2)/2$;

"平均教育政策满足度" $= (DS_8 + DS_9 + DS_{10} + DS_{11})/4$;

"平均外来移民政策满足度" $= (DS_{18} + DS_{19} + DS_{20} + DS_{21})/4$;

"平均国际事务政策满足度" $= (DS_{22} + DS_{23} + DS_{24} + DS_{25} + DS_{26})/5$。

6. 男性、女性和家庭

6.1 引言

我们将在本章讨论满足度中的性别差异。与其相关的问题就是考察男性和女性对其所处境况是否存在不同的感受从而导致不同的满足度水平。有时,即使客观境况相同也可能会产生不同的满足度。前面我们已经看到,在一定程度上可以通过一个结构化模型来解释满足度水平的等级。如果结构模型随着性别的不同而有所改变,那就说明在某一具体境况 x 下的满足度将会因性别差异而有所不同。

有关满足度的文献都认为性别只是一个哑虚量,而没有考虑到夫妻双方满足度水平的关系。此外,已有的文献主要关注的是一般满足度,却没有系统地研究性别在因子满足度中的差异,而且性别差异对满足度的影响不大。一般来说,女人比男人更容易消沉,更容易表现出消极的情绪,但并非不快乐。Diener 等(1998)解释这种现象时说,就算女人会更易表现出消极情绪,她们也同样会更易表现出积极情绪,以便达到一种平衡。有关满足度问题的一些经验数据看似也相互矛盾。一些研究发现女人更快乐(Gerdtham and Johannesson, 2001),而另一些研究却发现男人更快乐(Clark and Oswald, 1994; Theodossiou, 1998),但是两者差别很小。在本书的第 3 章我们已经讨论了各因子满足度中的性别差异,我们曾举例说在德国,除了休闲满足度之外,女人一般来说更容易满足。

在英国和德国的家庭调查数据中,会向被调查的家庭中的每个成年人提出满足度问题。这就意味着我们能够对同一个家庭中丈夫和妻子的幸福进行比较。通过这种方式,我们就能弄清楚丈夫满足度和妻子满足度之间是否存在系统性差异。首先,我们研究男性和女性所给出的满足度水平等级是否存在不同。然后,我们通过估计满足度方程来判断是否存在结构性差异,也就是看客观境况对主观幸福的影响是否会因性别的不同而不同。最后,我们分析夫妻双方误差项之间的统计关系,以判断夫妻双方的不可观测变量是否具有相关性,即在一个家庭的配偶双方是否存在一个共同的误差项。Plug 和 Van Praag(1998)在对丈夫和妻子在收入评价问题上的回答进行比较时,考虑了同一个家庭中男性和女性之间的结构性差异。

本章内容安排如下:我们将在第 6.2 节介绍模型和评估方法;在第 6.3 节介绍并讨论对男性及女性评估的结果;在第 6.4 节研究配偶之间不可观察部分的相关性;第 6.5 节是我们的结论。

6.2 模型和评估

现在,我们简单概述一下在第 3、4 章中介绍过的模型。为了简化起见,我们只考虑传统家庭的情况,丈夫用参数 M 来表示,妻子用参数 F 来表示。同性恋关系排除在外。[1] 另外,同样是出于简化的考虑,我们仅对 1998 年英国家庭调查小组的数据进行横截面分析。

每个家庭有两组联合观测值:(DS_M, GS_M, X_M)和(DS_F, GS_F, X_F)。每个个体有 8 个因子满足度,因此我们建立如下 16 个方程式:

$$\begin{aligned} DS_M &= \alpha_M X_M + \varepsilon_H + \varepsilon_M \\ DS_F &= \alpha_F X_F + \varepsilon_H + \varepsilon_F \end{aligned} \tag{6.1}$$

男性的因子满足度 DS_M 由男人个体的特性(X_M)来解释,女性的因子满足度 DS_F 由女人个体的特性(X_F)来解释。男性与女性满足度公式的误差项由两个独立的误差分量组成。其中一个误差项代表在同一个家庭中男女共同存在的不可观测的随机因子 ε_H;另一个误差项细分到男女,分别以 ε_M 和 ε_F 来表示。这三个误差项是相互独立的,期望值为 0,协方差矩阵为 Σ_H, Σ_M, Σ_F。如果我们考虑一些同时发生的数据变化,这些参数将很好地说明它们是如何变化的。因为我们在这里没有考虑时间因素,我们无法控制它们的扩展范围。此处 $\bar{\varepsilon}_M = (\varepsilon_H + \varepsilon_M)$, $\bar{\varepsilon}_F = (\varepsilon_H + \varepsilon_F)$。

上述16个公式分别由COLS估计而得,然后我们比较相对应的系数 α_M 和 α_F,以便研究男性与女性之间是否存在结构性差异。

接着,计算这16个误差项($\varepsilon_H + \varepsilon_M$, $\varepsilon_H + \varepsilon_F$)的残差,并估算出联合协方差矩阵。协方差矩阵用

$$\begin{bmatrix} \tilde{\Sigma}_{MM} & \tilde{\Sigma}_{MF} \\ \tilde{\Sigma}_{FM} & \tilde{\Sigma}_{FF} \end{bmatrix} \tag{6.2}$$

来表示。

根据对误差项的假设,我们将得出:

$$\begin{aligned} \tilde{\Sigma}_{MM} &= \Sigma_M + \Sigma_H \\ \tilde{\Sigma}_{FF} &= \Sigma_F + \Sigma_H \\ \tilde{\Sigma}_{MF} &= \Sigma_H \\ \tilde{\Sigma}_{FM} &= \Sigma_H \end{aligned} \tag{6.3}$$

从理论上来说,由于最后两个子矩阵是协方差矩阵 ε_H 的估计值,因此它们也应该是对称矩阵。这在样本中也是大致成立的。我们通过

$$\hat{\Sigma}_H = \frac{1}{2}(\tilde{\Sigma}_{MF} + \tilde{\Sigma}'_{FM}) \tag{6.4}$$

来估计 Σ_H。那么,通过减法可以得到另外两个矩阵 Σ_M 和 Σ_F。通过研究这16个公式的误差项,我们能够解开家庭中配偶双方是否存在一些共同的不可观测的特征值的谜团。换而言之,我们将能探明 $\hat{\Sigma}_H$ 是否对总体矩阵 $\tilde{\Sigma}_{MM}$ 和 $\tilde{\Sigma}_{FF}$ 有实质的贡献。

在估算了误差项分量的协方差之后,我们才有可能进行第二轮估算,把联合协方差矩阵运用到SUR过程中。鉴于存在大量的观测值和OLS的一致性,我们不进行第二轮估算。

最后,我们估计男性与女性的一般满足度公式。在此,选用与第4章相同的方法进行。这个估计过程有如下几个主要特征:(1)将一般满足度视为因子满足度的集会。(2)将变量 Z_M, Z_F 纳入公式以解释不可观

测值 $GS\{\varepsilon_{GH};\varepsilon_{GM};\varepsilon_{GF}\}$ 和 DS 之间的相关性(详见第 4 章)。对于无工作者,我们设其工作满足度为 0。同时,我们设立一个虚拟变量"无工作"(NJ),若个体没有工作,则令 NJ 为 1;否则就令 NJ 为 0。这两个一般满足度公式为

$$
\begin{aligned}
GS_M &= \beta_M DS_M + \beta_{MJ} NJ + \gamma_M Z_M + \varepsilon_{G,\,H} + \varepsilon_{G,\,M} \\
GS_F &= \beta_F DS_F + \beta_{FJ} NJ + \gamma_F Z_F + \varepsilon_{G,\,H} + \varepsilon_{G,\,F}
\end{aligned}
\tag{6.5}
$$

下面来总结一下,我们所关注的是:

- 两种性别的满足度;
- 同一家庭中配偶双方的满足度差异;
- $\partial_M - \partial_F$ 和 $\beta_M - \beta_F$ 在统计上是否都异于 0;
- 同一家庭中配偶双方满足度误差的协方差和相关性。

6.3 男性与女性之间的因子满足度差异及一般满足度差异

我们将一些描述性的统计数据作为研究的出发点。为了使这些数据便于理解,我们将所有的(英国)满足度数据等级范围从(1, 7)转换为(0, 10)。男女平均满足度值见表 6.1。

表 6.1 男性与女性的平均满足度

	男性	女性
工作满足度	6.76	6.95
财务满足度	5.95	6.16
住房满足度	7.43	7.50
健康满足度	6.92	6.77
闲暇使用满足度	6.63	6.48
闲暇数量满足度	6.26	6.32
婚姻满足度	9.05	8.83
社会生活满足度	6.77	6.74
一般满足度	7.25	7.36

从表 6.1 我们可以得出结论:男性与女性的平均满足度水平没有太大的区别。一般来说,女性比男性更容易满足,但健康、闲暇使用、婚姻

以及社会生活等几个方面的满足度除外。

然后,我们来考察同一家庭中男女满足度的差异。同样,两者也没有显著的区别。较大的差异出现在健康、闲暇的使用及其使用量、工作的满足度上。而婚姻、住宅和财务方面的满足度差异较小。与之相关的另一个问题是要弄明白这些细微的差异到底是由客观境况(X_M 和 X_F)的不同所造成的还是由男女双方的“心理机制”的不同所造成的,这里的“心理机制”理解为将客观境况转化为可感知的主观满足度。

接下来,我们来探究男性与女性之间的结构性差异。为此,我们分别对男性与女性估算出 8 个因子方程式,其结果列于表 6.2—6.9 中。我们注意到这些方程仅仅考虑了一个 BHPS 波动。因此,我们不能像在第 3 章中那样,辨别出到底是永久效应还是暂时效应。

表 6.2 财务满足度

	女性			男性			
	估计系数	t 值	标准化后的估计系数	估计系数	t 值	标准化后的估计系数	估计的差异
截距	11.141	6.444	—	12.013	6.491	—	0.344
ln(年龄)	−7.926	−8.022	−2.744	−8.111	−7.851	−2.742	−0.130
(ln(年龄))^2	1.131	8.438	2.915	1.124	8.150	2.874	−0.039
最小值年龄	33.239	—		36.948	—	—	—
ln(家庭月净收入)	0.438	18.062	0.393	16.277	0.274	−1.310	
ln(受教育年限)	−0.024	−0.667	−0.011	0.051	1.174	0.019	1.328
教育遗漏量(虚拟变量)	−0.322	−1.319	−0.021	0.293	1.233	0.020	1.805
ln(成人)	−0.454	−6.295	−0.101	−0.471	−6.698	−0.105	−0.170
ln(儿童+1)	−0.044	−0.424	−0.023	0.020	0.201	0.011	0.444
(ln(儿童+1))^2	0.004	0.051	0.003	−0.086	−1.116	−0.057	−0.817
儿童的拐点	232.834	—	—	1.125	—	—	—
ln(储蓄)	0.000	4.926	0.073	0.000	7.713	0.113	2.206
储蓄遗漏量(虚拟变量)	0.330	4.453	0.065	0.189	2.895	0.041	−1.429
N	3 194	—	—	3 079	—	—	—
调整 R^2	0.137	—	—	0.141	—	—	—

这些表格的结构如下:第一列给出女性的估计系数,第二列给出相应的 t 值。一些解释变量的分布因性别不同而不同,因此,比较男女系数

时存在一定困难。所以，第三列给出标准化后的[2]估计系数。第四、五、六列给出男性相对应的值。在最后一列我们考察差异项$\left(\frac{\alpha M-\alpha F}{\sqrt{\sigma_M^2+\sigma_F^2}}\right)$，其中，分母表示男性与女性两变量的差异系数。如果差异的绝对值超过1.96，那么这种差异在5%的水平上视为显著的。[3]

财务满足度

男性与女性在财务中的满足度非常类似，唯一显著的差异是男性较女性更看重储蓄率对满足度的影响（即储蓄系数）。

工作满足度

各种参数对男女工作满足度的影响，存在显著的差异。对女性来说，年龄对满足度的影响不如对男性那么明显，并且这一影响在女性比男性更年轻时便达到了最小值。男性在37岁时达到最小值，而女性在29岁就达到了最小值。薪水对男性的满足度有更积极的作用，而对女性就没有那么明显的效果。这也同样适用于加班时间的长短对男性与女性的满足度的影响。对于男性而言，如此结果令人费解。我们认为，加班时间可能反映了一些工作的其他特征及其影响，例如职业地位。事实上，如果加班是必须的，一个人就会越发体会到自己的价值所在，而且喜爱自己工作的男性不会对工作更长时间产生反感。

我们发现，与其他因子满足度相比，工作满足度在男性与女性之间的差异相对较大。结合表6.3中的数据，我们能够得出结论，不同的客观境况和主观现实感受都会导致男女在工作满足度上的差异。

表6.3　工作满足度

	女性			男性			
	估计系数	t值	标准化后的估计系数	估计系数	t值	标准化后的估计系数	估计的差异
截距	8.431	2.987	—	17.740	6.070	—	2.291
ln(家庭月净收入)	0.003	0.079	0.002	0.017	0.395	0.010	0.240
ln(年龄)	−4.561	−2.804	−1.321	−10.152	−6.168	−2.828	−2.416
(ln(年龄))^2	0.675	2.990	1.413	1.401	6.228	2.867	2.276
最小值年龄	29.257	—	—	37.433	—	—	—
ln(受教育年限)	0.012	0.278	0.005	0.022	0.430	0.009	0.154
教育遗漏量(虚拟变量)	−0.363	−1.050	−0.020	0.259	1.009	0.020	1.444

(续表)

	女性			男性			
	估计系数	t 值	标准化后的估计系数	估计系数	t 值	标准化后的估计系数	估计的差异
ln(月工作收入)	−0.020	−0.861	−0.027	0.079	2.289	0.100	2.384
工作收入遗漏量(虚拟变量)	0.042	0.184	0.006	0.336	0.859	0.049	0.652
ln(工作小时数)	−0.037	−0.109	−0.032	0.048	1.230	0.036	1.656
工作时间遗漏量(虚拟变量)	−0.561	−2.110	−0.100	0.374	1.490	0.063	2.557
ln(加班小时数)	−0.009	−0.423	−0.008	0.062	3.702	0.070	2.634
加班时间遗漏量(虚拟变量)	0.237	3.365	0.075	0.308	5.976	0.122	0.805
夜班	−0.176	−1.343	−0.024	0.004	0.036	0.001	1.019
工作时间遗漏量(虚拟变量)	−0.121	−0.454	−0.020	−0.716	−1.957	−0.107	−1.316
ln(家务小时数)	0.015	0.503	0.011	−0.002	−0.125	−0.002	−0.486
家务时间遗漏量(虚拟变量)	0.155	0.702	0.013	−0.303	−1.518	−0.026	−1.540
ln(儿童+1)	0.000	0.006	0.000	0.068	1.848	0.036	1.212
ln(成人)	−0.085	−0.979	−0.020	0.013	0.161	0.003	0.820
N	1 997			2 198			
调整 R^2	0.027	—	—	0.038	—	—	—

住房满足度

住房满足度的估计系数显示男女在这方面没有显著差异。

表 6.4 住房满足度

	女性			男性			
	估计系数	t 值	标准化后的估计系数	估计系数	t 值	标准化后的估计系数	估计的差异
截距	5.917	3.347	—	5.615	2.990	—	−0.117
ln(年龄)	−3.810	−3.778	−1.320	−3.472	−3.317	−1.174	0.233
(ln(年龄))^2	23.595	—	—	24.342	—	—	—
最小值年龄	0.603	4.385	1.554	0.544	3.864	1.391	−0.299
ln(家庭月净收入)	0.128	5.145	0.089	0.107	4.339	0.075	−0.600
ln(受教育年限)	−0.074	−2.061	−0.033	−0.068	−1.618	−0.026	0.124
教育遗漏量(虚拟变量)	−0.221	−0.912	−0.014	−0.426	−1.857	−0.029	−0.616
ln(成人)	−0.145	−2.038	−0.032	−0.250	−3.695	−0.056	−1.064
ln(儿童+1)	−0.100	−2.944	−0.052	−0.121	−3.877	−0.063	−0.462
被雇用	0.032	0.868	0.015	0.077	1.763	0.035	0.804
N	3 194	—	—	3 076	—	—	—
调整 R^2	0.092	—	—	0.087	—	—	—

健康满足度

在健康满足度方面，我们看到了男女之间的两个显著差异。第一，雇佣地位对男性健康满足度有更积极的影响。但是，这种因果关系尚不明确：到底是工作对健康有积极影响还是健康的男人更喜欢工作？第二，“心脏和血液问题”对男性健康满足度的消极影响更大。

家庭中配偶双方对健康满足度问题回答的差异相对于其他因子满足度问题回答的差异显得更大。这种差异无法用两个差异显著的系数单独解释，它可能依赖于男性与女性的实际健康状况的差异。

表 6.5 健康满足度

	女性			男性			
	估计系数	t 值	标准化后的估计系数	估计系数	t 值	标准化后的估计系数	估计的差异
截距	6.845	3.993	—	10.515	5.484	—	1.427
ln(年龄)	−3.342	−3.408	−1.1581	−5.321	−4.968	−1.797	−1.363
$(\ln(年龄))^2$	0.474	3.526	1.222	0.741	5.127	1.893	1.354
最小值年龄	34.061	—	—	36.299	—	—	—
ln(家庭月净收入)	−0.013	−0.537	−0.009	−0.038	−1.511	−0.027	−0.726
ln(儿童+1)	0.022	0.681	0.012	−0.018	−0.571	−0.010	−0.886
ln(受教育年限)	−0.025	−0.715	−0.011	−0.021	−0.487	−0.008	0.075
教育遗漏量(虚拟变量)	0.129	0.546	0.008	0.183	0.774	0.012	0.160
ln(储蓄)	0.000	1.565	0.022	0.000	0.689	0.010	−0.552
被雇用	0.115	3.191	0.056	0.287	6.126	0.130	2.903
储蓄遗漏量(虚拟变量)	0.043	0.595	0.008	−0.072	−1.115	−0.016	−1.189
胳膊、腿、手、脚、背或颈的问题	−0.505	−14.754	−0.228	−0.467	−13.842	−0.209	0.800
视力障碍	−0.197	−2.698	−0.039	−0.296	−3.909	−0.057	−0.937
听力障碍	−0.020	−0.314	−0.005	−0.018	−0.364	−0.005	0.026
皮肤状况/过敏反应	−0.141	−3.594	−0.052	−0.052	−1.090	−0.016	1.452
心脏/血液的问题	−0.233	−5.316	−0.081	−0.437	−10.120	−0.158	−3.325
胃/肝/肾的问题	−0.419	−7.999	−0.115	−0.492	−8.807	−0.128	−0.963
糖尿病	−0.433	−4.502	−0.065	−0.228	−2.644	−0.038	1.583
焦虑、抑郁或神经紧张	−0.601	−12.123	−0.178	−0.538	−7.520	−0.111	0.728
酗酒或吸毒问题	−0.963	−2.399	−0.034	−0.465	−1.850	−0.026	1.051
癫痫症	−0.646	−4.263	−0.060	−0.435	−2.644	−0.037	0.945
偏头痛或经常性头痛	−0.185	−4.426	−0.064	−0.141	−2.223	−0.032	0.585
其他健康问题	−0.632	−11.115	−0.158	−0.630	−8.891	−0.127	0.022
N	3186	—	—	3074	—	—	—
调整 R^2	0.251	—	—	0.246	—	—	—

闲暇满足度

对闲暇的使用和闲暇量的调查研究显示,闲暇、工作和健康是同一家庭中夫妻之间的满足度差异最大的三方面。这些较大的差异可以从两方面来解释:其一是客观变量对闲暇的使用及闲暇数量满足度的影响的差异;其二是回归系数的差异。表 6.6 和 6.7 表明,回归系数确有显著差异,这或许能解释男性与女性的闲暇满足度差异。

表 6.6 闲暇使用满足度

	女性			男性			
	估计系数	t 值	标准化后的估计系数	估计系数	t 值	标准化后的估计系数	估计的差异
截距	5.679	2.993	—	9.597	4.575	—	1.385
ln(年龄)	−3.194	−3.016	−1.106	−5.953	−5.226	−2.011	−1.774
$(\ln(年龄))^2$	0.496	3.437	1.279	0.865	5.643	2.209	1.750
最小值年龄	24.983	—	—	31.258	—	—	—
ln(家庭月净收入)	0.064	2.412	0.044	0.009	0.345	0.007	−1.438
ln(成人)	−0.295	−3.928	−0.065	−0.112	−1.520	−0.025	1.739
ln(儿童+1)	−0.302	−8.193	−0.159	−0.142	−4.174	−0.074	3.200
ln(受教育年限)	−0.092	−2.435	−0.041	−0.105	−2.322	−0.040	−0.234
教育遗漏量(虚拟变量)	−0.371	−1.463	−0.024	−0.458	−1.837	−0.031	−0.245
ln(闲暇时间)	0.054	0.888	0.017	0.301	3.750	0.092	2.441
ln(工作时间)	−0.116	−3.439	−0.190	−0.006	−0.140	−0.010	1.988
工作时间遗漏量(虚拟变量)	−0.371	−2.663	−0.181	−0.154	−0.862	−0.070	0.956
被雇用	−0.024	−0.226	−0.011	0.098	0.853	0.044	0.784
N	3 190	—	—	3 075	—	—	—
调整 R^2	0.112	—	—	0.092	—	—	—

表 6.7 闲暇数量满足度

	女性			男性			
	估计系数	t 值	标准化后的估计系数	估计系数	t 值	标准化后的估计系数	估计的差异
截距	6.379	3.381	—	11.784	5.530	—	1.899
ln(年龄)	−4.037	−3.836	−1.398	−7.354	−6.354	−2.483	−2.120
$(\ln(年龄))^2$	0.620	4.325	1.599	1.050	6.744	2.681	2.029
最小值年龄	25.882	—	—	33.177	—	—	—
ln(成人)	−0.246	−3.304	−0.055	−0.063	−0.842	−0.014	1.738

（续表）

	女性			男性			
	估计系数	t值	标准化后的估计系数	估计系数	t值	标准化后的估计系数	估计的差异
ln(儿童+1)	−0.343	−9.343	−0.181	−0.150	−4.353	−0.079	3.826
ln(受教育年限)	−0.046	−1.235	−0.020	−0.012	−0.270	−0.005	0.570
教育遗漏量(虚拟变量)	−0.330	−1.311	−0.021	−0.110	−0.437	−0.007	0.616
ln(闲暇时间)	0.228	3.738	0.070	0.413	5.067	0.126	1.817
ln(工作时间)	−0.141	−4.198	−0.231	−0.080	−1.792	−0.136	1.096
工作时间遗漏量(虚拟变量)	−0.183	−1.321	−0.089	−0.258	−1.424	−0.117	−0.331
被雇用	0.097	0.938	0.047	−0.197	−1.684	−0.089	−1.882
N	3 192	—	—	3 071	—	—	—
调整 R^2	0.189	—	—	0.218	—	—	—

我们发现男性与女性在闲暇的使用满足度方面存在显著差异。家庭中孩子的出生和孩子的数量对男女双方的闲暇使用满足度都会产生消极影响。虽然同样有影响，但负担对女性来说会更重些。另外，闲暇时间的多少对男性有更积极的影响。相反，工作时间的长短对女性的闲暇使用满足度会产生相当消极的影响，而对男性却没有什么影响。在这里，我们要提醒读者区分三种不同的时间使用种类：工作，闲暇和家务劳动。

通过对闲暇时间数量满足度的调查研究，我们再一次发现，孩子给女性满足度带来的消极影响远大于给男性带来的消极影响。同时，年龄也会给男性与女性的闲暇使用数量满足度带来不同的影响：男性有更显著的年龄效应，并且他们的满足度水平会在较大年龄，即 33 岁时达到最低值，而女性则是 25 岁。

社会生活满足度

我们从对社会生活满足度研究中发现，家庭净收入的增加对女性有强烈的积极影响，而对男性却没有这样显著的影响。其原因是更高的收入使雇用日常佣工、用机器做家务、请人照顾孩子变成可能。所有这些可以让女性在社会生活中有更多的自由时间。家庭中孩子和成人的数量会使女性的社会生活满足度降低很多，然而这些对男性却并无影响。

婚姻满足度

我们发现，随着年龄的变化，婚姻满足度成 U 字形，其中年龄对女性的影响比对男性的影响稍微显著些。男性与女性都会在 36 岁达到婚姻

表 6.8 社会生活满足度

	女性			男性			
	估计系数	t 值	标准化后的估计系数	估计系数	t 值	标准化后的估计系数	估计的差异
截距	7.524	4.091	—	9.855	4.984	—	0.863
ln(年龄)	−4.445	−4.332	−1.538	−5.628	−5.243	−1.902	−0.797
(ln(年龄))^2	0.645	4.610	1.661	0.804	5.570	2.056	0.793
最小值年龄	31.390	—	—	33.073	—	—	—
ln(家庭月净收入)	0.100	3.895	0.069	0.014	0.560	0.010	−2.362
ln(儿童+1)	−0.254	−7.113	−0.134	−0.168	−5.258	−0.088	1.787
ln(成人)	−0.217	−2.989	−0.048	0.004	0.056	0.001	2.204
ln(受教育年限)	−0.008	−0.232	−0.004	−0.036	−0.835	−0.014	−0.485
教育遗漏量(虚拟变量)	−0.310	−1.267	−0.020	0.067	0.287	0.005	1.114
ln(闲暇时间)	0.036	0.607	0.011	0.096	1.272	0.029	0.626
ln(工作时间)	−0.013	−0.401	−0.021	0.007	0.175	0.012	0.386
工作时间遗漏量(虚拟变量)	−0.115	−0.855	−0.056	−0.170	−1.012	−0.077	−0.257
被雇用	0.040	0.400	0.020	0.067	0.622	0.031	0.183
N	3 184	—	—	3 073	—	—	—
调整 R^2	0.072	—	—	0.060	—	—	—

满足度的最低值。他们唯一显著的差异是对教育的看法。男性受教育程度越高,他对婚姻的满足度就会越低,而对女性来说这种影响并未被发现。

同一家庭中,男性与女性对婚姻满足度问题的回答显示婚姻满足度是男女各满足度中差异最小的。而且,男性与女性的满足度估计系数也没有表现出很大的差异,并且实际情况也的确如此。这也是婚姻在这一领域获得最高评价的有力佐证。社会愿景,以及婚姻伴侣之间对于婚姻满足度问题的讨论,都是导致这种结果的部分原因。

表 6.9 婚姻生活满足度

	女性			男性			
	估计系数	t 值	标准化后的估计系数	估计系数	t 值	标准化后的估计系数	估计的差异
截距	7.392	4.827	—	6.449	4.403	—	−0.445
ln(年龄)	−3.248	−3.718	−1.120	−2.489	−3.052	−0.838	0.635
(ln(年龄))^2	0.452	3.781	1.160	0.348	3.175	0.885	−0.643
最小值年龄	36.339	—	—	35.852	—	—	—

（续表）

	女性			男性			
	估计系数	t值	标准化后的估计系数	估计系数	t值	标准化后的估计系数	估计的差异
ln(家庭月净收入)	−0.032	−1.390	−0.022	−0.043	−2.248	−0.030	−0.384
ln(儿童+1)	−0.251	−2.795	−0.132	−0.218	−2.760	−0.114	0.271
ln(成人)	0.073	1.070	0.049	0.083	1.369	0.055	0.113
ln(受教育年限)	−0.010	−0.328	−0.005	−0.103	−3.069	−0.039	−2.018
教育遗漏量(虚拟变量)	−0.270	−1.277	−0.017	−0.214	−1.156	−0.014	0.199
双职工家庭	0.049	1.222	0.022	0.003	0.117	0.002	−0.931
ln(家务劳动时间)	0.009	0.463	0.007	0.002	0.205	0.002	−0.282
工作时间遗漏量(虚拟变量)	−0.193	−1.518	−0.021	0.079	0.607	0.007	1.496
N	3 168	—	—	3 048	—	—	—
调整 R^2	0.033	—	—	0.042	—	—	—

一般满足度

最后，我们把目光转向一般满足度。当工作满足度设为0时，虚拟变量“无工作”取值为1。因此，男人无工作这一事实对一般满足度的影响就是 $(0\times0.126)+(1\times0.051)=0.051$，这比男性工作满足度的平均值[4] $(0.43\times0.126)+(0\times0.051)=0.07$ 要大。这个结果表明，如果男性的工作满足度水平低于平均水平，那么这个男性不工作便可以获得更高的一般满足度。

表 6.10　一般满足度

	女性			男性			
	估计系数	t值	标准化后的估计系数	估计系数	t值	标准化后的估计系数	估计的差异
截距	0.094	4.427	—	0.066	1.895	—	−0.693
工作满足度	0.163	9.446	0.118	0.126	8.352	0.092	−1.604
财务满足度	0.086	7.513	0.073	0.092	7.608	0.078	0.365
住房满足度	0.045	3.241	0.036	0.077	6.139	0.061	1.727
健康满足度	0.118	10.266	0.105	0.141	11.869	0.127	1.436
闲暇使用满足度	0.175	11.374	0.151	0.197	11.921	0.170	0.988
闲暇量满足度	0.015	1.189	0.014	0.025	1.803	0.024	0.529
婚姻满足度	0.133	9.071	0.083	0.120	8.136	0.075	−0.640
社会生活满足度	0.170	10.752	0.136	0.190	10.892	0.152	0.828
无工作	0.080	3.447	0.035	0.051	2.300	0.023	−0.890
Z	0.057	3.895	0.055	−0.017	−0.916	−0.024	−3.151
N	3 022	—	—	3 022	—	—	—
调整 R^2	0.563	—	—	0.561	—	—	—

表6.10显示,男女的总权重并没有明显的差异。我们发现,闲暇的使用和社会生活对夫妻双方的一般满足度都起着主要决定作用。这一结果与作者对荷兰的研究(第5章)中得出的结果相似,而和德国相比则不具有可比性,这主要是因为在因子定义方面存在着差异。对于女性,紧随闲暇的使用满足度和社会生活满足度这两者之后的是:工作、婚姻、健康满足度;对于男性,依次是健康、工作、婚姻满足度。经济状况、住房条件和闲暇数量水平对男女一般满足度的影响都不是很显著。

6.4 家庭中夫妻双方满足度的协方差

在这一节里,我们用方程式(6.2)—(6.4)来检验男性与女性之间误差项的相关性和协方差结构。首先,我们来观察男性和女性满足度误差项的方差和协方差以及家庭中的各种因子满足度。结果如表6.11所示。

表6.11 各因子满足度的误差项方差

	$\sigma^2(\varepsilon_M)+\sigma^2(\varepsilon_H)$	$\sigma^2(\varepsilon_F)+\sigma^2(\varepsilon_H)$	Var(H)	% $\frac{\sigma^2(\varepsilon_M)}{\sigma^2(\varepsilon_M)+\sigma^2(\varepsilon_H)}$	% $\frac{\sigma^2(\varepsilon_F)}{\sigma^2(\varepsilon_F)+\sigma^2(\varepsilon_H)}$
财务满足度	0.618	0.671	0.234	0.622	0.651
健康满足度	0.605	0.625	0.036	0.941	0.943
工作满足度	0.302	0.303	0.024	0.920	0.920
住房满足度	0.577	0.658	0.249	0.568	0.622
闲暇使用满足度	0.677	0.719	0.139	0.795	0.807
闲暇量满足度	0.697	0.711	0.121	0.827	0.830
社会生活满足度	0.602	0.672	0.157	0.739	0.767
婚姻满足度	0.375	0.502	0.143	0.620	0.716

例如,表6.11显示男性财务满足度方程式误差项的方差为0.618,女性为0.671。这两个误差项的协方差是家庭不可观测变量的方差(见公式(6.4))。这些方差显示在第三栏,如财务满足度的方差为0.234。最后两栏是男性与女性各自的纯误差项占总误差的比例,即 $\frac{\sigma^2(\varepsilon_M)}{\sigma^2(\varepsilon_{M+H})}$ 和 $\frac{\sigma^2(\varepsilon_F)}{\sigma^2(\varepsilon_{F+H})}$。表6.11显示男性与女性各自的纯误差项比共同误差项 ε_H 更加重要。家庭共同不可观测部分最多代表总误差项的40%。对财务、

住房和婚姻满足度而言，家庭共同误差成分最大。这些也是夫妻之间差异最小的因子满足度。

其次，我们观察误差项的整体协方差矩阵。表 6.12 显示男性误差项的协方差矩阵，表 6.13 是女性误差项的协方差矩阵。这两张表说明在因子满足度误差项之间确实存在相关性。男性和女性的协方差矩阵看起来十分相似。例如，男性财务满足度和住房满足度误差项之间的协方差为 0.207，女性则为 0.239。

表 6.12 男性误差项的协方差矩阵

	一般满足度	财务满足度	健康满足度	工作满足度	住房满足度	闲暇使用满足度	闲暇量满足度	社会生活满足度	婚姻满足度
一般满足度	0.195	−0.003	−0.007	−0.005	−0.001	−0.001	−0.003	−0.001	−0.001
财务满足度	−0.003	0.618	0.192	0.100	0.207	0.230	0.205	0.238	0.080
健康满足度	−0.007	0.192	0.605	0.085	0.157	0.211	0.158	0.214	0.086
工作满足度	−0.005	0.100	0.085	0.302	0.064	0.077	0.077	0.116	0.060
住房满足度	−0.001	0.207	0.157	0.064	0.577	0.206	0.180	0.203	0.112
闲暇使用满足度	−0.001	0.230	0.211	0.077	0.206	0.677	0.435	0.434	0.126
闲暇量满足度	−0.003	0.205	0.158	0.077	0.180	0.435	0.697	0.369	0.118
社会生活满足度	−0.001	0.238	0.214	0.116	0.203	0.434	0.369	0.602	0.146
婚姻满足度	−0.001	0.080	0.086	0.060	0.112	0.126	0.118	0.146	0.375

表 6.13 女性误差项的协方差矩阵

	一般满足度	财务满足度	健康满足度	工作满足度	住房满足度	闲暇使用满足度	闲暇量满足度	社会生活满足度	婚姻满足度
一般满足度	0.217	−0.002	−0.007	−0.002	0.001	0.001	0.002	0.001	0.000
财务满足度	−0.002	0.671	0.180	0.052	0.239	0.220	0.223	0.244	0.128
健康满足度	−0.007	0.180	0.625	0.056	0.133	0.177	0.168	0.170	0.085
工作满足度	−0.002	0.052	0.056	0.303	0.067	0.066	0.070	0.083	0.065
住房满足度	0.001	0.239	0.133	0.067	0.658	0.197	0.178	0.204	0.143
闲暇使用满足度	0.001	0.220	0.177	0.066	0.197	0.719	0.534	0.489	0.178
闲暇量满足度	0.002	0.223	0.168	0.070	0.178	0.534	0.711	0.441	0.163
社会生活满足度	0.001	0.244	0.170	0.083	0.204	0.489	0.441	0.672	0.199
婚姻满足度	0.000	0.128	0.085	0.065	0.143	0.178	0.163	0.199	0.502

表 6.14 显示了男女之间所有因子满足度的协方差矩阵。我们认为在夫妻双方的所有因子满足度之间，都存在着一定的正相关性。平均相关系数约为 0.16。

表 6.14　家庭误差项的协方差矩阵

男性→ 女性↓	一般满足度	财务满足度	健康满足度	工作满足度	住房满足度	闲暇使用满足度	闲暇量满足度	社会生活满足度	婚姻满足度
一般满足度	0.011	0.009	0.015	0.003	0.001	0.016	0.006	0.009	0.010
财务满足度	0.009	0.234	0.035	0.013	0.092	0.094	0.083	0.104	0.042
健康满足度	0.015	0.035	0.036	0.000	0.029	0.048	0.048	0.054	0.022
工作满足度	0.003	0.013	0.000	0.024	0.013	0.020	0.017	0.025	0.014
住房满足度	0.001	0.092	0.029	0.013	0.249	0.066	0.062	0.070	0.038
闲暇使用满足度	0.016	0.094	0.048	0.020	0.066	0.139	0.109	0.134	0.048
闲暇量满足度	0.006	0.083	0.048	0.017	0.062	0.109	0.121	0.108	0.044
社会生活满足度	0.009	0.104	0.054	0.025	0.070	0.134	0.108	0.157	0.053
婚姻满足度	0.010	0.042	0.022	0.014	0.038	0.048	0.044	0.053	0.143

6.5　结论

本章的主要结论可以概括如下:首先,经过对男女各种满足度的统计分析,可以得出男女之间的结构差异不大,总体上是不显著的。这种差异结合家庭所有成员的大部分客观特征都是相同的这一事实,导致如下结果:同一家庭中的男性与女性对于各主观问题的回答上分歧非常小。相对健康、闲暇、工作满足度,这一点对于住房、财务、婚姻满足度尤为适用。其次,夫妻的误差相关性不是很大。这意味着不可观测变量与个人境况的关系相对紧密,而与家庭成员共同特征的关系则相对弱些。由于大多数夫妻在年龄、教育上都有相似的背景,这些结构成分就是强相关的。第三,切忌低估男性与女性的不同因子满足度误差项之间的相关性。这意味着,影响一个因子满足度的不可观测特征与影响另一个因子满足度的不可观测特征是相关的。例如,男性的乐观势必会影响所有的因子满足度。

这些结果可能未必吸引人,也未必是预料之中的。然而,从数据收集的角度来看,这些结果是非常有价值的。它们显示,大多数家庭在一些因子满足度问题上,无论我们是采访丈夫还是妻子,结果都无太大差异。因此,我们能构造出一些像家庭满足度之类的名词。这并非仅为了构造出类似家庭效用或家庭福利的复合概念,而是因为我们看到夫妻双方在大多数满足度问题上有很强的相关性。这就意味着数据搜集者应该坚持询问诸如夫妻双方的健康和工作满足度,而无需询问双方其他的,诸如住房、财务、婚姻等方面的满足度。

注 释

[1] 在数据集中,3 281 对夫妇中有 12 对是同性恋者。

[2] 这一影响系数的标准化由原始系数乘以相应的变量 X 的标准差所得。这个转化对统计测试没有反弹影响。

[3] 注意:如果我们应用 SUR 过程,分母将会改变。由于两个估计值之间有一个正相关性,分母将会缩小且差异的显著性会因此更易于理解。正相关性源于同一家庭中男性和女性的误差值成正相关的事实。

[4] 在 0 到 10 的等级范围中,男性的平均满足度大约为 7,使用 COLS 后这个值等于 0.43。

7. 过去和未来对当前满足度的影响*

7.1 引言

在前几章中我们看到，财务满足度不仅与收入有关，而且还受其他干预变量的影响。事实上，当前满足度的划分是基于“低、恰好、高”的等级标准。隶属于哪个等级标准不仅取决于我们的现状，还取决于我们过去的生活经历以及我们对未来的预期(Camerer 和 Loewenstein，2004；Elster 和 Loewenstein，1992；Helson，1947)。这就意味着，个体的当前满足度将受到他或她过去经历及未来预期的影响。我们将在本章研究这一问题(另可见 Burchardt，2005；Easterlin，2005；Senik，2006)。我们首先从记忆这部分开始讨论。

出乎我们意料的是，心理学家至今没有彻底弄清记忆的过程(见 Kahneman，1999；Stone、Shiffman 和 DeVries，1999；Loewenstein 和 Prelec，1991；Frederick、Loewenstein 和 O'Donoghue，2002 的例子)。因此，我们可以毫无顾忌地来论述我们自己有关这方面的观点和想法，即便这些观点和想法尚不完整。

在先前的章节中，我们通过一些因子来分析满足度函数。其中有些子因子可以十分精确地描述出来。例如，财务状况可以由一些客观可测变量，

---

* 本章部分内容基于 Van Praag 和 Van Weeren(1998)。

如收入 y 和一些中介变量 x 表示。从而,对于具体的财务状况 (y, x) 所对应的财务满足度就是 $U = F(y; x)$。我们可以将函数 $F(\cdot; x)$ 作为一个标准,则 y 是由此估计而得的一个财务状况。对于其他如婚姻或社会生活等子因子,尽管可以用数字等级来表示我们的满足度 U,但却很难用客观可测变量来描述。因此,在本章中我们仅限于研究关于财务满足度的经验应用。

如果我们假设过去的收入影响当前满足度标准,这就意味着历史收入对数 $\{y(t)\}_{t=-\infty}^{t=0}$ 应该作为一个自变量引入我们当前满足度函数。如果我们假设其他历史变量 z 也是相关的,那么它们也应该被引入。这时我们的相关历史行为可表示为 $\{y(t), z(t)\}_{t=-\infty}^{t=0}$。现在,首要问题便是相关的历史变量有哪些? 基于不同的子因子,得出的答案也各不相同。例如,过去收入是财务满足度的相关变量,但它对于估计个人的婚姻状况就没有直接关系。根据客观可测变量掌控历史函数并非易事,这也是我们仅限于研究财务满足度的另一个原因。

过去每个时期的收入对当前标准都可能产生影响,但是历史函数看来更可能被一个或几个累计变量所描述。让我们假设历史行为对标准的影响可以由一个或几个参数来描述,并设为 $\mu(\{y(t)\}_{t=-\infty}^{t=0})$,其中 μ 代表一个参数向量。这便意味着我们假定满足度函数(或标准)为 $U = F(y; x, \mu)$,其中 x 仅取决于当前变量,而 μ 取决于历史。

于是,下一个问题便是历史如何生成参数 μ?

我们通常可以得到一个连续剖面,其中 $y(t)$ 在一段时间内可能伴随着平缓的随机波动逐渐形成一条平滑路径。这就是一个典型的收入流实例。在这种情况下,我们假设记忆加权的平均收入流 $\mu = \sum_{-\infty}^{0} w_t y_t$ 表示过往经历看起来就不无道理了,其中 w 表示一个具体的跨期加权模式。这使得从长期来看收入权重就显得微不足道了。我们称 $\{w_t\}_{-\infty}^{0}$ 为记忆权重分布,并且我们假设所有权重的总和为 1。文献中一般假设这种分布为指数分布,且对所有人都适用。在此次研究中,我们不作这些假设。本章的主要目标是评估加权模式。

有一个从未明确提出,但我们常常作的假设,即记忆权重分布同样不考虑我们设想中的生活域。然而,稍加思考便能发现,你对日报内容的评价标准更少依赖于你一个月前的经历,而你当前的财务状况则更多依赖于你一个月前的财务状况。简而言之,记忆分布和时间跨度随生命域的变化而变化。无论是否如此,它只是一个经验问题。

一个有趣的特征是记忆权重分布的半衰期值。这是一个记忆衰退的灵敏指标,我们把这个值定义为中位值 $t_{-\frac{1}{2}}$,因此 $\sum_{t_{-\frac{1}{2}}}^{0} w_t = \frac{1}{2}$。例如,若一个月后达到中位值,我们称这种记忆持续时间为短期;同理,若中位值是五年之后才达到的,我们就称之为长期。很明显,何为长何为短,取决于生活域和个体的个性特征。例如,我们可以假设一个青年比一个成年有更小的中位值。

内生记忆权重

心理调查常用的主题还有另一种类型的记忆。虽然我们不打算从它开始研究,但是这种模型也是值得重视的,我们称之为内生记忆。在此,我们将重要和次重要的生活事件加以区分。比方说要想把三年前发生的具体事件说清楚,那么我们对其是否仍然有记忆便主要取决于这件事对我们的影响。例如,如果这件事是我们与爱人在餐馆用餐,而外出用餐对我们来说是习以为常的事,那么我们很可能已将其忘记。但是,如果那次用餐发生在我们第一次约会时,则 3 年甚至 20 年之后我们仍有很大可能还记得。这样,权重与时间跨度的关系就较小,与事件 y_t 中 y 的关系就稍大些。从而,跨时权重模式成为内生。

在特定(通常是随机的)时刻 $t_1, t_2, \cdots, t_k$,一个特殊的小概率事件发生了。这件事可能是遭受一种特殊疼痛的困扰,一时患病,坠入情网,中六合彩,或是经历一次重要的升迁。除了一些取值为 $y_{t_1}, y_{t_2}, \cdots, y_{t_k}$ 不连续的时刻或周期外,特定的域描述符 y 是常量,比方说 0。在这些例子中,那些例外值 $\mu = \max(y_{t_1}, y_{t_2}, \cdots, y_{t_k})$ 将成为评估新出现的小概率事件的量杆。过去状况的顶峰决定了当前的标准。虽然我们没有忽视这种记忆的存在,也没有忽视它对理解人类心理的实际重要性,但是这种记忆似乎对解释那种不是由一些印象深刻的生活事件形成,而是由日积月累所形成的日常标准起源的作用并不大(见 Kahneman, 1999)。

在下面的内容中,我们仅考虑第一种记忆过程,我们称之为外生权重。

未来的扩张

一个完全自然的扩展,标准部分地决定于人们对未来的预期。例如,如果你预期自己的收入将会增加,那么你对当前收入的满足度将会比你预期未来收入会降低情况下的满足度来得低。类似地,如果你预期自己未来健康会恶化,你对现在健康的评价就会比你预期健康在未来不变时要来得高。

因此,我们建议记忆权重分布应该扩展为一个包含记忆和预期权重的分布 $\{w_t\}_{t=-\infty}^{t=\infty}$,并且我们假设参数 μ 是 $\sum_{-\infty}^{\infty} w_t y_t$ 型。

然后,我们可以考虑两个半衰期 $t_{-\frac{1}{2}}^{\infty}$ 和 $t_{\frac{1}{2}}$,后者在这里指未来。另外,它将有助我们区分被我们假设为过去、现在、未来的各自总权重,我们分别将其定义为:

$$W_p = \sum_{-\infty}^{-1} w_t$$

$$W_c = w_0$$

$$W_f = \sum_{1}^{\infty} w_t$$

一个自然连续的归纳是基于时间权重密度函数的(图 7.1)。我们定义 $W_p = \int_{-\infty}^{-\frac{1}{2}} w(t)\,\mathrm{d}t$, $W_c = \int_{-\frac{1}{2}}^{\frac{1}{2}} w(t)\,\mathrm{d}t$, $W_f = \int_{\frac{1}{2}}^{\infty} w(t)\,\mathrm{d}t$。

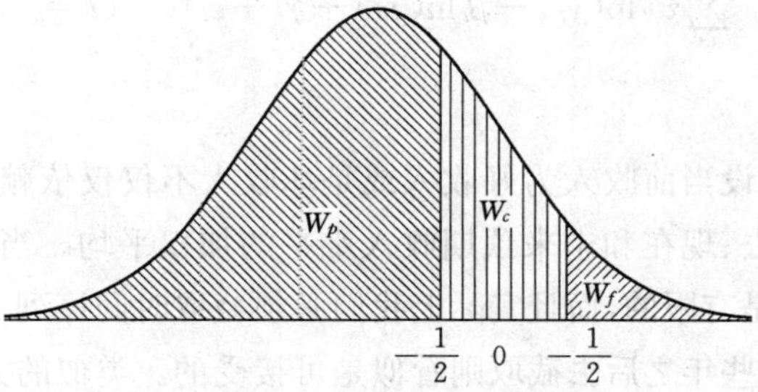

图 7.1 一个时间权重密度函数

7.2 模型及其操作方法

本章,我们回到在第 2.8 节中介绍过的 IEQ。我们发现个人可以根据对数正态函数 $U = N(\ln y;\ \mu,\ \sigma)$ 估计收入水平。我们看到,我们可以区分同一个个体福利函数的两个不同概念:虚拟 WFI 及真实 WFI,其中虚拟 WFI 根据个体估计整体水平,真实 WFI 描述了个体在估计他们自身实际收入水平时的差异。我们也强调过,基于 Kahneman、Wakker 和 Sarin(1997)的观点,上述第一个概念类似于一个决策效用函数,第二个概念则像是经验效用函数。虚拟福利函数可被视为代表"好、坏"收入的个体标准。真实 WFI 可被视为一种"社会"标准。这是一个综合概念,它源于个体标准,但并非个体标准本身。因此,为了找到更多关于个体标准的起源,我们宁愿研究虚拟 WFI 而不是真实 WFI。

我们在第 2 章看到,个体 n 对 IEQ 的回答可以用等式:

$$\ln(c_{in}) = \alpha_i \ln(y_n) + \beta_i \ln(fs_n) + \gamma_i + \varepsilon_{in} \qquad (i = 1, 2, \cdots, 6) \tag{7.1}$$

来模拟和解释。并且他们的平均值 μ 可用相同的方法来解释:

$$\mu_n = \alpha \ln(y_n) + \beta \ln(fs_n) + \gamma + \varepsilon_n \tag{7.2}$$

这些等式为前面提到的模型提供了一个立足点。被测者的回答 c_i 描述了收入的标准。假设过去的收入和未来的预期收入也决定了这种标准,我们用一系列年收入来替代当前收入,并且记作:

$$\ln(c_i) = \alpha_i \sum_{-\infty}^{\infty} w_t \ln(y_t) + \beta_i \ln(fs) + \gamma_i + \varepsilon_i \qquad (i = 1, 2, \cdots, 6) \tag{7.3}$$

由此,我们假设当前收入为好收入或是坏收入不仅仅依赖于当前收入,更取决于过去、现在和未来预期收入水平的加权平均。当然,能观察到的收入序列是有限的,而且实际上我们必须截取时间序列。如果权重消失得很快,过些年之后去截取则看似是可接受的。类似的方法可以用在 μ 上。虽然 c_i 之间是相关的,但却能比它们的平均值 μ 提供更多的信息。

所以,我们的基本模型就是上述六个方程体系,除了时间权重 w_i 外,我们假设方程的系数都是由方程确定的。

我们使用的数据集是从德国社会经济调查(the German Socio-Economic Panel)(1997)数据中选取的。1997 年的数据包括了 IEQ 模型。而且,我们从面板数据中得知了 1992—2000 年的收入数据。因此,如果同时截取过去五年及未来三年的收入序列,我们就可以用这一数据集估计上面的体系并能更精确地估计 w_t。将 1997 年视为基期,令 $t=0$。实际的操作中有很多各种各样的方法。面临的第一个问题与未来收入序列 $\{y_t\}_1^{\infty}$ 相关。由于研究者观察的数据集源于 2001 年,所以他们事后才知道那些收入数据。然而,在 1997 年回答 IEQ 问题的个体并不知道他的未来收入,不过他可以以自己未来收入的预期为基础来判断。于是,就出现了两种选择。要么我们将从数据集中获得的未来收入视为实际收入,要么我们使用预测的未来收入替代实际收入。这里我们选用后者。

事实上,我们现在也可以质疑以前的实际家庭净收入在多大程度上决定这一标准。收入总是包含着随机因素:诸如外快等等;很多人甚至不知道他们每月的净收入,因为他们的收入每月都在变动,甚至像公务员这样的持固定收入者亦是如此。我们假设决定当前收入的过去收入水平不是实际收入,而是实际收入的一个平滑值,且这里年复一年的随机波动被忽略。我们还假设这些典型的、长期的、根深蒂固的标准,由结构性收入水平及其从过去到未来的结构发展所决定。如果我们选择预测未来收入,我们必须估计每个个体的收入概况。因此我们用表 7.1 中的四组选择进行区分。

表 7.1 研究过去及未来收入的四种方法

	真实值	结构值
过去收入		X
未来收入		X

我们倾向于选择表 7.1 中第二列。对于这一结构性选项,我们用公式

$$\begin{aligned}\ln(y_{n,t}) = {} & \alpha_0 + \alpha_1 GEN + \alpha_2 \ln age + \alpha_3[\ln(age)]^2 + \alpha_4 LEDU \\ & + \alpha_5 EARN1\ TG + \alpha_6 EARN1\ NTG + \cdots \\ & + \alpha_7 self + \alpha_8 NONWORK + \alpha_t time + \varepsilon_n + \varepsilon_{nt}\end{aligned} \tag{7.4}$$

来估计个体家庭净收入概况。在这里我们使用的主要调查结果来自家庭经济支柱的回答,即家庭中收入最高的个体的回答。我们假设家庭净收入对数是年龄对数的二次函数,这决定了一生中的收入概况。家庭中有收入者的数量、受教育程度、受访者性别及受访者是否处于稳定的伴侣关系都会被假设为收入的决定因素。变量 *LEDU* 代表受正规教育年

限的对数。如果家庭中夫妻之间只有一个有收入,虚变量 $EARN1\ TG$ 就取值为 1。这就是传统的家庭。虚变量 $EARN1\ NTG$ 代表不与配偶生活在一起的有收入者。将双收入家庭作为参考。此外,我们还设置变量来代表自营业主和无工作者。最后,我们设置时间虚拟变量来解释过去几年里的通货膨胀和经济增长。显然,特定的个体不具有平均收入,一些个体收入会结构性地比平均水平高 10%,而其他却结构性地比平均水平低 5%。这一结果源于个体的特性,我们无法直接观察。因此,这些是误差项的一部分。这就是我们把误差项分解为个体随机效应 ε_n 和一般误差项 ε_{nt} 的原因。历年每个个体的残差平均估值可以用来估计个体的随机效应。当每个个体跨时效应不变时,ε_{nt} 的均值是 0,由此得出个体随机效应估值 $\hat{\varepsilon}_n$。于是,每个个体每年收入对数的预测值可以通过加入个体特征 ε_n 进行估测。

权重模式的估计同样面临类似的问题。我们可以通过等式(7.4)直接估计权重,也就是每一个 w_t 都是被单独检验的。不管怎样,不同时期的权重模式并非一成不变的假设看似很吸引人,但是事实上它却会随着年龄的变化而变化。举个例子,我们假设个体在童年时期和临近退休年龄时较关注过去,而在生命力旺盛的中年更加关注未来。对时间跨度的长度同样有很多不同的看法,具体的定义我们稍后会提及。这暗示了年龄段权重的估测。显然,进一步完善其他个体的个性比年龄问题的难度更大。没有任何一个先验的权重分布功能模型,我们就不可能包含所有的完善。我们根据跨时的质量分布进行具体的加权。权重现在可定义为:

$$w_t = F\left(t+\frac{1}{2};\ \gamma_t\right)-F\left(t-\frac{1}{2};\ \gamma_t\right) \qquad (t=\cdots,-1,0,1,\cdots) \tag{7.5}$$

其中 $F(\cdot)$表示分布函数,γ_t 表示矢量参数。这个分布的定义域为实数轴$(-\infty,\infty)$,零点表示当前时刻。分布的选择并非无足轻重。记忆权重常常被经济学领域以内和以外的文献所研究。这里,权重仅取正实数轴$(0,\infty)$上的值,正值 t 表示“t 年以后”。最常用的模型是指数模型 $F(t)=1-\mathrm{e}^{-\gamma t}(t\in(0,\infty),\ \gamma>0)$。相应的密度函数是 $f(t)=\gamma\mathrm{e}^{-\gamma t}$,如图 7.2 所示。

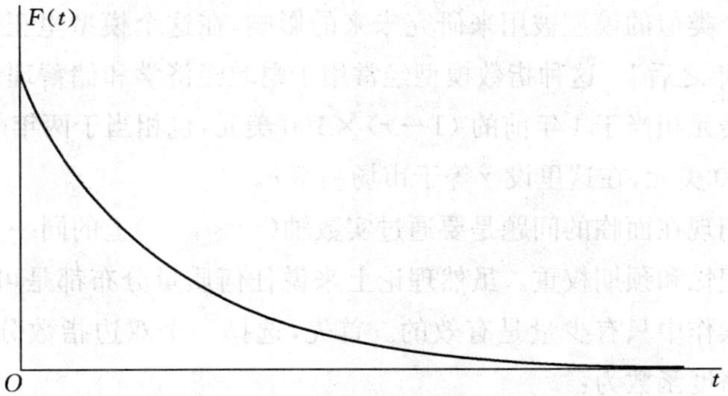

图 7.2　指数型记忆贴现函数

这个离散模拟可用权重 $w_t = (\mathrm{e}^{-\gamma(t-\frac{1}{2})} - \mathrm{e}^{-\gamma(t+\frac{1}{2})})$ 来描述，第一个权重 w_0 需要稍做修正。有趣的是相邻权重的比率是常量 $w_t/w_{t-1} = \mathrm{e}^{-\gamma}$。因此，记忆衰退可以描述为一个比率为 $\mathrm{e}^{-\gamma}$ 的几何序列。值 γ 是未知的。对 γ 的估计值从 0.02 到超过 1，有很多不同的结果。需要注意的是，只有给定一个明确的时间单元，才能解释这个值。例如，以月记 γ 值为 0.05 等同于以年记 γ 值为 0.06。虽然文献已经选择指数型（这明显类似于特殊的物理现象和经济贴现机制），但尚不明确这一模型是指数型的原因。这种指数模型描述了快速衰退模式。最近的一些文献提出记忆权重应该是一种双曲密度函数。它的分布函数是：

$$F(t) = 1 - t^{-\gamma} \quad (t \in (1, \infty), \gamma > 0)$$

其中权重是 $w_t = \gamma\left(\left(t - \frac{1}{2}\right)^{-\gamma} - \left(t + \frac{1}{2}\right)^{-\gamma}\right)$。

这些权重以一种"时间依赖"的比率减少。当 t 变得很大时，权重就会变得很小，但是两个权重之间的比率就会趋于 1。如果我们假设一个指数模型来计算贴现权重，而这一贴现实际上是双曲线型的，那么长期的隐性贴现会低于短期的隐性贴现（见 Frederick、Lowenstein 和 O'Donoghue，2002）。这与 Thaler(1981)的一次试验结果相符。在这次试验中，Thaler 让调查对象确定他们在距今 1 个月或 1 年或 10 年后需要的金钱数量，能够使得他们不在乎现在所拥有的 15 美元。最后得到年隐性贴现率分别为 345%、120%、19%。Van Praag(1968)也同样提出过双曲线贴现函数。

一个类似的模型被用来研究未来的影响,在这个模型里正值 t 对应"未来 t 年之后"。这种指数模型经常用于财政经济学和储蓄理论。现在的 100 美元相当于 1 年前的 $(1-r)\times 100$ 美元,也相当于两年前的 $(1-r)^2\times 100$ 美元,在这里设 γ 等于市场利率 r。

我们现在面临的问题是要通过实数轴$(-\infty,\ \infty)$上的同一分布来同时描述记忆和预期权重。虽然理论上来说任何质量分布都是可行的,但在实际操作中只有少量是有效的。首先,选择一个双边指数分布,我们定义其密度函数为:

$$f(t)=\begin{cases}\delta\gamma_p e^{-\gamma p(-t)},当\ t\leqslant 0\ 时;\\(1-\delta)\gamma_f e^{-\gamma_f(t)},当\ t>0\ 时;\\\gamma_p,\ \gamma_f>0;\ \delta\in[0,1]。\end{cases}\tag{7.6}$$

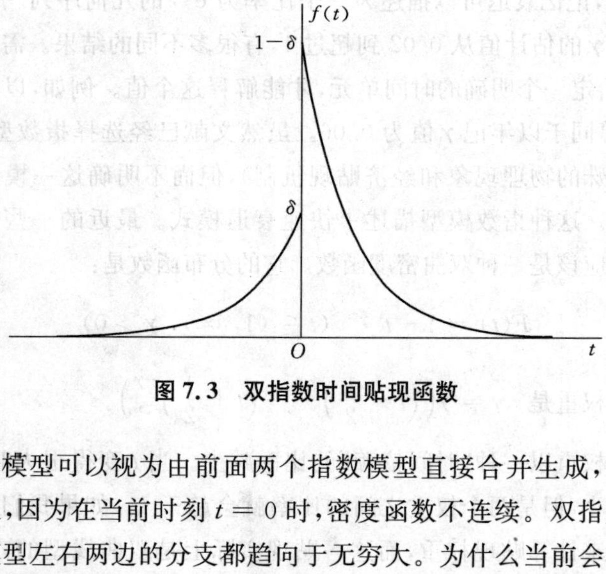

图 7.3　双指数时间贴现函数

这个模型可以视为由前面两个指数模型直接合并生成,它并不是很有意义,因为在当前时刻 $t=0$ 时,密度函数不连续。双指数时间贴现函数模型左右两边的分支都趋向于无穷大。为什么当前会呈现这样一种不相容的走向呢?而且,模型的左右两支都表现出指数式衰退减,尽管各自有着不同的衰退率 γ_p 和 γ_f,参数 δ 确保了过去和未来有不同权重。所有的分布都有三个参数。如果我们不能确定连接点在 $t=0$,事实上也确实不明确,我们就需要引入第四个转换参数。简而言之,我们需要的是定义在整个实数时间轴上的光滑、连续、可微的质量分布。只要我们没有从普遍接受的函数中得到实证经验,从某种意义上来说我们总是可以随意作出选择。看来这还是第一次[1]面对如此形式的问题。因此,我们没有可利用的参考文献,而是只能自己作出选择。

因为这个双指数时间贴现函数模型覆盖了整个实数轴,所以我们选择一个正态分布函数 $N(t;\mu_\tau,\sigma_\tau)$。这种正态分布以在 μ_t 两侧对称而闻名。如果 $\mu_\tau=0$,就意味着权重分布以当前时刻 $t=0$ 相对称。如果 $\mu_\tau>0$,就意味着个体过去权重少于未来权重,如 $N(0;\mu_\tau,\sigma_\tau)<N(\mu_\tau;\mu_\tau,\sigma_\tau)=\frac{1}{2}$,这里的 $N(0;\mu_\tau,\sigma_\tau)$是当前时刻前的累积权重。我们称这一类型的个体为面向未来型,称 μ_τ 为个体的时间焦点。反之,如果 $\mu_\tau<0$,我们就称个体为面向过去型。接下来,我们用类似的方法考虑第二个变量 σ_τ。我们称之为个体的时间跨度。这个参数决定了密度函数在 μ_τ 周围的形状。如果 σ_τ 趋于0,权重分布围绕 μ_τ 将越来越集中且最终集中于点 μ_τ。令 $\mu_\tau=0$,则权重[2] $N(\sigma_\tau;0,\sigma_\tau)-N(0;0,\sigma_\tau)=34.13$。因此,如果个体 $\sigma_\tau=1$,那么前一年的权重占总时间权重的34%,后一年的权重也占总时间权重的34%。但是,如果 $\sigma_\tau=0.5$,我们发现总时间权重的34%分布在未来半年的时间宽度之中,而另外34%的总时间权重分布在过去6个月的时间宽度之中。由此可见,第二个个体时间运作比第一个个体快一倍。让我们反向假设实际分布保持不变,但时间单元由1年转变为1个月。此时,当一个个体以年记 $\sigma_\tau=1$ 时,则以月记 $\sigma_\tau=12$。

众所周知,个体对时间流的感受千差万别。在年底时有些个体会觉得时间飞快,而有些个体却会感到时间过得太慢。很明显,这是由于对时间速度的主观感受不同所造成的。当一个个体分布在二十岁和五十岁时来比较自己所经历的两年时间,同样会得出上述结果。虽然时间有相同的客观长度,但是大多数人到中年会觉得,一年对年轻人而言更长些。因此我们考虑时间跨度 σ_τ 或 $1/\sigma_\tau$ 作为对时间速度主观感受的测量。如果 σ_τ 下降,时间速度就会加快。在有限的 σ_τ 趋向于0,时间速度则趋向于无穷大的例子中,除当前时刻的其他任何时刻都将位于遥远的过去和未来之中,并且对当前收入满足度无影响。这样的一个人就生活在此刻。

当我们假设焦点 μ_τ 不等于0时,上述分析对有关 σ_τ 作用的研究同样适用。在有限的 σ_τ 趋向于0但 $\mu_\tau<0$ 的例子中,个体以一固定标准生

活(对财务满足度而言),而这一模式在 μ_t 年以前就已确定。

就像大多数个体具有不同的时间感觉一样,上文对于 μ_τ 和 σ_τ 的阐释,正好解释了那些参数在个体彼此之间存在差异的原因。

我们假设参数(至少)要依赖于年龄,并且假定

$$\begin{aligned} \mu_\tau &= \gamma_{\mu,\,0} + \gamma_{\mu,\,1} age + \gamma_{\mu,\,2} age^2 \\ \ln(\sigma_\tau) &= \gamma_{\sigma,\,0} + \gamma_{\sigma,\,1} age + \gamma_{\sigma,\,2} age^2 \end{aligned} \tag{7.7}$$

离散权重现在可以操作为:

$$w_t = N\left(t + \frac{1}{2};\ \mu_\tau,\ \sigma_\tau\right) - N\left(t - \frac{1}{2};\ \mu_\tau,\ \sigma_\tau\right) \quad (t = \cdots, -1, 0, 1, \cdots) \tag{7.8}$$

实际上,t 会在底值 $t_{\min}(<0)$ 和顶值 $t_{\max}(>0)$ 之间来回震荡。我们定义外部权重为:

$$w_{t_{\min}} = N\left(t_{\min} + \frac{1}{2};\ \mu_\tau,\ \sigma_\tau\right)$$

$$w_{t_{\max}} = 1 - N\left(t_{\max} - \frac{1}{2};\ \mu_\tau,\ \sigma_\tau\right)$$

在下一节中我们将估计这个模型。

7.3 模型的估计

现在我们要对上面的模型进行估计。我们的任务是估计等式(7.3),在这个等式里我们添加了一些虚拟变量和互动变数。变量由六个水平 $c_i(i = 1, 2, \cdots, 6)$ 来进行解释。由于在第 2 章中已经知道六个等式之间的误差项是相关的,我们可以使用 SUR 方法来增强其效用。但是,鉴于我们的模型是非线性的,且观察的数量庞大,因而我们不能运用 SUR 方法。这意味着估计的可靠性在某种程度上被高估了。但这不妨碍估计的稳定性。我们注意到,除了记忆和预期权重公用一个系数外,六个等式中的每一个权重都有自己的系数。

我们从估计等式(7.4)开始,这个等式描述了联邦德国工作者的家庭生活收入概况。

结果如表 7.2 所示。

表 7.2 联邦德国家庭收入函数

变 量	估计值	标准差
性别	−0.022	0.005
常数	−1.021	0.234
ln(年龄)	3.999	0.126
$(\ln(年龄))^2$	−0.496	0.017
ln(教育年限)	0.635	0.010
已婚单收入	−0.209	0.005
未婚单收入	−0.642	0.006
自营业主	0.091	0.008
失业	−0.201	0.006
1992	−0.104	0.009
1993	−0.069	0.009
1994	−0.051	0.009
1995	−0.035	0.008
1996	−0.016	0.008
1998	0.007 6	0.008
1999	0.028	0.008
2000	0.043	0.007
N	44.490	—
R^2	0.456	—

我们看到这里有一个已知的年龄模式，即最大年龄为 56 岁。单收入者家庭(即只有 1 个人工作养家的家庭)的估计值大约少 20%，单收入者且只有一个成年人的家庭的估计值大约少 64%。后者指单身或“不完整”家庭。自营业主付出的有点多，并且家庭中主要收入者如果失业，则估计值将少 20%。受教育年限对收入的弹性为 0.635。

我们在前面的章节中解释过，当我们估计等式(7.3)时我们已能够区分四种不同的选择方法。第一种选择是我们是使用自由权重还是使用参数权重；第二种选择是我们是使用观察收入值还是使用根据收入方程得出的平滑值。对于第一种选择，当我们使用自由权重时结果并不尽如人意。我们认为这是每个个体的权重因年龄不同而产生差异造成的。因此，我们要估计每一个 t(见等式(7.7)和等式(7.8))的权重 w_t(年龄)。在我们看来，这是一项艰难的任务。我们没有再估计自由权重个例的结果，因为这是没有意义的。

对于第二种可选方法,到底选择收入观察值还是平滑值,我们的结果还不太明确。但是,由于我们假设收入标准是基于记忆收入的,我们认为平滑模式是个人强加于收入的。对预期收入,仍然没有理由使用实际收入值,因为它于当前个体是未知的(于研究者也是事后方明的)。前

表 7.3 记忆及预期权重体系

	联邦德国工作者(1997)		荷兰家庭(1979)	
	估计值	标准差	估计值	标准差
等式常量 μ_τ	−10.553 1	1.234 5	−4.573 6	0.324 2
年龄	0.490 6	0.065 3	0.203 9	0.013 4
(年龄)^2	−0.005 5	0.000 8	−0.002 1	0.000 1
等式常量 σ_τ	2.662 2	0.864 0	3.773 0	0.294 4
年龄	−0.107 6	0.041 9	−0.145 0	0.013 0
(年龄)^2	0.001 4	0.000 5	0.001 4	0.000 1
等级一的常量	3.515 0	0.152 6	3.79	0.15
ln(家庭规模+1)	0.198 1	0.013 2	0.11	0.01
ln(收入)	0.468 6	0.018 8	0.56	0.02
等级二的常量	−0.346 4	0.212 0	−0.40	0.22
ln(家庭规模+1)	−0.027 1	0.018 2	−0.01	0.01
ln(收入)	0.070 7	0.026 1	0.05	0.02
等级三的常量	−0.416 6	0.211 8	−0.72	0.22
ln(家庭规模+1)	−0.025 5	0.018 3	−0.02	0.02
ln(收入)	0.099 9	0.026 1	0.10	0.02
等级四的常量	−0.462 4	0.209 6	−0.94	0.22
ln(家庭规模+1)	−0.036 3	0.018 1	−0.03	0.02
ln(收入)	0.129 4	0.025 8	0.14	0.02
等级五的常量	−0.688 4	0.209 5	−1.23	0.22
ln(家庭规模+1)	−0.102 6	0.024 8	−0.06	0.02
ln(收入)	0.194 7	0.025 8	0.19	0.02
等级六的常量	−0.978 0	0.211 8	−1.42	0.22
ln(家庭规模+1)	−0.145 5	0.018 4	−0.08	0.02
ln(收入)	0.270 6	0.026 1	0.23	0.02
N	8 482(分别)	—		—
R^2	—	0.73	—	0.75

注:由于我们利用的是过去研究中 1979 年的数据集,所以不可能重新调查数据并简化该表。因此我们采用了 1988 年版的带有小数点的数据。1979 年数据集中的观测数是根据受访个体数得出的。早期的研究没有基于面板数据集。收入函数是根据横截面数据估计出来的。关于这个作为欧洲国家数据集一部分的荷兰数据集的更详细的介绍请参考 Hagenaar(1986)。

六行提供了等式(7.7)的估计结果。这些估计值是本章的主角。其他几行指我们假设的决定常量和家庭规模效应的回答水平(“好”、“坏”等等)。我们没有完全包含它们是因为在这里我们感兴趣的是得到一个正确的模型说明。当我们检验这六个等式时,我们规定系数 $\alpha_i = \alpha_1 + \Delta\alpha_i (i = 2, \cdots, 6)$。$\alpha_1$ 表示等级一,在之后的等级里我们运用增量 $\Delta\alpha_i$。在第三、第四栏中,我们对一个荷兰家庭的样本作类似的估计,此样本数据收集于 1979 年。后面的结果参考 Van Praag 和 Van Weeren (1988)。

现在让我们看看德国样本的时间权重体系。首先,我们观察到所有的系数都是显著的。然而不得不承认的是,在对“软环境”的观察中我们预期且事实上也发现了一些异常值,它使得残差分布的尾部对正态分布来说太大。因此我们采用一种“稳健回归”的方法。在第一轮估计之后,我们舍弃相对残差为 $\left|\frac{\varepsilon^2}{S^{(2)}}\right|$ 的观测值,其中代表残差方差的分母超出值 α。我们发现实际上当我们设定 $\alpha = 0.5$ 时结果是显著的,而当限制较少时我们发现估计值是无意义的或不显著的。于是,我们去掉了 10%的观测值。这样做在读者看来有点随意,同时我们也不能忽视这点。但是,这一误差项服从正态分布的基本假设也已经包含了一定的随意性。当今关于稳健回归的文献也正是源于这一认识。事实上,此误差并不是遵循一种精确的正态分布,因此误差估计值也并非完全服从正态分布,而是包含一定的异常值。由此导致了对加权过程的修正,其中的一些残差平方比其他残差平方更具影响。这就是说,异常值的影响较小或者毫无影响。我们对异常值的处理看来也是如此。鉴定异常值在一定程度上就是一种价值判断。我们不打算去除太多的观测值,但我们也不想有太多的异常值。因此我们选择上面的过程,这是一个稳定可行的估计方法,并且能去除 10%左右的观测值。在此提到的观测值对应 IEQ 的六个水平。所以,如果个体能完整回答 IEQ,那么每个个体就代表六个观测值。大多数被去除的观测值涉及极值,也就是 IEQ 的第一和第六水平。凭直觉,这两者是最不真实的反应水平。这是因为许多个体视“优秀”或“太差”为一个离他当前境况很远的水平,结果导致很难对这些收入水平进行现实可行的估计。

图 7.4a 和图 7.4b 描绘了基于联邦德国数据的 μ_τ 和 σ_τ 的年龄函数。

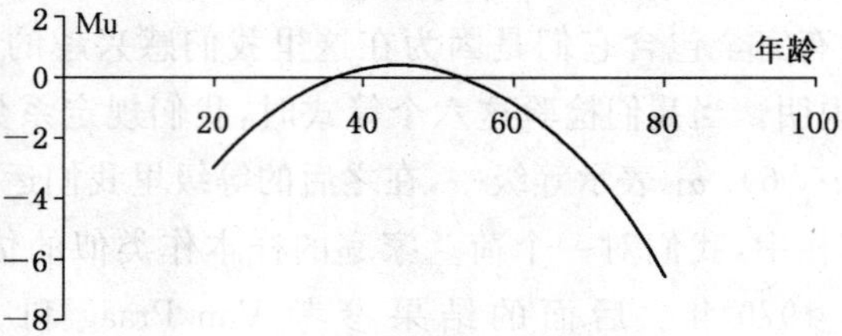

图 7.4a　μ_τ 的年龄函数

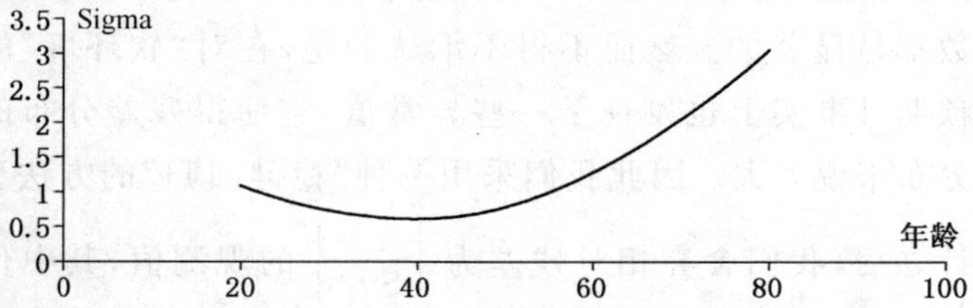

图 7.4b　σ_τ 的年龄函数

时间焦点 μ_τ 随年龄变化而变化。抛物线顶点大约出现在 44 岁，μ_τ 的最大值大约是半年。这意味着个体在 44 岁时是未来趋向型。他们的时间焦点约在六个月前。我们同样可以看到 σ_τ 也是随着时间的变化而变化。它在 41 岁达到最小值。因为我们用 $1/\sigma_\tau$ 来解释个体对时间速度的主观感受，这就意味着时间速度随年龄增长而加快直至 41 岁达到峰值，之后便开始下降。我们将 μ_τ 和 σ_τ 作为年龄函数来解释这一个体行为。

现在，值得我们关注的是利用权重密度函数如何寻找三个具有代表性的年龄：25 岁、45 岁和 65 岁。我们发现 25 岁的财务满足度标准很大程度上取决于过去经验。我们在针对一些 45 岁人的研究中发现其满足度标准大部分源于对未来的预期，时间速度也相对较高。对老年人来说，标准基于过去，时间速度也下降了。而荷兰老年人与德国老年人的相似程度着实令人称奇。从定性的角度而言，我们运用了大致相同的时间权重模式。

我们在表 7.4 中列出了过去、现在、未来的权重估计结果和两个半值倍数。我们发现，年幼阶段的过去权重(70%)加上现在权重(13%)总和较大，而未来(至少半年以上)权重(17%)则相对较小。未来的时间半值倍数约是一年半。随着人们年龄的增长权重分布渐渐转向未来。在生命中期(45 岁)之后,未来权重甚至比过去权重更大。到了 53 岁时,这个过程开始逆转。如果我们将 σ 理解为相关时间水平的测量,我们发现时间水平先减少直至 41 岁之后才开始增加,到 85 岁时便增加到很大了。这是一个非常有趣的结果,它显示记忆和预期过程因年龄而产生差异。我们同样发现未来权重主要分布在 36 岁直至接近于 53 岁。

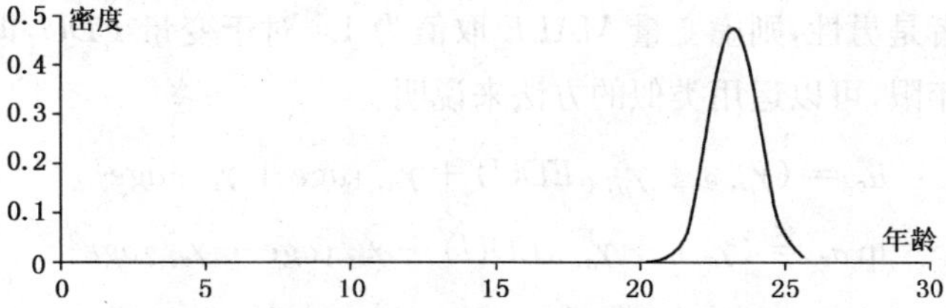

图 7.5a　个体 25 岁时的时间密度函数

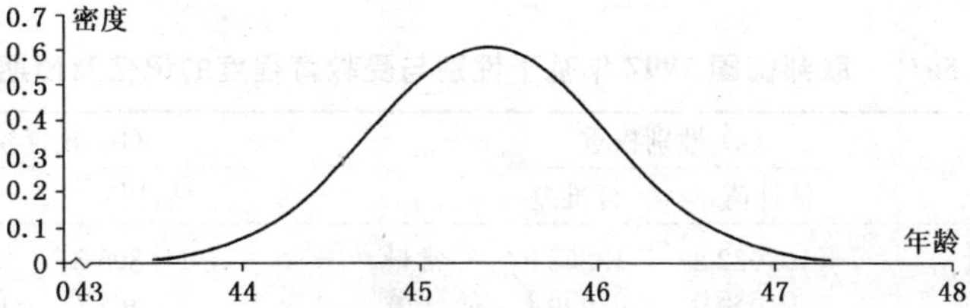

图 7.5b　个体 45 岁时的时间密度函数

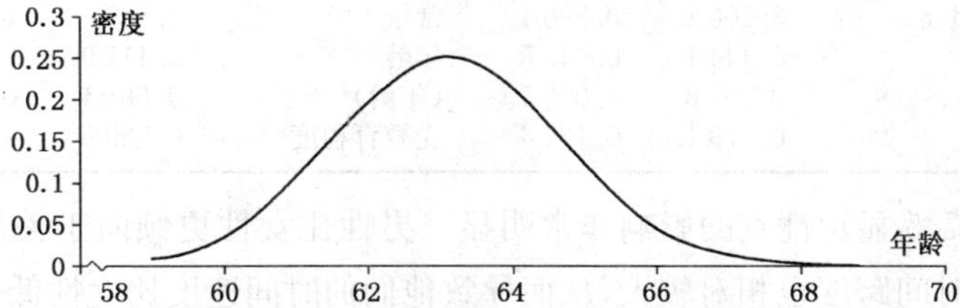

图 7.5c　个体 65 岁时的时间密度函数

表 7.4　各年龄阶段的过去、现在、将来及半值倍数的权重

年龄	μ_τ	σ_τ	$t_{-\frac{1}{2}}$	W_p	W_c	W_f	$t_{\frac{1}{2}}$	r_{subj}
25	−1.732 2	2.296 5	−2.60	0.704 2	0.130 3	0.165 5	1.45	1.541
35	−0.132 8	1.785 5	−1.58	0.418 5	0.220 0	0.361 5	1.50	0.042
45	0.364 4	1.826 9	−1.46	0.318 1	0.211 5	0.470 4	1.68	−0.109
55	−0.240 7	2.459 9	−2.07	0.458 0	0.160 3	0.381 7	1.91	0.040
65	−1.948 0	4.359 1	−4.05	0.630 1	0.082 7	0.287 2	2.69	0.103
75	−4.757 6	10.165 9	−9.20	0.662 3	0.035 2	0.302 5	5.72	0.046
85	−8.669 4	31.200 2	−24.88	0.603 3	0.012 3	0.384 4	18.47	0.009

现在我们可以问是否存在更多可以影响记忆过程的变量?我们可以试验两个具有此效应的变量。第一个是性别,第二个是受教育年限。我们将等式(7.7)修正为:

$$\begin{aligned} \mu_\tau &= (\gamma_{\mu,0} + \gamma^M_{\mu,0} MALE) + \gamma_{\mu,1} age + \gamma_{\mu,2} age^2 \\ \ln \sigma_\tau &= (\gamma_{\sigma,0} + \gamma^M_{\sigma,0} MALE) + \gamma_{\sigma,1} age + \gamma_{\sigma,2} age^2 \end{aligned} \tag{7.9}$$

若回答者是男性,则虚变量 *MALE* 取值为 1。对于变量 *EDU*,即受正式教育的年限,可以运用类似的方法来说明。

$$\begin{aligned} \mu_\tau &= (\gamma_{\mu,0} + \gamma^E_{\mu,0} EDU) + \gamma_{\mu,1} age + \gamma_{\mu,2} age^2 \\ \ln \sigma_\tau &= (\gamma_{\sigma,0} + \gamma^E_{\sigma,0} EDU) + \gamma_{\sigma,1} age + \gamma_{\sigma,2} age^2 \end{aligned} \tag{7.10}$$

结果如表 7.5 所列。我们仅列出了时间权重参数,其他的估计值几乎没有改变。

表 7.5a/b 联邦德国 1997 年基于性别与受教育程度的记忆及预期参数

	(a) 性别权重			(b) 教育权重	
	估计值	标准差		估计值	标准差
等式常量 μ_τ	−10.922 8	1.252 0	常量	−11.805 8	1.293 9
年龄	0.535 0	0.066 1	年龄	0.484 7	0.064 7
(年龄)^2	−0.006 1	0.000 8	(年龄)^2	−0.005 3	0.000 8
男性	−0.732 1	0.156 2	受教育程度	0.108 8	0.038 9
等式常量 σ_τ	3.200 2	0.890 4	常量	1.627 3	0.888 2
年龄线性	−0.144 1	0.043 5	年龄	−0.111 9	0.041 7
(年龄)^2	0.001 8	0.000 5	(年龄)^2	0.001 4	0.000 5
男性	0.279 1	0.124 6	受教育程度	0.089 9	0.022 5

表 7.5 显示性别的影响非常明显。男性比女性更倾向于关注过去,他们的时间跨度也相对较大,从而导致他们的时间速度比女性低。

教育的效应也不容忽视。我们发现受过高等教育的个体更倾向于未来导向,他们的时间跨度 σ_τ 也更高。需要注意的是教育是以公历年来定义的。因此,增加一年教育的效应是相当明显的。

7.4 应用

收入衰减

在本节我们运用之前得出的结果来解决这样一个问题,即对那些失去工作并依靠社会补助生活的人来说，其理想的平滑或修正模式是怎样的(对比 Clark、Frijters 和 Shields，2006)？让我们先考虑一个简单的收入对数模式，在这一模式中，过去的收入值被视为一个常量并且与当前收入的对数相等，即 $y_p = y_o$，而且个体在将来要面对一个较低的收入 y_f。如图 7.6 所示。

图 7.6　下降的收入趋势

在这个固定的例子中，为了方便起见，我们忽略其他的变量，从而有：

$$c_i = \beta_i + \alpha y \tag{7.11}$$

这个等式中的收入对数 c_i 与(序数)福利水平 i 相对应，并且取决于一个效用指数 β_i 和一个收入依赖规模因子 αy。显而易见，指数 β_i 随效用水平 i 的增加而增加。其中个体当前持有的收入是

$$y = \beta_i + \alpha y \tag{7.12}$$

这里的 β_i 表示收入水平 y 对应的效用指数。我们可以将这个效用指数改写为：

$$u(c;\ y) = c - \alpha y \tag{7.13}$$

在当前例子中，我们考察一个收入流的因变量在过去的情况及在未来的预期值，可以将其记为：

$$u(c;\ \tilde{y}) = c - \alpha\,\tilde{y} = c - \alpha \sum_{-\infty}^{\infty} w_t y_t \tag{7.14}$$

这里的$\tilde{y}$是平均收入的权重。

当收入从一个较高水平 y_p 减少到一个较低水平 y_f 时，对 c 的估算

将变为:

$$u(c;\ \tilde{y}(0)) = c - \alpha \sum_{-\infty}^{0} w_t y_p - \alpha \sum_{0}^{\infty} w_t y_f \tag{7.15}$$

如果我们假设时间权重服从如下的正态分布:

$$\sum_{-\infty}^{0} w_t = N(0;\ \mu_\tau,\ \sigma_\tau),\ \sum_{0}^{\infty} w_t = 1 - N(0;\ \mu_\tau,\ \sigma_\tau) \tag{7.16}$$

我们发现:

$$u(c;\ \tilde{y}(0)) = c - \alpha y_f - \alpha(y_p - y_f)N(0;\ \mu_\tau,\ \sigma_\tau) \tag{7.17}$$

在更一般的情况下,如果时间 t 随着收入的下降而消失,有:

$$u(c;\ \tilde{y}(t)) = c - \alpha y_f - \alpha(y_p - y_f)N(-t;\ \mu_\tau,\ \sigma_\tau) \tag{7.18}$$

这一过程无疑是一种标准的渐变。当 t 趋向无穷大时,第三项趋向0,并且我们采用了一个新的标准。需要注意的是适应过程的速度依赖于 σ_τ。如果 σ_τ 的值越大,也就是说时间速度越低,这个适应过程就要花费越长时间。这就意味着新的收入估算公式

$$u(y_f;\ \tilde{y}(t)) = y_f - \alpha(y_p - y_f)N(-t;\ \mu_\tau,\ \sigma_\tau) \tag{7.19}$$

时间轨迹描绘如图 7.7 所示。

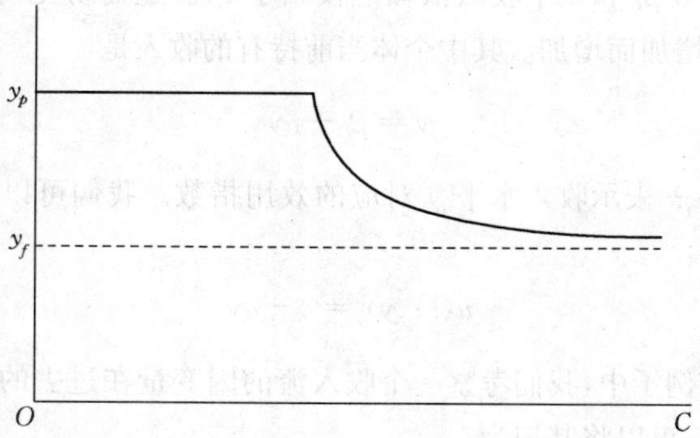

图 7.7 达到新福利水平的适应轨迹

虽然最终评价式是 $u(y_f;\ y_f) = y_f - \alpha y_f$,但是由于上述等式的最后一项所示,从而个体将暂时经历更多的磨难。额外的磨难取决于收入减少的比例、偏好转移 α 的大小、随收入减少而流失的时间。在此,我们

重申适应的速度取决于 σ_τ。

接下来,我们要寻找一种能消除额外磨难的方法,而这种磨难是由个体逐渐适应新的、更低的收入水平所造成的。显性适应轨迹为:

$$y(t) = y_f + \alpha(y_p - y_f)N(-t;\ \mu_\tau,\ \sigma_\tau) \tag{7.20}$$

持低收入 y_f 的不幸的个体将得到临时的补助,但补助最终将趋向于 0。这种补助减轻了痛苦并最终趋向于 y_f。需要指出这只是序数分析,因为 $u(\cdot)$ 可能被任意的单调转换所取代。我们知道隐性的轨迹取决于 μ_τ 和 σ_τ,而这两者又取决于个体的年龄。因为不可能在现实的年龄分化实践政策中将其贯彻到底,所以我们取 μ_τ 和 σ_τ 的平均值,或者我们可以对年轻人、中年人、老人分别设定不同的轨迹。出于实际操作原因,我们用逐步适应模式取代连续轨迹。

工资增长的模式和(或)通货膨胀本章第二个有价值的发现是:在很多现代经济体中,大家理所当然地认为年生产率会有 1、2 或 3 个百分点的增长。如果未来或过去的收入影响到我们对当前收入的满足度,这就意味着年生产增长率 δ 一定对收入评估和收入不平等的理解有影响。我们假设跨期收入对数模式为:

$$y_t(age;\ \delta) = y_0(age) + [f(age + t) - f(age)] + \delta.\ t。 \tag{7.21}$$

这里的 age 表示当前年龄,$y_0(age)$ 表示本期收入。需要指出 $y_0(age)$ 降低 10%大约相当于收入模式永久性地减少 10%。在当前时刻记为 $t = 0$。等式(7.21)的第二项描述了收入是如何成为年龄函数的,第三项反映了年生产率的增长。由此可得:

$$\begin{aligned} u(c;\ \tilde{y}) &= c - \alpha y_0 - \alpha \sum_{-\infty}^{\infty} w_t[f(age + t) - f(age) + \delta.\ t] \\ &= c - \alpha y_0 - \alpha g(age) - \alpha.\ \delta.\ \mu_\tau(age) \end{aligned} \tag{7.22}$$

其中 $g(\cdot)$ 是隐性定义的。对估值 y_0 求值可得:

$$u(c;\ \tilde{y}_0) = (1 - \alpha)y_0 - \alpha g(age) - \alpha.\ \delta.\ \mu_\tau(age) \tag{7.23}$$

函数 $g(\cdot)$ 描述了个体职业的效应,$\delta.\ \mu_\tau$ 反映了总体生产率增长效应[3]。如果我们用 y_0 取代 c,就可以得到本期收入的估计值。我们知道 δ 有一种效应,这种效应的趋势取决于 $\mu_\tau(age)$ 的符号。因此,这种效应不同于年龄。我们在图 7.4a 中看到,$\mu_\tau(age)$呈抛物线形,开始时是负值,在中年时增加到年龄轴上端,而后在某一年龄之后开始回落。因此,我们可以把人的一生分成三个不同时期:青年、中年、老年。由此得出一个工资增长模式($\delta > 0$)可以给年轻人和老人带来更多满足度,但却使中年人对本期收入的满足度变得更少。

我们也看到 $y_0(age)$和工资增长之间存在一种平衡。更精确地说是:如果 δ 增长至 $\delta + \Delta\delta$,那么我们会根据等式:

$$(1-\alpha)y_0 - \alpha.\delta.\mu_\tau(age) = (1-\alpha)(y_0+\Delta y_0) - \alpha.(\delta+\Delta\delta).\mu_\tau(age) \tag{7.24}$$

将 $y_0(age)$增长至 $y_0(age)+\Delta y_0$。

由此我们可以推导出转换率:

$$\Delta y_0 = \frac{\alpha.\mu_\tau(age)}{(1-\alpha)}\Delta\delta \tag{7.25}$$

因此我们发现在 $\delta = 0$ 时的具体收入 y_0 等同于增长率 δ 下的收入 $y_0(\delta)$。这再一次说明增长率(通胀率)对不同年龄的人有不同影响。如果在当前增长率 $\delta = 0$ 时我们有一个具体的收入分布 $\{y_n(0)\}_{n=1}^N$,那么我们在增长率 $\delta > 0$ 时就有一个同等效用分布 $\{y_n(\delta)\}_{n=1}^N$。如果我们用收入对数的方差来测量收入分布的偏斜度,那么当我们使用一组同等效用分布时,我们会发现对数方差取决于当前的 δ,即 $\sigma^2(\delta)$。因为 δ 的影响取决于相关人口的年龄分布,所以我们无法找到具体的 $\sigma^2(\delta)$的分析表达式。但是,对于具体人口我们可以计算 $\sigma^2(\delta)$。我们选取 1981 荷兰人口为样本,结果如表 7.6 所示。

表 7.6 同等效用收入分布的各个 δ 值的对数方差

δ%	$\sigma^2(\delta)$	δ%	$\sigma^2(\delta)$
−30	0.164	5	0.179
−20	0.155	10	0.192
−10	0.156	20	0.227
−5	0.161	30	0.272
0	0.169		

我们可以从表 7.6 中清楚地看到这个收入分布的偏斜度在增长的经

济下比在缩减的经济下更能让人接受。我们强调这个结果是从1981年荷兰年龄—收入分布中得出的，而对其他人口可能会有不同的结果。

7.5 结论

目前得出的研究结果是相当令人振奋的。它们是我们可以用定量方法来定义时间权重过程的依据，即在过去记忆和未来预期这两者的影响之间没有必要停顿。很明显，如果想要利用我们的结论去描述诸如个体储蓄和投资决策之类，那么在使用主观贴现的地方，我们可以使用时间权重体系，不过要缩短到正半轴。

作为一种应用，我们注意到一种社会安全利益即将减少的形势。鉴于不同的等级模式，我们在寻求一种可以通过逐步渐进的方式，使遭遇社会安全利益减少的人所受伤害最小的方法。这个方法也可以用来计算通货膨胀或稳定工资增长对收入评估和跨期收入感知差异的影响。此外，它可能会被用来比较不同通胀率下或不同生产增长率下由相应的(通胀率或生产增长率)对数方差得到的收入分布。它还可能使时间速度这一心理概念变得更具实用意义。

理论上，这种方法看似可以推广至其他生活领域。但问题是——如何对历史、未来这些非收入概念领域界定特征？什么是描述健康、闲暇、工作等等的客观变量？如何预测它们的未来行为？虽然我们考虑到这一新颖的方法所带来的令人振奋的结果适用于财务满足度和相应的时间权重过程，但是这还需要收集大量的数据，而且要使这种方法能分析其他生活领域还需深思熟虑。然而，事实上这种方法所得出的结果是相当稳定的，且直觉上是正确的，不过具有可复制性的结果仍需进一步的研究。

更一般地来说，这个结果源于最少限度的理论、原始的假设以及最大限度的实证测量，它清楚地显示了对时间的感知是主观决定的。我们脑海中没有什么理论能解释它为什么应该被描述成指数密度函数。虽然我们没有宣称我们使用的正态分布是最近似的模型，但是我们的结果证明正态密度函数是一个很可信的选择。陡峭的双尾显示用每年4%左右的市场利率代替主观贴现率看来并不现实。

当我们得出指数密度函数 $f(t)=re^{-rt}$ 中的利率 r 等于 $-\frac{\mathrm{d}\ln(f)}{\mathrm{d}t}$ 时,则可比较的主观利率 r_{subj} 记为

$$r_{subj}=-\frac{\mathrm{d}}{\mathrm{d}t}\ln\left(\mathrm{e}^{-\frac{(t-\mu_\tau)^2}{2\sigma_\tau^2}}\right)=\frac{(t-\mu_\tau)}{\sigma_\tau^2} \quad (7.26)$$

这一结果显示主观利率不是一个常量,而是随时间变化的变量。在表7.4的最后一栏中我们列出了在时间 $t=0$,不同年龄下 r_{subj} 的值。我们注意到当 $\mu_\tau>0$ 时,在不远的未来中存在一个短期的 $r_{subj}<0$。这意味该个体并不焦急,而是相当有耐心的。1991年 Loewenstein 和 Prelec 实证论证了存在负时间偏好现象。我们发现人在25岁时表现出烦躁不安,在其他年龄瞬时主观利率相当温和适中。我们甚至在45岁时发现一个温和的负时间偏好。在此,我们再次重申主观利率不是常量而是随时间的增长而增长。

我们看到在未来有许多问题仍待解决。我们可以将这个模型应用于储蓄和投资行为,也可以用于获得一些有关过去、预期膨胀、适应过程对新收入水平的影响。然而,我们不会满足于这些应用。这在 Van Praag 和 Van Weeren(1988)以及本章中可能已初见端倪。除了重复和细化此项研究,我们希望它可以扩展至生活的其他领域。而且,由于时间感知涉及大量心理学方面的知识,因此这一研究扩展进程最好与心理学家通力合作。行为心理学所用的心理研究方法很可能会极大地推动我们对相关问题的理解。我们的信息源——大规模调查有一个重要的优势就是可以廉价收集信息,但是另一方面,细微调整的小范围研究对记忆和预期机制更深层的理解又是必不可少的。

注 释

[1] 本章内容没有以 Van Praag 和 Van Weeren(1988)为基础。

[2] 根据标准正态分布表。

[3] 我们替换近似恒等式 $\mu_\tau=\sum_{t=-\infty}^{+\infty}w_t.t.$ 。

8. 参照群体对我们标准的影响

8.1 引言

参照群体是社会学的基本概念之一,它大致的基本思想是他人的想法和行为极大地影响着我们的标准和行为。其中某些人对我们的影响要比其他人更多一些。我们称那些对我们有相当影响的个体组合为社会参照群体。

这个概念无疑对理解标准的形成和人与人之间的社会交往非常重要。然而,在实践中很难对这一概念作出一个具有可操作性的定义。实际上,我们认为这个理论甚至这个理论的实践都还处于起步阶段。本章,我们试图为它添砖加瓦,而并非故弄玄虚,卖弄我们的学识。

尽管参照群体这个概念源自社会学,但如今也越来越多地受到经济学领域的关注和研究。例如,Clark 和 Oswald(1996),Duesenberry(1949),Easterlin(1974,1995),Frank(1985),Kahneman,Kruger,Schkade,Schwarz,Stone(2006),Veblen(1909)。在此我们无意为数量众多的社会学及经济学文献做出一份完整的调查。

本章,我们仅限于研究参照群体对标准的影响,并且忽略实际行为,即便我们可能会说像这样对标准的接受同样是一种行为模式。

8.2 简单(直接)方法

Ferrer-i-Carbonell(2005)基于德国 GSOEP 数据集评价了参照群体

的影响,并研究了一般满足度问题(类似的方法可参见 Luttmer, 2005)。她通过设定一个序数概率模型(ordered-probit specification)来解释一般满足度,同时她还添加了一个额外的解释变量。首先,她给样本中的每个个体定义参照群体。然后,分别按照五个教育类别,五个年龄区间和两个地区(东区和西区)来区分 50 个亚组。每个亚组平均对数收入定义为 y_{ref}。注意亚组是事先确定的,且每组中的每个成员权重相同。这一假设在大多数研究中经常用到(比较:Van de Stadt 等 1985; Easterlin 1995、2001; McBride, 2001; Persky 和 Tam, 1990)。我们可以通过不同的方式引入参考变量。Ferrer-i-Carbonell 考虑了 3 个变量。第一个是引入 y_{ref} 作为一个附加变量。如果该变量是负值,就说明当你所有的"邻居"都比你富裕时你会得到比较少的满足——这是人类的一个特性。显然,生活作为一个整体不仅仅只包括经济状况,但是很明显,邻居的经济状况是你总体生活满足度的一个重要的相关因素。然而,经济状况作为生活的一个方面相对邻居的健康或婚姻状况更容易被你感知。

Ferrer-i-Carbonel 的第二个变量考虑了个人自身收入和参照群体收入的差距,即 $y-y_{ref}$ 的影响。并推测出,当你处于"正方"(right side)(即 $y>y_{ref}$)时,$y-y_{ref}$ 所带来的影响不及你处于"反方"(wrong side)(即 $y<y_{ref}$)的情况。假设亚组收入分布近似服从对数正态分布,y_{ref} 近似等于参照群体收入分布的对数收入中位数。我们把收入分布中高于 50%的部分称为"正方",把低于 50%的部分称为"反方"。在这里我们没有给出关于其他解释变量的估计结果,因为它们和第 4 章给出的结果没有显著区别。在表 8.1 中我们只给出了与本章主题相关的效应,即参照群体效应。表 8.1 的结果源自德国 GSOEP 数据集 1992-7 的数据。

表 8.1 德国个体生活满足度的参照收入效应

	基准		设定一		设定二	
	估计值	t 值	估计值	t 值	估计值	t 值
家庭收入 y	0.248	16.67	0.248	16.80	0.100	1.49
参照收入 y_{ref}	—	—	−0.226	−3.47	—	—
$y-y_{ref}>0$	—	—	—	—	0.079	1.17
$y-y_{ref}<0$	—	—	—	—	−0.189	−2.83
平均家庭收入	0.449	15.69	0.456	16.07	0.463	16.07
Pseudo-R^2	0.080	—	0.080	—	0.080	—

资料来源:Ferrer-i-Carbonell(2005)。

表8.1中的结果证实了上文的预测。参照群体的平均收入效应为−0.226,严格为负(firmly negative);对应的短期收入效应为0.248。永久性效应为0.456,且不变。设定二显示确实存在不对称,若他或她处在“反方”时,则收入差距会使这个人更痛苦;而若他或她处在“正方”,则正差距只会引起少量的满足。如果每个人都获得等量的收入增加时,生活满足度便不会增加,在这样的情况下,收入完全相关的观点就显得太简单了。而总收入效应(0.449+0.248)与参照收入效应(−0.226)得到的联合效应(0.471)仍严格为正(firmly positive)。

Stutzer(2004)在一个相似的研究中考虑了一个“收入渴望”变量,它被定义为六级收入评价问题(IEQ)中的第四级 c_4(充足)。我们注意到Stutzer研究的标准绝对比“生活作为一个整体”要窄。他的数据来源于Leu、Burri、Priester于1997年收集的瑞士家庭大样本。正如我们在第2章看到的IEQ中的级数 $c_i(i=1, 2, \cdots, k)$ 能被视为“标准”,对于它们的平均数 μ 也同样如此。现在Stutzer考虑 c_4 或许可以用普通变量和被测对象所居住的瑞士自治市区的平均对数收入来解释。Stutzer把这种瑞士自治市区作为个人的参照群体,并将这个自治市区的平均对数家庭收入作为参照收入 y_{ref}。我们注意到这490个自治市区有所区别,这就保证了参照收入 y_{ref} 的合理变化。他得出了表8.2的结果,这张表中我们仍然仅列出了与本章相关的效应。

表8.2　参照群体对收入渴望的效应(此处仅列出与本章相关的效应)

变　量	估计值	t 值	估计值	t 值	估计值	t 值	估计值	t 值
ln(家庭收入)	0.404	25.47	0.403	25.46	0.404	25.57	—	—
ln(y_{ref})	0.188	5.57	0.119	2.18	—	—	—	—
y_{ref} * 社会接触	—	—	0.109	1.91	—	—	—	—
富裕	—	—	—	—	0.483	5.83	0.201	1.53
富裕 * 与邻居接触	—	—	—	—	—	—	0.442	3.04
与邻居接触	—	—	−0.018	−1.46	—	—	−0.020	−1.57
R^2	0.573	—	0.574	—	0.573	—	0.575	—
N	4 554	—	—	—	—	—	—	—

资料来源:Stutzer(2004)。

在设定一中,我们发现了一个明显的偏好漂移,大约为0.4,与Leyden得出的结果完全一致,但除此之外,Stutzer还发现,个人所居住的自治市区的平均收入对收入渴望有显著影响。参照效应,即早期由Kapteyn和Van Praag定义的“参照漂移”,大约为0.2。在早期的一个类似的研究中(基于Kapteyn与Van Herwaarden的合作),Van Praag(1976)得到过一个更高的参照漂移,即0.3。在Stutzer的第二个设定中,引入了一个“与邻居接触”的变量。这是个简单的虚拟变量,若被测对象声称他与邻居有接触,则改变量取值为1。Stutzer假设与社会有接触的个人将有更大的参照漂移。而且,他通过询问被测者与邻居有无接触来控制变量“社会接触”。

另一个变量是被测者所在社区中“富裕”的人口所占的百分率,在此“富裕”被定义为在1997年年收入大于46 900美元。这就引出了变量“富裕”。事实上,与邻居有接触的富人的参照收入效应是双倍的。表8.2的最后两列给出了相应的结果。

本节中我们介绍的第三个甚至更早的研究是由已故的Aldi Hagenaars(1985)作出的(也可参见Hagenaars和Van Praag, 1985)。这里的标准是二维的。第一维是收入评价问题中的μ,它非常类似于Stutzer研究的收入渴望变量c_4。第二维是IWF中的σ^2(见第2章)。所用的数据集来源于1979年由EUROSTAT完成的一次大型国际家庭调查(13 132个观测对象)所得到的数据。这项调查覆盖了比利时、丹麦、法国、德国、爱尔兰、意大利、荷兰以及英联邦。在此,我们试图根据每个被测者会使用其各自国家人口作为自己的参照群体这一准则,来解释两个福利参数,而且上述参照群体中同一个国家居民的权重是相同的。

我们发现并得到了下列μ的方程:

$$\underset{(0.175)}{\mu = 1.410} + \underset{(0.005)}{0.574\ln(y)} + \underset{(0.017)}{0.224\mu_y} + \underset{(0.046)}{0.712\sigma_y} + \underset{(0.005)}{0.085\ln(fs)} \tag{8.1}$$

($R^2 = 0.616$; $N = 13\,132$;括号中为标准差)。变量μ_y是被测者所在国家的平均对数收入,σ_y是对数收入的标准差。这个方程相当有意思。它显示确实存在一个相当大的参照漂移,且几乎等于Ferrer-i-Corbonell和Stutzer研究论证所发现的值。这意味着如果这个国家的每个人获得相同的收入增加,那么就有$0.574+0.224=0.798$的比例“泄漏”了。这表示收入增加或物质福利增加对经济满足度的增加来说不是一个很有力的手段。由于假设参照群体的不平等会使人对高收入的意识更强，因此会使人在同等收入情况下相对地表现出不满意，所以额外参数 σ_y 是有根据的。这一结果是在国家内部测量收入高低的一个强有力的论据。

第二个等式使得情况及对于 σ 的解释变得更加复杂。

如果 μ 是个体以高于半数确定的参照收入，则：

$$\sigma^2 = a.(\ln(y)-\mu)^2 + (1-a)\frac{1}{N}\sum_n(\ln(y_n)-\mu_y+\mu_y-\mu)^2$$

$$= a.(\ln(y)-\mu)^2 + (1-a)\frac{1}{N}\sum_n(\ln(y_n)-\mu_y)^2 + (1-a)(\mu_y-\mu)^2 \tag{8.2}$$

这里 a 代表个人自身的离散权重，因而 $(1-a)$ 用来表示国家中的其他人的权重。

Hagenaars 得出下列的估计：

$$\sigma^2 = \underset{(0.009)}{0.116} + \underset{(0.033)}{0.191\sigma_y^2} + \underset{(0.007)}{0.210(\ln(y)-\mu)^2} + \underset{(0.006)}{0.053(\mu_y-\mu)^2} \tag{8.3}$$

($R^2=0.078$；观测数 $=13132$；括号中为标准差)。这个等式也非常重要；R^2 很小。该等式没有满足上述对系数的限制；例如，σ_y^2 的系数不等于 $(\mu_y-\mu)^2$ 的系数。因此，这个吸引人的观点就显得过于简单了。然而，这个等式有意义的地方就在于福利函数的斜率(即福利的敏感性)取决于这个国家内部的收入不平等性。收入分配越是倾斜，反映收入差异意识的 σ 就越高。该等式的第三项反映了个人标准和社会平均收入的差异，如果接受基数解释，它就正如我们在第 2 章中看到的 $U(e^{\mu})=0.5$。第二项取决于个人自身收入与他或她认为达到(0—1)区间中的 0.5 水平的必要性的差距。

如果我们坚持采用福利函数的基数解释，当替换等式(8.1)和(8.3)时，我们会发现福利函数的线性变换：

$$\frac{\ln(y)-\mu}{\sigma} = \frac{\ln(y)-1.410-0.574\ln(y)-0.224\mu_y-0.712\sigma_y-0.085\ln(fs)}{[0.116+0.191\sigma_y^2+0.053(\mu_y-\mu)^2+0.210(\ln(y)-\mu)^2]^{\frac{1}{2}}} \tag{8.4}$$

我们看到,整个国家的收入分布影响了人民的幸福,至少就目前而言收入是幸福的一个决定因素。尽管我们认为等式(8.4)不是一个可以做出政策建议的明确结果,然而我们从这个等式可以看到个人福利并非绝对随收入不平等的下降而减少。

这里得出的结果是基于1976—1985年间莱登研究的参照群体的概念做出的。虽然这些年该理论有所发展,但仍然没有得出任何明确的结果。关键假设(见第1章),即被Kapteyn(1977)称为偏好形成假设,个人收入的福利函数实际上与社会收入分配一致,这是因为个人福利能被自我感知。感知的过程包括衡量参照群体,衡量过去的经历和衡量未来的预期(第7章)。这方面的文献可以参见Van Praag(1976),Kapteyn(1977),Kapteyn,Van Praag及Van Herwaarden(1978),Van Praag、Kapteyn及Van Herwaarden(1979)。在Kapteyn和Van Herwaarden(1980)的文章中,我们发现了这些观点精彩的运用,由于他们主张个体之间福利函数是相互依赖的,因此最理想的收入分配必须考虑到这一事实。

到此为止,我们确信我们已经了解了个人的参照群体,即参照群体是外生确定的。理论上,在做实证和理论分析时不得不把参照群体是由内生决定的这个事实也考虑进去(见Falk和Knell,2004)。个人可能会有不同的权数w_n,而且可能很多人的权数都为0。也就是说,他们对其他人没有任何影响。很明显,确定一个参照群体并非那么容易。第一个复杂因素是确定谁在参照群体里面,也即参照群体的边界在哪里?严格地说,整个社会或者整个世界都是我们的参照群体,而大部分个人的权重可以忽略不计。但这并非好事。在实践中,我们可能会说我们的参照群体是社会集N的一个子集R,它由那些非零权重的人组成。另外,我们发现参照群体的每个人并非都必须有相同的权重,但我们规定所有权重加起来等于1。更准确地说,参照群体应该被定义为在社会集N中的一个权重分布$\{P_n\}_{n\in N}$,该分布决定社会中个体n的参数权重。这样,第一个社会学问题就是评估权重分配的问题了。[1]

由于个人自己都不确定自己是否只有一个参照群体。一个人可能生活在两个或更多的领域中。例如,一个人在工作环境中,他也许会使用与在家庭生活、种族社区或兴趣组中不同的标准将自己和他人进行比较。所以,我们可以根据我们考虑的生活的不同方面来构造不同的参照群体。

下一节我们将更进一步讨论所谓的社会筛选理论。这个理论旨在估计个人参照群体，在这一参照群体中我们（一如先前那样）仅限于研究财务满足度标准。

8.3 社会筛选理论

解决参照群体问题的另一个方法由 Van Praag(1981)，Van Praag 及 Spit(1982) 率先提出。而本文当前的阐述则是基于 Van der Sar(1991)，Van Praag 及 Van der Sar(1991)提出的理论。

社会筛选理论最初的观点与 Kapteyn 的偏好形成假设如出一辙。WFI 是社会预期分配收入的分布函数。总而言之，如果人们相信社会上 40％的人挣得太少了，收入水平 y 就被估计为(0，1)区间中的 0.4。由于每个人有其自己对收入分配的理解，也就是说每个人都有其自己的收入福利函数 $U_n(y)$。我们用 $U(y)$表示客观收入分配的分配函数，并且分别用 $u_n(y)$和 $u(y)$表示相应的密度函数。如果个人理解与现实一致，就会得到：

$$u_n(y) \equiv u(y) \tag{8.5}$$

我们考虑一个小的收入区间 $\left[y-\frac{1}{2}\Delta y,\ y+\frac{1}{2}\Delta y\right]$，并且利用了频率的解释。在这个区间中，收入获得者的实际分式为 $u(y)\Delta y$，被个体 n 所感知(perceived)的收入分配的分式为 $u_n(y)\Delta y$。现在，我们来观察一下用 ϕ_n 表示的这两个分式的比。

$$\phi_n(y) \equiv \frac{u_n(y)}{u(y)} \tag{8.6}$$

如果 $\phi_n(y) = 0$，则意味着 y 周围的收入区间对个体 n 预期的收入分配不起作用。如果比值为 2，在这个区间中个体的预期双倍计量，如此类推。我们称 ϕ_n 为社会筛选函数。这个函数描述个人怎样筛选现实从而得到他或她自己对现实的预期。被测者通过对社会所有成员分配权重向我们展现了他或她的关于收入的参照群体框架。我们发现筛选函数不是一个概率密度函数。由于 $U_n(\cdot)$ 是分配函数,所以除非积分 $\int_0^\infty \phi_n(y)u(y)\mathrm{d}y = 1$,否则筛选函数可以采用任何形式。

函数 ϕ 会是什么样子的呢?我们画了略图(图 8.1a—c)。

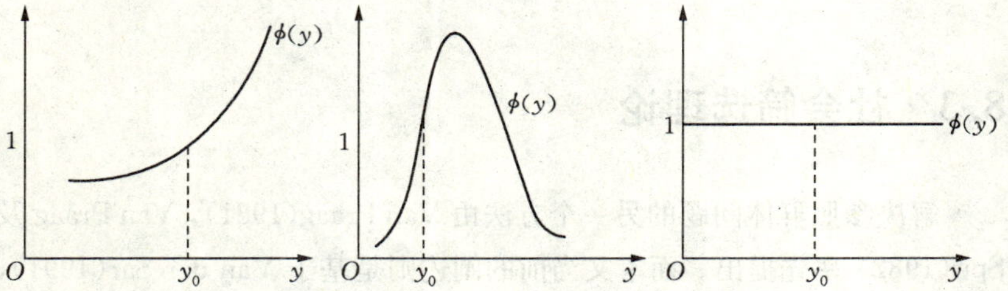

图 8.1 三种社会筛选图形

假设 y_0 代表个人收入,从图 8.1(b)我们看到权重赋值大于 1 的人接近收入轴,而权重赋值小于 1 的人远离收入轴。权重的最大值可能在个体达到"自我类型"水平时的赋值,但更有可能是个体赋予收入高于自己的人的不合理的值,而赋予收入低于自己收入的人的权重较少。为了完整起见,对另外两种情况也作了图示。筛选函数严格地等于 1。这就意味着一个透明完整的社会。"远视"曲线与为他人赋予比较高权重的人的实际情况一致,时间越是长他或她会登上越高的收入阶梯。

现在让我们尝试使用一种合适,公正且现实的阐述来研究这一观点并使其可操作化。

我们仍然假设 WFI 完全近似于对数正态分布函数,即 $U_n(y) = N(\ln(y);\mu_n,\sigma_n)$。我们还假设社会收入分配由对数正态分布函数 $U(y) = N(\ln(y);\mu_y,\sigma_y)$ 给出。利用恒等式(8.6)我们得到恒等式:

$$\phi_n(y) \equiv \frac{\sigma_y}{\sigma_n}\exp\left[-\frac{1}{2}\left(\frac{\ln(y)-\mu_n}{\sigma_n}\right)^2+\frac{1}{2}\left(\frac{\ln(y)-\mu_y}{\sigma_y}\right)^2\right] \tag{8.7}$$

或者

$$\ln(\phi_n(y)) \equiv -\frac{(\ln(y)-\mu_n)^2}{2\cdot\sigma_n^2}+\frac{(\ln(y)-\mu_y)^2}{2\cdot\sigma_y^2}+C \tag{8.8}$$

在这里 C 代表一个常数。我们可以通过完全平方改写二次项为：

$$\begin{aligned}&-\frac{1}{2}\left(\frac{1}{\sigma_n^2}-\frac{1}{\sigma_y^2}\right)\left(\ln(y)-\frac{-\mu_n/\sigma_n^2+\mu_y/\sigma_y^2}{-1/\sigma_n^2+1/\sigma_y^2}\right)^2\\&+\left(\frac{1}{\sigma_n^2}-\frac{1}{\sigma_y^2}\right)\left(\frac{\mu_n/\sigma_n^2-\mu_y/\sigma_y^2}{1/\sigma_n^2-1/\sigma_y^2}\right)^2+\frac{\mu_n^2/\sigma_n^2-\mu_y^2/\sigma_y^2}{1/\sigma_n^2-1/\sigma_y^2}\end{aligned} \tag{8.9}$$

其中第二项和第三项是常数，我们用 C_n 表示它们的和。我们定义辅助参数 μ_n^* 为：

$$\mu_n^* = \frac{-\mu_n/\sigma_n^2+\mu_y/\sigma_y^2}{-1/\sigma_n^2+1/\sigma_y^2} \tag{8.10}$$

因此，可以简单地识别筛选函数。它的对数是 $\ln(y)$ 中的一个二次多项式。在个人 n 看来，有相同 ϕ_n 值的个人具有相等的社会权重。在改写并定义 $q_n^2=\sigma_n^2/\sigma_y^2$ 后，我们发现：

$$\phi_n(y)=\frac{\sigma_y}{\sigma_n}\exp\left[-\frac{1}{2}\frac{(1/q_n^2-1)}{\sigma_y^2}(\ln(y)-\mu_n^*)^2+C_n\right] \tag{8.11}$$

我们发现当 $q_n^2<1$，则在 $\ln(y)=u_n^*$ 时 ϕ_n 达到最大值。我们把 μ_n^* 称为个人 n 的社会聚焦点。它意味着个人 n 赋予了具有对数收入 μ_n^* 的个人最大的权重。

我们称 $q_n^2=\sigma_n^2/\sigma_y^2$ 为社会近视(参数)的百分率。我们发现一般情况下 $q<1$。显然，我们有意利用了光学类推焦点和近视的方法。

显而易见的是，μ_n 可以被视为社会聚焦点的加权平均数以及客观收入分配的中值。个人近视的程度越轻，q_n^2 就越大，且他或她的 μ_n 会更趋向客观分配的 μ_y。于是，我们得到：

$$\mu_n=(1-q_n^2)\mu_n^*+q_n^2\mu_y \tag{8.12}$$

我们假设聚焦点是自身收入加上一个百分率。更精确地说，我们假设：

$$\mu_n^*=\ln(y_c)+\delta_0 \tag{8.13}$$

我们也知道根据我们的实证观察，个人的 μ_n 由本期收入而定，而这

需要通过偏好漂移项 β_1 来表示。结合公式(8.12)和(8.13),我们发现一个个体化的偏好漂移系数:

$$\beta_{1n} = (1 - q_n^2) = 1 - \frac{\sigma_n^2}{\sigma_y^2} \tag{8.14}$$

这清楚地给出了一个检验该理论的概率。大的偏好漂移将与小的近视因素 q_n^2 同义。β_1 为 0.6 意味着近视因素为 0.4。由于 $q_n^2 = \sigma_n^2/\sigma_y^2$ 的比已知,这是可以被证明的。Van der Sar 在 1991 年用一个由 Steven Dubnoff 收集的波士顿地区的小型美国数据集评估了这个模型(Van Praag 等,1988)。现在我们需要解释 μ_n 和 $q_n^2 = \sigma_n^2/\sigma_y^2$。对于后一个变量的解释无疑也是对 σ_n^2 的解释。与之前目的(见例子 Hagenaars, 1985)有所不同的是,我们同时为 μ_n 和 σ_n^2 估计方程。正如我们所见,对变量的解释并没有实质的进步,但有效的结果仍然令人非常感兴趣。这个模型的详细说明如下:

$$\begin{aligned} \ln(c_{in}) &= \beta_{1n}\mu_n + \sigma_n u_i + \varepsilon_{in} \\ &= (1 - q_n^2)\mu_n^* + q_n^2\mu_y + q_n\sigma_y u_i + \varepsilon_{in} \end{aligned} \tag{8.15}$$

$$(i = 1, 2, \cdots, 6;\ n = 1, 2, \cdots, N)$$

这里我们假设

$$\mu_n^* = \delta_0 + \delta_1 \ln y_n + \delta_2 \ln fs_n \tag{8.16}$$

和

$$q_n^2 = \exp(\gamma_0) sc_n^{\gamma_1} pex_n^{\gamma_2} \tag{8.17}$$

参数 δ 和 γ 待估。

表 8.3a/b　波士顿地区样本的社会筛选模型评估

	焦　点	标准差
常数	$\delta_0 = -5.39$	0.65
收入	$\delta_1 = 1.52$	0.06
家庭规模	$\delta_2 = 0.26$	0.03
N	448	
R^2	0.77	

a

	近视因素	标准差
常数	$\gamma_0 = -1.00$	0.15
教育	$\gamma_1 = 0.22$	0.05
经历	$\gamma_2 = -0.05$	0.01

b

我们用方程(8.15)代替方程(8.12)和(8.14)描述个人 n 的六个反

应。在方程(8.16)中,我们用一个方程说明社会聚焦点,而用方程(8.17)说明近视因素。变量 sc 代表受教育年限,pex 指劳动力工作的可能年数,我们令 pex 等于(年龄 $-sc-6$)。方程(8.15)中关于 δ_0, δ_1, δ_3 及 γ_0, γ_2 的误差平方和的最小化,以及 γ_2 得出的表 8.3 呈现的结果,均来源于 Van der Sar(1991)。

我们注意到 $\delta_1 = 1.52$ 而不是方程(8.13)中为了方便而假设的1。

我们看到近视因素随着受教育程度呈正比例变化(0.22),这意味着受过良好教育的人有着范围更为宽广的参照群体。随着年龄的增长以及在劳动力市场上职位的固定化,社会范围在缩小而近视值却在增长。聚焦点与收入有很强的相关性。

表 8.4a/b　1997 年德国从业人员及失业人员的社会筛选模型及标准差的评估

	焦　点	标准差
常数	$\delta_0 = -9.08$	0.49
收入	$\delta_1 = 1.99$	0.06
家庭规模	$\delta_2 = 0.47$	0.02
N	4 107	—
R^2	0.64	—

a

	近视因素	标准差
常数	$\gamma_0 = -0.26$	0.04
教育的对数	$\gamma_1 = 0.06$	0.03
年龄的对数	$\gamma_2 = -0.07$	0.02
—	—	—
—	—	—

b

鉴于以上给出的实证评估来源于一个相当特殊的并且很小的数据集,我们又基于 GSOEP 1997 年的那一波数据再次进行了分析,在此我们仅用了 4 150 位西方工人的反馈信息。评估结果显示,这些非线性模型是快速收敛的,但要得到 q 的有效结果非常困难。我们引入了一个与 Van der Sar 稍有不同的说明。我们使用模型:

$$\begin{aligned}\mu_n^* &= \delta_0 + \delta_1 \ln y_n + \delta_2 \ln fs_n \\ q_n^2 &= \exp(\gamma_0)\, lsc^{\gamma_1}\, lage^{\gamma_2}\end{aligned} \tag{8.18}$$

其中,lsc 代表受正规教育年数的对数,$lage$ 代表年龄的对数。

如果我们考虑教育变量在德国数据库中已经被对数化,且经历变量用年龄变量对数来表示,那么表 8.3 和表 8.4 的结果不会有多大的差别。我们再次发现就社会而言,教育有减弱社会近视的效应,而年龄的增长会使个人愈加近视。在表 8.5 中我们列出了我们所尝试的更加复杂的、兼具选择性说明中的一种情况。

表 8.5a/b　1997 年德国从业人员及失业人员更为复杂的社会筛选模型的评估

	焦　点	标准差
常数	−5.52	0.51
收入的对数	2.10	0.06
家庭规模的对数	0.28	0.02
小孩个数的对数	0.17	0.03
年龄的对数	−0.09	0.03
N	4107	
R^2	0.65	

a

	近视因素	标准差
常数	−0.47	0.05
教育的对数	0.08	0.03
年龄的对数	0.05	0.03
公务员	−0.10	0.02
工人	0.02	0.01
自营业主	0.10	0.02
失业(<65)	0.10	0.01
性别	0.02	0.01

b

这一说明显示其他变量可能会伴随着一些敏感性效应被加入。除了年龄的效应接近显著,其他所有效应在 5%的水平都是显著的。聚焦点随着家庭成员的增加而增加,并且还存在一个附加的小孩效应。聚焦点随着年龄(增长)稍有下降。关于近视有更多有意思的效应。有结果表明公务员比工人更近视,并且自己当老板的人近视程度比以上两种人小些。我们把无业人员分为 65 岁以上和 65 岁以下两种。年老者不出意料地比年轻者更近视。然而,我们惊讶地发现年轻的无业人员的近视程度比年轻的从业人员小。这可能是一部分小于 65 岁的无业人员拥有工作经验,从而当他们没有工作时,其实是生活在两个世界里:即失业、提早退休、因残疾而丧失劳动能力的世界,以及他们早期的工作环境的世界。区分无业人员是大于或者小于 65 岁可能使得年龄效应在与表 8.4 中的负面影响相比之下成为非显性。最后,男人比女人的近视程度稍微小一些。

8.4　社会参照群体空间

我们将 $\exp(\phi)$定义为以收入为横轴的权重函数。收入为 y 的个人 n 在其照系中的相关权重由其收入对数决定。

$$\ln(\phi_n(y)) = -\frac{1}{2}\ln(q_n^2) + \frac{(1/q_n^2 - 1)}{2 \cdot \sigma_y^2}(\ln(y) - \mu_n^*)^2 \quad (8.19)$$

为了明确这是个权重系统,我们将社会权重函数定义如下:

$$w(y;\ y_n) = \phi_n(y) \tag{8.20}$$

自我赋予他人的权重

我们假设 n 有一个个人参照群体，这个参照群体由社会参照权重分布来描述。社会参照权重分布用其密度函数 $w(y;\ y_n,\ lsc_n,\ lage_n)\cdot u(y)$ 来描述。占总参照权重百分率很大的人对 n 的影响很大，而那些权重为 0 或者接近于 0 的个人对 n 的影响就不怎么大。权重 $w(y_i;\ y_n)$[2] 是个体 n 赋予收入为 y_i 的那些个体 i 的相关权重。注意匿名者 i 的特征只由他或她的收入描述，而已知观察者的特征由 $(y_n,\ lsc_n,\ lage_n)$ 描述。正如在 n 的收入评价中所表达的那样，也可以称其为未知者 i 对 n 施加的相关影响。通过观察得到，积分 $\int_0^{\infty} w(y;\ y_n)u(y)\mathrm{d}y = 1$，即所有权重相加为 1，第二个解释当然是社会平均个人的平均权重为 1。因此，如果权重函数大于 1，个体 i 对 n 的影响超过多于平均影响。事实上，$w = w(y;\ y_n,\ lsc_n,\ lage_n)$ 显示 w 不只依赖 y_n 一个变量。而具体依赖于哪些变量取决于实证说明。我们用表 8.3 简单说明。众所周知，收入 y 被近似地表述为一个受教育年限和工作经验的函数。我们有一个工资函数 $y(lsc,\ lage)$。必须理解这个关系只是一个近似关系。我们可能加入更多的解释变量和一个误差项使之更完整。不过，我们假设工资函数是一个精确表述。于是我们可以得到：

$$w = w[y(lsc,\ lage);\ y_n,\ lsc_n,\ lage_n] \tag{8.21}$$

上式之后的权重说明将取决于年龄和受教育年限而不再是收入。这样，社会模式就由两个社会特征表述，即年龄和教育。我们定义 n 自身的权重为：

$$w[y(lsc_n,\ lage_n);\ y_n,\ lsc_n,\ lage_n] = w_n \tag{8.22}$$

这里我们也对 n 进行了工资函数的替代。现在考虑在空间 $(lsc,\ lage)$ 中哪些人满足

$$w[y(lsc,\ lage);\ y_n,\ lsc_n,\ lage_n] = w_n \tag{8.23}$$

最后一个等式描述与 n 拥有相同的社会权重却有不同 lsc 和 $lage$ 值的所有人的轨迹。也可以说是他或她“自己的阶层”。然而，请注意此时“其他人”仅由一个特征（即他们的收入 y）来描述的，等式(8.23)仅仅描

述了个体 n 的等收入曲线。

让我们构造一个社会 N,在这个社会中每个成员 n 都完全由两个社会特征或社会因素——教育和年龄来描述。在这种情况下,我们可以把等式(8.23)理解为 N 中的社会等值线。事实上,通过用任意 w 替换 w_n,我们可以定义另外一条社会等值线,这条社会等值线对应于一个不包括个体 n 自身在内的社会阶层。通过改变 w 的值,我们可以得出一个涵盖整个社会的社会等值线网络。我们发现这些等值线网络与由特征(lsc, $lage$)定义的每个个体的等值线,或者不同社会类型的社会等值线都不尽相同。值得我们注意的不是我们在这种简单的情况下发现了等收入曲线的等值线,而是我们能把每条曲线与一个社会参照权重 w 联系起来。这意味着每个社会类型都有其自己的参照权重系统。我们发现等值线所表示的总权重是由每个人的权重 w 乘上这条线上的总人数。显然,我们可以通过增加更多的社会特征来改进这个方法。这个方法的最大缺点在于它是基于收入标准的,并且社会阶层仅仅是用收入作为标志来区分的。它只是技术性地把收入水平 y 用工资函数 $y(lsc, lage)$ 决定的曲线来替代,从而我们可以得到社会等值线。一个更好的方法是将 N 中的客观分布(y, lsc, $lage$)与主观感觉到的分配(y, lsc, $lage$)作比较。由于我们没有这方面的数据,而且我们没有发现任何取得这方面数据的简单途径,因此我们不再继续深入讨论这个方法。

现在我们把德国工作人口根据年龄大小划分为四个区间,A_1 表示小于 25 岁,A_2 表示 25—45 岁之间,A_3 表示 45—65 岁之间,A_4 表示大于 65 岁,其相应的人口比率为 p_1, p_2, p_3, p_4 和规模为 N_1, N_2, N_3, N_4。这样个体 n 赋予拥有收入 y_i 的个人 i 的参照权重则为 $w(y_i; y_n, lsc_n, lage_n)$。令 i 属于规模为 N_k 的组 A_k。于是,n 赋予 A_k 组中的个人 i 的平均个人参照权重为:

$$\overline{w}(A_k; y_n, lsc_n, lage_n) = \frac{1}{N_k}\sum_{i\in A_k} w(y_i; y_n, lsc_n, lage_n) \quad (8.24)$$

在这样的情况下,我们可以定义在 n 眼中的区间为 A_k 的参照权重为:

$$W(A_k; y_n, lsc_n, lage_n) = p_k\,\overline{w}_n(A_k) \qquad (i = 1, 2, 3, 4) \quad (8.25)$$

在上式中,我们将 A_k 区间中个人的平均社会权重和他们相应的人口比率 p_k 相乘。如果我们已将人口划分,得

$$\sum_{k=1}^{4} W(A_k; y_n, lsc_n, lage_n) = 1 \tag{8.26}$$

我们可以将等式(8.25)理解为年龄区间上描述的质量分布。在区间上,个人的权重分布(包括他自身的)非常有意思。不管怎样,现在我们也可以来看一看在 A_j 区间上的所有个体眼中的各年龄区间上的平均参照权数分布,或更简单地说就是区间 A_j 看到的各年龄区间上的平均参照权数分布。因此,我们考察所有个体在同一个区间 A_j 上的权重分布,并且把这些个人权重分布平均化。我们把在年龄区间(就像 A_j 区间)上的参照权数分布定义为:

$$W(A_k; A_j) = \frac{1}{N_j} \sum_{n \in A_j} W(A_k; y_n, lsc_n, lage_n) \quad (i = 1, 2, 3, 4) \tag{8.27}$$

在表 8.6a 中,我们给出了在四个不同年龄段上的参照权数分布。

表 8.6a　德国家庭在不同年龄区间的参照权重分布

年龄区间	25 岁以下	25—45 岁	45—65 岁	65 岁以上
25 岁以下	0.118 83	0.378 76	0.269 60	0.232 82
25—45 岁	0.042 78	0.450 44	0.319 55	0.187 24
45—65 岁	0.043 52	0.448 84	0.323 92	0.183 72
65 岁以上	0.073 26	0.408 39	0.289 29	0.229 05
人口比率	0.034	0.461	0.334	0.171

我们看到年龄小于 25 岁的人赋予自己所在(年龄)区间的参照权重为 11.8%,而赋予[25, 45]年龄区间的基数权重为 37.8%等等。为解释这种权重比例情况,我们必须把他们与人口的客观数量相比较。在 25 岁以下年龄区间的人口比率仅为 3.4%,这是一个非常小的数目。这是因为在德国的样本中小于 16 岁的个体没有被计入反馈者的行列之中。在这个区间的每个人的参照权重为 0.118 ÷ 0.034 = 3.471。这表明年轻个体赋予他们同龄人组的权重比人口的平均水平要高出 3 倍多。其他年龄段的人参照权重比率或多或少地与他们的客观人口的比率相匹配。

因此我们得到如下结论:如果我们要寻找一个因素来描述参照群体,年龄并非合适的选择。这并不意味着年龄在多因素的背景下没有什么意义,不过它很难被列入。本章中,我们不考虑多因素参照群体。

我们再考察一下基于“受教育年限”、“家庭规模”、“家庭月净收入”、“工种”的单变量组。我们的结论是,大多数基于单个因素定义的参照权重分布与客观人口比率相差不大。这可能是由于只选择了一个因素或者我们有平均观念且我们对组的定义过于粗略的事实。我们发现在偶然事件中,参照权重分布和人口比率相差很大。例如,“单身家庭”赋予自己组的参照权重为50.7%,而单身家庭所占的人口比率仅为22.1%。

“家庭月净收入”是一个很好的区分因素。我们将得到的信息列于表8.6b。

表8.6b 德国家庭在不同收入区间的参照权重分布

收入区间 (1997年的1德国马克≈0.5欧元)	2 000以下	2 001—3 500	3 501—5 500	5 501以上
2 000以下	0.673 20	0.245 50	0.073 30	0.008 01
2 001—3 500	0.284 99	0.406 33	0.254 48	0.054 20
3 501—5 500	0.109 30	0.354 63	0.392 62	0.143 45
5 501以上	0.037 38	0.230 87	0.434 07	0.297 68
人口比率	0.143	0.323	0.361	0.173

我们看到在最低区间的人赋予他们自己区间的权重为平均权重水平的4倍左右。他们赋予高收入区间的权重不到自身权重的1/20。在高收入区间个人的扭曲程度没有那么明显,但仍是相当可观的,与之相应的因素大约分别为4和1.6。收入之所以是一个比我们尝试的其他变量更好的区分因素是因为基本模型是基于客观和主观收入分配的差异。后者(主观收入分配)等同于个体收入评估函数。其他的变量如年龄,仅仅从当前的上下文而言也只与个体收入相关。

他人赋予自我的权重

到目前为止,我们考虑了一个人或者社会亚群体中的人如何赋予他人或社会亚群体(包括他自己所在的群体)的社会权重。反之,在他人的眼中我们的社会权重是多少呢?

如果 $w(y_i;\ y_n)$ 是一个收入为 y_n 的个体 n 赋予一个收入为 y_i 的个

体 i 的参照权重，且用所有 i 的分布描述个体 n 在其参照群体中的参照权重分布，那么 $w(y_n; y_i)$ 为 i 赋予 n 的社会权重。将 n 中所有的社会权重相加，就得到社会赋予 n 的社会重要性。值得注意的是参照权重和社会权重并不相同。例如，让我们假设 i 代表荷兰女王，n 代表一个普通公民。那么对几乎所有的荷兰人 n 而言，女王的参照权重可能是非零，但 n 的社会权重在女王的眼中有可能为零。

现在让我们再一次假设人口按年龄分成大小为 N_k 的区间 $A_k(k=1, 2, 3, 4)$。这样，我们可以定义：

$$\overline{w}(y_n; A_k)=\frac{1}{N_k}\sum_{i\in A_k}w(y_n; y_i; lsc_i, lage_i) \quad (8.28)$$

作为 A_k 成员赋予个体 n 的平均参照权重。如果我们想知道整个社会 N 赋予个体 n 的平均参照权重是什么，我们找到平均数：

$$\overline{w}(y_n; N)=\sum_{k=1}p_k\frac{1}{N_k}\sum_{i\in A_k}w(y_n; y_i; lsc_i, lage_i) \quad (8.29)$$

当 n 属于组 A_j 时，我们也可以在社会 N 中找到组 A_j 的社会权重。它等于

$$\begin{aligned}W(A_j, N)&=p_j\frac{1}{N_j}\sum_{n\in A_j}\overline{w}(y_n; N)\\&=p_j\frac{1}{N_j}\sum_{n\in A_j}\sum_{k=1}^{4}p_k\frac{1}{N_k}\sum_{i\in A_k}w(y_n; y_i, lsc_i, lage_i)\end{aligned} \quad (8.30)$$

我们看到 $W(A_j, N)$ 表示客观人口比率乘以一个修正因子，如果这个组经评估测得的社会权重比平均权重水平高，则修正因子大于 1；如果低于平均权重水平，则修正因子小于 1。

表 8.7a—e　德国人口基于年龄、受教育程度、家庭规模、收入以及工种定义的区间社会权重分布

年龄区间	25 岁以下	25—45 岁	45—65 岁	65 岁以上
社会权重	0.051 12	0.439 98	0.313 92	0.194 98
人口比率	0.034	0.461	0.334	0.171

a

受教育年限	＜12 年	13—16 年	＞16 年
社会权重	0.767 40	0.143 32	0.089 28
人口比率	0.737	0.155	0.108

b

家庭规模	1	2	3	4	5 甚至更多
社会权重	0.296 14	0.304 83	0.181 14	0.148 96	0.068 93
人口比率	0.221	0.321	0.201	0.175	0.082

c

收入(德国马克 1997)	＜2 000	2 000—3 500	3 501—5 500	＞5 500
社会权重	0.239 21	0.331 89	0.307 21	0.121 69
人口比率	0.143	0.323	0.361	0.173

d

工　种	公务员	蓝/白领	自营业主	失业者＜65 岁	失业者＞65 岁
社会权重	0.044 65	0.479 37	0.050 93	0.236 78	0.188 28
人口比率	0.055	0.521	0.057	0.203	0.164

e

在表 8.7 中,我们列出了基于年龄段、受教育程度、家庭规模、收入以及工种定义区间的社会权重分布。

现在让我们回到式(8.11)中的社会筛选函数。这个函数并非在 y_n 点达到最小值,而是在 n 的社会聚焦点 μ_n^* 处。由于聚焦点大部分不是个人自己的位置,这意味着个体将最大的权重赋予其他群体而非自己所在的群体。利用表 8.3 评估的方程(8.11),我们得到如图 8.2 所示 ln(y)区间的数值。我们看到大部分个体把他们的聚焦点放高了,而穷人则把他们的聚焦点放低了。我们发现以自我为中心的点在与 45°线的交点处。Van der Sar 计算了 1983 年美国的样本,得出对于有两个小孩的家庭,这个点位于年收入为 15 962 美元处。如果夫妇俩没有小孩,则这个点位于 35 446 美元处。我们出乎意料地发现家庭规模对参照权重系统有如此大的影响。我们从 Van der Sar 1983 年的文章中复制了图 11.1。

1997 年联邦德国工人的样本中,发现对有两个孩子的家庭来说,以自我为中心的点在家庭月收入为 6 923 德国马克处。

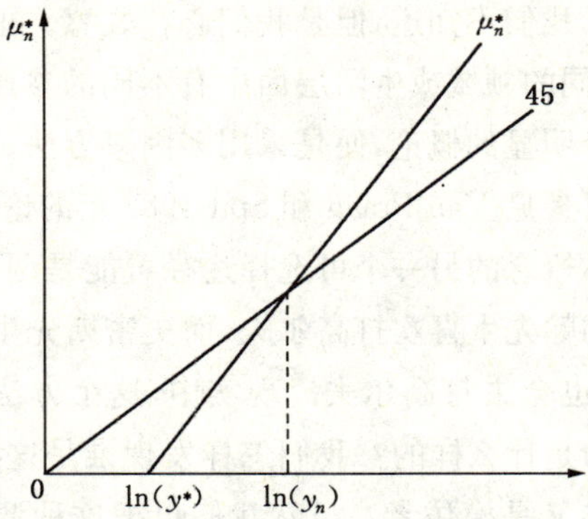

图 8.2 收入函数的社会聚焦点

社会筛选函数的这一不对称结果是由于个体相互之间没有赋予平等的权重而产生的。因此,从数学角度而言,社会筛选函数不是一个“严格意义上的距离函数”。然而,从社会学观点来说,这个结果使得函数更实际、更吸引人。不对称性意味着可能存在个人或社会类型,即 n 和 m,使得 $w_m(n)=1$ 和 $w_m(n)=100$。还是以荷兰女王和她的公民之间的关系为例。很多公民可能把女王视为一个行为榜样,而女王本身根本没有被她的公民所影响。这种情况在英国可能更明显一些。

8.5 讨论

显然,我们可以指出这个草拟的社会筛选理论的很多不足之处。第一个缺点是偏好形成假设这一理论基石备受争议,我们假设这个评价函数能反映对客观分配的主观感知。由于可以将个人的感知过程比作透过光学透镜浏览的过程,他或她对社会的看法有一定程度的近视,并且集中于某个特定的焦点。从而,得到的结果是一个“筛选过的”认知。

第二个受到批评的地方可能是函数的说明。他们得到一个精彩的公式,但是这些公式能反映现实吗?我们认为它们是合理的近似。然而,相同的理论模型可能同样被运用和评估于其他函数的说明。

第三点需要考虑的是这个模型是基于收入评价得到的。收入的确重要,但它对于整个人生的满足度来说只是一个方面。它是否足以得到某人的参照群体？我们不知道，但是我们心存疑惑。正如我们以前所说的，个体可能在不同的领域或生活层面中有不同的参照群体。将来我们试图研究发展一个明显的概论，便是采用多因素方法。关于这个研究方向的第一个尝试可参见 Van Praag 和 Spit 1982 年的论文。

实施参照群体概念的另一个可选择途径可能是调查"谁模仿谁的行为"。例如，如果约翰先生喜欢打高尔夫，而史密斯先生把约翰先生视为行为榜样，这样他也会去打高尔夫。现实中，这个方法很难执行。这些可能被参照的行为是什么样的？我们怎样发现谁是这些行为的发起者，而在整个过程中谁又是模仿者？虽然我们也把这种调查模仿行为的方法视作一种有效的方法，但我们仍然认为现在使用的方法更好，因为它更具有普遍性且更易于操作。在某种意义上，我们把某个人的标准也看成是行为。

注　释

[1] 通过使用测度空间的数学概念，我们可以对此进行更精确的表述。我们考虑在社会集 N 上定义参照权衡分配（见 Kapteyn、Van Praag 和 Van Herwaarden，1978）。

[2] 若不引起误解，我们将（y_n，lsc_n，$lage_n$）简写为 n 或 y_n。

9. 健康和主观幸福度

9.1 引言

众所周知，在所有西方国家，医疗费用的支出相当高昂。医学技术的发展给我们提供了很多新的治疗方法。但同时，这些新治疗方法的费用支出也很可观。鉴于这一趋势，我们有必要建立成本—收益分析方法，或者其他的评价方法，例如，成本—效用评价方法。一种治疗方法的成本和收益各是多少呢？如果我们知道一种治疗方法每年的支出是10 000美元，治疗后所得的收益是20 000美元，那么这种治疗方法就应该被推广，并且优先考虑将其纳入医疗保障政策体系之中。确定一种治疗方法的费用支出非常简单，但要确定其收益就困难得多了。当一个人拥有一份收入固定的工作时，这种治疗方法的其中一部分收益可以用他的生产收益来衡量，通常用货币的形式表示。这是一种好的评价方法，在面临是成为注册残疾人从而享受残疾人的补贴还是接受治疗不至于丧失工作能力时，就可利用这种方法进行评价，从而作出选择。然而，对于那些不属于劳动力范围的个人，例如，已退休的人，这种评价方法的结果就不那么理想了。即使他们被治愈了，他们也不可能再成为“有生产能力”了。这说明一种治疗方法的收益包括更多的内容，其中一个内容我们可以描述为每年提高的生活质量和（或）增长的生活期望。后者也被称为无形收益。事实上，随着健康水平的提高，这些收益是显而易见的。问题就在于怎么给它们分配货币价值。在这一章里，我们就会对此进行尝试。首先,我们将解释一下我们提出的新方法,并且给出一些实证结果。接着,我们将回顾出现在健康—经济学文献中的各种其他评价方法并与我们的方法相联系。最后,我们将做一个比较性评价。

像第 2 章一样,我们仍然使用效用函数来估计收入和影响幸福的其他变量之间的转换关系。在第 2 章,我们考虑了用家庭规模变量作为例子。我们研究了如果有孩子对财务满足度产生的影响。我们假设财务满足度 U 受两个自变量的影响,即收入 y 和家庭规模 fs,$U=U(y, fs)$。然后,通过解方程 $U(y+\Delta y, fs+\Delta fs)=U(y, fs)$,我们就可以用收入增加 Δy 来抵消家庭规模扩大 Δfs 的影响。我们可以把货币量 Δy 看成是主观成本或者家庭规模扩张量 Δfs 的影子成本。

就像我们已经在第 2 章看到的,这个结果可以应用于建立家庭补助系统,即福利中性。我们称它"福利中性",是因为如果家庭因增加一个家庭成员(通常情况下是新增一个孩子)而得到补偿,根据这个系统,他们的福利仍然保持不变。但是,必须明确一点,我们并不是说这个福利中性系统在政治上是最佳的。就像我们在第 2 章中所看到的,我们用的规则意味着,一个家庭的补助占收入的百分率是确定的,不论这个家庭是贫穷还是富裕。在货币的绝对数量上,富裕的家庭得到的补贴会比贫穷家庭更多。从政治上,这是难以接受的。但是,这并不会减少福利中性系统作为测量杆的重要性,利用它我们可以评估家庭补贴系统。

现在,我们来一般化这个方法。假定还存在一个对幸福或福利有影响的自变量 x。当我们试图估计 $U=U(y, x)$ 的时候我们可以检验自变量 x。如果 x 确实有很大影响,我们就可以应用刚才描述的方法来估计变量 x 的变化带来主观成本的变化。在这章里,我们会把这个方法应用于患上慢性疾病的情况。把 x 作为一个虚拟变量[1],当它为 1 的时候,表示某人患有某种疾病,如糖尿病;当它为 0 时,表示某人是健康的。这样,$U(y, 0)-U(y, 1)$ 代表的是因糖尿病引起的效用损失。这个损失会随收入 y 的改变而改变。解方程 $U(y+\Delta y, 1)=U(y, 0)$ 得到的 Δy 就是疾病的影子成本。在经济学里 Δy 就是补偿性收入。我们注意到,这项补偿并不取决基数假设。如果我们用一个单调变换 $\bar{U}=\varphi[U(y, x)]$ 来取代 U,我们最终得到相同的补偿额 Δy。Van den Berg 和 Ferrer-i-Carbonell(2007)使用这个方法找到了非正式照顾的货币价值。

9.2 方法论和满足度估计

在第 3 章和第 4 章，针对德国和英国我们利用一个综合性两阶段模型进行了满足度估算。在这个模型里，我们用客观的可测度变量解释了因子满足度(*DS*)。进而通过因子满足度解释了总体满足度(*GS*)，即对整体生活的满足度。在第 3 章里，英国人的健康满足度被假设为依赖于疾病和年龄的一个相互影响。换言之，疾病对健康满足度的影响被假设为和年龄有关。本章中，我们将利用英国的数据(1996—1998)重新估计健康满足度方程，并且假设疾病对健康满足度的影响与年龄无关。依此假设，回归方程将包括虚拟变量，当变量值为 1 时表示某人患有某种疾病。这是一种很明显的办法。如果我们要认为这种影响与年龄有关，如表3.10 所示，那么无形成本也将与年龄有关。为了解释方便，我们在这里就采用简单的虚拟变量。我们用第 3 章的 POLS 方法估计了健康满足度方程，得到的数据如表 9.1 所示。让人奇怪的是，德国 SOEP 中没有涉及疾病信息。所以，我们研究限定于英国数据。

表 9.1　1996—1998 年英国工作者的健康满足度 POLS 个人随机影响

	工作者	
	估计值	t 检验
常数	2.927	2.978
1996 年的虚拟变量	−0.083	−5.388
1997 年的虚拟变量	−0.019	−1.323
ln(年龄)	−1.307	−2.323
$(\ln(年龄))^2$	0.189	2.368
年龄拐点	32	—
ln(家庭收入)	−0.040	−1.766
ln(受教育年数)	−0.096	−3.825
ln(孩子数+1)	−0.023	−0.443
性别(男)	0.008	0.386
与家人一起住	−0.003	−0.118
自雇	0.056	1.857
ln(储蓄)	0.011	2.213
臂、腿、手、脚、背或者脖子有病	−0.409	−18.921
盲	−0.169	−3.269
聋	−0.153	−3.534

(续表)

	工作者	
	估计值	t 检验
皮肤病或皮肤敏感症	−0.172	−6.647
胸部或呼吸道疾病	−0.398	−13.544
心血管疾病	−0.436	−12.204
胃、肝脏、肾脏疾病	−0.493	−13.141
糖尿病	−0.562	−6.232
癫痫	−0.517	−3.818
偏头痛或经常性头痛	−0.249	−8.397
其他健康问题	−0.603	−14.515
ln(家庭收入)的平均数	−0.011	−0.369
ln(孩子数+1)的平均数	0.073	1.297
ln(成人数)的平均数	0.009	1.320
个别随机影响的标准差 ε_n		
个别量	0.734	—
误差标准差	0.772	—
由 ε_n 引起的百分率变动	0.474	—
样本数	17 966	—
人数	7 780	—
R^2:		
内部	0.021	—
之间	0.169	—
整体	0.128	—

注:本表没有包括缺失变量的虚拟变量。

可以看到,所有的疾病对健康都有很强的负影响。现在的问题是慢性病对总体满足度有什么影响。在第 4 章,我们发现总体满足度可以视为单项满足度的集合。省略一些辅助变量,比如 Z 变量,这个问题就可以看成是:

$$GS = \alpha_1 DS_1 + \cdots + \alpha_k DS_k \tag{9.1}$$

假设 DS_1 代表健康因子满足度。根据表 9.1, DS_1 可以写成:

$$DS_1 = \gamma_1 d_1 + \cdots + \gamma_k d_m + \beta' x \tag{9.2}$$

这里,我们没有把年龄和疾病之间的相互影响放进去,$d's$ 代表疾病虚拟变量。$\beta' x$ 代表其他变量的影响,此影响与这种情况是不相干的。因此,疾病虚拟变量 i 对 GS 的影响就为 $\alpha_1 \gamma_i d_i$。这就是由健康损失造成的福利损失。如果我们要用货币的形式来补偿损失，那我们就要计算收入对总体满足度的影响。我们可以看到收入可以通过好几个渠道影响 GS。第一，收入通过财务满足度影响 GS，但是收入水平也会对其他因子满足度造成影响。把收入对各因子满足度 j 的影响记为 $\beta_{jy}\ln(y)$，那么收入变化对因子满足度的影响就为 $\beta_{jy}\Delta\ln(y)$。因此，收入通过 j 对 GS 的影响就为 $\alpha_j\beta_{jy}\Delta\ln(y)$，如果我们把影响 GS 的所有因子满足度进行加总，就得到总的收入变化影响，该影响等于 $\sum_{j=1}^{k}\alpha_j\beta_{jy}\Delta\ln(y)$。通过解方程：

$$\sum_{i=1}^{k}\alpha_j\beta_{jy}\Delta\ln(y) = -\alpha_1\gamma_i d_i \tag{9.3}$$

得到的 $\ln(\Delta y)$ 就是对疾病 i 的货币补偿。注意，去掉方程(9.3)右边项的负号，可以得到

$$\sum_{i=1}^{k}\alpha_j\beta_{jy}\Delta\ln(y) = \alpha_i\gamma_i d_i \tag{9.4}$$

解这个方程得到的解 $\ln(\Delta y)$ 代表疾病导致的收入减少，减少量与补偿量相等。就是说，患上疾病 i 就等于收入按比例减少了 $\exp(\alpha_i\gamma_i d_i/\sum_{j=1}^{k}\alpha_j\beta_{jy})$。

上面给出的计算方法是我们想到的最简单的方法。然而，为什么疾病只影响你的健康满足度呢？事实上，我们发现患病会在很大程度上影响到其他因子满足度。单单对房子和婚姻的满足度来说，我们没有发现任何重大的影响。考虑疾病虚拟变量后，用 POLS 方法重新估计，我们得到的数据如表 9.2a—e 所示。可以看到，举个例子，如“抑郁症”和“手臂等的疾病”对工作满足度和财务满足度有不可忽视的影响。如果把那些“其他渠道”的影响都考虑在内并且为了寻找一个整体的货币补偿，那么要得到疾病的货币补偿量 $\Delta\ln(y)$，我们就要对上面的公式进行一般化处理，把健康损失对所有 k 个因子满足度的影响全放入公式右边的项，得到：

$$\sum_{j=1}^{k}\alpha_j\beta_{jy}\Delta\ln(y) = \sum_{j=1}^{k}\alpha_i\gamma_{ji}d_i \tag{9.5}$$

其中，系数 γ_{ji} 代表疾病 i 对第 j 个因子满足度的影响。很明显，我们可以把这个方法扩展到一个人同时患有几种疾病的情况。在那种情况

下,我们把所有疾病的影响都加在一起,上面的公式改写为:

$$\sum_{j=1}^{k}\alpha_j\beta_{jy}\Delta\ln(y)=\sum_{i=1}^{m}\sum_{j=1}^{k}\alpha_i\gamma_{ji}d_i \tag{9.6}$$

注意,这些影响取的是对数形式,所以,我们得到 y 增加的百分数为:

$$\exp(\Delta\ln(y))=\exp\left[\frac{\sum_{i=1}^{m}\sum_{j=1}^{k}\alpha_j\gamma_{ji}d_j}{\sum_{j=1}^{k}\alpha_j\beta_{jy}}\right] \tag{9.7}$$

从这个公式可以看出,如果一个人同时患有两种疾病,对这两种疾病的货币补偿就是两种疾病各自的货币补偿函数。

表 9.2a　工作满足度,英国,1996—1998 年 POLS 个人随机影响

	估计值	t 检验
常数	11.362	9.865
虚拟变量 1996 年	−0.019	−1.214
虚拟变量 1997 年	0.009	0.648
ln(家庭收入)	0.055	1.853
ln(年龄)	−7.158	−10.700
(ln(年龄))^2	1.052	11.139
与家人一起住	0.167	4.514
性别(男)	−0.121	−4.434
ln(受教育年数)	−0.084	−3.278
ln(工作收入)	0.014	1.104
ln(工作小时数)	0.007	0.348
ln(加班小时数)	0.042	3.876
自雇	0.163	2.293
ln(期望的小时数)	0.218	11.093
在晚上工作	−0.125	−2.092
家庭中有第二个赚钱者	−0.042	−1.395
ln(家务的小时数)	−0.027	−1.788
ln(孩子数+1)	0.249	1.010
ln(孩子数+1)^2	0.053	0.944
ln(成人数)	−0.113	−2.235
ln(孩子数+1)×收入	−0.043	−1.422
ln(孩子数+1)×与家人一起住	0.027	0.523
臂、腿、手、脚、背或者脖子有病	−0.130	−5.918
盲	−0.073	−1.390
聋	−0.032	−0.732

(续表)

	估计值	t 检验
皮肤病或皮肤敏感症	−0.025	−0.934
胸部或呼吸道疾病	−0.049	−1.647
心血管疾病	−0.040	−1.098
胃、肝脏、肾脏疾病	−0.102	−2.677
糖尿病	0.070	0.752
抑郁症	−0.341	−9.152
与嗜酒或吸毒相关的疾病	−0.122	−0.673
癫痫症	0.114	0.840
偏头痛或经常性头痛	−0.060	−2.006
其他健康问题	−0.047	−1.126
ln(家庭收入)的平均数	−0.031	−0.849
ln(儿童+1)的平均数	0.100	1.736
ln(成人数)的平均数	0.057	0.932
ln(工作收入)的平均数	0.000	−0.031
工作小时数的平均数	0.004	0.170
加班时间的平均数	0.011	0.629
期望的小时数的平均数	0.208	6.289
家务时间的平均数	0.043	2.128
个别随机影响的标准差 ε_n	0.743	—
误差标准差	0.772	—
由 ε_n 百分率变动	0.481	—
样本数	17 563	—
人数	7 617	—
R^2：		
内部	0.019	—
之间	0.089	—
整体	0.074	—

注：本表没有包括缺失变量的虚拟变量。

表 9.2b　POLS 方法估计的 1996—1998 年英国工作者的财务状况满足度

	估计值	t 检验
常数	9.499	9.934
虚拟变量 1996 年	−0.078	−5.673
虚拟变量 1997 年	0.002	0.180
ln(年龄)	−7.289	−13.161
(ln(年龄))^2	1.037	13.242
性别(男)	−0.049	−2.477
ln(家庭收入)	0.237	9.837

(续表)

	估计值	t 检验
ln(受教育年数)	−0.053	−2.284
ln(成人数)	−0.111	−2.543
ln(儿童+1)	−0.279	−1.277
ln(儿童+1)^2	−0.039	−0.790
ln(儿童+1)收入	−0.026	0.979
ln(储蓄)	0.054	12.756
与家人一起住	0.079	2.524
家庭中有第二个赚钱者	0.027	1.012
自雇	0.118	4.272
臂、腿、手、脚、背或者脖子有病	−0.122	−6.236
盲	−0.072	−1.550
聋	−0.053	−1.352
皮肤病或皮肤敏感症	−0.037	−1.579
胸部或呼吸道疾病	−0.082	−3.065
心血管疾病	−0.121	−3.715
胃、肝脏、肾脏疾病	−0.112	−3.290
糖尿病	−0.023	−0.273
抑郁症	−0.296	−8.971
与嗜酒或吸毒相关的疾病	−0.113	−0.738
癫痫症	0.029	0.228
偏头痛或经常性头痛	−0.050	−1.872
其他健康问题	−0.090	−2.404
ln(家庭收入)的平均数	0.177	5.926
ln(孩子数+1)的平均数	0.083	1.631
ln(成人数)的平均数	−0.232	−4.326
ln(储蓄)的平均数	0.036	5.500
个别随机影响的标准差 ε_n	0.706	—
误差标准差	0.684	—
由 ε_n 百分率变动	0.516	—
样本数	17 944	—
人数	7 768	—
R^2:		
内部	0.037	—
之间	0.164	—
整体	0.135 7	—

注:本表没有包括缺失变量的虚拟变量。

表 9.2c POLS 方法估计的 1996—1998 年英国工作者闲暇利用满足度

	估计值	t 检验
常数	13.100	12.253
1996 年的虚拟变量	0.010	0.672
1997 年的虚拟变量	−0.013	−0.937
ln(年龄)	−7.651	−12.506
(ln(年龄))^2	1.103	12.752
ln(家庭收入)	−0.004	−0.180
ln(成人数)	−0.045	−0.966
ln(儿童+1)	−0.230	−3.095
ln(儿童+1)^2	0.139	2.592
性别(男)	0.057	2.535
ln(受教育年数)	−0.106	−4.172
与家人一起住	−0.013	−0.541
ln(工作小时数)	−0.009	−0.436
ln(闲暇时间)	0.105	3.047
臂、腿、手、脚、背或者脖子有病	−0.087	−4.085
盲	−0.094	−1.877
聋	−0.077	−1.800
皮肤病或皮肤敏感症	−0.037	−1.429
胸部或呼吸道疾病	−0.038	−1.313
心血管疾病	−0.031	−0.877
胃、肝脏、肾脏疾病	−0.125	−3.377
糖尿病	0.108	1.181
抑郁症	−0.310	−8.634
与嗜酒或吸毒相关的疾病	−0.568	−3.446
癫痫症	−0.052	−0.382
偏头痛或经常性头痛	−0.097	−3.327
其他健康问题	−0.028	−0.695
ln(家庭收入)的平均数	−0.008	−0.244
ln(孩子数+1)的平均数	−0.151	−2.746
ln(成人数)的平均数	0.096	1.660
ln(工作时间)的平均数	−0.043	−2.014
个别随机影响的标准差 ε_n	0.772	—
误差标准差	0.739	—
由 ε_n 百分率变动	0.522	—
样本数	17 938	—
人数	7 779	—
R^2:		
内部	0.003	—
之间	0.087	—
整体	0.066	—

注:本表没有包括缺失变量的虚拟变量。

表 9.2d POLS 方法估计的 1996—1998 年英国工作者闲暇时间量满足度

	估计值	t 检验
常数	11.558	8.662
1996 年的虚拟变量	−0.026	−1.777
1997 年的虚拟变量	−0.034	−2.561
ln(年龄)	−6.719	−11.232
(ln(年龄))^2	0.972	11.494
ln(家庭收入)	−0.006	−0.054
ln(成人数)	−0.065	−1.427
ln(孩子数+1)	−0.286	−3.952
ln(孩子数+1)^2	0.089	1.704
性别(男)	0.029	1.324
ln(受教育年数)	−0.065	−2.619
与家人一起住	−0.007	−0.303
ln(工作小时数)	−0.100	−5.192
ln(闲暇时间)	0.250	1.264
ln(闲暇时间) * ln(收入)	−0.004	−0.158
臂、腿、手、脚、背或者脖子有病	−0.094	−4.550
盲	−0.071	−1.443
聋	−0.074	−1.757
皮肤病或皮肤敏感症	−0.029	−1.161
胸部或呼吸道疾病	−0.011	−0.373
心血管疾病	0.021	0.597
胃、肝脏、肾脏疾病	−0.092	−2.567
糖尿病	0.118	1.333
抑郁症	−0.237	−6.780
与嗜酒或吸毒相关的疾病	−0.445	−2.770
癫痫症	−0.024	−0.183
偏头痛或经常性头痛	−0.087	−3.063
其他健康问题	−0.050	−1.277
ln(家庭收入)的平均数	−0.046	−1.457
ln(孩子数+1)的平均数	−0.078	−1.451
ln(成人数)的平均数	0.177	3.129
ln(工作时间)的平均数	−0.072	−3.428
个别随机影响的标准差 ε_n	0.758	—
误差标准差	0.720	—
由 ε_n 百分率变动	0.526	—
样本数	17 938	—
人数	7 778	—
R^2:		
内部	0.007 9	—
之间	0.108 1	—
整体	0.085 4	—

注:本表没有包括缺失变量的虚拟变量。

表 9.2e POLS 方法估计的 1996—1998 年英国工作者社会生活满足度

	估计值	t 检验
常数	15.504	14.381
1996 年的虚拟变量	−0.015	−1.037
1997 年的虚拟变量	−0.068	−5.035
ln(年龄)	−9.030	−14.549
(ln(年龄))^2	1.281	14.597
ln(家庭收入)	0.034	1.460
ln(成人数)	−0.362	−4.939
ln(孩子数+1)	0.139	2.590
ln(孩子数+1)^2	−0.017	−0.369
性别(男)	−0.069	−2.776
ln(受教育年数)	−0.086	−3.391
闲暇时间	0.026	0.704
家中的第二个赚钱的人	0.030	1.042
与家人住在一起	0.018	0.523
ln(做家务的时间)	−0.019	−1.724
ln(工作的时间)	0.013	0.628
臂、腿、手、脚、背或者脖子有病	−0.059	−2.829
盲	−0.139	−2.792
聋	−0.130	−3.059
皮肤病或皮肤敏感症	−0.060	−2.384
胸部或呼吸道疾病	−0.046	−1.599
心血管疾病	−0.076	−2.173
胃、肝脏、肾脏疾病	−0.148	−4.037
糖尿病	0.057	0.629
抑郁症	−0.376	−10.594
与嗜酒或吸毒相关的疾病	−0.396	−2.428
癫痫症	−0.006	−0.046
偏头痛或经常性头痛	−0.088	−3.048
其他健康问题	−0.066	−1.663
ln(家庭收入)的平均数	0.005	0.168
ln(孩子数+1)的平均数	0.014	0.265
ln(成人数)的平均数	0.124	2.159
ln(工作时间)的平均数	0.015	0.719
个别随机影响的标准差 ε_n	0.785	—
误差标准差	0.723	—
由 ε_n 百分率变动	0.541	—
样本数	17 935	—
人数	7 777	—
R^2:		
内部	0.008	—
之间	0.097	—
整体	0.074 6	—

注:本表没有包括缺失变量的虚拟变量。

9.3 疾病的货币估价

根据第9.2节给出的公式、第3和第4章的系数和这一章9.1～9.2e的表格,我们计算出了英国已婚工作者因疾病引起的相对货币收入损失,如表9.3所示。我们用两种途径完成这个任务。第一,我们假设疾病只通过健康满足度对总体满足度造成影响。第二,我们从更广的角度,认为疾病会通过多种因子满足度来影响总体满足度。显而易见,第二种方法计算出来的货币收入估价要比第一种方法计算得到的大。最后,在假设疾病对德国人的影响等于对英国人的影响(我们已经计算出来,并在表9.1中列示)的基础上,我们根据德国工作者简单的数据资料计算了他们的疾病货币收入估价,两国不同的相对货币收入估价的修正因子如表9.3所示。

表9.3 不同疾病的相对货币收入估价的修正因子

疾　　病	英国已婚工作者（只考虑健康）	英国已婚工作者（考虑其他因素）	德国工作者（英国工作者的参考样本）
臂、腿、手、脚、背或者脖子疾病	0.777	0.984	0.334
盲	0.462	0.946	0.155
聋	0.429	0.911	0.141
皮肤病或皮肤敏感症	0.468	0.820	0.158
胸部或呼吸道疾病	0.767	0.951	0.327
心血管疾病	0.798	0.965	0.352
胃、肝脏、肾脏疾病	0.836	0.994	0.387
糖尿病	0.873	0.747	0.428
癫痫症	0.850	0.891	0.402
偏头痛或经常性头痛	0.599	0.947	0.219

从表9.3,我们可以看到,尤其对英国人来说,身体残疾造成的相对货币收入损失是相当大的。例如,英国人因为臂、腿、手、脚、背或者脖子疾病所造成的相对收入损失是77.7%,那么货币补偿修正因子应该为(1/0.223－1)≈3才能补偿因这些疾病所带来的无形成本。如果我们把疾病对其他因子满足度的影响考虑在内,得到的货币补偿就需要增加到前述货币补偿的49倍。如果我们假设疾病对英国人的因子满足度的影

响同样适用于德国人，那么我们就要把这些影响加入到第 3 和第 4 章中给出的德国人的模型中去。这一假设给出了简单的相对收入估价方法，利用这一方法表 9.3 的第三列给出了德国的数据。德国人的相对货币收入补偿比英国人要低得多(见 Ferrer-i-Carbonell and Van Praag，2002)。

9.4 方法的讨论

第一个问题是这些数目可观的成本是否可信，这些成本实际上就是当前的收入。为了弄清为什么我们计算出的数字并不是不合理的，我们必须根据 Becker 的“全收入”模型来考虑这个问题。这个模型认为全收入等于劳动收入加上用市场工资估算闲暇时间的价值。所以，如果一个人一天只工作 8 小时，他的全收入就 3 倍于他的劳动收入，可见闲暇的价值是相当高的。但是，因为我们不为闲暇支付费用，所以通常我们不会意识到这个问题。同样道理，全部生命的价值远大于实际的收入或货币收入的资本价值。一般而言，对于人力资本也是这样，而健康是人力资本中的重要部分。你可以把 1 年的健康看成是你健康资本的年利息。这个利息的货币价值和你的劳动收入相当。假设你每年的净收入是 30 美元，在贴现率为 5%和补偿因子为 4 的情况下，每年你的全收入应该是2 400 美元(为方便起见，我们假设预期寿命是无限的)。你的健康资本适用于同样的计算，但是年龄较大的人假设有较短的预期寿命。在这里，我们用了市场贴现率，但是有必要确定一个主观时间贴现率，并且这个主观时间贴现率要高于市场贴现率，比如 20%或者更高。如果我们选择使用这个更高的主观时间贴现率，那么全收入将由 2 400 美元减少到 600 美元。

根据这个模型，健康的价值与现时收入成比例。所以，对于富人来说，疾病的绝对货币补偿比穷人要高。显然，要计算疗法的成本和收益，我们也可以拿健康改善的货币价值和疗法的花费做比较。但是，我们发现总收益往往可能被低估，因为生产率并没有计算在内。因个人身体素质的提高而给家庭其他成员带来的好处和因一家庭成员处于不良的身体状况而造成其他家庭成员的福利损失这两种情况都可能使总收益被低估。

这个方法不仅能够用于医疗方法的选择,而且对医疗事故的保险赔偿金额的确定也有重要意义。虽然我们估计的数字看起来有点高,但是它们类似于美国法院审理的诉讼案件的结果。然而,我们发现,至少对于英国样本,因疾病而引起的相对货币收入估价的修正因子是非常高的。对于有些疾病,我们得到的相对收入损失是100%。如果我们假设没有收入的人十分不快乐(这已经由第3和第4章的模型反映出来),那么这样的人会被他们的疾病搞得极端不快乐。这个高的比率也可以反映出一个基本的事实,即钱永远都不足以弥补健康的损失。因此,货币形式的补偿永远都不够。

在现在这个阶段,还有很多其他的问题我们不能很好地解决。第一,在我们的资料里,疾病只是被很简单地描述了一下。对于很多疾病的严重程度我们无法了解。因此,我们只能使用0—1变量来表示疾病。第二,我们的方程式可能无法足够清楚地描述极端的情况。第三个问题涉及收入的定义问题。值得注意的是,相对英国人来说,德国人的幸福度受收入的影响更大。如果我们不考虑英国人和德国人在个性上可能存在很大的差异,那么就可以认为是因为两国人对收入的定义不同导致了收入对幸福度的不同影响。而对解释变量的测量误差会导致相应的回归系数绝对值的减少。因此,我们这种处理方法可能会使财务满足度的收入系数,以及财务满足度对整体满足度的影响被低估。这些都是系数发挥了重要作用,因为在上述公式中,这些系数是算到分母中的。结论是我们不建议在实践中使用这些系数,而是考虑这个研究作为一项试验性研究。它表明这个模型可以被应用于实践中,但是它必须在掌握更详细信息(尤其是被访谈者的具体健康状况的信息)的基础上被进一步改进。

9.5 健康经济学文献中的其他方法

为了正确看待和评价我们的方法,我们简单地阐述一下已有(并且被承认)的其他方法。当然,我们不能穷尽所有的文献。

前文已述,这个计算分为两步。第一步是测量由于治疗导致的健康变化。假设初始健康状态是 H_0,它可由其效用函数 $U(H_0)$ 求得;之后的

健康状态是 H_1，它可由其效用函数 $U(H_1)$ 求得。第二步是把健康变化用货币形式表示出来。前文，我们已经介绍并运用了一个能完成这两步工作的方法。

在其他的文献中，还有很多方法能够完成上述两步工作。但是，大部分方法都把注意力主要放在其中一项工作上，也就是说，要么侧重于健康效用函数的确立，要么侧重于将多少货币价值归因于健康的变化。

我们首先简短地回顾已有文献中关于健康效用方程的定义和测量的建议，主要参考了 Drummond et al. (1997) 的文章和 Culyer 和 Newhouse(2000) 的健康经济学手册。也可参考 Dolan 和 Tsuchiya(2005)，Dolan、Peasgood 和 White(2006)，以及 Tsuchiya 和 Dolan(2005)。

假设健康状况由一个变量或向量 $\boldsymbol{H}$ 表示，并且假设存在一个基数效用函数 $U(\cdot)$ 以估算健康状况。这个效用函数的值域是 $[0, 1]$，1 代表完全健康，0 代表死亡或者所有比死亡更糟糕的状态。

通常，治疗不仅会改变健康状态，而且会改变预期寿命，例如从预期还能活 T_0 年到预期还能活 T_1 年。这样，我们就应该为健康状况的计量引入时间因素，并用 $\sum_{t=1}^{T_1} q_t U(H_1) - \sum_{t=1}^{T_0} q_t U(H_0)$ 来表示从状况 (H_0, T_0) 到 (H_1, T_1) 的变化，其中 q 表示时间权重或贴现因子。在这种情况下，无论是改善质量，还是增加预期寿命，再或者是这两个方面同时发生，我们都说健康有一定的改善。在这里，我们忽略时间方面，并侧重于质量方面。

但问题是如何用一个效用函数 $U(H)$ 来评价健康状态。我们如何构建这样一个基数效用功能？在已有的文献中，我们并没有找到受到一致认可的解决方法。以下就是一些文献介绍的方法。

标准博弈法(SG 法)

第一个方法是标准博弈法。用 H 表示某一特定的健康状况，一个人处于完全健康状态的概率为 p，猝死的概率为 $(1-p)$。要解决的问题就是如何确定 p 值。假如人们的行为遵循冯诺依曼-摩根斯坦(Von Neumann-Morgenstern)模型，那么这个问题就等同于解方程(9.8)求 $U(H)$。这是一个最简单的方法。但是，还是有很多问题。

$$U(H) = (1-p)U(\text{死亡}) + pU(\text{完全健康}) = p \qquad (9.8)$$

第一,这个方法遵照了 Von Neumann-Morgenstern 的行为假定,而这一假定还存在着争议(见 Kahneman 和 Tversky(1979)和他们的理论发展)。第二,不同的人对风险有不同的态度,这作为个人参数在效用函数中反映出来,即 $U_i(H)=U(H;\ r_i)$。因此,对不同的人可能会得出不同的答案。这并不是说这个方法就没有用了,而是说我们应该把个人的差别考虑进去。但是,要把个人差别考虑进去并不是一件很容易的事情。例如,一个 25 岁的人和一个 65 岁的人,他们的效用函数不同,所以,他们对客观健康状况变化的主观评价也会不同。第三,仍然是比较基本的,选择的情况是按照 Kahneman、Wakker 和 Sarin 1997 年提出的决定效用函数进行的。如果健康状况的评价取决于评价者自身的健康状况,那么健康状况 H 可由 $U(H;\ H_0)$ 估计。适应理论提出人们会适应他们的状态。例如,一个活动自如的人会认为不能自由活动是糟糕的事情,但是如果他或她处于这种状态已经有一段时间了,那么他或她就会慢慢地适应并学会忍受这种状态。因为参考或定位点发生了变化(参见偏好漂移模型)。方程(9.8)就变为:

$$U(H;\ H_0)=(1-p)U(\text{死亡})+pU(\text{完全健康})=p \qquad (9.9)$$

可见,健康的人和处于状况 H 的人(即病人)在这种标准博弈下的行为反应是不同的。在这种情况下,我们面临是根据病人的感受还是根据健康人的感受来评价健康状态变化的博弈。标准博弈法只适用于效用函数可靠的情况。

其实,正如代理解决方法所暗示的标准博弈法并不是针对外行人提出的,而是针对医生。因为医生了解所有的健康状态,并且有一个客观评价各种状态的标准。然而,如果我们根据医生的意见来对不同健康状况进行评价,我们实际上就犯了专断的错误,而且即使在医生当中也没有统一的意见。最后,标准博弈方法吸引人的地方正在于我们可以用普通的健康人和病人的意见来开展工作,而不必非得遵从医生的意见,因为医生并不能有效的代替全体大众。

时间交换法(TTO 法)

TTO 法与 SG 法在一定程度上相似,因此它也有同样的缺点。用 T 来表示患病状态 H 的时间,T_0 表示健康状态 H_0 的时间,并定义 $U(H_0)=1$。人们在患病或健康的状态下效用是不同的,如果要让两者效用相等,那么健康状态的时间肯定要小于患病时间，即 $T_0 < T$，现在的问题就是如何确定这两个状态的时间。如果我们假设用一个可加的生命效用函数 $\sum_{t=1}^{T} U(H_t)$ 来评估一生的健康状况，那么，TTO 问题就是解方程式：

$$T.U(H) = T_0 \tag{9.10}$$

求得 $U(H) = T_0/T$。这虽然又是一个非常简单的解，但却非常取决于效用函数的可加定义。例如，当我们假设这样一个主观时间贴现过程，以使效用函数看起来像 $\sum_{t=1}^{T} \rho^t U(H_t)$，其中 ρ 代表主观时间贴现率，很明显，先前方程式的解变为：

$$U(H) = \frac{\sum_{t=1}^{T_0} \rho^t}{\sum_{t=1}^{T} \rho^t} \tag{9.11}$$

健康效用函数的估计也如此。所以，当以这种方式运作时，所估健康效用函数不仅取决于 H，而且还取决于主观时间贴现率 ρ，而主观时间贴现率也许可能会因人而异。而且，TTO 法可能会遇到与 SG 法相同的反对意见。我们提及的仅仅是一种基于事前的方法，即基于一个决策效用函数。

直观态度度量法(VAS 法)

最后，我们可以考虑直观态度度量表(VAS：visible-attitude-scale)法。在这种情况下，要求个体用(0，10)范围的数字等级，或考虑在一个有界区间范围内(上限和下限是死亡和完全健康)定位健康状况来评估具体健康状况。显然，这种方法比起 SG 法或 TTO 法的思路要简单得多。结果不受对风险或时间贴现不同态度的影响。但该方法仍受定位问题的影响，而且它是根据评估的几种健康状况来产生决策效用函数。我们已经发现，决策效用函数并不是产生可以为政策服务的健康效用函数的一个直接基础。然而，在这种情况下，也可以使用该方法产生一个经验效用函数。为此，我们必须要求每个个体只评估其自己的健康状况。如果我们再将决策效用函数写作 $U(H; H_0)$，那么经验效用函数就是 $U(H_0; H_0)$，这是将 VAS 法衡量的效用函数应用于自己的情况。因此，如果我们有一个包含不同被调查人的样本，并已知健康状况 H 和 $U(H; H) = \tilde{U}(H)$，那么后一个函数可以认为是我们所要寻找的经验效用函数。

事实上,这最后一步看起来非常类似于健康满足度问题,结果也类似我们的健康满足度的值。在下文中,我们会看到它是多么相似。

但是,首先让我们简要地看一下第二步。让我们假设我们有一个效用量度,借助这个效用量度,可以估计当 H_1 和 H_0 之间的一个效用差 $U(H_0)-U(H_1)$。我们所进行测量的这个单位是效用,或我们经常所说的质量调整生命年(QALY)。后一个术语指的是完全健康中一个生命年单位,很明显,$U(H)$是健康状况 H 生命年的值。现在,为了有助于各个决策之间的比较,与其相关的问题就是我们是否可以为质量调整生命年(QALY)赋值一个货币值。因为如果我们可以做到,那么我们就可以求出 $\sum_{t=1}^{T_1} q_t U(H_t) - \sum_{t=1}^{T_0} q_t U(H_0)$ 的货币值。

在文献中大致提出两种方法。第一种方法是为一个单位 QALY 赋一个值,这由直观度和政治可接受度决定。例如,在美国文献中(参阅如 Cutler 和 Richardson, 1997, 1998),该值常常赋值为 10 万美元。该值的选择在某种程度上有点武断。大部分情况下,富人和穷人、年轻人和老人以及有许多家人及单身者之间的差别就往往容易被忽略。当然,对我们来说,这种选择的主要魅力好像在于其简易性。然而,该值的选择不能毫无因果关系。如果我们想求一项医疗费用为 2 万美元的治疗价值,并且健康改善是 0.21 个 QALY,很显然,这项治疗会产生一项金额为 1 000美元的经济利润,而当选择金额为 9 万美元的 QALY 值时,该应用会导致金额为 2 100 美元的经济损失。所以,选择一个 QALY 的货币值对做出政治决策来说极为重要。

第二种方法是条件价值评估法(CV)(参阅如 Diener、O'Brien 和 Gafni, 1998 及 Luchini、Protiere 和 Moatti, 2003),第二种方法中赋值了货币价值。

乳腺癌

提议服务	为贫困的患者提供新式治疗
受注人群	年龄在 45—70 岁间的妇女
结果	在 200 例新案例中,有 3 名妇女又多活了 3 年,另外 27 名妇女已经获得了 3 年多

问题是,当时有多少个人愿意为此项治疗付费。毫无疑问的是,这

种方法对个人关注的服务价值给予了一定的见解。加入了个人的反应，我们获得了社会关注的该项治疗的货币价值。然而，有许多问题需要在此类方法受到普遍接受前得到解决。第一个问题显然是每个应答的个体的反应会有所不同。如男性和女性的反映就明显会不一样。被调查人家族是不是有乳癌病例？被调查人的年龄是多少？等等。所考虑问题的措词、描述和结构的效果如何？支付意愿和接受意愿之间的差距有多大？读者可以很容易地想到其他的讨论要点。条件值方法经常用于环境问题解决方案的选择评估。虽然这种方法得到一些人的接受，但其他人却非常吹毛求疵。我们说的 Hausman(1993)就搜集了一系列的批评性的评论。在这里，我们没有从深度上对此方法做出评价。就对个人而言，我们同意 Hausman(1993)提出的大部分论点。虽然这种方法已不断地得到改善，但批评的主要要点却仍没有得到解决。

9.6 QALY 概念的一种简单操作

结合上述总结，很显然，如何评估生命健康质量的问题还远远没有得到解决。因此，我们意欲返回到前面已经考虑的健康满足度问题。我们认为，这是定义健康质量，进而定义 QALY 度量的自然基础。

如果一个个体在一个 0—10 的区间上求出其健康值为 7，这意味着其健康低于完全健康水平，与完全健康水平的级差是 3。我们曾要求个体给出一个基本判断，并且以更谨慎的(即按序的)方式对此进行解释。引用 Cuter 和 Richardson(1997:252)的话就是："这种方法更适用，因为人们可以简单地做出回答。这种方法是基于个体的意见，而不是专家意见。"确实，这个问题寻求一个经验(健康)效用函数。因此，如果我们向那些我们已经了解其健康状况的个体提出此问题，可能会将各种健康状况与他们对健康质量的主观评估联系在一起。

在此，健康效用是使用以下健康满足度问题进行操作的：

你对你的健康的不满意或满意程度如何？

在英国家庭调查中，要求个人从 1 到 7 给出一个明确的回答。其中 1 代表"根本不满意"，7 代表"完全满意"。我们将此问题的回答称为个体的健康满足度(HS)。健康满足度是一个离散值,对应于个体连续健康效用函数 $U(h)$,是不能连续观测到的。假定 U 可以在有界区间$[a, b]$上取值。在 BHPS 模型中,这是区间[1, 7]。为了不失一般性,我们可以重新调节到[0, 1]区间。这意味着通过一个线性改变,[1, 7]区间对应到[0, 1]区间上。7 种答复类别代表连续量表上的区间,使得 5 种信息的一个离散值,即 U 的基本值必须在区间[4.5, 5.5]中找到。例如,如果 H 等于 4.25,那么被调查人要将其四舍五入为 4,而不是 5 或 3。同样地,回答 1 代表一个在区间[1.0, 1.5]上的 H 值,回答 7 代表一个在区间[6.5, 7.0]上的 H 值。将[1, 7]量表重新调节到[0, 1]量表上后,区间[1.0, 1.5]对应到$\left[0, \frac{0.5}{6}\right]$,区间[1.5, 2.5]对应到$\left[\frac{0.5}{6}, \frac{1.5}{6}\right]$,以此类推。我们将[0, 1]区间的分割表示为 $\{(U_{i-1}, U_i)\}_{i=1}^{i=7}$。

我们的首要目的是要借助年龄、教育程度和收入等一些个体特征以及慢性病的发生情况解释变量 U。在 BHPS 中,正如我们所看到的一样(表 9.1),我们可以区分 13 种疾病和损伤,它们与 13 种虚拟变量相对应。如果被调查人患病,那么虚拟变量取值 1,否则取值 0。为了解释被遗漏的或未观测到的变量、随机影响及误差,我们增加了一个均值为零和方差为 σ^2 的正态分布误差项 ε。我们将个体健康效用函数和个体特征间的理论关系列为:

$$U = N(\beta' x + \varepsilon) \tag{9.12}$$

其中,函数 $N(\cdot)$代表标准正态分布函数。x 代表解释变量的一个向量,β 代表一个待估的系数向量。我们假设,ε 与 x 不相关。未知方差 σ^2 也必须进行估算。很显然,在这点上,我们可能会问:如何知道该正态分布函数就是我们所要寻找的关系式。答案肯定是我们不能肯定。正如在经验回归分析中,通过一个线性回归方程 $y=\beta' x+\varepsilon$,我们在其中近似了因变量 y 和自变量 x 的关系。我们推测或假设,上述关系适合于模拟 x 和 U 值之间的关系。但是,在多数情况下,在回归分析中选择一种线性关系的原因并不那么令人信服。我们选择使用线性关系的主要原因是线性关系简单并且易控制。如果存在严重的非线性,它们可以用 x 的非线性变换,如平方根、对数和指数进行修正。在此,最主要的一点是 U 必须在 0 到 1 区间内。这需要一个定义在实轴上的分布函数,而正态分布函数是最适宜的函数。这种选择的背后没有什么教条。这是一个正态分布函数是不是最好选择的经验拟合问题。然而,能够胜任的、定义在实轴上的易控制分布函数不是很多。我们可能想到对数曲线。之后,我们必须用对数模拟替换正态分位数 u,同时,估算程序的运行要相同。还可以质疑,随机 ε 是否正态分布,或它是否遵循其他分布,如对数分布。然而,众所周知的是,除比例因子之外,其他得出的结果差别不大。

意识到:

$$\begin{aligned} P(U_{t-1} < H \leqslant U_t) &= P(U_{t-1} < N^{-1}(H) \leqslant U_t) \\ &= P\Big(U_{t-1} < \frac{\beta' x + \varepsilon \leqslant U_t}{\sigma}\Big) \\ &= N\Big(\frac{U_t - \beta' x}{\sigma}\Big) - N\Big(\frac{U_{t-1} - \beta' x}{\sigma}\Big) \end{aligned} \tag{9.13}$$

可以发现样本的可能性。其中,$u's$ 是正态分布的分位数,并定义 $u_1 = N^{-1}(U_1)$, $u_2 = N^{-1}(U_2)$, …,公式(9.12)就得到计算了。表 9.4 列出了公式(9.12)用 3 种不同函数形式得到的估算结果,使用的方法是 COLS 方法(分类数据回归)(参阅 Greene, 1991,第 21 章和本书第 2 章)。除截距项 u_i 已知外,这种模型与有序概率模型及其类似。正如第 2 章所论述,我们在此无法使用有序概率,因为我们明确地使用了被调查人提供的基本信息。

我们在表 9.4 中陈述了多种形式的健康公式。在第一种函数形式中,健康满足度 HS 只被各种社会经济和总体变量,如年龄、收入、教育、家庭大小及职业状况等解释。在第二种函数形式中,增加了疾病变量。在第三种,也是最后一种函数形式中,包括了疾病和年龄之间的相互作用项,以使疾病效应年龄具体化。据我们所知,最后一种函数形式是第一次被估算。

让我们从最简单的解释开始。其中没有使用任何疾病资料。表 9.4 的前两栏列出了结果。

对数中包括了年龄,因为我们相信这个影响会是非线性的。另外,以平方格式引入了变量 ln(年龄)。这样做的原因是要研究年龄的影响是否是非对数线性。第一种函数形式表明,年龄的影响不那么明显。健康满足度随年龄单调递减(同样参阅 Deaton 和 Paxson, 1998)。健康满足度与收入有明显的正关系性,收入和健康间的这种正关系已在文献中

表 9.4　健康满足感公式,全部样本,英国,1998 年,COLS

	估计值	t 检验	估计值	t 检验	估计值	t 检验
截距项	−1.265	1.736	2.721	4.162	2.221	3.353
ln(年龄)	−0.427	−1.033	−1.107	−2.974	−0.712	−1.880
(ln(年龄))^2	0.027	0.480	0.175	3.405	0.114	2.162
最小值	25.59	—	24	—	23	—
ln(上月收入)	0.076	6.047	0.010	0.867	0.001	0.093
ln(儿童+1)	0.173	2.396	0.054	0.856	0.055	0.882
ln^2(儿童+1)	−0.104	−1.841	−0.033	−0.666	−0.030	−0.625
最大值	2.30	—	2.28	—	2.47	—
性别(男性)	0.061	3.052	−0.035	−1.924	−0.033	−1.838
ln(教育年数)	−0.023	−0.985	−0.038	−1.823	−0.046	−2.278
失学	−0.275	−2.168	−0.267	−2.411	−0.302	−2.767
与家人一起住	0.016	0.655	−0.011	−0.494	−0.009	−0.437
臂、腿、手、脚、背或者脖子疾病	—	—	−0.509	−24.052	−0.491	−23.478
盲	—	—	−0.238	−5.654	−0.225	−5.434
聋	—	—	−0.094	−2.844	−0.076	−2.343
皮肤病或皮肤敏感症	—	—	−0.137	−5.236	−0.099	−3.843
心血管疾病	—	—	−0.378	−14.029	−1.448	−4.345
胃、肝脏、肾脏疾病	—	—	−0.520	−15.691	−2.032	−6.197
糖尿病	—	—	−0.401	−7.299	−1.591	−2.740
焦虑症、抑郁症或神经不好	—	—	−0.670	−20.024	−0.644	−19.487
与嗜酒或吸毒相关的疾病	—	—	−0.854	−6.353	−0.798	−6.010
癫痫症	—	—	−0.584	−5.975	−0.555	−5.764
偏头痛或经常性头痛	—	—	−0.155	−5.090	−0.141	−4.681
其他健康问题	—	—	−0.624	−16.281	−1.561	−4.296
胸部或呼吸道疾病×ln(年龄)	—	—	—	—	−0.103	−15.348
心血管疾病×ln(年龄)	—	—	—	—	0.270	3.287
胃、肝脏、肾脏疾病×ln(年龄)	—	—	—	—	0.395	4.717
糖尿病×ln(年龄)	—	—	—	—	0.300	2.086
其他×ln(年龄)	—	—	—	—	0.246	2.634
总和	0.976	115.215	0.848	115.192	0.834	115.185
log(可能性)	−18 362.5	—	−17 101	—	−16 962	—
个体数目	10 385	—	10 385	—	10 385	—

进行了广泛的探讨(参阅如 Smith, 1999; Deaton 和 Paxson, 1998)。与女性相比,男性对其健康稍微感到更满意些。教育的系数是负的,但不重要。教育和健康满足度之间的负关系也是由 Groot(2000)和 Kerkhofs、Lindeboom(1995)发现。家庭中孩子的数量也包括在对数和对数的平方中,以查明是否有转折点的影响。我们确实发现,从健康的观点来说,有孩子好像是一种好坏参半之事,而孩子的最佳数量是 2 个。

表 9.4 的第三和第四栏说明了第二种函数形式的结果(同时参阅表

3.10)。可以看出,当我们引入指定疾病变量时,解释也发生了很大的变化。出现的第一件事是年龄变得重要,而且,23 岁之前,年龄现在对健康有正效应。因此,包含了疾病变量会使大多数生命的年龄系数从负转变为正。这可以用多数疾病的发生与年龄有关的事实来解释。这样,年龄变量加快了疾病的影响。相反,收入和孩子的影响现在变得不重要。而性别的影响反过来了。教育变得更加重要。而且疾病系数都是重要的和负的。借助这个,我们可以根据其对个体健康满足度影响的大小得出疾病层次。应该注意而且必须牢记的是,疾病不是用严重程度来区分的。因此,疾病可能存在各种不同的严重程度,但一种疾病会有一个系数,而这个系数取决于样本中严重程度的频率分布。

表 9.4 中第五栏和第六栏说明了第三种函数形式的结果。这种形式包括疾病和年龄之间的相互作用项,所以,疾病对健康满足度的影响是否受年龄的影响这个问题就可以得到探讨。之所以这样,原因有两个:(1)疾病的严重程度可能随年龄而异。如胸部或呼吸道疾病的病例,其对健康满足度的影响如表 9.4 所示一样随年龄而增加。(2)即使客观上疾病随年龄变化变得更加严重,个体主观上可能对此感觉也会不同。原因可能是各种各样的:人们可能会适合一种疾病;老年人可能对身体的要求比年轻人少;老年人可能患有其他的疾病,所以他们最初的疾病仅仅是几种疾病的一种。这些原因可能是“心血管疾病”及胃病、肝病、肾病和糖尿病的正年龄系数的解释。对于其他 9 种遗漏缺陷和疾病,我们没有发现他们明显的年龄相关性。图 9.1 描绘了各种疾病的年龄模式,并说明除“胸肺或呼吸道疾病”之外,健康损失随年龄而减少。

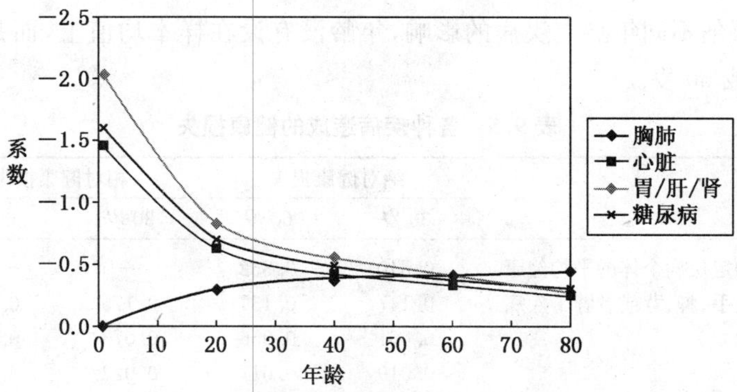

图 9.1 各种疾病和缺陷的年龄相关性影响

9.7 健康损失的 QALY 估算

在表 9.5 中,我们列出了估算结果,在这结果中,健康评估被指定为一个包括疾病变量的个体特征函数。从该估算模型中,我们现在得出所预测的健康效用为:

$$\hat{H} = N(\hat{\beta}'x) \tag{9.14}$$

虽然个体预测可能会相当地不准确,但对于总体的平均健康的评估,我们可以使用这种表达式,因为随机误差将会相互抵消。

然后,当从一种健康状态(1)转移到另外一种健康状态(2)时,一个人可以定义绝对健康效用变化。假设状态(1)代表未患任何具体疾病及损伤,那么我们用以下方程来定义绝对健康损失:

$$\text{绝对损失} = \hat{H}(1) - \hat{H}(2) \tag{9.15}$$

同样地,相对健康效用损失定义为:

$$\text{相对损失} = \frac{\hat{H}(1) - \hat{H}(2)}{\hat{H}(1)} \tag{9.16}$$

使用上述公式,我们列出了一个 30 岁的具有代表性的个体和一个 60 岁具有代表性的个体所有查出疾病的绝对和相对健康效用损失。结果见表 9.5。作为一个具有代表性的个体,我们使用样本均值选择了一个具备所有特征的个体,除了他或她没有患任何疾病之外[2]。当然,为了让评估不同年龄上疾病的影响,年龄没有设在样本均值上,而是设为 30 岁或 60 岁。

表 9.5 各种疾病造成的健康损失

	绝对健康损失		相对健康损失	
	30 岁	60 岁	30 岁	60 岁
未患指定疾病个体的平均健康	0.840	0.862	—	—
臂、腿、手、脚、背或者脖子疾病	0.147	0.137	0.175	0.159
盲	0.061	0.056	0.073	0.065
聋	0.019	0.017	0.023	0.020
皮肤病或皮肤敏感症	0.025	0.023	0.030	0.027

（续表）

	绝对健康损失		相对健康损失	
	30岁	60岁	30岁	60岁
胸部或呼吸道疾病	0.100	0.114	0.119	0.132
心血管疾病	0.161	0.089	0.192	0.103
胃、肝脏、肾脏疾病	0.219	0.111	0.261	0.129
糖尿病	0.176	0.096	0.210	0.111
焦虑症、抑郁症或神经不好	0.203	0.190	0.242	0.220
与嗜酒或吸毒相关的疾病	0.262	0.247	0.312	0.287
癫痫症	0.170	0.158	0.202	0.183
偏头痛或经常性头痛	0.037	0.033	0.044	0.038
其他健康问题	0.234	0.158	0.279	0.183

表9.5说明一个在BHPS中接受询问的未患任何疾病的30岁个体在[0.1]量表上有一个0.840的平均健康效用。对于一个未患任何指定疾病的60岁的个体，这甚至要稍微高一些[3]，为0.862。一般来说，一个年龄为30岁并且臂、腿、手、脚、背或者脖子有疾病的个体在健康效用上会蒙受0.147的绝对损失，这相当于17.5%的相对损失。显然，这些都是平均数字，代表患有严重程度完全不同的缺陷的个体。表9.5表明，除"胸部或呼吸道疾病"外，对于所有疾病来说，一个30岁个体的绝对和相对健康损失要比一个60岁个体的要大一些。

现在，让我们看一下样本平均值的健康效用。表9.6中的第一列说明了所有被调查人的平均预测实际健康效用。换句话说，对于每一个个体，已知他们的个人和家庭特征和患一种或多种疾病，我们对他们的预测健康效用进行了计算。整个总体的平均预测健康效用约为0.72。因为样本中的个体患有一种或多种疾病，导致总体的平均健康效用损失等于0.134 9。而平均预测健康效用随年龄的增长从0.76降到0.65。这不是由本身的年龄增长造成的，而是由老年人患有更多(特有)疾病的事实造成的。与男性相比，女生的健康效用较少。表9.6第二行说明的、因疾病造成的平均健康效用损失同样取决于子样本。对于整个样本来说，由于疾病的原因，健康效用减少了18.3%(=0.13/0.71)。60岁以上的个体百分率约为30%。

表 9.6 健康效用样本平均值

	全体	男性	女性	30 岁以下	30—60 岁	60 岁以上(包括 60 岁)
平均预测健康效用(*U*)	0.716 4	0.731 1	0.704 0	0.762 8	0.719 5	0.654 0
健康效用(*U*)损失	0.134 9	0.115 2	0.151 4	0.076 9	0.129 2	0.217 0
N	10 385	4 737	5 648	2 762	5 300	2 323

9.8 讨论

在上文中,我们介绍了一种颇具代表性的普遍的 QALY 定义选项。正如我们先前所指出的一样,在文献中没有公认的方法论。万不得已时,定义是一种表达主观偏好的方式,因为并不存在仅靠定义和估量的 QALY 自然概念

一种方法是根据专家的医学建议评估"生命的质量"。当(医学)专家做评估时,他们当然会表达他们自己的意见,并使用自己的价值系统。但是该价值系统是否真正代表了不同的人是可疑的。由于人类的差异、年老和年轻的差异以及他们具有非常相异的价值系统,我们认为,这项任务是根本不可能的。第二种评估健康质量的方法是以个体对其本身经验健康状况赋值为基础的。我们认为,主观方法是洞察个体健康感受的最适宜方法,它可以通过或多或少的复杂方法来完成。例如,正如我们在此所建议的一样,一方面使用 TTO 法或 SG 法分析,另一方面通过一个简单的健康满足度问题(HSQ)。两种方法各有自己的优缺点。HSQ 方法具有可以用低成本收集大量的具有代表性的数据集的优点。鉴于大型多目的性的问卷往往包含一系列的问题,因此设计问题影响反应的情况及某些偏见的产生似乎是微不足道的。

另一种反对意见,有时会认为对一个 25 岁的人与一个 70 岁的人来说,"完全健康"状态具有不同的客观形势。这明显是正确的。然而,在本文中这有关系吗?我们对个体如何评估其自己的健康状况感兴趣,我们理所当然地认为,如果两个个体使用相同数字(在相同的区间)评估其健康,那么即使他们的客观健康状态不同,他们会对其健康感到同等的满意。

因各种身体缺陷和疾病造成的健康效用损失往往是通过个体对其

健康进行评级来估量的，正如英国家庭专家小组调查中的健康满足度问题所反映的一样。健康的损失似乎是相当可观的，并且随不同的疾病而变化。据知悉，疾病的健康效应可能会随个体年龄而变化。因此，在此次研究中，引入了疾病和年龄的相互作用项。实际上，对于某些疾病，我们的确发现了存在一个相当大的年龄相关性。例如，一个 30 多岁、患有糖尿病的个体看来好像要遭受达 0.176 的健康效用损失，同时，如果是一个 60 多岁的个体，健康效用损失仅为 0.096。很显然，这可以扩展到其他特征，如性别和工作情况等。因年龄而异的健康效用损失对治疗的成本效率分析具有明确的含义，因为治疗效用取决于从中得到的个体健康效用增益。很明显，如果根据疾病严重性进行区别是可能的，那么这种估算可能会得到极大的改进，为此，需要更精细的数据集。

最近，Culter 和 Richardson(1997)在美国的一份数据集中分析了 HSQ，稍后，Groot(2000)在相同的英国数据集中重复了他们的分析，这里，我们也使用这些分析。从表面上来看，他们的方法类似我们的方法。然而，这些方法是不同的。他们的贡献与我们的贡献在方法上的差异是他们不使用回答行为者提供的基本信息。他们没有指定区间边界 U_i，而是认为他们未知。估算那些边界使用有序概率方法的同时还使用了效应矢量 β，我们将效应矢量 β 表示为 $\beta^{(CR)}$。所估边界用 μ_0，μ_1，…，μ_6，μ_7 来表示，其中上下限边界等于 $-\infty$ 和 $+\infty$。结果是一个所估健康指数 $\beta^{(CR)}x$，该指数没有限定在 0 和 1 之间，但它可以假设任何正值或负值。其缩放比例取决于在所评价样本中的健康分布。值越高，完全健康的可能性就越大。为衡量 0 和 1 之间的指数，他们用

$$H^{(CR)} = \beta^{(CR)}x/(\mu_6 - \mu_1) \quad \text{如果 } \mu_1 < \beta^{(CR)}x \leqslant \mu_6$$

$$H^{(CR)} = 0 \quad \text{如果 } \beta^{(CR)}x \leqslant \mu_1$$

$$H^{(CR)} = 1 \quad \text{如果 } \mu_6 < \beta^{(CR)}x$$

定义了一个截断健康效用指数。因此，Culter 和 Richardson 假设，健康是常数，对最低回答范畴内的所有被调查者来说，这个常数是 0，对最高回答范畴内的被调查者来说，这个常数是 1。所以，这个指数对在极限回答范畴内的健康状况不能区别出外边界，也就是值 μ_1 和 μ_6 是用外部回答级别内发现的被调查者的分数来定义的。中间范围的线性也不可靠。根据本模型的逻辑，我们需要在 μ_1，μ_2，…，μ_6 创建一个结点样条函数。

这意味着每个区间$[\mu_{i-1}, \mu_i]$的斜率将会发生变化。然而,有关本定义的最重要的批评是,μ值是由样本分布定义的。因此,不同的样本将会产生不同的μ值和外边界(锚)。所以,不同样本间的 Cuter-Richardson 指数值不能够进行比较。在我们的方法中,我们不需要缩放比例分布,因为我们使用被调查者本人提供的基本信息。

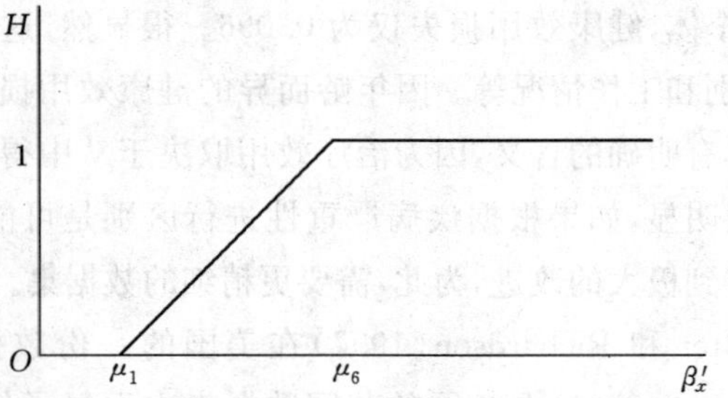

图 9.2 根据 Culter 和 Richardson 创建的线性健康曲线

我们知道健康效用的实施仍然存在一个方法论困难的现实。以下的标准似乎与方法评估有关:如何区别健康状况间指数?指数的操作是否简单?是否会产生可比较的且可重复的结果?大规模实施指数的成本如何?就这些标准,我们的建议显然会获得较高的评价。

我们还必须将目标牢记在心里。如果我们打算评估某个个体的健康情况,我们应拥有比我们在此展开的更准确的工具。我们的方法似乎对评估人口和人口群的健康状况及具体疾病和缺陷对人口健康的影响非常有用。更详细地探索疾病的影响和治疗的效果需要其他更多的以问题为导向的调查。

9.9 结论

在本章中,我们研究了探索某种疾病对健康的影响以及总体上对生命质量的间接影响的可行性。我们发现,这确实很有可能,并有两方面的应用。

首先,利用第 4 章揭示的满足度模型,我们可以估定因某种疾病而导致的幸福损失的等价货币值。这些估算可能被用作成本—收益分析的一个要素,因为它们表明了疾病造成无形成本的货币值。很显然,通过调查一个配偶生病对另外一个配偶幸福的影响,我们可以扩展这个模型,从而理解一个非健康配偶对其健康配偶造成无形成本的概念。于是,我们会得到对家庭造成的无形成本。在这里我们不作展开。

其次,我们探讨了就其自身而言的健康满意问题,以构筑一个新型QALY概念。此方法的吸引力在于,它产生了一个直观上似是而非的概念,同时,为其收集基本数据极其容易,且花销便宜。我们重复一次,这些结果基于一个数据集,虽然这个数据集的健康资料并不丰富,但当其复制到健康状况得到更详细描述病人的数据集时,很可能会产生一个非常有价值的健康评估方法。显然,我们应该有机会在相同的个体样本上对各种QALY方法的表现进行比较。

事实上,本章中所论及的方法同样一定也适用于其他情况。这正是接下来的三章所要讨论的主题。

注　释

[1] 用一个连续的尺度来反映疾病的严重程度比用0—1变量更好,但是,因为我们的数据库没有反映严重程度的数据,所以我们无法应用这么精密的方法。

[2] 1998年,样本均值是月收入为1 642英镑(英国)、约11年的教育经历及年龄约为40岁。

[3] 这一料想不到的结果是由于年轻人和老年人有不同的效用函数造成的。老年人的要求比年轻人的少一些。

10. 气候对福利及幸福度的影响——外部效应

10.1 引言

前一章中我们整体地详细研究了慢性疾病对整体满足度的影响，并估算出所列的那些疾病和收入之间的权衡比率，也就是各类疾病的影子价格。

显然，至少在理论上，同样的方法也能够用来评估许多其他外部变量的影响。在接下来的两章中我们将探讨两个例子。本章考虑气候对福利和幸福度的影响。本章将对评估外部效应的一般方法打好基础，因为对于非经济学人士来说需要对这一概念给予解释。一个人的状况可由两种变量描述，即 x 和 y，那么相应地，这个人的幸福度将由一个评估函数 $U(y;\ x)$ 来表述。第一类变量是指那些可以通过购买商品和服务、更换工作等来改变的变量。第二类变量则不受个人因素的影响但却会影响他或她的幸福度。气候就是一个很明显的例子。事实上，把外部效应称为外部因素似乎更为合理。然而，最初的研究对象是那些污染了环境从而破坏了他人居住环境的工业结构。在这里我们能够举出对他人有不利影响的外部效应，问题是这个被动群体受到的伤害该如何来衡量，他或她能否因伤害而得到补偿。在当前的思路框架下，我们将在更宽的背景中使用这个词，在此背景下没有具体的外部效应制造者并且这种外部效应也无法被终止。

当我们要考查气候效应时即意味着我们必须掌握众多区域的各类

气候观测数据。然而由于条件所限,我们仅能采用一些幅员辽阔的国家的数据,或是那些包含了许多小国的地域。事实上,这类数据并不是太多。第二个概念性问题就是对气候的定义并不如我们想象的那么简单。

当下人类日益认识到气候是自然环境的一个主要指标和决定因素。这种认识明显地源于人类相信他们能在全国范围或世界范围改变气候,并且这种改变能够影响个人、家庭和生活成本,更不用提整个生态系统。这类改变是要付出无形成本的,而我们也有必要对这种成本进行评定。

类似地,就如同之前我们能够区分"决策效用"和"体验效用"一样。本章我们将详细探讨体验效用。

气候以各种不同的方式影响着我们的生活。首先价格可能会随着气候波动,如葡萄在意大利比在挪威便宜。我们的需求也可能随着气候而变化。例如,我们在寒冷的气候下会比在温暖的气候下更需要贵重的衣物。

除去我们在财务满足度研究中希望发现的这些影响和效用,气候可能在更多其他生活领域影响着我们,如我们的健康满足度、工作满足度,以及最终对生活的整体满足度。

在考虑气候时,我们必须认识到,气候不是一个一维的概念。我们有变化不定的降雨量、日晒长度、平均气温及风力等等。因此,对气候本身的定义就是一个问题。让我们先假定一个气候可变向量 C。

本章我们将介绍讨论两个早期的研究(Van Praag, 1988; Frijters Van Praag 和 Van Praag, 1998)。第一个研究讨论了从欧共同体(European Community)收集来的 1979 年数据,在这里我们是分析气候对财务满足度和家庭支出的影响。第二个是研究俄罗斯的数据,它则分析了气候对家庭支出和一般满足度上的影响。尽管我们没有进行新的计算,但本章并非完全重复已有论文,而是作为事后研究,对这些结论给出新的理解。

关于气候对个人福利和幸福度的影响只有少量的研究,我们也不知道是否有其他的研究与我们的相类似。

10.2　气候对家庭支出的影响

在研究气候影响之前,先必须弄清"家庭支出"的含义。我们先来假

定家庭有收入变量 y,并通过财务满足度函数 $U(y;\ x)$来评估收入,其中变量 x 表示干扰变量向量。如果使用更传统的经济学术语,我们把 $U(\cdot)$称为收入的(间接)效用函数。让我们来假定一个具体的福利水平 U_0,那么我们就可以计算出家庭支出 c,为了达到效用水平 U_0,c 必须满足以下方程:

$$U(c;\ x) = U_0 \tag{10.1}$$

我们把函数 $c = c(U_C,\ x)$ 称为家庭支出函数。可以看出,当我们期望达到更高的效用水平时,支出就会增加,而且家庭支出还可能取决于其他变量。在传统的经济分析中,向量 x 由价格向量 p 代替。如果我们知道这个函数,那么我们就能观察到价格波动对家庭支出的影响。我们还可以来看一下比率 $c(U_0,\ p+\Delta p)/c(U_0,\ p)$,也即在 U_0不变的条件下,价格由 p 增加到 $p+\Delta p$ 时,c 增加或减少的比率。这个比率也称为价格指数。我们注意到这个价格指数由一个特定的效用函数决定,而且也取决于一定的效用水平 U_C。后面的这个特性相当烦人。当政治家或者公众看到价格水平的变动时,一般而言对于穷人和富人来说并没有什么不同。假设价格水平的变动,通过价格指数来表现,对每个人都是一样的。显而易见,当且仅当 $c=c(U,\ p)=\tilde{c}(U)\cdot I(p)$ 时,支出效应将不再取决于 U,因为:

$$c(U_0,\ p+\Delta p)/c(U_0,\ p)=I(p+\Delta p)/I(p) \tag{10.2}$$

如果那样的话,我们就称其为同位(homothetic)效用函数。在研究中,为了得到综合物价指数,我们通常会做这种假设。

除了价格向量 p,我们还可将 x 替换成家庭规模 fs,事实上这正是我们在第 2 章中所讨论过的,而且在那章中我们还得出了家庭等价规模。

运用同样的方法,我们把 x 设为气候向量 C,那么我们就能得到气候等价规模。显而易见,我们还可设价格组合、家庭结构、气候等等。

家庭支出并不取决于一个特定的效用基数,所以我们是把 U 定义为一个基数还是仅仅是一个序数,这些都无关紧要。

我们可以把函数 $U(\cdot)$看成是一个决策效用函数或体验效用函数(experienced utility function)。前者是为了达到水平 U,我们预计的家庭支出;后者则是现实生活中为了达到水平 U,我们需要付出了的支出。

气候通过两个方面影响家庭支出。第一个方面是通过直接需求。生活在严寒气候环境下的人们为了获得一定的舒适度极有可能要比本来就生活在温和气候下的人们需要支出得更多。第二个方面的影响则较为间接。气候能够影响价格。当我们考虑到蔬菜、肉类、生产成本时，加热和运输都是必备要素。理论上，我们可以把价格向量设为 $p(p_0, C)$，这里 p_0 是参考价格向量，那么，为了达到效用水平 U_0，家庭支出将为 $c = c(U_0; p(p_0, C), x, C)$，可以看出，气候在两个方面影响家庭支出：直接影响和价格影响。如果没有价格信息，那么我们可以考虑一个简单得多的表达式，也即 $c = c(U_0; x, C)$，我们可以将其看作一个简化式，这个表达式把气候的两种影响合并了，而且难以区分。这意味着，我们可以确定气候的影响，但无法区分有多少影响来自气候决定的价格变化，又有多少是来自气候引起的需求变化。

10.3 通过收入评估衡量气候对家庭支出的影响

我们所知的这些数据中有一部分是在 1979 年对少数欧洲国家的居民进行关于收入评估问题(IEQ，见第 2 章)的民意调查中收集到的。这项调查受欧洲共同体委托并由 Van Praag 和 Hagenaars 设计。在 Van Praag, Hagenaars 和 Van Weeren(1982) 及 Hagenaars(1986)的研究中有详细描述。

在欧洲首次贫困问题研究(该研究专注于“主观”贫困的概念，详见第 15 章)的框架下，IEQ 面向了来自荷兰、英国、丹麦、法国、比利时、意大利、德国和爱尔兰的大约 9 000 户家庭。查看气候影响的明显方法就是看看气候对个人福利函数(见第 2.8 节)中的参数 μ 是否有影响。

IEQ 调查了收入情况，这些收入可被称为“低收入”、“足够的收入”、“高收入”等等。我们把这些不同的收入分别定义为 $c_1, c_2, \cdots, c_6$，μ 则是这些收入对数的平均值。

主要问题是如何来定义气候变量。事实上，至今在文献记载中没有哪个气候变量被认为代表气候。因此，我们决定同时使用多个变量。在对欧洲的研究中，许多变量没有在不同国家间进行区分。并且气候变量无法精确到每个人,因为每个人的位置是通过区域来确定的,而且气候变量并非根据每个人的位置而仅仅是根据区域来记录的。因此,我们把西欧划分成 90 个不同的区域,在每个区域中我们都能找到大量的气候数据。我们最终决定用变量 *TEMP* 表示年平均气温,单位为摄氏度,*HUM* 表示平均湿度,单位为百分率,*PREC* 表示年降水量,单位为毫米。我们得到以下方程式:

$$\ln(c_i) = (\beta_0^{(i)} + \beta_{0j}^{(i)}) + (\beta_1^{(i)} + \beta_{1j}^{(i)})\ln(fs) + (\beta_2^{(i)} + \beta_{2j}^{(i)})\ln(y_c) + \cdots + \gamma_1^{(i)}\ln(TEMP) + \gamma_2^{(i)}\ln(HUM) + \gamma_3^{(i)}\ln(PREC) \quad (10.3)$$

考虑到除了气候外的其他方面对各国和各种收入水平(c_i)的影响也可能会有所不同,我们对每个国家 j 添加了交互作用项。我们发现对不同的 c_i,β 也会有所不同(见第 2 章),然而这种正常的差别[1]相对于气候变量而言是微不足道、可以忽略的。因此,我们在表 10.1 中引用了 Van Praag(1988)的数据 μ。

表 10.1　西欧国家 μ 的估计值

	截距项	lg(*fs*)	lg(*y*)
荷兰(参考)	6.94	0.11	0.57
	(0.36)	(0.01)	(0.01)
英国	0.63	0.02	−0.08
	(0.23)	(0.02)	(0.02)
丹麦	−1.55	0.00	0.16
	(0.19)	(0.02)	(0.01)
法国	0.42	−0.05	−0.02
	(0.18)	(0.02)	(0.02)
比利时	0.31	0.00	−0.03
	(0.24)	(0.02)	(0.02)
意大利	1.30	0.03	−0.14
	(0.19)	(0.02)	(0.02)
德国	−0.40	−0.01	0.03
	(0.21)	(0.02)	(0.02)
爱尔兰	0.45	0.06	−0.06
	(0.19)	(0.02)	(0.02)
lg(*TEMP*)	−0.15	—	—
	(0.03)	—	—

（续表）

	截距项	lg(*fs*)	lg(*y*)
lg(*HUM*)	−0.41	—	—
	(0.06)	—	—
lg(*PREC*)	−0.10	—	—
	(0.01)	—	—
N	13 428	—	—
R^2	0.654 8	—	—

注：荷兰作为参考。其他项对应不同的虚拟系数。因此，英国的家庭规模弹性为 0.11＋0.02。括号内为标准偏差。对截距项的评估基于 1979 年荷兰货币“盾”的官方汇率。实际上对于仅涉及斜率系数的特殊问题，并没有必要用某种通用货币来表示货币数额。

比较突出的第一点是各个国家的斜率系数相差并不大。大部分的相关系数在统计上不为 0。比较明显的第二点是，3 个气候变量都有直接而明显的影响。事实上，由于我们仅仅是按区域而非按个人水平来测量这些气候变量，因此，它们的影响可能更大，而且存在了测量误差。

更精确地，我们发现，气温越高，湿度越大，降水量越多，收入也就越高。对于这些系数的理解我们必须牢记：任何指定位置的气候变量之间都是相互联系的。例如，西欧的降雨和较低的气温是相联系的。

根据推理，我们可以这样理解：

$$C = 0.15\ln(TEMP) + 0.40\ln(HUM) + 0.10\ln(PREC) \quad (10.4)$$

即把 C 看成是事前效用函数中的气候指数的对数。真正的气候指数 $m(C)$ 是把 C 乘上 $1/(1-\beta_2-\beta_{2j})$ 得来，即下式：

$$m(TEMP, HUM, PREC) = \exp\left[\frac{1}{1-\beta_2-\beta_{2j}}(C-C^{(R)})\right] \quad (10.5)$$

其中 $C^{(R)}$ 表示参考国家 C 值。在表 10.1 中，$C^{(R)}$ 即英国的 C 值。每个国家的分母都不同，那么我们就能够得出每个国家各自的气候指数。然而这并不十分有用，因为每个国家的最后取值相差不大，在这里我们就近似地认为 $\beta_2+\beta_{2j}=0.5$。当我们这样做时，根据三个气候变量来描述任何一个欧洲位置和计算气候指数就成为了可能。显而易见的是，我们必须选定一个参考位置,在这里我们选择了巴黎,如表 10.2 所示(引自 Van Praag, 1988)。

表 10.2 某些欧洲城市的气候指数

城　市	气候指数	城　市	气候指数
巴　黎	1.00	哥本哈根	1.10
柏　林	1.11	西西里岛	0.94
伦　敦	1.08	阿姆斯特丹	0.99
罗　马	0.95	St. He'lier(海峡群岛)	0.87
尼　斯	0.91		

注:巴黎作为参考。

从表 10.2 中我们可以看到柏林的气候指数比巴黎的高了 11 个百分点。然而这种理解有待商议。我们知道价格向量可能取决于气候,与此同时,可能存在或将会存在其他变量 z 同样地影响着价格。例如,价格将取决于城市化的程度,等等。总之,$p = p(C, z)$。现在我们就清楚了气候指数仅仅包含了气候对价格的影响,也即意味着这个指数必须被理解成是家庭支出差别的一部分,而这些差别可能源于气候的差别。

10.4 气候对俄罗斯家庭支出及福利的效应

上述分析已由 Frijters 和 Van Praag(1998)在分析俄罗斯数据[2](CESSI, 1993—1994)时进行了重复和延伸。可以理解,在那个时期这组俄罗斯数据相对西欧的那组而言,可能并不是太好。被调查者的回答不如西方那么开放。就拿消费方式来说,事实是 1993—1994 年这一调查期间一些西方国家的主要消费品在俄罗斯是严格限额配给的,或其价格被定在了一个不合理的水平上(如房屋价格),同时,部分收入是不公开的或是以实物偿付,这就使我们无法采用所有的数据。我们把在俄罗斯全国调查中得到的数据分成了两批,并把其中不可靠或是极不完整的数据删除,最终在第一批和第二批中分别得到了 2 508 和 1 904 个观察值。我们注意到,观测数据并不完全独立,这是由数据的面板特色所决定的。

然而,Frijters 和 Van Praag 从未发表的分析中发现:关于两批数据具有相同系数的假设不能被拒绝,而且两批数据误差的相关性是可以忽略不计的。很明显地,这也是由俄罗斯无序混乱的环境所引起的,因为通常我们在家庭样本中都会发现大量的家庭特定的随机效应(见第 3、4 章)。我们使用了 4 412 个观察值,而因为忽略了轻微的期间相关性,这些数据统计的显著性有些被夸大了。我们现在从前一节研究西欧国家数据所用到的 μ 等式开始,为了简便,我们在表 10.3 中引用了表 10.1 的数据。在对西欧国家的那组研究中我们没有给出具体每个国家的效应,在这里我们在俄罗斯的数据中放入 1 994 这个虚拟变量。由于俄罗斯的某些区域和某些时期气温为零下摄氏度,所以对这些数据就无法取对数了。我们通过再加 50 来简单地修正这些俄罗斯数据。然而,这么做也就意味着俄罗斯的数据和欧洲的数据没有直接的可比性。

表 10.3 俄罗斯数据的简单分析

变　量	欧洲(1979)	绝对 t 值	俄罗斯(1993—1994)	t 值
常数	6.94	20.6	2.17	2.1
家庭规模	0.11	10.8	0.22	12.5
家庭收入	0.57	57.0	0.65	60.2
ln(温度)	−0.15	5.0	−0.72	4.7
ln(湿度)	−0.41	6.8	0.32	1.2
ln(降水量)	−0.10	10.0	0.16	4.7
N	—	13 428		4 412
R^2	0.654 8	—	0.725 4	

从这张表中我们可以清楚地看到除气候之外的其他变量的效应与西欧国家相比区别并不大,尽管家庭规模对俄罗斯的影响要远大于大多数西欧国家。然而,气候的影响差别就很大,而且有时难以解释。我们的结论是,我们需要掌握对俄罗斯气候更为详尽的描述。研究俄罗斯的数据显然是非常有吸引力的,因为俄罗斯气候的差异要远大于西欧。所以对气候更仔细的描述成为了可能。

气候变量

由于俄罗斯的气候差异如此之大,Frijters 和 Van Praag 在之前分析西欧国家所使用的变量的基础上添加了更多的变量。气候变量的列表如表 10.4 所示。

表 10.4 对俄罗斯使用的气候变量

变量名	描　述
JANTEMP	一月中平均每日最高气温加上 50,单位为摄氏度
JANTEMP	七月中平均每日最高气温加上 50,单位为摄氏度
TEMPAV	一年中平均每日最高气温加上 50,单位为摄氏度
TEMPDIF	*JULTEMP* − *JANTEMP*
RAINDAYS	降水量超过 0.1 mm 的平均天数
ALTITUDE	(海拔高度(单位为 m)＋50)/100
PREC	平均年降水量(单位为 mm)
JANWIND	一月中平均风速(单位为 m/s)
HUMIDITY	相对湿度(%)
SUNHOURS	每年平均日照时数
WINTERPREC	10 月 1 日到 3 月 31 日的平均降水量
SUMMERPREC	4 月 1 日到 9 月 30 日的平均降水量

有些区域的冬夏温差过大,因此我们有必要同时引入冬天和夏天的气温。对于频繁扫荡在俄罗斯大草原上的寒风,我们则引入了风速的概念。已知气候数据和家庭的所在位置,就能区分 35 个不同的气候区域。我们使用的数据是把 1931—1960 年在前苏联(USSR)的 104 个气象站中采集到的数据进行平均计算所得来的(见 Müller, 1983)。

其次,在俄罗斯,就如同美国,劳动力在州际间的流动要比西欧国家大得多。当然这也因为它是一个整体的国家,并且国际移民在文化上的冲突困难要比国内移民大得多。然而,移居是要付出代价的。如果必须要在西伯利亚(或阿拉斯加)工作,那么,这部分人必须在金钱上获得补偿,至少是部分的补偿。显而易见,描述俄罗斯劳动力市场并非在我们的能力范围之内,但是众所周知的是,为了吸引人们到西伯利亚或是北极地区工作往往要付出高于整个地区平均薪水的两至三倍才行。社会主义时期也是如此,尽管那个时期劳动力市场是受中央控制的。阿拉斯加地区的工资和美国地区的平均工资相比也被发现是两至三倍。那么我们可以这样理解,气候部分的效应可以通过收入得到补偿。而且我们可以马上看出,这确实存在。让我们来举个例子,如果 $\ln(y) = \beta' x + \theta' C$,那么福利指数 $\ln(y) - \mu$ 就无法给出气候效应的真正含义。再比如,如果气候能够通过收入得到精确的补偿,那么我们就无法通过 $\ln(y) - \mu$ 发现任何气候效应。接下来我们要先看看家庭收入是否部分地取决于气候因素。我们在表 10.5 中给出了结果。从表中我们很难看出非气候因素的影响，因为那时的俄罗斯劳动力市场正处于由计划经济向较自由经济的转变过程中。在年龄方面是有点令人惊讶的，最低家庭收入发现是在 38 岁，而在西方经济体中，很多方面最高限度而并不是最低限度是在 50 左右。我们对气候效应非常感兴趣。我们发现气候在起着很大的作用。我们可以得到一个复合的效应

$$-1.53\ln(JANTEMP)+\ln(JANWIND)(5.35-1.54\ln(JANTEMP)) \tag{10.6}$$

我们注意到 ln(*JANTEMP*)的平均值为 4.7，而 ln(*JANWIND*)大约为 1.8。可以推出 *JANWIND* 和 *JANTEMP* 都对工资有很大的影响。天气越恶劣，家庭工资就越高。*JULTEMP* 效应反映出了对于极度高温也有同样的影响。我们还注意到强风效应能使名义上的年工资达到正常的三倍。这也反映了在 1993—1994 年期间严重的通货膨胀。

表 10.5　对于俄罗斯数据的家庭工资，μ 和总体满足度

变　量	家庭工资	绝对 t 值	财务满足度(μ)	绝对 t 值	总体满足度	绝对 t 值
截距项	13.2	4.3	−4.35	2.0	17.72	5.3
$\ln(y_c)$	—	—	0.62	56.6	0.25	16.9
ln(成年人数)	0.68	28.9	—	—	—	—
ln(家庭规模)	—		—	0.17	8.7	—
ln(年龄)	−3.41	5.4	2.14	5.1	−3.92	6.6
$[\ln(年龄)]^2$	0.47	5.4	−0.30	5.4	0.53	6.6
ln(教育年数)	0.29	12.0	—	—	—	—
虚拟变量：						
乡下	−0.21	7.4	−0.08	4.3	2.17	4.7
伏尔加河和南部俄罗斯	0.01	0.2	0.13	4.3	0.08	1.8
强风 2	1.18	39.7	0.36	17.8	−0.22	7.9
气候变量：						
ln(*JANTEMP*)	−1.53	2.9	−1.30	3.3	—	—
ln(*JULTEMP*)	4.09	4.2	3.84	5.4	—	—
ln(*TEMPDIF*)	−2.62	5.7	−2.31	6.9	—	—
ln(*JANWIND*)	5.35	4.7	4.07	4.9	−5.67	6.5
ln(*ALT*)	0.04	1.3	0.11	5.5	−0.11	3.4
ln(*RAINDAYS*)	—	—	—	—	0.86	6.1
ln(*SUNHOURS*)	—	—	—	—	0.84	4.5
ln(*WINTERPREC*)	—	—	—	—	−0.50	4.3
ln(*SUMMERPREC*)	—	—	—	—	−0.35	4.6

(续表)

变　量	家庭工资	绝对 t 值	财务满足度(μ)	绝对 t 值	总体满足度	绝对 t 值
交互作用项:						
ln(*JANTEMP*) * ln(*JANWIND*)	−1.54	4.8	−1.12	4.8	1.59	6.7
ln(*PREC*) * ln(*TEMPAV*)	0.002	0.2	0.06	5.5	0.21	4.3
ln(*HUMIDITY*) * ln(*TEMPAV*)	—	—	—	—	1.45	7.0
Rural * ln(*PREC*)	—	—	—	—	−0.34	4.6
N	—	4 127	—	4 112	—	4 112
R^2	0.577	—	0.731	—	0.094	—

资料来源:Frijters 和 Van Praag(1998)。全文中我们包含了 12 个组织变量,包括私有企业和农场等组织形式,这些变量描述了工作的类型等等。

俄罗斯调查中也面临了收入估价问题,这一次有 5 个层次。而结果也相当满意。我们注意到,尽管俄罗斯的局势比较混乱,等式的结果却和西欧的没有太大的不同。而家庭规模的影响则比大多数西欧国家大得多。真实的效应达到大约 0.45(= 17/38),这已经是相当高了,也反映有子女家庭的困难。这也反映在俄罗斯的低出生率。我们发现了显著的气候效应,这与对工资的效应非常类似。

除了 μ 等式,我们还估算了总体满足度的等式。在这俄罗斯的调查研究中,被调查者的回答用离散比标度 1 到 10 表示。回答的变形不是通过条件期望,而是通过条件中位数。对于这种可能性的选择我们在第 2 章中有简单提起过。相关的变形是由以下方程给出:

$$V_i^* = N^{-1}\left(\frac{-0.5+i}{10};\ 0,\ 1\right),\text{其中 } i = 1, 2, \cdots, 10$$ [3]

该等式呈现于第五列中。我们发现它部分地取决于气候变量而非家庭收入和 μ。如果我们把交互作用项考虑在内的话,那么下雨天数和降水量都有正的影响。

10.5　考虑气候对收入的影响后的气候等价规模

气候等价规模就是当参考水平发生变化时为了保持原有的福利水平而必须增加或减少的家庭收入比率。在第 10.3 节中我们把财务满足度(源于 IEQ)当作福利指数。在这个分析中,我们也可以选择更广意义的其他指数,如总体满足度,作为要保持在同一水平的指数。很明显地,我们现在有了两个气候等价规模。

让我们先来考虑一下和财务满足度有关的指数,如之前提到的:

$$\mu=\beta_1\ln(y_c)+\beta'_2x+\beta'_3C \tag{10.7}$$

在这里我们把取决于当前收入的“流动偏好”效应、其他变量 x 的效应及气候向量 C 的气候效应区别开来,这里的 C 经测量和参考值 C_0 有一定偏差。

如果我们的福利指数为 $\ln(y_c)-\mu(y_c)$,那么收入补偿按 Van Praag (1998)的方法是根据下式来进行的:

$$\ln(y_c)=\frac{1}{(1-\beta_1)}(\beta'_2x+\beta'_3C) \tag{10.8}$$

唯一需要注意的一点是,俄罗斯的气候相较西欧国家的气候来说,需要更多的描述指标。

然而,我们发现了家庭收入本身就是部分地由气候决定的。例如,收入随着一月风速的加大而增加。在表 10.5 的第一列中我们得出以下方程:

$$\ln(y_c)=\theta_1x+\theta'_2C \tag{10.9}$$

上面的等式关系可能是由各种因素引起的。首先,可能是由于个人的劳动生产率随气候变化。例如,建筑施工队可能会因严峻的冬天而被迫中断施工甚至可能停工几天。第二个原因可能是为了吸引人们到气候恶劣的地区工作必须给出更高的工资待遇。第一种效应是生产率效应,第二种则是气候对工资收入影响的内部化。自我选择也可能使工作在恶劣气候下的人们的素质要比工作在温和气候下的人们的素质低。较好的工人会搬到那些气候较为温和的地区。我们无法区分这两种效应,但直觉告诉我们第二种效应应居主导地位。如果是这样,我们会发现气候以两种方式影响着财务满足度。首先,根据经济学原理它作用于市场收入。但是如果表达式 θ'_2C 稍微地偏离零值,就意味着通过收入的内部化有可能是局部的。如果收入无法因气候而得到足够的补偿,那么 μ 等式中的表达式 β'_3C 则表示气候剩余效应。如果它等于0,意味着补偿是完全的或补偿是没有必要的。假设气候向量参考值标准化后为 $C_0=(0,\cdots,)$,根据公式(10.9)中收入被市场用因子 $\exp(\theta_2'C)$ 修正,但是,根据公式(10.8)这不足以抵消气候的差异。因此,我们需要用因子 $\exp(\beta_3/(1-\beta_1))$ 进行辅助修正。由此可知,整个气候补偿是:$\exp(\theta_2'C)\exp(\beta_3'/(1-\beta_1))$,其中 $\widetilde{\beta}_3=\theta_2+\frac{1}{(1-\beta_1)}\beta_3$。

通过观察表10.5中的第五列我们可以用一个类似的方法来分析气候对总体满足度(GS)的效应。我们发现气候对GS的效应不同于其对财务满足度(FS)的效应。这个可能是意料之中的,因为气候对各种不同满足度范畴的效应很可能是极为不同的。同时,针对不同的范畴,市场补偿的大小可能也有所不同。例如,在某种气候环境下,人们可能会得到免费住房或住房补贴,也可能会得到免费的卫生保健。

对于GS,我们可以看出部分的气候效应是通过市场收入来得到补偿的。使用像上文一样的推理及假设,得:

$$\begin{aligned}GS&=v_1y+v_2'x+v_3'C\\&=v_1\tilde{y}+v_2'x+(v_1\theta_2'+v_3')C\end{aligned}$$

我们发现气候对GS的效应可分解为市场补偿和剩余气候效应[4]。

尽管这种细分很有趣,但却不符合现实。在现实中,我们只对剩余效应感兴趣,这种效应在气候效应部分地内部化之后实现。

由于交互作用项的存在,要理解表10.5中的气候效应是困难的。让我们来看看收入方程中的表达式:

$$\begin{aligned}&-1.53\ln(JANTEMP)+5.35\ln(JANWIND)\\&-1.54\ln(JANTEMP)\times\ln(JANWIND)\end{aligned}$$

我们发现收入将随着一月份气温的下降而增加,同时如果风速变大,这种增加将会更加明显。与此同时,一月的平均风速 *JANWIND* 也以同样的方式独立地产生效应。

由于各种效应的复杂性,我们在计算俄罗斯各个特定区域的气候指数时,往往把莫斯科作为参考位置。这些位置有位于里海北端的古里耶夫、濒临波罗的海的圣彼得堡、北冰洋的杜金卡、西伯利亚南部的新西伯利亚和位于俄罗斯东部与日本接壤的霍尔姆斯克。我们把结果列在表10.6中。

表 10.6 几个俄罗斯城市的等价比例

等价比例	莫斯科	古里耶夫	圣彼得堡	杜金卡	新西伯利亚	霍尔姆斯克
本期收入	1.0	0.763	1.133	4.157	1.353	0.995
财务满足度	1.0	0.505	0.988	5.394	1.335	1.041
总体满足度	1.0	0.849	1.085	2.463	1.069	0.743

我们发现杜金卡的收入最高，平均为莫斯科的四倍多。古里耶夫的收入最低，比莫斯科的低了将近24个百分点。

现在来考虑一下μ等价比例。我们发现古里耶夫的居民在收入方面胜过莫斯科居民。原因是，为了获得相同的财务满足度，古里耶夫的居民收入只需达到莫斯科居民收入的50.5%，而实际上他们达到了76.3%。

在总体满足度上我们得出了相反的结论。古里耶夫的居民收入需达到莫斯科的84.9%，而事实上他们只达到了76.3%。Frijters 和 Van Praag(1998)试图评定全球气候变化对俄罗斯的效应。尽管随着全球气温的上升，俄罗斯人民的平均生活水平会有所提高，然而这个结论有待商议，因为由于全球变暖而引起的生产条件的变化并没有被考虑在内。事实上全球变暖将在多方面影响生产条件，如农业、运输及关于水的可用性。这将会对生产要素价格、零售价格及劳动收入产生影响。此外，它还可能引发区域性的迁徙。

10.6 结论

在本章中我们研究了气候对满足度的效应。我们发现气候对μ和GS都产生了显著的效应。这些效应非常的复杂，因为气候本身就是一个多维的现象。我们可以把它看作一般问题中的一个特例：如何根据满足度和抵消外部差异的货币补偿来评估一个外部性的效应。

大部分的外部效应既不是完全内部化的，也不是完全通过市场收入和价格来补偿的。这种方法使得我们能够评定出外部性在多大程度上得到补偿，及剩余效应的大小。

在下一章中,我们将用这种方法来研究一个完全不同的领域,即居住在阿姆斯特丹机场附近的居民在多大程度上受到飞机噪音的烦扰,以及这种烦扰需要得到多少货币补偿。

注 释

[1] 见第 2 章表格 2.11。

[2] 这些数据是从莫斯科比较社会研究协会(CESSI)组织并由 Anna Andreenkova 博士指导的家庭面板调查中得到的。该调查由阿姆斯特丹大学的 Willem Saris 受委托设计,并得到了荷兰科学研究基金会(NWO)的经济支持。

[3] 如果我们用 COLS 法再算一次结果可能会更好一些,然而,由于交换比率几乎不变,我们还是保持了 Frijters 和 Van Praag(1998)的计算方法。估算出的结果和用 COLS 法算出的几乎是一致的。

[4] 这并不排除气候也可能影响其他范畴的可能性,在此我们不予考虑。

11. 如何确定飞机噪音滋扰的补偿*

11.1 引言

在上一章，我们分析了气候的影响。当时所用的方法可以继续用来评估其他外部效应。本章，我们将介绍对居住在阿姆斯特丹机场周围的居民所遭受的飞机噪音的影响如何估算货币补偿额。我们将先介绍相关研究情况，作为本章的开始，第 11.2 节是文献综述，在第 11.3 节介绍我们的数据库，第 11.4 节中将给出模型及其估算，第 11.5 节研究最终的补偿计划，第 11.6 节是结论。

许多城市居民都很讨厌附近的机场，他们都遭受了飞机噪音的折磨。阿姆斯特丹国际机场(Schiphol)也不例外。自从 1926 年机场投入使用以来，航空运输量不断扩大，现在它已经是欧洲最大的中心机场之一，也是荷兰仅有的大规模机场。机场周围的噪音按照邮政区号的划分来监控。1999 年噪音强度用 Ku(kosten-units)来计算，这一单位是以荷兰

---

* 本文的一部分是基于 Baarsma(2000)以及 Van Praag 和 Baarsma(2001，2005 年版)的文献。得益于荷兰政府的一项研究而展开了我们的第一研究。我们感谢 J. G. de Wit 教授和荷兰运输民航总局(简称 RLD)的工作人员为我们提供宝贵意见。我们感谢 Intomart 和 Hilversun(荷兰一家领先的投票机构)在数据方面的支持，同时也感谢 Ingid Overtoom，Marie-Louise Kok 和 J. Peter Hop 他们坚持不懈地分析数据。最后，这篇文章也受益于与 Dowid De Meza 讨论而产生的灵感。

人 Kosten 教授的名字来命名的,Kosten 教授在 20 世纪 60 年代后期和 70 年代初期担任政府委员会的主席,这一委员会的主要任务就是给出一个飞机噪音的度量方法。他们扩展了年噪音负担的公式,在他们的公式中,噪音负担取决于航班数量,并根据白天、晚上的时间差别以及飞行产生的分贝数来区分。最近这一度量公式被国际 L_{den} 度量方式所取代。但是,在这两种对噪音的不同定义的研究结果中存在一种很强的经验相关性,也就是说,用 kosten-units 度量得出的数值高的话,采用 L_{den} 方法得出的数值也比较高。每一个邮政区号地区的最大可允许噪音标准都被给出。原则上,任何地区的噪音都不应该超过每年 35 Ku 的标准,尽管在 2000 年有 1 500 个家庭遭受了比这更高的噪音负担。由于不可能把机场建到其他的地方,也不可能给这一地区的居民重新安置住所,所以荷兰政府采取了向遭受过多噪音困扰的居民提供货币补偿的解决方案。相同的情况也发生在世界的很多地方,如斯德哥尔摩、曼谷、科隆和一些英国城市。

对经济学家来说,这第一个问题就是这种补偿是否合理。如果我们假定住房市场是均衡的,人们可以自由选择在哪里居住,并且他们仅会因为较低的住房租金或价格能够补偿噪音的困扰而选择飞机场附近的住房。那么机场附近的住房应当比没有噪音的同样房子便宜。让我们用变量 K 表示噪音,用变量 h 表示住房的其他特征,然后我们假定住房价格 P 是关于 K 和 h 的函数。如同前一章,我们假定个人根据(间接的)住房效用函数 $U(y;\ p(h,\ k),\ k)$ 来评价他的住房情况,在这里 K 通过价格直接和间接地影响效用。假如个人可以自由迁居,很明显,具有相同收入水平的个人将具有相同的效用水平。这样有更多噪音影响的住房就表现为更加便宜的租金或价格,因为,如果具有相同收入的个人享有不同的效用水平,那么他们将会选择搬家。由此得出,必定有以下均衡:

$$U(y;\ p(h,\ k),\ k) = \text{常数}$$

假设我们比较两种住房位置,其中一种是完全没有噪音,即 $K = 0$,则有:

$$U(y;\ p(h,\ k),\ k) = U(y;\ p(h,\ 0),\ 0)$$

我们可以确认 $p(h, k)-p(h, 0)$ 为对噪音的补偿，在这种情况下，我们可以看到，通过价格噪音的效应完全被内部化了，这也就是 Blomquist, Berger 和 Hoehn(1988)研究价格的外部效应时所做的假设，即住房市场是均衡的。然而，当市场不均衡时，这种方法便失效了，例如，如果 $U(y)$ 随噪音程度 K 的变化而变化的时候，假设就不再成立。实际上这也提供了判断市场是否均衡的方法。在后面的情况中，噪音的效应不能或者不能完全通过价格被内部化；那么对于不能通过价格差异来补偿的外部效应则将部分通过收入直接补偿 Δy，如：

$$U(y+\Delta y;\ p(h, k),\ k)=U(y;\ p(h,\ 0)0)$$

众所周知，许多主流经济学家是被新古典主义模型所吸引的，而新古典主义模型总是假设均衡。我们不再把这认为是理所当然的。实际上，以前存在并且现在仍然存在许多理由来假设阿姆斯特丹地区的住房市场并不是均衡的，或者至少说这种可能性是受到限制的。然而，因为这个假设的合理性对我们以下的研究很关键，并且这一均衡假设被大部分人认为是真理，在这里我们列出了一些怀疑这一均衡假设现实性的理由。

居住时间和搬迁成本

对于刚迁居的个人来说，假定他们有相同的边际效用贡献看起来是比较合理的。这就意味着平等和均衡，这是在选择某一住处的时候渴望达到的，然而，在我们的(代表性)调查样本中，许多被调查者是 30 年前居住到那里的，其平均居住时间是 13.5 年。在已知他们一生中收入、偏好、航线的分布和噪音等的变化后，我们就无法假定，在现有条件下，这些人仍会像 10 年或 20 年前一样作同样的选择。

而且，每年的相对住房成本也在变化。他们仍然居住在这里的原因与重新搬迁时的货币成本和精神成本有密切关系。举例来说，当现有的住房被出售时，荷兰政府要在交易价格上征收 6%的转让税。事实上，所有这些讨论的情况都使得很多市场，特别是住房市场持久均衡的说法很值得怀疑。

历史和法律上的阻碍

在荷兰被普遍接受的观点是：自第二次世界大战之后，广阔的阿姆斯特丹地区的住房市场现在没有且从来就没有达到均衡，而是一直存在着严重的住房不足。荷兰的住房市场有两个部分,其中之一就是带有补贴的“社会住房”,这大约包含了阿姆斯特丹地区住宅的75%。假如家庭收入低于特定收入限制的话,就可以租住社会住房,对这部分住房你不能太挑剔,往往在等待一段时间之后才会分配给你,而如果这次你拒绝的话,只有等下一年或更长的时间了。此外,无论对社会住房还是对私人住房,都有严格的租金保护法。如果承租人不愿意离开的话,住房公司和私人房主都不能终止租约或提高租金,这就导致了一种奇怪的结果:许多年轻人一开始生活在社会住房,但当他们的收入超过了最低限额时,仍然居住在那里,并继续从住房补贴中捞取实惠,尽管这些都是不打算给他们的。租金每年按国会制定的百分比增长,这一百分比基本上与通货膨胀是一致的,随着每年房价的飙升,对于固定住户来说,实际住房成本则一直下降。近几年在阿姆斯特丹自治区得到一套社会住房的等待时间达到了11年。

绝对量的不足以及政策影响和税收影响

由于建筑用地的短缺,在私有住房部分中也存在着配给因素。几乎所有建筑用地都买自阿姆斯特丹区政府,而区政府对建筑用地做了一系列严格的限制,例如房屋式样、住房价格和租金,有时甚至加一些反投机的条款。经常性地购买新房就成了一种持续的等待甚至是碰运气的事情。而且在阿姆斯特丹,几乎所有的建筑用地,甚至是私人化住房,都被区政府长期(100年)出租,根本无法进行购买。在私人住房中大部分住房是私有财产(不包括阿姆斯特丹地区的地皮),住房成本是由很多因素共同决定的:其他住房的历史购买价格,第一担保抵押条款,偿还计划以及可能每5年发生变化的利率。

抵押利率是税收豁免的,这就意味着高收入者在纳税时,可以扣除较高比例的利息支付[1],因此,净住房成本部分取决于收入。而并不令人奇怪的是,在私人住房部分,每年住房价格的增长都超过了综合物价指数的增长。40年前,起初住房成本平均来说是单个收入者家庭收入的10%左右,而今天,年轻夫妻需要为住房支出两人收入的35%,这给年轻人造成的负担是非常明显的。

实际上,对于任何一个荷兰人,无论是销售者、购买者还是政治家、普通公民,这都是一个常识。而自第二次世界大战之后,持久的荷兰住房短缺问题一直被认为是个大的政治问题,不仅在荷兰如此,所有的国家都是如此。一部分是由于政策失误,一部分是由于建筑行业生产能力的不足,一部分是由于环境条件的限制,因为许多地区由于保护自然或历史性城市的缘故而不能被作为建筑用地。

11.2 文献简要综述

对外部影响的估价是一个著名但有难度的问题。Pigou(1920)和Coase(1960)是这一主题的两位先锋人物。对飞机噪音最近的研究者是Plessas(1973)和Walters(1975)。问题是,对于外部性,市场不能或不能准确地进行定价,根据我们对参考文献的认识,处理这一问题有两条途径,一条就是特征价格法(hedonic price studies),另一条就是运用条件价值评估法(contingent valuation method,简称CVM)。

特征价格法

为了估计对和平、清静生活的偏好,我们把特征价格法作为关注的重点,这一方法假定存在潜在的均衡。对受环境影响的商品来说,该方法试图将影响相应物品(如住房)的环境问题用价格反映出来。在存在飞机噪音的情况下,这一方法就用来确定噪音导致了多大的住房价格差异。

表11.1列出了用各种特征价格法研究飞机噪音对住房价值影响的结果。在许多研究中,价格对于飞机噪音的敏感度都是通过噪音折价指数NDI来计算的。这一指数用来度量噪音程度每变化一个百分比时,资产价格的变化程度。NDI是在特定时期和特定地理区域资产价值变化调查的基础上得出的(Nelson, 1980)。特征价格等式可以通过资产价值(V),一系列物理上的和位置上的住房特征(Z)以及噪音程度(N)来确切说明:$V=V(Z, N)$,对于噪音程度N的度量各国有所不同。例如,在当前研究中[2],美国采用的噪音描述符是曝噪预报(noise-exposure forecast, NEF),英国采用的是噪声和数值指数(noise and number index, NNI),而荷兰采用的是Ku, NDI等于$\partial V/\partial N$。

由特征价格法研究所得出的一致观点就是:飞机噪音对住房价格有负面的、且在统计上非常显著的影响,即NDI数值平均在0.6%的左右

表 11.1　特征价格法的概要和用 NDI 度量(%)的飞机噪音危害

研究的地区	NDI 估计	研究的地区	NDI 估计
澳大利亚:		美国:	
悉尼 1	0.40*	亚特兰大	0.65*
悉尼 2	0.22*	波士顿	0.83*
加拿大:		达拉斯 1	0.6*
埃德蒙顿	0.51*	达拉斯 2	2.3*
多伦多	0.52**	洛杉矶	0.8*
范库弗峰 1	0.65*	明尼阿波利斯	0.6*
范库弗峰 2	0.90*	新奥尔良	0.4*
英国:		纽约	1.8*
希思罗机场 1	0.25**	罗切斯特	0.55*
希思罗机场 2	3.57**	旧金山	0.5*
曼彻斯特	0.15**	华盛顿	1.06*

注:* 表示噪音危害用 NEF 测量;** 表示噪音危害用 NNI 测量。

资料来源:Nelson (1980:47—51);Pearce(1993:72);Schipper(1997:6)。

(Collins 和 Evans,1994:175;Nelson,1980:46),这也就意味着同样是价值 200 000 美元的住房,如果其位于多 20 个单位噪音危害的喧闹地区,那么其售价会减少 12%,即以 176 000 美元的价格出售。

表 11.1 是对 20 个研究的总结。很明显可以看出,它们之间有相当大的差别,这些差别部分而不是完全是由所运用的度量方法和具体位置的选择不同而引起的。特征价格方法的运用至少存在两个缺点。

首先,运用资产价格的变化寻找对减少噪音的偏好,并不能包含噪音减少的所有好处。例如,噪音危害将会对健康产生影响,但当个人在某个地方选择住房时,不太可能会充分考虑到这些危害引起的健康风险。其次,特征价格方法依赖于一些相当严格的假设,但这些假设在 Schiphol 地区很可能不是有效的,Baterman(1993:235)所提出的两个最主要的假设是:

(1) 所研究地区可以被看作是一个完全竞争市场,可以自由地进入市场,且关于房价及住房环境特点的信息是完全的。

(2) 所研究地区的住房市场是均衡的:个人可以不断地重新评估他们的居住地点,并且可以调整他们的住房选择以改变环境。

如我们以上所讨论的,这些情况并不适用于阿姆斯特丹地区,也不适用于阿姆斯特丹地区的一般均衡研究,如 Blomquist 等人(1988)。最近由 Morrell 和 Lu(2000)所作的一项研究就是把 NDI 数值外生为 0.40% 来计算住房价值损失的。

条件价值评估法

特征价值法(CVM)是通过调查找出环境服务流变化时的支付意愿(willingness to pay, WTP)和赔偿接受意愿(willingness to accept, WTA)。关于飞机噪音的研究似乎不多,在这里,我们将提到 Feitelson 等人(1996)的研究和相对较新的 Carlsson 等人(2004)的研究。

在 Pearce(1993)和 Hausman(1993)的文献中曾经对 CVM 有生动的讨论;至于最近对 CVM 的争论我们就要提到文献 Carson, Flores 和 Meade(2000)。这种研究方法的问题之一就是 CVM 问卷的直接提问方式,这种提问方式将会导致被调查者有战略应对的倾向。举例来说,当被调查者被问及愿意对夜间噪音危害的减少支付多少的时候,这种提问有两个重要的缺陷:即战略行为和假设性的偏见。虽然我们并不否定分析提供了大量的信息,但是在研究所考虑的 Schiphol 机场这种情况的时候,运用 CVM 所采用的提问方式是不明智的。首先 Schiphol 机场及其产生的噪音危害在荷兰是一个热门的话题,假如知道这一调查的目的是为了建立对噪音危害的货币补偿安排,这就肯定会导致被调查者的战略性应对行为(例如,高估噪音危害/或抵制调查)。其次,即使被调查者没有表达他们心里的真实价值,而是高于或低于他们所实际认可的价值(这就是假设性的偏见),而他们这样做的目的是使物品被低价提供,他们也不会受到惩罚。因此,我们不能采用特征价值法的表面价值。

特征价值法的优势在于它不仅仅度量使用者价值,而且还度量总的经济价值,包括非使用者价值,但非使用者价值不能通过特征价格法度量。例如,噪音对没有住房的地区是没有危害的,因为在这些"空地"不存在反映噪音影响的住房价格,而在特征价值法中,(非)使用者价值也被分配给了这些没有住房的地区。

这一特征价值法研究是在以色列由 Feitelson 等人(1996)指导进行的。它估计的是随着机场的扩展,飞机噪音的变化对居民支付愿意的影响。对正打算扩展的中心机场周围的三个社区家庭住户调查他们对完全没有噪音的四卧室住房的支付愿意,以及对于相同的住房但有不同程度(用 L_{den} 描述)噪音影响住房的支付意愿。同样的方法用于调查承租人对三卧室住房月租金的支付意愿。

这一以色列研究建议没有噪音影响住房的估价相对于有经常性或严重噪音影响的住房价格,每 L_{den} 应该是 2.4%~4.1%的房价差异,而对于承租人应是每 L_{den} 1.8%~3.0%的差异。NDI 比用特征价格法得到的数据则更高(大约平均高 0.6%)。这很可能就是因为 CVM 估计包含了非使用者价值的损失,而特征价格估计仅仅是确认市场价格。然而,给定 CVM 研究中问题的性质,非使用者价值就不可能被包含在内[3]。Feitelon 等人也提出了别的解释,即事实上 WTP 结构也是有缺陷的,这意味着,当超过了一定的干扰临界点,家庭就不再愿意买此类住房。因此,他们对于噪音危害(减少)的估价是比较高的,因为他们不愿对非常嘈杂地段的住房进行支付。

就效用而言,特征价值法度量了决策效用的事前必然变化,而公众可接受的补偿额应该以事后体验效用为基础。我们可以从第 2 章中看出,在相应的区域,决策效用曲线比体验效用曲线更陡峭,这一差别可能说明了特征价值法和特征价格研究之间明显的差别。

11.3 研究数据

1998 年,Van Praag 和 Baarsma 对居住在阿姆斯特丹方圆 25 千米的居民进行了邮寄问卷调查[4]。这些居民中,有些人遭受了严重的飞机噪音,而另一些人在同样的范围内根本没有受到噪音的影响,这是由于噪音的影响取决于航班起飞和降落时的飞行路线。

这一地区是由像阿姆斯特丹市这样的都市区和许多村庄和田园地区构成的,在这一地区对飞机噪音有着严密的监测,每一邮政区的平均噪音负担以 Ku 来表示。这种度量,如我们已经提到的,是一个由最大噪音(单位为分贝)和噪音频率构成的公式,并引入了权重的概念,以区别白天和晚上不同时间段权重的不同。除了这些监测地区,其他地区的噪音都被忽略了。

通过询问公开抗议地区的公众对噪音的主观看法,来寻求具体的预防措施的话。这一明确的提问,如前面所提到的,是不可能的,因为这将会导致被提问者的战略应对行为和抽样误差,并存在强硬支持者严重的过分支持。为了避免这些情况的发生，我们把相关的问题包含在邮政问卷中，该问卷并不集中在飞机噪音的问题上，而是包括很广泛的内容：健康、福利以及在荷兰的生活条件。当然调查表包括这么多内容的这一扩展是为了在下一步的研究中更好地运用这一调查表。

这一调查[5]表包括 51 个问题，调查表被随机地邮寄到这一地区的家庭。在设计数据的搜集方式时，我们有多种选择，一种极端就是我们运用“强硬”方式：书面提醒，打电话，送礼刺激或者好言相劝。很明显，假如我们这样收集数据的话，在数据收集机构与被调查者之间就不再是匿名的了。如果我们寄令人比较敏感的个人福利调查表，就显得比较适当。最为“宽松”的方式就是寄出调查表，然后就静待匿名的回答，不去监视谁作了答复，谁没有作答复，而很显然，如果被调查者想保持匿名的话，监视也是不可能的。值得注意的另一点是，收集数据的方式越显得“强硬”，样本选择性风险就越大。因此，我们选择了折中的方式，不管受调查者是否已经作答，我们都会向各个地址寄一份匿名的答复提醒。信中声明，由于匿名的缘故，我们联系了所有的收信人，对于已经给予答复的，我们首先对打扰表示道歉。很明显，答复率依赖于数据收集方式。我们得到的答复率相当低，仅有 17%。但这些回答者在被调查人口中很有代表性。在我们的研究中，共有 1 400 位答复者。由于这项研究是一项试验计划，我们认为对第一次分析和评价方法来说，在 Schiphol 区（即监测地区）的 1 400 个观测样本数是足够大的。

我们主要的分析工具之一就是再次利用福利问题，这一分析工具最先由 Cantril(1965)创造，它寻求的是对总体福利或“生活质量”(QQL)的评估，除了表达的不同，对总体满足度问题来说，是完全一样的。关于 Cantril 生活阶梯的问题，有以下的描述：

> 这里有一个阶梯图，代表着不同的生活状态，假设最顶部的阶梯（第 10 层）对你来说代表可能的最好的生活，最底部的（第 1 层）代表可能的最差的生活。
>
> 在现阶段你自我感觉你处在哪一个阶梯？（请只勾一个方框）

被调查者分布的情况如图 11.1 所示（$N=1\,400$）。我们注意到，仅有 3.9%的人没有回答，另外，可以看到所有的类别都有人填写，而大部分人选择了 7 和 8 两个类别，仅有 10%左右的人选择 5 或 5 以下。

可能的最好生活⟶	10 □	2.9%
	9 □	9.1%
	8 □	34.5%
	7 □	29.9%
	6 □	10.9%
	5 □	4.6%
	4 □	2.2%
	3 □	1.0%
	2 □	0.5%
可能的最差生活⟶	1 □	0.4%
[没有作答]		3.9%

图 11.1　Cantril 的生活阶梯调查结果

我们将通过一些别的变量来解释对于生活质量问题的答案，其中包括“被察觉到的飞机噪音的频率”。51 个问题中，第 25 个问题是与我们的研究相关的，这个问题是涉及噪音源的频谱的，操作如下：“你能够指出你所居住的地区以下几种声源引起的噪音出现的频率吗？”

通过对 9 种可能的噪音来源的提问调查发现，飞机噪音并未引起特别的关注。对这些问题的答复率在表 11.2 中给出，可以看到，对于航空一项，未答复率与其他项基本相同(除了最后一项，因为一些明显的原因)。这表明，被调查者并没有夸大飞机噪音。当然，(口头)频率估计反映了主观噪音负担。除了这些主观性的问题，被调查者还被问及其他的实际变量：家庭收入，年龄，家庭组成，教育水平以及住宅类型(包括所有权)。另外，我们还询问了住房是否有隔绝的情况，更精确地，我们还区分了三种隔绝的形式：绝热、隔音、防风。最后，我们得出了每一个被调查者的详细邮政编码，在荷兰，尽管实际值在均值周围有很大的波动，平均 12 个家庭有相同的邮政区号。从这些邮政区号，我们可以用一张表格将它们联系起来，该表格分区描述了用 *Ku* 度量的飞机噪音的程度(下面会加以解释)。这一表格是针对 Schiphol 机场周围 50 公里范围之内的。总的来说我们有以下可用的信息：有关噪音危害的第 25 个问题，有关总体福利的问题，人口特征和住房信息。把这些信息和按邮政区号分区的 *Ku* 度量的客观噪音负担联系起来就可以完成我们的研究。

表 11.2 噪音危害频率(%)

声　源	从来没有	有时	定期的	经常	一直	没有作答
小轿车、公共汽车、摩托自行车和卡车	21.2	40.3	13.5	6.4	7.1	11.6
有轨电车/地铁	69.4	6.1	1.9	1.0	2.1	19.5
火车	65.9	9.1	2.1	1.5	1.8	19.6
飞机	11.4	32.9	18.6	18.8	13.2	5.1
工业/商业	67.1	9.0	2.0	1.2	0.4	20.4
旅馆、饭店、酒吧和另一些娱乐场所	67.5	10.6	1.7	0.6	0.5	19.1
来自邻居的噪音	38.9	32.1	7.1	3.8	1.8	16.4
孩子/年轻人	43.1	29.8	5.3	2.6	0.9	18.4
其他来源	39.4	3.2	2.7	1.8	0.9	52.0

注：调查对象是 Schiphol 地区的家庭，样本数 $N = 1\,400$。

11.4 模型估计

我们选用的模型基于 Cantril 问题，它有点像前面章节中用到的 GS 问题的情况。首先，为了估计等式 $W = W(\ln(y),\ Ku,\ x)$，$W(\cdot)$表示(潜在)满足度变量，x 表示干扰变量向量，我们运用了有序概率。

我们选用了以下几个解释变量：

(1) 家庭净月收入($\ln y$)[6]；

(2) 家庭规模($\ln fs$)和$(\ln fs)^2$；

(3) 收入和家庭规模的相互影响项($\ln y * \ln fs$)；

(4) 被调查者年龄($\ln age$)和$(\ln age)^2$；

(5) 用 Ku 度量的噪音($\ln Ku$)；

(6) 隔音的虚拟变量(Ins)和用 Ku 度量的噪音的交互作用项($Ins * \ln Ku$)。

运用以上列举的变量，Cantril 方式度量的福利 W 就可以解释如下：

$$W = \beta_0 + \beta_1 \ln(y) + \beta_2 \ln(fs) + \beta_3 (\ln(fs))^2 + \beta_4 \ln(y)\ln(fs) + \beta_5 \ln(age) + \beta_6 (\ln(age))^2 + \beta_7 \ln(Ku) + \beta_8 Ins \ln(Ku) \tag{11.1}$$

当然，收入应该是正效应，家庭规模的效应是不确定的，而对于所有父母来说,存在一个有限最适度问题,即如果孩子数超过了这一"最适度",孩子或多或少就"不受欢迎"了。从等式 11.1 可以看出,$(\ln y)$ 和 $(\ln fs)$ 的交互作用项是非常重要的,它假定孩子的最佳个数取决于家庭的财务状况。在这一研究的早期,我们还引入了年龄这一变量。

其次,有两个关于被调查者生活状况的变量被引入了模型:即用 Ku 度量的飞机噪音程度 Ku 和隔音虚拟变量。很明显,飞机噪音对福利的影响应该是负的。近几年,研究个人福利居住环境条件的文献有一定的增长(如 Ferrer-i-Carbonell 和 Gowdy, 2007; Welsch, 2006, 2007)。交互作用项 $Ins * \ln Ku$ 被包含在模型中是因为我们假定,如果住宅隔音的话,噪音不会有较大的负面影响。因此,福利状况很大程度上受到了隔音的正面影响,如果有隔音,虚拟变量 Ins 等于 1,否则等于 0。对这一公式有序概率估计(不考虑 9 个临界值)的结果在表 11.3 中给出。

表 11.3 带有 *Ku* 变量的福利方程的估计

变 量	参数估计	标准差	参数估计	标准差
$\ln y$	0.509 3#	0.084 9	0.510 7#	0.093 3
$\ln fs$	−2.394 1#	0.868 9	−1.887 0#	0.904 8
$(\ln fs)^2$	−0.161 3	0.129 7	−0.178 7	0.131 3
$\ln y * \ln fs$	0.327 4#	0.109 2	0.258 2#	0.115 4
$\ln age$	−4.237 2#	1.165 6	−3.726 2#	1.205 7
$(\ln age)^2$	0.568 1#	0.158 6	0.489 6#	0.165 6
$\ln Ku$	−0.024 2	−0.025 2	−0.021 3	0.025 6
$lns * \ln Ku$	0.058 2#	0.024 1	0.054 6#	0.024 4
$\ln He$	—	—	0.044 3	0.064 6
Home	—	—	0.037 5	0.098 0
Bal	—	—	−0.063 3	0.074 5
Gar	—	—	0.165 0	0.089 1
N	1 067	—	1 067	—
Pseudo-R^2	—	0.161 4	—	0.165 4

注:年龄上限为 42。

#表示在 5%显著性水平下,显著不为 0。

由表 11.3 中第二、三行可以看出,噪音的外部效应并不明显。由此认为我们一开始试图确定外部效应是徒劳无功的,但在这里,我们可以这样理解:增加的变量可能有助于改善噪音的负面影响。我们增加以下变量:

(1) 月住房支出($\ln He$);

(2) 是否白天在家虚拟变量(*Home*);

(3) 是否有阳台的虚拟变量(*Bal*);

(4) 是否有花园的虚拟变量(*Gar*)。

第一个变量反映了较贵的住房有较好的质量预期,另外三个变量试图描述噪声接触情况。如果居民呆在家里的时间更多,或者有一个阳台或花园,则就会比不存在这些情况的居民接触到更多的飞机噪音。如我们从表 11.3 中最后两行看到的,结果并没有改善。

对于这一令人费解的情况的解释就是客观性的 *Ku* 度量并不完全正确的对噪音进行主观感知的描述。毕竟 *Ku* 计算方法中并不包括非听觉上的因素,事实上,不同的人可能对噪音有不同的感知,主观 *Ku* 的确是一个解释变量,但不是唯一的变量。举例来说,如果一个人整天呆在家里,显然噪音会比他整天工作有更大的影响。对于家庭规模,也有同样的情况,家庭越大,与外部因素的接触就越多。简言之,关键变量并不是噪音的客观量度,而是主观上的感知。这一解释主观福利的概念是主观感知的噪音变量,我们简称为变量 *noise*。噪音并不仅指在屋里的噪音危害,还包括整个环境中的噪音危害。在调查中有关于主观感知的问题也被问及(表 11.2)。

我们注意到,噪音是在离散范围[1, 5]被主观地估计的,我们采用有序概率分析方法来对它进行建模。假定潜在噪音变量可以由下面的等式来解释:

$$Noise = \alpha_1 \ln fs + \alpha_2 \ln He + \alpha_3 Home + \alpha_4 Bal + \alpha_5 Gar + \alpha_6 \ln Ku + \alpha_0 + \eta \tag{11.2}$$

其中 η 代表 $N(0, 1)$分布的误差项,这一有序概率估计的结果在表 11.4 中给出。

表 11.4 变量"*noise*"的交互作用估值

变 量	参数估计	标准差
$\ln fs$	0.157 8#	0.066 5
$\ln He$	0.145 7#	0.054 3
Home	0.212 0#	0.080 5
Bal	0.045 8	0.068 5
Gar	0.271 8#	0.079 2
$\ln Ku$	0.344 5#	0.229
N	128 1	
$Pseudo\text{-}R^2$	0.225 1	

注:# 表示在 5%显著性水平下显著为 0。

在这里几乎所有的效应都是显著的并且其符号与预期的相同。家庭规模对噪音的影响是正的:即家庭规模越大,感知的噪音越多,潜在的抱怨者也越多。而如果家庭中有一个抱怨者,其他的家庭成员也会被传染。另外,这一结果还显示:住房开支越高,飞机噪音困扰就越多。很明显,比较昂贵的住房,也会期待更好的住房条件,而没有噪音也是相关的质量尺度之一。并且,越富有的人对影响他们生活质量的负面因素越敏感。此外,周末一直呆在家里的人比整天不在家里的人遭受更多的飞机噪音的影响。

接下来的两个变量,也就是阳台和花园的存在,描述了被调查者的生活状况。假如有阳台存在,虚拟变量 *Bal* 为 1,反之则为 0。对于花园,变量 *Gar* 也一样。而花园的存在大大增加了人们对飞机噪音的苦恼程度。阳台的存在也有正的效应,但程度不大,大约在 5%。我们的结论是,这一被感知到的噪音不仅依赖于客观噪音的程度,还依赖于中介变量的间接影响。最后,我们引入了最关键的变量:飞机噪音的程度。当然,飞机噪音对变量 *noise* 有很强烈的正效应。

主观上遭受到相同噪音程度的被调查者用潜在变量 *noise* 的相同数值来描述。通过替代等式(11.2)中的解释变量的数值,我们可以估算每一个被调查者的预期噪音程度。如果我们还考虑被调查者所选择的第 25 题中的具体回答类别,我们就可以得到一个较好的近似值。那么,在已知被调查者已经选择的某一回答类别 $I(I=1,\ 2,\ \cdots,\ 5)$(见 Maddala 1983 和 Terza,1987)的情况下,我们也可以用变量 *noise* 的条件期望估计可感知的 *noise* 变量。

$$\begin{aligned}&E(Noise/\mu_{i-1} < Noise \leqslant \mu_i)\\ =\ &\alpha_1 \ln fs + \alpha_2 \ln He + \alpha_3 Home + \alpha_4 Bal + \alpha_5 Gar\\ &+ \cdots + \alpha_6 \ln Ku + \alpha_0 + E(\eta/\mu_{i-1} - E(Noise) < \eta \leqslant \mu_i - E(Noise))\end{aligned} \tag{11.3}$$

我们注意到,在公式(11.3)中所使用的变量 *noise*[7] 是一个主观噪音危害的序数指数,假如我们算入公式(11.1),中间变量 *noise*(公式(11.3)中)代替 *Ku*,则福利的描述就变成了如下的形式:

$$\begin{aligned}W = \beta_0 &+ \beta_1 \ln y + \beta_2 \ln fs + \beta_3 (\ln fs)^2 + \beta_4 \ln y \times \ln fs + \beta_5 \ln age\\ &+ \beta_6 (\ln age)^2 + \beta_7 noise + \beta_8 Ins \times noise\end{aligned} \tag{11.4}$$

在这一描述中，我们假定福利是间接而不是直接受到 Ku，即通过中间变量 *noise* 的变化影响的。我们用主观上的变量代替了客观上的变量 Ku，而被感知到的噪音危害依赖于主观噪音 Ku 和个体特征。对这一公式的估计结果列于表 11.5 中。

表 11.5　含有中间变量 *noise* 的福利方程的估计

变　量	参数估计	标准差
$\ln y$	0.503 9#	0.088 5
$\ln fs$	−2.145 0#	0.899 0
$(\ln fs)^2$	−0.175 8	0.132 6
$\ln y * \ln fs$	0.306 1#	0.112 9
ln*age*	−4.271 8#	1.202 5
$(\ln age)^2$	0.578 8#	0.163 6
Noise	−0.112 6#	0.033 1
Ins * *noise*	0.073 6#	0.027 0
N	1 031	
Pseudo-R^2	0.166 2	

注：#表示在 5%显著性水平下，显著不为 0。

我们首先可以看到，除了噪音的系数，表 11.3 和表 11.5 中的系数几乎没有差别，净月收入对福利有正的、显著的影响；家庭规模效应 $\ln fs$ 和 $(\ln fs)^2$ 是负的，但后者并不显著；收入交互作用项 $\ln fs \times \ln y$ 的系数是正的、显著的；年龄效应呈二次性，最小值在 40 岁。

变量 *noise* 对福利有显著的负影响。有显著正影响的隔音和噪音的交互作用项（$Ins \times noise$）表明：如果房子没有隔音设施，噪音对福利的效应是−0.1126；如果有了隔音设施，这一效应会缩减一半多，达到−0.039 0（=−0.112 6+0.073 6）。然而，隔音设施并不能充分减轻飞机噪音对福利的影响[8]。应当看到隔音项和 Ku 是相关的。然而，隔音并不是完全外生的，由于 Schiphol 区有义务在最暴露的住宅小区无偿隔离所有的房子。所以，我们认为用一个主观的序列类似量代替客观度量 Ku 是值得的。

由于变量 *noise* 肯定与用 Ku 度量的噪音程度相关，福利就与用 Ku 度量的噪音程度负相关。所以，运用福利的这种特征，就有可能计算用 Ku 度量的噪音程度变化的货币补偿。

11.5 最终的补偿计划

现在,根据表 11.4 和表 11.5 我们就可以得到 Ku 度量的噪音程度变化的影子价格。考虑表 11.4 和表 11.5 我们可以写出 $W = W(y, noise(Ku, x), z)$,在这里,$y$ 代表收入,$noise$ 就是被感知到的噪音,是 Ku 度量的噪音程度和其他干扰变量 x 的函数,最后,向量 z 包括家庭规模和年龄。为了对 ΔKu 的增加进行补偿,这一影子价格 ΔyKu 可以通过下面公式计算:

$$W(y+\Delta y, noise(Ku+\Delta Ku, x), z)=W(y, noise(Ku, x), z) \tag{11.5}$$

消去无关项,就有:

$$(\beta_1+\beta_4 \ln fs)\times(\ln y+\Delta\ln y)+(\beta_7+\beta_8 Ins)\times(noise(Ku+\Delta Ku))$$
$$=(\beta_1+\beta_4 \ln fs)\times\ln y+(\beta_7+\beta_8 Ins)\times noise(Ku)$$

或者:

$$(\beta_1+\beta_4 \ln fs)\times\Delta\ln y=-(\beta_7+\beta_8 Ins)\times 0.3445(\Delta\ln Ku) \tag{11.6}$$

这里 β_1、β_4、β_7、β_8 在表 11.5 中给出,系数 0.344 5 来自于表 11.4。等式(11.6)可以写成:

$$\frac{\partial\ln y}{\partial\ln Ku}=-\frac{(\beta_7+\beta_8 Ins)}{(\beta_1+\beta_4 \ln fs)}\times 0.3445 \tag{11.7}$$

从等式(11.7)可以得出,影子价格并不是常数,也就是说,补偿额与 Ku 并不是线性相关的,但它依赖于 Ku 的大小。Ku 从 20 到 30 的变化等价于 Ku 从 30 到 45 的变化,所以这里反映的是相对变化。这一点并不奇怪,因为几乎所有能对心理产生刺激的变量都用对数的形式表达。

同样,货币补偿额依赖于最初收入水平,在这里可以发现相对变化的计算,$\partial\ln y/\partial\ln Ku$ 表示弹性。从政策上来说,这意味着,对噪音的补偿依赖于收入,而较富有的人有资格享受较高的绝对货币补偿,在政策上这是很难保障的,但并不是不可能。实际上,这与累进所得税的原理是一样的，一个有 2 000 欧元收入的人相对一个 1 000 欧元收入的人，收入减少 100 欧元的痛苦更小一些，同样道理，100 欧元的补偿效用也不如后者高。可能被政治家接受的一种选择性补偿安排就是区分住房开支，尽管从政策意义上来说，住房开支可能是比较中性的，但结果是一样的，因为住房开支和收入是强烈正相关的。

从等式(11.7)很明显看出，补偿(弹性)依赖于住房是否隔音。当住房隔音时 ($Ins = 1$)，所需的补偿额就比较小。

最后，补偿额还依赖于家庭的规模。由于这不是一个政策上的相关参数，我们就用 $\ln(fs)$ 的样本均值来确定 $\ln fs$ 的数值，它等于 0.674 3，这样就产生了计算弹性($\partial\ln y/\partial\ln Ku$)的两个结果。也就是说，一个是在等式(11.7)中的没有隔音($Ins=0$)的噪音弹性：

$$-\frac{(\beta_7)}{(\beta_1+\beta_4\ln fs)}\times 0.3445=-\frac{0.1126}{0.5039+0.3061\times 0.6743}\times 0.3445$$
$$=0.0546$$

另一个是有隔音的噪音弹性 0.018 9。

不变的弹性就表示在 ΔKu 和 ΔY 之间有着线性对数关系，即假如 Ku 增加 $a\%$，则为了保持福利水平不变，收入 y 必须增加 $b\%$，在隔音和没有隔音的两种情况下，$b\%$都由表 11.6 给出。

表 11.6　噪音程度变化引起的货币补偿额的收入百分率变化

	20—30Ku	30—40Ku	40—50Ku
没有隔音	2.24	1.58	1.23
有隔音	0.77	0.54	0.43
隔音的价值	1.47	1.04	0.80

我们可以看到 1999 年一个净月收入为 1 500 欧元的家庭对噪音从 20Ku 增加到 30Ku 需要补偿 2.24%，即每月补偿 33.6 欧元[9]。从 20 到 40Ku 的变化需要 33.6＋23.7＝57.3(欧元)的月补偿，对于有隔音的住房，这一补偿会更少一些。例如，对于同样收入 1 500 欧元的家庭，每个月仅需要 11.55 欧元的补偿。这意味着，在这一水平层面上，隔音的价值是 33.6－11.55＝22.05(欧元)，在舆论和政府的压力之下，阿姆斯特丹机场当局有义务对高于 45Ku 地区的住房实行隔音措施，现在的问题

是:是支付补偿更便宜一些还是对住房隔音更便宜一些。在表 11.6 中,从第一行中减去第二行的数值,我们就可以得到隔音的价值,很明显,隔音是一项资本投资,运用 5%的利率来计算的话,每一个月 22.05 欧元的支出就等于 20×12×22.05=5 292(欧元)的资本支出。由此可以得出,如果隔音的一次性支出低于 5 292 欧元的话,当局应该对噪音从 20*Ku* 增加到 30*Ku* 的、月收入 1 500 欧元的家庭的住房实行噪音隔绝措施,应当注意的是,这一数量是相当小的,但必须提醒读者的是,这一数量表示的是剩余效应。

现在,最关键的问题就是:对于生活在 Schiphol 机场周围遭受噪音危害的居民,究竟应该总共支付多少补偿。这就意味着,我们必须计算对这一地区每个家庭的补偿,并要考虑不同家庭的不同收入水平和遭受的不同的 *Ku* 程度。然后,总的补偿额就等于所有相关家庭的补偿的总和。

假如我们用 *XKu* 来表示 *Ku* 的临界值。例如,有百分之多少的家庭遭受的噪音程度高于 *XKu*? 需要多少补偿额才能补偿家庭因额外的噪音(高于 *XKu* 部分)而遭受的损失。在表 11.7 中,我们计算出了一些下限的值。

表 11.7 年补偿总额

X Ku	相关家庭数[a](圆括号中为%)	每个相关家庭的平均月补偿额	年补偿总额
>20*Ku*	148 063(17.9)	56.63	100.62
>25*Ku*	80 478(9.7)	41.46	40.04
>30*Ku*	26 734(3.2)	29.90	9.59
>35*Ku*	11 851(1.4)	20.90	2.97
>40*Ku*	6 030(0.7)	17.13	1.24

注:a 来自 Schiphol 地区的总人口。

准确地说,对于一个选定的水平 *X Ku*,为了补偿所有居民遭受的超过 *X Ku* 部分的噪音危害程度,我们已经计算出必要的每月总补偿额。表 11.7 表明,在最低水平 20*Ku*,每个家庭的平均月 *Ku* 补偿额比 *Ku* 临界水平的补偿额更高一点。这也是符合逻辑的,临界水平越高,需要补偿的 *Ku* 量就越小。这一点可以从表中第三列明显地看出,在第三列给出了总的年补偿额。这是因为遭受超过 20*Ku* 噪音的家庭数远远大于遭受较高临界 *Ku* 水平的家庭数。

从表 11.7 的数据要得出一个正确的结论,我们还必须把这些数据与商业航班的数量(等于 397 000, 1999 年 Schiphol 机场)或乘客的数量(等于 3 680 万,1999 年)联系起来。因此,如果我们假定 20*Ku* 是政府选定的临界水平的话,则每多一趟航班的补偿额等于 253.45 欧元,每多一位乘客的补偿额等于 2.73 欧元。

在这章的开头我们看到,部分外部效应可以被内部化,那么相关的价格则依赖于外部因素。这将意味着住房成本依赖于所在地区的噪音负担。我们做了一些附加的回归,如前面用 *Ku* 来度量一样,我们试图找出 ln(住房成本)和噪音之间的关系。住房花费被定义为租金或抵押成本,后者的计算较为困难,因为长期贷款可以分期付款。我们尝试了考虑承租人、住房所有者以及这两个子样本的很多方程式,但仍不能找到一个合理的噪音效应(显著为负)。我们在表 11.8 中给出了一些最简单的估计。

表 11.8 被解释变量 ln(住房成本)

变　量	估计值	t 值
常数项	7.266	39.567
住房类型的虚拟变量:		
独立式家庭住宅	0.12	1.60
双层公寓	0.00	0.01
街角住房	−0.05	−0.69
公寓	−0.28	−5.76
其他	−0.08	−0.67
ln(房子使用年限)	−0.01	−0.17
ln(居住年数)	−0.20	−10.98
$\ln K$	0.02	1.01
N	948	—
R^2	0.126	—

该表显示出:住房成本最主要的决定因素是居住在那里的时间长短,或另一种说法是开始居住在那里的日期,居住时间越长,住房成本越低,换算系数是 0.20。噪音影响不太重要,表明我们接近于"没有内部化"。但这些虚拟变量的影响是合理的,尽管大部分并不显著。我们还尝试了大约 20 个其他特征量,包括有 *Ku* 和居住年数的交互作用项以及有主观变量 *noise* 的,另外还尝试了承租人与住房所有者这两个子样本的特征量。所有这些特征量都产生了近似的结果。除了住房类型以外,只有"居住年数"产生了较大的影响,而噪音的影响仍然不重要。由此可

以推断出,噪音负担在 Schiphol 地区并没有被内部化。

11.6 讨论与结论

在这一章,我们估计了飞机噪音危害的货币价值,如果我们能够观察到一种外部效应,则它很可能就是一种"剩余"影响,其中一部分可以通过市场价格机制获得补偿。在这种情况下,住房价格或租金可能已部分反映外部效应的影响。以对整体生活的满足度和噪音困扰两个主观问题的研究为基础,我们估计了这种剩余效应的影子价格,并在经验估计量的基础上,我们推断最后结果与实际目标之间是可比的。存在剩余效应,我们还计算了这种效应的货币价值。其次,我们发现,阿姆斯特丹地区的房价和租金并没有使外部效应完全内部化。

注意到指数的有序特性,我们可以把 Cantril 生活阶梯的问题作为研究福利的资料。虽然有一可用的对噪音危害的客观度量,但我们发现它的解释并不令人满意,因为它必须做加入个人情况的修正,如家庭规模、年龄和是否整天呆在家里。因此,我们用了修正后的主观类似量来代替客观度量。来自上面所建模型的货币价格,又称影子价格,则根据住房是否隔音而有所不同。

就我们所知,这是第一次以福利问题调查的方法对噪音效应进行(剩余的)货币度量。很明显,这种外部效应能被度量是因为:整个阿姆斯特丹地区噪音是有很大变化的,且噪音负担是几乎根据邮政区号来划分,这使得把客观噪音危害同个人居住的主观感受联系起来是可能的。

这种分析方法与特征价格法比较,优点在于它并不假定住房市场是均衡的,而且只要涉及住房的麻烦事,就不仅包含外部效应,还包括其他方面,所以我们关注整体生活的满足。与 CVM 法比较,其优点在于,被调查者并不知道他的答复会对他所关心的补偿或决定产生影响。因此,被调查者的战略应对行为在这调查设计中并不存在。由于我们只需要少数问题,所以在例行调查或民意测验中就很容易包括,这意味着在数据搜集中的成本可能大大减少。显然,这种方法也可用于对其他外部效应的估计,只要这一效应的客观描述是可得的。该方法还可用于市场均衡的测试。如果噪音不影响总体满足度，那么它既不表明噪音并不影响个人福利，也不说明对于承受不同噪音负担，具有相同收入的个人可以用价格差异得到完全的补偿。

超出这一研究范围的一个问题是：是否这种噪音补偿安排在政策上是需要的。一方面，的确依据成本—收益分析，污染者应该为其产生的损害进行赔偿，因此污染就会相应地减少；另一方面，噪音补偿安排会影响房价，由于受到补偿地区的补贴，这会导致房价的升高。鉴于事实，即阿姆斯特丹地区住房市场的特点是价格飙升和长期的住房短缺，以及效应的大小是相当小的，我们并不认为，依照此次研究得出的补偿安排会在任何程度上影响或扰乱住房市场。正确地来说，污染者付费原则还有许多值得讨论的地方。

注　释

[1] 荷兰曾经对改变这一税收计划有争议。

[2] 最近，NEF 被 L_{den} 取代，NNI 被 L_{eq} 取代，而荷兰采用的噪音描述符也被 L_{den} 取代。

[3] 在 Feitelson 等人的研究中，其问卷方式不同于传统的 CVM 问卷方式，传统的 CVM 问卷方式噪音不是被直接计算的，而 Feitelson 等人的研究中噪音是通过间接方式计算，如 WTP 可以被用于调查不同物品（即住房、销售商品）的支付意愿，噪音是影响支付意愿的因素但不是唯一的因素。

[4] 这一研究得到了荷兰交通运输部的财政支持，并委托给阿姆斯特丹大学经济研究基金。该调查由 Van Praab 和 Baarsma 设计，并由 Intomart 和 Hilversum 担当意见顾问。

[5] 调查问卷全部的内容可见文献 Baarsma(2000)。

[6] 这篇文章中有的章节写成 $\ln y$，而不是 $\ln(y)$。

[7] 我们注意到这一公式不同于第 4 章所运用的，在那里我们只是在回归方程的等式右边引入 DS 变量来解释 GS。在那里我们并没有利用条件期望得到的个人信息，而且也没有引入独立变量 Z。

[8] 隔绝并不能完全减少噪音的影响也在 Feitelson[在第 11.2 节中所讨论的]等的研究中被发现，在顾问 Regioplan 关于自然和对 Schiphol 地区噪音的抱怨程度的研究中。同样，隔音的不完全影响也可以被发现(Hulshof and Noyon, 1997:73)。

[9] 在这一调查时期，汇率大约是 1 美元 = 1 欧元。

12. 税收和福利*

12.1 引言

每个国家都有税收。作为一个组织,国家存在的原因是向公民提供许多基本的必需品,如果公民不组成一个国家或者一个社区,将对这些必需品支付更高的费用。提及军队、警察、司法、教育、公路系统等等,我们称这些为国家服务。这些服务的提供需要人力资源和资本,这些人力资源和资本不能用于其他商品和服务的生产。国家必须以市场价格从市场上购买这些生产要素或成品。例如,工作者可以选择为私营企业工作、自己当老板或者当公务员。如果这个国家在劳动力市场上比私人公司有竞争力,那么工作者只会选择当公务员。同样地,如果这个国家想租用一栋办公楼,它必须支付市场租金。

我们假定经过一个国会决议过程所作的选择:国家必须花费30%的国内生产总值在国家服务的生产上。这暗示国家必须花费30%的总国民收入,因此,30%的要素收益(也就是薪水、利润、利息收入等等)必须来自市民的税收。我们称这个例子中的30%为国民税率。纸币,必须被视为代金券,用来代表一个国家为提供服务所作的努力中应得的权利。如果我们想把这些代金券用来提供国家服务,那么它们就不能被公民用在食物、房子和其他私人购买上。实际上,这种情况可以与一个足球或

---

* 本章内容主要基于 Plug, Van Praag 和 Hartog(1999)。

高尔夫俱乐部比较,俱乐部提供场地、培训师、俱乐部房子等等,俱乐部成员对此进行付费。俱乐部成员是公民,他们所付的费用就是公民付给国家的税收。

我们把关于国民税率和不同国家服务(如军队、警察和教育)的税收收入分配的决定称为宏观决策,这些决定都是国会决议的结果。宏观决策将不是这章的主题。

就总的税收来说,我们的问题是怎样从公民那里收取税款。有人可能想到人头税,这相当于每个人有一个无差别的贡献率,但是当一些人是贫穷的而另一些人是富裕的,并且这个税收是巨大的时候,每个人交纳同样的税是成问题的。

另一种可能性是根据国家服务的消费区分每个人的税收。然而,这可能意味着有许多小孩的贫困家庭将不得不支付高的教育税。尽管教育对整个国家的生产能力具有很大的有益影响,这绝不是说,教育的正面影响只惠及到那些受过教育的孩子。并且,在现代福利国家,我们看到一些国家服务被作为应给予每一个公民的基本权利。教育税收限制了教育系统的可获得性。更为严重的是,教育税收可能导致孩子或者他们的父母"购买"比他们所应获得的最理想的教育更少的教育。许多其他服务提供一种保险;例如,消防大队。对每一个具体的人所消费的消防队服务进行估计是很困难的。因此,几乎全部人感觉这些专用税款对他们的收入影响是不理想的,事实上估计具体的消费水平是困难和花费昂贵的,并且事实上,他们可能以一个不需要的方式影响这些政府服务的使用。

几乎全部公民支持和接受根据公民的谋生能力进行征税。然而,说起来容易做起来难。因为,尽管我们能够了解收入是多少,但是用收入作为谋生能力指标并不合适。

历史上已的确存在用职业、社会地位这样的变量来代表谋生能力(或支付能力)的例子。在 1680 年,荷兰将谷物税改为人头税。对每个人来说,税率是固定的,但是因职业而不同,也因财富而不同(见 De Vries 和 Van der Woude, 1995:134)。1660 年英格兰的人头税法案便是一个更好的例子。它以外在的社会地位为基础:一名公爵 100 英镑,一名伯爵 60 英镑,一名男爵 30 英镑,一个地主 10 英镑(Hahn, 1973)。就所得税的高费用而言,值得我们再思考上述方法来寻找一个更好的反映谋生能力的指标而不是简单地看可支配收入。能力税可以作为一个参照点。我们并非建议我们在本章所计算的能力税是一个应该立刻得到执行的方案。

在如今现实中,通过征收各种各样的税收解决了这个问题。例如,所得税、财富税和消费税,采取国内货物税或增值税的形式。然而在这里,我们面对同样的问题。如果对每个人按其赚得收入进行比例征税,那么工作赚钱的动力将下降。例如,税收可能导致个人减少他20%的工作劳动。并且,税收影响行为——即劳动供给——如果我们假定一个个人所得税比例,国家税收也下降20%。这在经济文献中被称作净损失影响。同样地,对于财富税或消费税也会产生同样的影响。

现在,普遍认为,在发达国家所得税有一个巨大的扭曲效果。大约10年前,一些发表的研究表明:美国和像瑞典和荷兰这样的国家承受高超额负担(Stuart, 1981; Browning and Johnson, 1984; Hausman and Ruud, 1984; Stuart, 1984; Browning, 1987; Van Ravestijn and Vijlbrief, 1988; Hartog, 1989)。从那以后,许多国家实行税收改革和降低边际税率,但是即使如此,在许多国家,净福利损失可能还是保持在高水平上。

通过调整行为想方设法避税导致了福利损失的增加。一部分调整行为是在完全合法行为范围里,另外一些行为是半合法的灰黑地带活动或者完全非法的活动,如税收(和社会保险费)诈骗。地下经济从合法经济中吸走了大的份额,在一些国家估计达到了10%甚至20%的国民收入(Gutmann, 1977; Van Eck and Kazemier, 1989; Schneider and Enste, 2000)。除了巨大的交易费用,税收监管者、税收顾问以及税收律师们都在广泛并深入地探讨合理评估个人收入水平的方法。

如何确定税收结构和划定税收等级一直都是经济学中一个基础性问题。根据亚当·斯密的理论,从一开始,将负担进行公平分配就是一个国家目标:每个国家的公民应当尽可能地按他们各自的能力相应地支持政府。如果我们假定收入与赚钱能力成比例,并且不受所得税的影响,那么把收入作为税收基数将是合理的。

在19世纪末,以如何划定税收等级展开了如何征收所得税的讨论。税收应该按比例或者因为更高的收入水平而相应地增加吗?给定个人收入,通过约翰·斯图亚特·密尔(John Stuart Mill, 1806—1873)的应用相等福利损失原理从收入衍生出了税率(Mill, 1965)。这个损失仍然没有被定义，根据一个收入效用函数 $U(\cdot)$ 来定义。如果我们有税收 $T(y)$，那么绝对效用损失是 $U(y)-U(y-T(y))$。这时税收量变成效用损失。我们也可以不用效用这个词而用福利或财务满足度。效用损失比值是 $\frac{U(y)-U(y-T(y))}{U(y)}$。收入税收的形式也就相应地分为等价的绝对损失或等价的效用损失比值。在第一种情况中，对每个人征税从而使他或者她承担同样的绝对效用损失；而在第二种情况中，纳税者承担相等的效用损失比值。当然，每种形式有一个不同的所得税指标。然而，除了税率等级这个问题之外，还有一个更基础的问题是税收基数的问题。它要么是收入或者其他的个人指标，如"赚钱潜力"或直接称为"能力"。

近来的文献并不是从给定的个人收入来进行研究的。考虑为获得收入所必须的付出，新古典理论指出，效率损失只能通过总税收来避免。这样的税收不是根据个人所能够改变的特征来区分的。例如，税收基数可以是性别或者年龄。在一个公正的税收系统中，总税收将必须与个人赚钱能力有关。Tinbergen（荷兰人，第一届诺贝尔经济学奖得主，1903—1994。译者注）的理想所得税的计算（Tinbergen, 1975: ch. 7）和对智力征税的建议（Tinbergen, 1970a/b）遵循了这个原则。然而，只有（如果）政府充分了解每个人以决定他们的总税收，最佳优先的状态才得以实现。最理想税收的新文献是从信息问题研究引出的[1]，而最理想税收是受 Mirrlees（1996 年诺贝尔经济学奖获得者。译者注）的具有开创性贡献启发而提出的（Mirrlees, 1971）。

本章，我们设法根据比传统文献更加具体的信息来求得总税收。

首先，我们采用关于收入效用的经验主义的结果。给定个人收入，我们从一个福利函数得到一个收入税表，这个福利函数展示了广泛研究中经验主义的优势，来源于第 2 章所讲的收入估计问题（IEQ）。与其他方法相比，其优势是：个人福利可以直接测量，不用对观察的消费休闲选择进行假设或者推断。我们在第 12.2 节选用四个不同的损失原则和计算联合收入税收。然后，我们用"能力"取代收入作为一个税基，这个"能力"被定义为一个关于 IQ 和教育的函数。然后，我们应用同样的框架构建一个能力税收。从文献中知道，如果我们把个人的税收可信度与他们的能力或赚钱能力联系在一起，那么能够进行没有净福利损失的平等服务。在第 12.3 节，我们考虑数据集和操作经验主义的联系；在第 12.4

节,我们考虑能力税率;在第 12.5 节,我们得出一些结论。

12.2 以效用损失为基础的所得税

在这节,我们考虑税收表,来源于不同税收原则的应用结果。我们根据第 2.8 节的发现假定通过一个效用函数对收入 y 进行估计。

$$U(y;\, u(y_c,\, x),\, \sigma) = N\left(\frac{\ln(y) - \beta_1 \ln(y_c) - \gamma' x}{\sigma};\, 0,\, 1\right) \quad (12.1)$$

在这里,y_c 代表当前收入,向量 x 代表个人性格列表,N 代表标准正态分布函数。通过使用这个工具估计一个税收的主观影响。当前收入 y_c 的估计是:

$$U(y_c;\, u(y_c,\, x),\, \sigma) = N\left(\frac{(1-\beta_1)\ln(y_c) - \gamma' x}{\sigma};\, 0,\, 1\right) \quad (12.2)$$

我们考虑四个税收原则:

(1) 绝对效用相等;

(2) 边际效用相等;

(3) 相等比例损失的征税;

(4) 相等绝对损失的征税。

后两个原则来源于 19 世纪的文献。第一个是激进的平等主义标准,而第二个来源于最大化 Benthamite[2]社会福利函数(关于固定的税前收入)。我们注意到,除第一个外,所有的原则需要一个基本的效用概念,用序数进行个人间的比较。

用 y_b 和 y_a 代表税前和税后收入并且使 $(1-t)y_b = y_a$,在这里,t 代表税率。

绝对效用相等

我们假定我们是严格平等主义的,我们的目标是每个人的税后收入可以被同样估计。也就是说,我们要求 $U(y_a) = a$,假定效用函数是:

$$U(y_a;\, x) = N\left(\frac{\ln(y_a) - \beta_1(y_a) - \gamma' x}{\sigma}\right) = \alpha \quad (12.3)$$

这个原则给每个人同样的收入，除个体特征 x（如家庭规模）之外。因此，效用相等不意味收入相等。每个贫穷的人将得到一个更高的收入，也就是说，一个负的税收。结果是税收等于（y_b-y_a），这里的 y_a 是由(12.3)决定的。

边际效用相等

这个原则的基本思想是：个人间的收入边际效用应该是相等的。我们使用 Leyden 福利函数：

$$\frac{\mathrm{d}}{\mathrm{d}y_a}U(y_a;\ x)=n\left(\frac{\ln(y_a)-u}{\sigma}\right)\cdot\frac{1}{y_a}=\alpha \tag{12.4}$$

这里的 $n(\cdot)$ 代表标准正态密度函数。对两边取对数进行观察，我们发现 u 是 $\ln(y_a)$ 的一个线性函数，是关于 $\ln(y_a)$ 的一个二次方程。我们发现税后收入 y_a 有两个来源。再一次注意到，很贫穷的人将得到一个高的收入，也就是说，一个负的税收是可能的。

相等的比例损失

在这个例子中，我们有：

$$(1-\alpha)U(y_b)=U(y_a) \tag{12.5}$$

对每个纳税人来说，相等的效用损失是相等的，无论他或她的税前收入 y_b 为多少。

相对的绝对损失

$$U(y_b)-U(y_a)=\alpha \tag{12.6}$$

明显地，如果 $U(y_b)\leqslant\alpha$ 时，这个原则不能成立，因为我们没有负效用，我们假定效用在 0 到 1 之间。因此，我们必须要求税后收入仍然以一个低的正值来估计。

上面概括的公式在税收文献中都有介绍。然而，这里的新颖之处在于包含了决定实际收入表的效用函数。而在传统文献中，效用函数或者不确定，或者仅仅以本能为基础进行假定。更多的时候，函数被确定为对数形式的，服从 Bernoulli 分布。

尽管我们有几个可应用的税收原则，但是我们仍然面对这样的问题：收入不是一个理想的税基，因为税收影响实际收入（的事实）。我们喜欢一个像“谋生能力”或“能力”的变量，税收对它没有影响。但是，怎样去定义和测量这个概念呢? Griliches(1997)指出能力测量的局限性,根据他的观点,能力有时候像一个“长着羽毛的东西”。我们假定能力是多维的。我们首先要给出的维度是以下候选项:

(1) 身体和心理健康;

(2) 用IQ测量的认知能力;

(3) 社会/感情智力;

(4) 性别;

(5) 年龄;

(6) 教育。

所有这些变量能够以一个或多或少令人满意的方法进行测量。并且重要的是,在任何西方国家,在实践中对大部分孩子测量了这些变量。这些测量存在两个问题。首先,在孩子的成长过程中,这些测量有测量错误和波动。这个可以通过对儿童时期(从6岁到14岁)重复测量进行修正。第二个可能出现的问题是:父母亲将极力引导他们的孩子欠佳执行那些多维因素,从而避免高税收义务。在这里,我们引用著名的话:“如果我们对有用的人比蠢材征更多的税,我们将向各种形式的伪造打开了大门;我们使愚蠢看起来似乎是能获利的,那么任何人能够使他自己看起来是愚蠢的。”(见 De Villiers Graaf as quoted by Atkinson and Stiglitz, 1980:357)这个结果不是灾难性的。Mirrlees(1971)提到,威望影响可能有一个相反的动力。同样的道理适合于想得到的结果与测试业绩相关联,如入学。实际上,只要在业绩中存在系统的变量(即并不是每个学生意愿得到0分),那么,我们能从测量的分数推断正确的能力并且给行为建模[3]。所有的父母亲也将认识到这将损害孩子的职业生涯和他们的人力资本的积累。

我们还要进一步研究两个指数。第一,我们把性别包括在内,因为怀孕的可能性和母亲的责任导致女性的谋生能力下降。男性和女性之间一生收入的差异也反映了这一点。在我们的应用中,我们将把教育当作一个能力指标。那就是说,我们假设受过很多教育的成年人将必须纳更多的税这一预期不会影响教育。父母亲和孩子对教育的决定在很大程度上受到20年或更长时间以后的税收效果所影响,这时候,这个孩子已经成人了。我们并不认为这是现实的。第二,年龄也是一个相关的区分器,因为几乎所有的收入都取决于年龄。最后,社会家庭背景部分决定个人的谋生能力(可能会引起争议)。同样的道理可能适合于遗产。我们在第一种方法避开那些因素,是为了避免太多政治的和哲学的声音。

12.3 数据和处理

事实上,我们没有这样一个理想的数据集:上面列举的所有变量都是知道的。然而,经过处理,我们有一个独一无二的数据集,既测量了个人儿童时期的IQ,又包含了IEQ。作为这章进展的一个有趣的起点,我们将假定能力完全是由IQ、性别和受教育年限决定的。

在这章最后,我们将让你想起这个事实:尽管能力无法被全面测量,但是重复进行一个更加令人满意的能力测量是可能的。我们注意到这里介绍的"能力"这个概念是十分狭窄的。它仅仅指人类谋生能力。

在1952年,对荷兰南方的Noord-Brabant省$\frac{1}{4}$的六年级学生(大约12岁)进行了抽样[4]。在那个时候,测量了他们的学业成绩、智力和家庭背景。30年以后,这些独一无二的观察仍然是可利用的。在1983年,对同样的人收集了关于教育、劳动力市场地位、收入等方面的数据(从5 800个原始观察值取出4 700个)。因为结果证明1983年的Brabant数据是一个很丰富的数据集,所以1993年重复了1983年的测量(见C. M. Van Praag, 1992)。在最新版的调查问卷中也包括关于主观福利测量的问题,其中之一就是收入评估问题(IEQ)。

在这篇文章,我们有必要限制我们自己对这个问题的分析。回答1993年调查问卷的Brabant人的数目是2 099个。从这些居民中,许多观测值必须从分析中除去,因为部分是没有回答的。如果我们的目标是对谋生能力进行征税,那么我们需要变量去预测。在起始的1952年调查中,我们仅仅使用关于个人IQ的观测值,不是为了他们的配偶。如果一个家庭不止一个人获得收入,那么将引起复杂情况,我们不想卷到这样的复杂情况中。因此,我们仅仅使用一个家庭一个收入获得者的观测值。我们也限制我们自己是全职的个人。当然,对谋生能力而不是实际收入进行征税的主意是完全适合处理不同时间这一问题,但是,这并不是当前调查的目的。给定所有这些限制和来自关于关键变量的遗漏观测值的损失,我们取得 525 个观测值的样本。从剩下的 IEQ 回答中,我们能够识别 333 个福利函数[5]。

最后,我们通过假定"正常"反应行为必须满足:

$$0.025 \leqslant N\left(\frac{\ln(y_c - u)}{\sigma}\right) \leqslant 0.975 \tag{12.7}$$

来改正极端的 IEQ 反应行为。换句话说,"正常"的反应者估计他们自己当前的净收入以一个[0, 1]的评分规模在 0.025 到 0.975 之间[6]。分析后的最终样本包含 301 个观测值。其他变量的一个简短的描述如下。

教育变量代表了荷兰的教育系统。这个系统基本上由两种类型组成,即一个职业的类型和一个普遍的或学术的类型。尽管不同的教育类型很难去比较,但是他们各自的名字和持续时间暗示了身份地位和困难。从种类"小学"开始,6 年是义务的,我们根据一个相应的总年数区别了 7 个等级:

(1) 小学,6 年;

(2) 延伸初级的,8 年;

(3) 低级职业的,9 年;

(4) 中级职业的,10 年;

(5) 中级全面的,11 年;

(6) 高级职业的,15 年;

(7) 大学,17 年。

上面内容描述了 20 世纪 50 年代和 60 年代的荷兰教育系统。对所有人来说,个人教育被设置为相等的正常长度;也就是说,超过小学额外的必需教育年数最小程度加上一年。按这种方法,教育变量能够被定义为一个教育年数的自然对数。所有人都被给予最高的教育水平。其他使用的变量是家庭规模 fs 和税后家庭收入 y_a 以及税前家庭收入 y_b。并且我们注意到,因为样本的起源,所有样本回答者大约是同一个年龄。因此,一个年龄影响不可能是明显的。20 世纪 50 年代的荷兰,参与高等教育比现代有更多的限制。从 6—12 岁的教育是义务的。学费仅仅是真正费用的一小部分,并且给贫困家庭拨款和贷款。然而,我们必须认识到,贫困的家庭面对一个相当大的机会成本,因为在义务教育年龄之后的继续教育暗示了小孩不可能有助于父母亲的家庭收入。在尝试评价结构性职业前的谋生能力的上下文中,这不是一个太好的问题,因为有关荷兰1952年继续教育的决定是一个父母亲的决定,在很大程度上得到教师建议的引导,而小孩本身却无法影响继续教育的决定。表12.1列出了根据IQ和教育进行的样本分布。在表12.1中,IQ是被细分的。75栏代表了IQ低于80的人,85栏的IQ分数在81和90之间。除了135栏,所有的栏目都按这种方法定义。135栏代表了IQ高于130的人。如同期望的一样,随着IQ分数的增加教育程度也在增加,但是两者的关系存在巨大的分散性。

表12.1 样本分布情况

智 商	75	85	95	105	115	125	135	小计
小学	7	3	6	5	2	—	—	23
拓展性初级教育	3	12	24	14	9	1	—	63
初级职业教育	—	5	9	22	8	4	1	49
中级职业教育	—	6	8	28	13	6	—	61
高级职业教育	—	7	7	28	19	12	2	75
大学	—	—	—	5	4	7	4	20
小计	10	34	54	104	59	31	9	301

预测谋生能力

因为我们的目的在于使用"谋生能力"作为我们的税基,我们必须定义和测量谋生能力。在此之前,我们列举了一套基本的个人赚钱能力的决定因素。然而在这里,我们受到数据集的限制,并且我们必须处理平常的性别和教育变量,我们能够把测量到的12岁小孩的IQ添加到这些变量中。遗憾的是,正如上面提及的,年龄变量必须被降为一个解释变量,因为所有的样本回答者大约是同一个年龄。在1952年第一个样本时期,样本回答者大约12岁,因此他们在1993年大约53岁。为了预测谋生能力,我们假定:

$$\ln(y_c) = \alpha_0 + \alpha_1 iq + \alpha_2 gender + \varepsilon \qquad (12.8)$$

在这里,我们把 iq 看作IQ测试分数,用100进行划分。为了控制性别影响,我们添加一个性别模型。IQ测量和性别模型把谋生能力仅仅定义为一个外生变量。没有观察到的能力决定因素以误差 ε 来表示。谋生能力估计可能是不精确的,有两个原因。第一,如果人们在他们的IQ测试中避免作弊,IQ 测量仅仅是一个外生变量。如果不是,我们必须对 IQ 分数的外部性进行处理。然而,12 岁的小孩能够并且愿意在一个 IQ 测试中系统地作弊是否可能呢?记住,尽可能地作弊仅仅能够产生向下的结果。第二,我们期望有关谋生能力的测量误差的影响是高的;IQ 是反映一个如谋生能力这样的宽广概念的一个十分狭窄的工具。可供选择的是,我们把教育年数添加到变量表中,预测赚钱能力如下:

$$\ln(y_c) = \alpha_0 + \alpha_1 iq + \alpha_2 gender + \alpha_3 \ln(e) + \varepsilon \tag{12.9}$$

在这里,我们把 e 看作总教育年数。因此,我们通过减少测量误差确保精确,但是,我们可能失去 OLS 估计的相关精确性。我们认识到,教育的外部性可能使我们的 OLS 估计变得不充分,正如 Card(1994)和其他人争论的那样。然而,我们必须再次提出这个问题:年轻的时候,对一生的期望税收是否真正是一个教育选择的重要决定因素。我们并不认为这是 1953 年荷兰的实际情形。

我们将继续使用两个定义进行能力预测。在表 12.2 中,我们列出了净收入函数的估计。性别影响是十分巨大的;在这个样本中,女性的净收入大约是男性收入的 60%。如果我们忽视教育,净收入的 IQ 参数大约是 1;如果我们考虑教育,净收入的 IQ 参数大约是 $\frac{1}{4}$。教育的弹性大约是 $\frac{2}{3}$。如果我们使用标准 Mincer 设定,教育的净回报将是 6%——对荷兰来说是一个常规的结果(cf. Hartog, Oosterbeek 和 Teulings, 1993)。

表 12.2 净收入函数

	估计值	标准差	估计值	标准差	估计值	标准差
截距	7.232	0.152	6.426	0.146	7.037	0.127
性别	−0.426	0.060	−0.415	0.050	−0.406	0.050
智商	0.953	0.144	0.246	0.135	0.259	0.124
ln(受教育年限)	—	—	0.664	0.058	—	—
受教育年限	—	—	—	—	0.060	0.005
R^2	0.205	—	0.444	—	0.449	—
N	301	—	301	—	301	—

现在使用 Mincer 设定是一个标准的实践,用收入对教育年数求对数。为了便于和其他人的研究进行比较,我们也列出了传统的 Mincer 设

定的估计。在我们的模型设定中,使用教育年数的(自然)对数是更加方便的。我们觉得,有两个理由证明 Mincer 设定的偏离是正确的。第一,教育年数的(自然)对数的使用不被数据拒绝。我们是否使用 Mincer 设定或者方程(12.9)中的设定,对其他变量的系数没有显著的影响,它也不影响相关系数。第二,Mincer 设定暗示了教育的一个固定收益率。在我们的设定中,教育年数的边际收益是递减的。我们得到:

$$\frac{\partial \ln(y)}{\partial e} = \frac{\partial \ln(y)}{\partial \ln(e)} \frac{\partial \ln(e)}{\partial e} = \frac{\alpha_2}{e} \tag{12.10}$$

递增的教育水平带来一个递减的收益是程序化性质之一,这些性质反映在 Psacharopoulos(1985)或者 Card(1994)的国际测量中。在我们的设定中,教育的收益率等于净收入的 $0.664/e$。表 12.3 列出了相应的总收入估计。所有系数的绝对值比在净假定中大很多。这个可以被解释为荷兰关税率导致的能力决定的收入不平等的下降。我们注意到这种平等的尝试没有给人留下深刻的印象。教育收益率是总收入的 $0.805/e$。

表 12.3 总收入函数

	估计值	标准差	估计值	标准差	估计值	标准差
截距	7.395	0.182	6.417	0.173	7.485	0.151
性别	−0.477	0.072	−0.464	0.060	−0.453	0.060
智商	1.224	0.172	0.366	0.161	0.386	0.160
ln(受教育年限)	—	—	0.805	0.069	—	—
受教育年限	—	—	—	—	0.073	0.006
R^2	0.206	—	0.451	—	0.454	—
N	301	—	301	—	301	—

观察 IQ 和教育之间的替代率也是很有趣的。我们发现固定收益曲线

$$\alpha_1 iq + \alpha_2 \ln(e) = \ln(y_c) - \alpha_0 \tag{12.11}$$

保持能力恒定,收入函数显示了 IQ 和教育年数之间的替代率。我们看到,在更高教育水平上,用更多的 IQ 替换一个教育长度的损失变得越来越容易。或者,从不同的角度来看,与低的教育水平相比,在高的教育水平上,用更多的教育替换 IQ 的增加是更加困难的。

扩展 WFI

我们在第 2 章发现参数 μ 取决于当前净收入 y_c 和家庭规模 fs。

Brabant 数据集允许我们扩展这个参数与其他变量的关系。这篇文章关注的变量是 IQ 和教育变量 e。我们假定一个人从收入获得福利的能力必定受到他的教育和 IQ 的影响。更为精确的是,我们试图用方程:

$$\mu = \beta_0 + \beta_1 \ln(fs) + \beta_2 \ln(y_c) + \beta_3 iq + \beta_4 \ln(e) \qquad (12.12)$$

解释 μ。教育深深影响每个人,并且每个人可能期待教育强烈影响到视野、品位和消费艺术。IQ 或多或少代表内在的品质,可能作为一个品位转换器,尽管我们不确定一个影响的标记。拥有更高 IQ 的人可能更需要 μ 的增加,但是另一方面,更多的智力可能也提高消费过程的效率。[7]

表 12.4 给出了估计结果。我们首先发现所有常规收入和家庭规模影响。前者是已经建立好的偏好偏移影响。正如早先陈述的一样,因为部分额外收入增加了抱负,存在一个福利损失。一个 0.5—0.6 的偏移和一个 0.11 的家庭规模弹性与普遍的结果(见第 2 章)是完全一致的。在这篇文章中有趣的新变量是 IQ 和受教育水平 e。IQ 增加 10 点,μ 提升 0.02—0.03,因为 $iq = IQ/100$。我们用一个 IQ 的二次函数进行实验,但结果是一个对数—线性设定是显著的。在受教育水平的设定中,我们看到:教育增加 1 年,μ 提高大约 0.01。教育的影响是非常显著的。单独来看,IQ 也是非常显著的,但是随着教育的增加,IQ 的影响是逐渐减少的:有了更高的 IQ 和更多的教育,获得一个给定的福利水平需要更多的收入,因为智力和教育会提高"需求"。

IQ 和教育怎样影响收入的估计?为了得到这个问题的答案,我们必须把 IQ 和教育的影响分成两个独立的影响。正如我们刚才看到的,因为 IQ 和教育直接影响福利,所以产生了第一个影响。第二个影响是 IQ 和教育通过收入经由市场间接影响福利。这些福利影响能够通过等价规模进行合理的测量。正如为家庭等价规模所做的一样,定义 IQ 等价规模或教育等价规模是可能的。如果谋生能力仅仅由儿童时期的 IQ 来定义,那么,我们能够计算一个 IQ 为 iq_A 的人为了和一个 IQ 为 iq_B 的人获得相同的福利必须拥有的钱数。如果 m 表示等价规模,效用相等写成:

$$U(m \cdot y(iq_A);\ iq_A) = U(y(iq_B);\ iq_B) \qquad (12.13)$$

在这里,我们考虑收入估计函数本身也取决于 iq(见表 12.4 和方程(12.13))。为了在 Leyden 框架内表现这个,我们假定两个人的 IQ 分别为

iq_A 和 iq_B。根据方程(12.9),他们的收入将是 $y(iq_A)$ 和 $y(iq_B)$,其他条件相同。他们的福利函数将分别用 μ_A 和 μ_B 来表示,根据公式(12.13)

$$\mu_A = \beta_0 + \beta_1 \ln(fs_A) + \beta_2 \ln(y_{c,A}) + \beta_3 iq_A \tag{12.14}$$

类似地定义参数 μ_B。当假定样本的 σ 保持不变,福利相等暗示:

$$\ln(m \cdot y_A) - \mu(m \cdot y_A) = \ln(y_B) - \mu_B \tag{12.15}$$

假定 $Fs_A = Fs_B$,我们发现:

$$(1-\beta_2)\ln(y(iq_A)) - \beta_3 iq_A = (1-\beta_2)\ln(m \cdot y(iq_B)) - \beta_3 iq_B \tag{12.16}$$

使用方程(12.9)中预测的谋生能力,Leyden 的 IQ 等价规模的 m 被定义为:

$$\ln(m) = -\alpha_1 \Delta iq + \frac{\beta_3}{1-\beta_2}\Delta iq \tag{12.17}$$

在这里,Δiq 是 iq_A 和 iq_B 之差。我们把右边第二个术语解释为纯等价影响,而第一个术语反映了市场修正影响。纯等价影响反映了等价表的正当性:为了保持福利,更高的 IQ 需要额外的收入,承认偏好转移导致福利损失。市场修正影响反映了一个事实:一个更高 IQ 的人平均需要多赚 $a\Delta iq$(见方程(12.9)),这是劳动力市场对个人福利的贡献,能够从相等效用演绎得到。就一个完全的市场修正而言,我们可以得到 $m=0$。我们观察 $\ln(m)$,作为两个术语的总和。如果我们观察等价表本身,它能够被写成产量:

$$m = e^{-\alpha_1 \Delta iq} e^{\frac{\beta_3}{1-\beta_2}\Delta iq} \tag{12.18}$$

表 12.4 μ,智商和教育之间的关系

	估计值	标准差	估计值	标准差	估计值	标准差
截距	2.638	0.266	2.882	0.276	3.052	0.306
ln(家庭规模)	0.116	0.028	0.116	0.028	0.116	0.028
ln(家庭收入)	0.596	0.034	0.539	0.039	0.542	0.040
智商	0.272	0.091	0.165	0.097	0.178	0.097
ln(受教育年限)	—	—	0.143	0.049	—	—
受教育年限	—	—	—	—	0.012	0.004
拟合优度	0.604	—	0.614	—	0.612	—
样本个数	301	—	301	—	301	—

表 12.5 呈现了纯影响和市场修正影响,表 12.4 第一栏给定了福利函数,表 12.2 第一栏给定了净收入函数。我们的参照点是把 IQ 设定在 105:样本的平均值。第一个记录显示:在平均 IQ 为 105 的人的收入的 82%处,IQ 为 75 的人与平均 IQ 为 105 的人达到同样效用水平。如果他们得到 82%的参照收入,他们将对他们的收入有同样的满足。然而,市场少给了他们 33%。如果我们比较两者的福利影响,他们的当前收入必须提高 9%(0.817×1.331 = 1.088)。因此,提高 IQ 需要更高的收入去维持福利,但是,正如市场补偿影响所显示的,劳动力市场在 1993 年产生了过度补偿。就谋生能力、赚钱和福利来说,IQ 低的人比 IQ 高的更糟糕。事实上,我们在这里观察的是 Mill 著名的非竞争群体的福利效果。

表 12.5 Leyden 均衡表——仅由智商决定的能力

智 商	原始数据	市场调整	总 计
75	0.817	1.331	1.088
85	0.874	1.210	1.058
95	0.935	1.100	1.028
105	1.000	1.000	1.000
115	1.070	0.909	0.972
125	1.144	0.826	0.946
135	1.224	0.751	0.920

注:参考智商=105。

在将受教育年数作为一个解释变量添加进来之后,我们可以重复这个计算。现在参照点是一个普通的中级教育和一个 105 的 IQ(iq = 1.05)。这些影响是以表 12.2 和表 12.4 的第三栏为基础的。表 12.6 给出了结果。我们注意到,给定了 IQ,如果他们获得了更多的教育,他们将需要一个更高的收入来维持效用,并且仅仅初级教育和一个大学教育之间的净差别是巨大的。但是,我们也注意到,荷兰劳动力市场过低补偿低教育和过高补偿高教育。相对于小学,对大学教育的过度补偿是十分巨大的。更多的教育通过收入和福利得到支付;学校的津贴超过了不变效用所需要的不同补偿。表 12.6 也显示出教育保持不变时 IQ 的影响。更多能干的人仍然获得一个更高的收入,但是现在,在给定的教育条件下,劳动力市场补偿过低了。最后注意到,IQ 和受教育年数的联合影响是两个等价表数据的乘积。例如,对一个接受了大学教育和 IQ 为 135

分的人的联合福利影响,增加一个 10% 的影响(0.857 × 1.034 = 0.905)。如果用上学年数和儿童时期 IQ 定义谋生能力,那么我们观察的结果与表 12.5 描述的结果或多或少相似。就谋生能力、赚钱和福利而言,高 IQ 的受过高等教育的人是更好的。

表 12.6 Leyden 均衡表——由智商和教育共同决定的能力

智商				学校教育			
智商	原始数据	市场调整	总计	教育	原始数据	市场调整	总计
75	0.898	1.077	0.967	小学	0.829	1.496	1.239
85	0.931	1.050	0.978	拓展性初级教育	0.906	1.235	1.119
95	0.965	1.025	0.989	初级职业教育	0.940	1.143	1.074
105	1.000	1.000	1.000	中级职业教育	0.971	1.065	1.034
115	1.036	0.976	1.011	中级一般业教育	1.000	1.000	1.000
125	1.074	0.952	1.023	高级职业教育	1.101	0.814	0.896
135	1.113	0.929	1.034	大学	1.145	0.749	0.857

注:参考智商 = 105,教育 = 一般中级教育。

12.4 结果:税率

既然我们有了所有的变量,我们将税收模型放在 12.24 节这样一个开放的段落描述。我们将上面列举的税收应用到谋生能力。对于不同阶层,能力税将是什么?税收与实际的荷兰关税如何进行比较?我们假定谋生能力 $y(a)$是由能力 a 决定的。我们进行的分析将使用两个能力测量指标:IQ、教育和 IQ 联合。我们假定福利 $U(y;\ x)$受收入 y 的影响,并且也依赖干扰变量 x。函数 $U(\cdot)$是 WFI。我们假定所得 y 依赖能力和其他因素,这些因素可以看作随机的——至少,他们与能力无关。那也是说,我们假定:

$$\ln(y) = \ln(y(a)) + \varepsilon \tag{12.19}$$

在这里,$y(a)$代表谋生能力的结构部分。误差项反映了其他变量和随机因素。因为我们假定(和发现)能力和谋生能力是单调相关的,所以用 $y(a)$取代最新变量"能力"不会让人迷惑。

和之前一样,我们把四个不同的理想准则应用到税收:税后效用相等,税后边际效用相等,成比例的效用损失相等和绝对效用损失相等。我们现在把税收表记作 $t(a)$,这里清楚地说明 $t(a)$不依赖实际收入 y,但依赖谋生能力 $y(a)$。我们在第 12.3 节决定了税收函数,用谋生能力 $y(a)$取代收入,用 IQ 或者结合 IQ 和受教育年数进行预测。总的税收收入是:

$$R = \sum_{n=1}^{N} t(a_n) y(a_n) \tag{12.20}$$

我们将计算四个税收表,限制条件是在 1 993 个数据集中总的税收收入等于当前收入。

当然存在这样的可能性:一个人不会赚足够的钱去支付他的税收。为了防止这种可能性,我们允许有福利补偿金[8]。像实际的荷兰的税收和福利系统,我们的模型解释一个最小的净收入。这暗示,无论什么时候一些纳税者得到一个低于门槛的净收入,我们激励一个更低的限制。为了协调家庭规模的差别,我们也应用 Leyden 的家庭等价规模。在 Leyden 类型的贫困分析(见 Hagenaars, 1986 和下面的第 15 章)中,贫困门槛被设在福利价值 0.4(严重贫困)或 0.5(贫困)。这些价值对应"不足的"和"几乎不足的"口头资格。大约 0.4 的价值与实际的荷兰社会最低收入是一致的。这些水平是任意选择的,但是他们是一个长期不变的准则。当然,我们也可以在荷兰最低工资和最小利益水平中反映实际的社会最低限度。

结果见表 12.7 和表 12.8。在表 12.7 中,IQ 作为一个单独的能力指标。$y(a)$栏表示给定 IQ 的水平下实际的净谋生能力(来自 IQ 预测的收入)。对男人和女人来说,它是平均水平的,通过在给定 IQ 水平下每个人的实际比例进行衡量。下一栏是实际纳税情况。我们提醒读者想起一个事实:在我们的数据集里,所有人都是全职和单个的赚钱者。我们已经估计了毛收入和净收入函数,并且预测的毛收入和净收入之间的差距等于预测的实际税收。税收的数量和占预测的毛收入的百分比是给定的。记住,"税收"被定义为毛收入和净收入之间的差别。因此,它包括荷兰的所得税和雇员的社会安全贡献。在实践中,为了计算税收去应用官方关税税率是不可能的,因为在现实中存在许多豁免税,例如,官方关税税收不能合理地反映毛收入和净收入之间的缺口。后面的四栏显示了在四个准则下的税收数量:相等的效用、相等的边际效用、相等的比例损失、相等的绝对损失。一个显著的结果是在四个准则下计算的实际税收和"最理想"税收之间存在非常小的差别。运用相等的边际效用原则将暗示税率中最大的变化,由31%—40%变化到21%—44%。

表12.7 四种不同的基于能力的征税方法,按照智商对总收入的影响比例来衡量

智商	每月实际净收入能力(1993)	实际缴纳的税额	在相同效用下的税收	在相同边际效用下的税收	在相同损益比例下的税收	在相同绝对损益下的税收
75	2 884	31	31	21	34	34
85	3 091	32	29	23	33	33
95	3 401	34	33	30	35	35
105	3 686	35	34	34	35	35
115	3 874	37	37	38	36	36
125	4 305	38	39	43	37	37
135	4 424	40	38	44	37	37

表12.8 四种不同的基于能力的征税方法,按照智商和教育对总收入的影响比例来衡量

	每月实际净收入能力(1993)	实际缴纳的税额	在相同效用下的税收	在相同边际效用下的税收	在相同损益比例下的税收	在相同绝对损益下的税收
智商=75						
小学	2 458	28	22	6	30	31
拓展性初级教育	2 957	31	31	21	33	34
智商=85						
小学	2 514	29	18	6	29	30
拓展性初级教育	2 945	31	28	20	32	33
初级职业教育	3 066	32	25	22	31	32
中级职业教育	3 539	34	34	32	35	35
中级一般教育	3 760	35	26	31	31	32
高级职业教育	4 616	37	45	47	40	39
智商=95						
小学	2 568	30	24	11	31	32
拓展性初级教育	3 111	32	29	23	32	33
初级职业教育	3 243	33	28	25	32	33
中级职业教育	3 316	34	26	24	31	32
高级职业教育	4 733	38	47	49	42	41

（续表）

	每月实际净收入能力(1993)	实际缴纳的税额	在相同效用下的税收	在相同边际效用下的税收	在相同损益比例下的税收	在相同绝对损益下的税收
智商＝105						
小学	2 463	30	18	9	27	30
拓展性初级教育	3 179	33	26	23	31	32
初级职业教育	3 241	34	28	25	32	33
中级职业教育	3 605	35	32	32	34	34
中级一般教育	3 954	36	38	39	37	36
高级职业教育	4 725	39	44	48	40	40
大学	5 273	40	46	53	41	40
智商＝115						
小学	2 696	31	20	12	30	31
拓展性初级教育	3 254	34	30	26	33	33
初级职业教育	3 066	34	25	20	31	32
中级职业教育	3 683	36	35	34	35	35
中级一般教育	3 697	36	34	33	34	35
高级职业教育	4 420	39	39	43	37	37
大学	5 418	41	54	57	47	45
智商＝125						
拓展性初级教育	3 309	34	32	28	33	34
初级职业教育	3 297	35	27	25	32	33
中级职业教育	3 663	36	29	31	33	34
中级一般教育	4 108	37	42	42	38	38
高级职业教育	4 788	40	45	49	41	40
大学	5 260	41	42	51	39	39
智商＝135						
初级职业教育	2 439	33	14	5	27	29
中级一般教育	2 787	35	15	13	28	29
高级职业教育	5 173	41	42	51	39	38
大学	5 667	42	48	56	42	41

在表 12.8 中,我们给出了将 IQ 和教育放在一起对谋生能力进行预测的结果。平均税率十分接近两个相等损失原则下实际的平均率。另一个显著的结果是不同的最佳原则所显示出的小的差别。综合在一起,这些结果表明,应用任何一个最佳原则会导致对普通纳税者的税率有很小影响的税收结构。在这个过程中大的变化是,在一个谋生能力相等的群体中税收分散的消除。但是,如果我们强调相等效用或相等的边际效

用，我们将发现巨大的差异。真正地，与早期的结果相一致，我们发现相等的人头税效用的基本原则暗示了对谋生能力进行一个累进的税率。这些结果与 Keller and Hartog(1977)发布的关于解释从成比例的损失得到的实际税率的报告相吻合。在一个早期的分析中，我们用个人实际税后收入对来源于任意四个税收原则的税后收入进行了线性回归。相等的效用和相等的边际效用产生 0.53 的相关系数，损失原则产生0.87 的相关系数(所有的回归有一个显著负的截距和一个显著大于 1 的斜率)。明显地，根据损失原则的征税暗示了平均税收将不会显著偏离实际税收。但是，当我们将税收作为个人的一次总付款项时，最有趣的特点是实际的和最佳的税率之间的差别是分散的。我们将在比例损失相等的情况下调查这个特点。我们视其为一个吸引人的税收原则，因为它给每个纳税者施加了一个相等的相对负担。

对每一个 IQ—教育的结合，我们已经得出了报告毛收入和报告净收入之间的差别，进而可以得到在那个群体中观测所有的个人纳税。以个人的 IQ 和教育为基础，我们已经预测了个人的一次总付款税收，并且已经计算了实际税收和一次总付款税收的差别。

主要的结果是，在新的系统中低 IQ 的人必须支付额外的税收，而最高 IQ 的人则大部分获得税收。但是，在税收变化和 IQ 或教育之间没有单调的联系：这是一幅十分混合的图画。在许多例子中，这个变化并不是真正显著的。对许多记录来说，这个分散不高于 150 Dfl/月。这意味着对 95%的个人来说，其影响局限于不多于 300 Dfl 的一个所得或损失，大约是净月收入的 10%。[9]这些小的影响由两个因素导致的：第一，荷兰的实际税率能够被相等损失的税收很好地解释。从这种意义上说，一个不同的原则并不存在转变。第二，我们把我们的分析局限于全职雇员，暗示了税收对闲暇的影响是不包含在内的。因此，从这个研究分析中，我们能够得出结论：一个以谋生能力为基础能力的税收系统的转变不会对短期的净收入形式形成实质性影响。

12.5 结论

在这章中，我们调查了一个问题：一次总付款税收的构造建立在“能力”的基础上是否可行。就经济效率而言,关于谋生能力的一个税收将带来了巨大的优势,因为对谋生能力进行征税不影响实际的努力。对实际所得征税也是如此。就公平而言,许多人认为,对每天工作 1 小时赚 30 000 英镑的人和每天工作 8 小时赚同样多钱的人征收一个同样数量的税是不能被接受的。因此,值得寻找一个可行的谋生能力的测量方法。这个方法不应该仅仅以工作前的 IQ 和受教育年数为基础,而且应该也依赖其他的能力因素,如身体状况、性别以及社会智力和感情智力。并且,它应该依赖年龄(在我们具体的数据集中我们必须不予考虑)。

对谋生能力进行征税,明显的第一步是排除工作小时的影响。一个对全职的征税,之前已经有人建议了(见 Musgrave 1959 年写的著名的书)。我们已经用可变的劳动供给进行了实验,就男性而言,我们发现仅仅小的结果;就女性而言,可以预期更大的结果。

我们研究旨在对能力征税的方法,即对 Tinbergen(1970a/b)和 Mirrlees(1971, 1986)建议的一个回答,在这个方法作为当前税收实践的一个政治替代物能够被操作或讨论之前将需要一个更大的数据集和更多的研究。它仅仅能被逐渐地介绍。然而,我们的分析显示出一个能力税收不是一个 Chimaera 而是能够被认真发展的。从一个包括公平的道德观来看,它的优势是明显的。

因为可征税收入的年度估计将是不必要的,因此税收感知成本将大大减少。对公民征税的行政费用同样适用这个道理。如果在生命早期测量了能力,税收表将成为众所周知的,并且个人的不确定性可能也会减少[10]。在这里,在生命早期,根据税收能力对个人进行分类。因为实际的原因,我们必须把目标放在抽象的分类。这样的一个税收表将依赖年龄,因为众所周知,收入和收入的评估随年龄变化而变化。它可能也依赖性别,但是否依赖一个人的家族规模还存在争论。争论的原因是明显的,因为家庭规模不是一个纯外生变量。例如,如果大家庭得到一个相当大的税收减少,它可能导致纳税者拥有大家庭。我们不知道这样一个联系是否是紧密的,在拥有不同家庭支持系统的不同国家之间的比较没有表明这个影响将是巨大的,但是我们有一个强烈的政治因素。我们也可以想起父母亲的环境。明显的是,除遗产以外,父母亲的教育和一个成长社会网的存在相当大程度上影响了一个人的职业生涯。最后的因素是，一些人的收入和谋生能力是由他或她的身体和心理健康所决定的。一部分是天生的，或多或少可以预测的，并且应该包括在税基里的。一部分是纯属随机的，如个人可能变为残疾而不能工作了。明显地，税收应该允许努力改正。个人他或她能够影响有效健康的另一部分。例如，一个烟鬼可能得肺癌。我们将此作为讨论，这种健康赤字是否应该也被包括在税收豁免中。

当一个人的职业生涯开始时就几乎完全知道的税收形式将使职业生涯计划便利一些。并且，当税收不依赖工作努力程度，努力工作的动机将得到加强。最后，政府税收将更少依赖商业周期。

对被测量的儿童时期的能力定终身保留税是基于许多争论的。第一，一个人的收入不仅依赖 IQ，而且依赖许多其他的能力：领导能力、独立能力、创造能力、合作能力、商业能力和内在的健康。对这些能力的测试也是可得到的。一个关键的争论是测量误差的问题。在这里，重复测量能够有所帮助，也许除测试分数之外，应该使用一些其他的指标允许系统的误差改正。故意地低估蠢材的测试成绩是一个问题，通过把积极的动机联系在一起和评估一个测试行为模型能够遇到这样的问题，例如，把 IQ 和一个人校升学联系在一起（在许多国家中这是一个普通的实践）。Mirrlees（1971）甚至建议逃避的危险根本不会有所干扰。如果一个人的智力在社会中得到很高的评价，人们将尽力做到最好，这就导致了有代表性的 IQ 分数。

侵害个人私有权不是一个具体的能力测试问题。现代所得税也适用于这个道理，收入和豁免原因都是年度评估的。能力税收甚至可能被视作一个减轻，因为它不需要对个人私有权的一个年度影响。并且，在西方社会中，几乎所有人已经被重复地测试了 IQ 并且他们知道这些测试的结果。明显地，这个分类将反映一个社会分类，但是根据收入进行当前的分类是类似的。因此，我们不明白为什么对很多人而言对能力征税在社会上和心理上比当前所得税有更大危害。

一个税收责任超过实际的收入也不是一个基本问题。一个社会的最小值经常能够被支持，正如我们在分析展现的那样。

也许最大的保留意见关注的是测量谋生能力过程中误差的结果。过高估计可能将税收责任定得太高；而过低估计将让百万富翁逃脱微不足道的税收。第一,评估这些误差应该反对误差、不公正和当前所得税的效率损失。第二,调查一个混合系统可能是值得去做的,预测的谋生能力和认识到的收入之间的偏差能够以中等的税率进行征税。这将提供一个误差改正机制,达到公平状态仅仅产生小的效率损失。

我们认为存在一些好的原因去继续沿着这条内在的线路进行研究。我们的第一步将是调查消除工作小时对税收责任影响之后的影响。第二,我们将引进年龄作为谋生能力的一个指标,在给定它无可争辩的外部性后,它是一个好的指标。在我们的分析中,由于数据集里没有包含年龄变化,因此我们没有考虑这个指标。但是,我们知道,年龄是谋生能力的一个重要的决定因素,并且,它对福利参数 μ 有一个强烈的二次效应。我们应该在一个解开努力和内在能力的结构模型中工作。在这个模型中,教育的重要性将得到提升。内在的教育是一个超越个人的工作生活的常量,并且用它来设定税收责任将肯定带来效率收益。但每个人可以有一个选择,并且这需要更加准确地建模。可能对将来的研究带来一个问题的最后一点是,生命后期的教育,例如在职培训,在税收系统中应该怎样得到解释。

在列出一个能力税收的许多问题时,我们不应该忘记,当前的收入税收系统是一个高费用的系统。它也是一个有巨大误差的系统,从这个意义上说,可征税的收入是远离谋生能力或支付能力的完美测量。公平无法实现,因为高收入获得者能花费更多的资源在支付能力的测量上设定一个消极的偏颇。给定这些缺陷,我们认为,调查税基从实现的收入转变到预测的谋生能力的结果是一个敏感的研究努力。这需要有足够的可靠性和容易测量的预测。用儿童时期的 IQ 作为一个对终身税收责任有普遍影响的指标,将不会得到大量的社会支持。明显地,进一步的工作应该处理这个和其他的问题。但是,我们感觉到,这条工作路线是对理论工作的有价值的延伸,这个理论工作是沿着 Mirrlees 的开创性贡献的脚步以最理想税收制度为研究主题展开的。

注 释

[1] Mirrlees 获得一个非线性所得税表的最优条件。在这个模型中,不同劳动技能的个人最大化一个消费和悠闲的效用函数,政府能够观察到收入但不

是技能。到目前为止,税收政策的实际涵义是十分有限的。关键的利益参数是边际所得税率,但是这些分析产生不固定的结果,即边际所得税率是否应该减少、不变还是增加。正如 Diamond 最近表示的那样,每一个结果能够构成可接受的案例(Diamond, 1996)。除了 0%—100%之间,这个文献也没有决定一个有意义的边际所得税率变动范围。沿着这些线路的研究是激动人心的,但是看起来似乎远离在公平和效率之间的妥协的定位。例如,Piketty(1993)提出,不仅依靠个人的收入,而且依靠社会中的收入分布的一个税收表的规则是有趣的,但看起来似乎不是一个准备好实施的候选者。

[2] 见下面第 13 章的定义。

[3] 心理学家承认人们可能显示出战略上的误导行为。因为这些类型的歪曲,他们已经提出测试。遗憾的是,仍然没有可利用的测试用来侦察人们在参加 IQ 测试时的假装愚蠢。然而,在应用中,通过所谓的社会欲望测试侦察人们假装完美的人物;见 Crown 和 Marlowe(1964)。一个类似的原则很容易转移到 IQ 测试中。

[4] Brabant 数据集的描述部分来自 Hartog, Ridder 和 Visser(1994)。

[5] 根据三个准则检查六个 IEQ 回答。第一个准则要求回答增加,第二个准则允许至少丢失两个回答,第三个准则认为,不但最前面两个而且最后两个回答都不应该丢失。

[6] 当然,这也是一个检查工具,用来准确描述在收入或 IEQ 回答中可能的测量误差。

[7] 我们在福利函数中没有包括性别。Plug 和 Van Praag(1998)发现:在一个收入获得者的家庭中,夫妻双方对他们的收入有一个十分一致的意见。

[8] 如果人们有权利接收福利支付,要求提高获得的效率将受到轻微的伤害。然而,给定这章探索的性质,我们将继续忽视这些行为歪曲。在我们的运用中,仅仅很少的 Brabant 人不能支付他们的抽象"能力"税收。因此我们认为,在这种情形下,这些效率损失能够被忽视。

[9] 详细的结果见表 10, Plug, Van Praag 和 Hartog(1999)。

[10] 为了防止个人少报,学校行政部门应该向税收官方机构报告教育水平。同样,银行应该报告储蓄利息,这是荷兰税收法律要求的。

13. 主观收入不平等*

13.1 引言

自从 Gini(1912)和 Dalton(1920)时期开始，收入分配和收入不平等问题便成为了经济学家和社会学家研究的一个重要课题。近来的有关调查研究可以在 Atkinson 和 Bourguignor 编写的手册(1999)以及 Silber(1999)，Salverda、Nolan 和 Smeeding(2008)等文中找到。假定人口中有 n 个个体($n=1, 2, \cdots, N$)，相应地，各人收入分别设为 $y_1, y_2, \cdots, y_N$。那么，可以用多种方法定义收入不平等。我们先从在统计上比较著名的公式着手来进行研究，将收入分配的方差定义为：

$$\sigma^2(y)=\frac{1}{N}\sum_{n=1}^{N}(y-\mu_y)^2 \tag{13.1}$$

其中 μ_y 代表平均收入。这个测算方法的局限性在于，它不仅依赖于所选用的货币单位，同时也依赖于 μ_y。如果货币单位改变，比如，我们用 100 美元单位来取代之前的 1 美元单位，所有的数值都要除以 100，那么，方差就被缩小了 1/10。很明显，(在这)这个影响在如此情况下很容易得到修正，但在有些情况下却不然，比如，将不同货币体系的两个国家的收入不平等进行比较，或是在一个物价通胀的国家比较不同时期收入不平等的变化情况。此外，通过下面的例子还可以说明该测算方法存在

* 本章部分内容基于 Ferri-i-Carbonell and Van Praag(2003)和 Van Praag(1978)。

的另一个问题。假定有两组人口，每一组都由三个人组成。第一组的三个人的收入分别为 9 000 美元，10 000 美元，11 000 美元；第二组的三个人的收入分别为 99 000 美元，100 000 美元，101 000 美元。显而易见，两组人的收入方差相同。不过，我们却觉得第二组人的收入不平等比第一组人要小一些。两组的收入绝对差都是 1 000，但在第一组中，最高收入者的收入高出中位收入者 10%，同样，中位收入者的收入高出最低收入者 10%；在第二组中，相对差异只有 1%。实际上，这表明测算不平等并不仅仅只是测算本身而已，它更重要的是关注人们在面对不平等时的感觉。

用收入对数的方差来测算收入不平等，就不会产生上述两个问题。

$$\sigma^2(\ln(y)) = \frac{1}{N}\sum_{n=1}^{N}(\ln(y) - \mu_{\ln(y)})^2 \tag{13.2}$$

由于该公式是基于对数的差别，即反映了相对收入差异，因而较好地符合了我们大多数人关于收入不平等的想法。从大量的关于研究收入不平等的文献来看，并不能找出一种在理论上或是在经验上能够"放之四海而皆准"的测算收入不平等的方法。选择一种可行的测算方法的途径是要找出一组测算收入不平等所满足的条件。有两个条件是不言自明的。其一是该方法体系不应当依赖于所选的货币单位。其二是该方法体系不应当依赖于被选人口数量 N。特别地，如果我们有两组人数都为 N 的人口，并且每一组收入不平等也相同，那么，将这两组人口合并成人数为 $2N$ 后，其收入不平等也应与合并前的一样。这意味着，该测算方法只是一个分配参数。

除了这两个基本的条件外，还提出了许多其他条件。其中一个较为有名的是 Pigou-Dalton 条件(P—D)，即收入从富人转移到穷人可以缩小收入不平等(那可以缩小贫富差距)。明显地，这个条件把许多之前认为不合适的测算方法排除掉了。乍一看，P—D 条件看起来非常有吸引力。理论上，它并不是旨在穷人间的再分配。然而，它引入了一个标准化乃至于道德的因素，但这一点颇具争议。首先，我们反对往我们的经验方法工具箱中添加道德的因素。即便你能够接受这一具有道德色彩的想法，对于 P—D 条件是否真有如此吸引力仍然值得商酌。

假设有一种收入分配为：$y_1 = 10\,000$，$y_2 = 11\,000$，$y_3 = 100\,000$。

让我们对其重新分配,新的收入分配为:$y_1=10\,000$, $y_2=31\,000$, $y_3=80\,000$。虽然,这个再分配可以减轻人们收入不平等感的强烈程度,但是依照P—D条件,第一个人是否会同意这样的再分配却值得怀疑。共同贫穷较之落单贫穷总是更易让人忍受。这也表明,即使是道德层面,P—D条件也没有那么不证自明。

第2个问题是,我们无法知道收入y是否对每一个个体或家庭来说都具有同样的意义。例如,有两个收入一样的家庭,其中一个家庭有5个孩子要供养,而另外一个家庭则只由一个人构成,家庭收入不平等可能在形式上可以看作是零,但实际上不平等是显而易见的。这表明,收入的定义方式对于不平等概念的显著性是至关重要的。我们必须用平等收入这一概念来替代名义收入。这意味着收入在家庭中间变得可比,即由于各家庭不同的客观特征,同样的名义收入可导致各自不同的福利与效用。

基本的潜在问题是:为什么我们对收入不平等如此感兴趣?其原因在于它不仅是一个管理统计量,而且收入或"平等收入"被视为福利的代名词。进而收入不平等便被视作福利不平等的同义词,是一个关于社会表现的指标。

假定我们已经知道如何去衡量收入的福利或效用U,有福利分配$U_1, U_2, \cdots, U_N$,我们正在寻求一个衡量不平等的方法$I(U_1, U_2, \cdots, U_N)$。但是,这就要求福利是一个基数效用概念,否则我们无法衡量一个人的福利是否随着他的收入增长而增长,从而不能测算收入再分配对不平等的影响。另外,为了估计在个人之间的不平等,我们还得接受人际间可进行福利比较的可能性。如果存在一个福利和收入的一对一关系,即$U=U(y)$,我们可以得到$I(U_1, U_2, \cdots, U_N)=I(U(y_1), U(y_2), \cdots, U(y_N))=\tilde{I}(y_1, y_2, \cdots, y_N)$。所以,这看似我们只可以在收入分配的基础上定义收入不平等,然而却是我们在不知道中间个人福利函数的情况下,要用福利不平等来分析收入不平等。事实上,对于选择函数$\tilde{I}(\cdot)$的难处,部分在于函数$I(\cdot)$的不确定性,部分是由于函数$U(\cdot)$的忽略。这两个不同的因素有着完全不同的特征。如果观察测度$\tilde{I}(\cdot)$,我们并不清楚它是如何建立起来的;我们也不知道效用函数基于什么,不平等概念I又是基于什么?

效用函数$U(\cdot)$正如我们在本书中的前面部分看到的那样，可以通过满足度分析得到具有一定精确度的预测值。不平等测度$I(\cdot)$由统计的有效性、传统、道德和政治决策决定。

许多文献可以见证，由于主流经济学，至少直到现在，尚未接受经验效用衡量方法的可能性，因此，现在仍然没有一个普遍接受的衡量福利的基数方法。所以，如果收入不平等概念不仅仅是(13.2)式中所表示的一个统计指数，那么实施这个概念确实有些困难。一旦我们要在福利不平等意义上来分析它的话，无论是直接明了还是含蓄委婉，都需要首先接受人际间可比的基数效用。即使我们接受从经验来源得知的效用函数，也未必能解决选择福利不平等定义$I(\cdot)$的问题。这仍然是一个政治性选择，因为没有“自然的”不平等的衡量方法。Kolm(1976)甚至建议使用两种衡量方法：即“极左”和“极右”收入不平等定义方法，可以反映对于“右”和“左”的不平等的观点。

另一个可以想到甚至是可能的复杂因素是——不同的个体对应着不同的效用函数，其原因可能是由于有不同的家庭规模fs。那样的话，我们设$U=U(y;fs)$，可得出不平等为$I(U(y_1;fs_1),U(y_2,fs_2),\cdots,U(y_n;fs_N))$，或者如果存在一个代表性家庭差异变量的整体向量$x$，相对不平等衡量方法则为：

$$I=I(U(y_1;x_1),U(y_2;x_2),\cdots,U(y_n;x_N)) \tag{13.3}$$

在现代福利表述中，向量x可以包括公共服务和公共品，比如司法、交通和教育体系等有效的地区性差别。我们可以得出如下结论：为了比较收入和得到一些关于收入不平等的想法，仅仅在名义收入的基础上定义收入不平等并没有多大意义。不平等应当是基于等值收入的衡量。这显然也会改变收入不平等。比如，如果我们用收入对数的方差作为不平等的衡量方法，并且假定一个由两人组成的家庭的名义家庭收入为$y(2)$，收入$\tilde{y}(fs)=y(2)$。家庭规模fs为$g(fs)$，这里的$g(fs)$代表等值规模。这样我们可以得到家庭等值规模修正收入的对数方差：

$$\mathrm{var}(\ln(\tilde{y}))=\mathrm{var}(\ln(y))+\mathrm{var}(\ln(g(fs))+2\mathrm{cov}(\ln(\hat{y}),\ln(g(fs))) \tag{13.4}$$

该式表示，平等化的收入不平等可以分解为名义收入的不平等、修正因子的不平等以及反映 fs 和平等化的收入之间的相关关系的修正项。如果我们要用向量 x 来修正,方法是类似的。但是,在这里我们又一次碰到如何去找这样一个等值规模的问题,而且如果我们忽略利用经验性衡量福利函数的方法的有效性的话,这确实是个难题。

在本书中,我们已经表现出我们对经验性效用衡量方法的信任,在该方法中我们把"满足度"当作"效用"或是"福利"的同义词。在第 13.2 节中,我们将考虑如何构建一个"主观"的收入—不平等衡量方法。有两个备选方案:一个是假定一个基础的基数效用函数;一个是利用在满足度分析里的序数性信息中推导出来的协定相关系数(trade-off coefficients)。我们将从后面一个没有那么苛刻的方法开始,使用序数概率模型。当然,我们接受另外的基数性假设。

在第 13.3 节中,我们将利用由 IEQ 提供的信息和推导出的个人福利函数来定义主观收入不平等的概念,特别地,在经验性收入不平等和觉察性收入不平等之间作出区分。我们将可以看到,依赖于个人在收入分配中的位置,他或她将会觉察到收入分配或多或少都是不平等的。在感知领域,不可能说找到一个唯一的方法,因为不同地域的个体之间的感知有所不同。我们也可以思考我们的概念与 Theil(1967)和 Atkinson(1970)提出的不平等概念之间的联系。在第 13.4 节中,我们会得出一些相关的结论。

13.2 收入满意度不平等

在通常的分析收入不平等的方法里,一般都暗含假定,即有同一收入 y 的家庭[1]从该收入得到的财务满足度是相同的。正如我们在第 3 章中看到的那样,当涉及满足度数据时,这个假设将无法成立。我们在第 3 章中看到:

$$\ln(FS_{nt}^{*}) = C_t + \alpha_y(y_{nt} - \bar{y}_n) + \alpha_x(X_{nt} - \bar{X}_n) + (\alpha_y + \beta_y)\bar{y}_n + (\alpha_x + \beta_x)\bar{X}_n + \alpha_z Z_{nt} + \varepsilon_{nt} + \nu_n \tag{13.5}$$

其中 FS_{nt}^{*} 表示家庭 n 在时间 t 时的潜在财务满足度,y 表示收入的对数,X 和 Z 表示其他变量。变量 $\bar{y}_n$ 和 $\bar{X}_n$ 表示长期平均值,被称作变量的结构值。不同的期限会伴有震荡。当 C_t 表示以通货膨胀形式表现时间的影响时，随机变量 ν_n 保持不变。一般来说，如果我们再加一个标准化条件，这个等式在概率条件下可以被确定。传统地，我们将方差误差设定为 1，或者在上述情况下设 $\sigma^2(\varepsilon_{n,t})=1$，但是我们也能很容易地看出，其实我们可以将其设为任意值。例如，我们假定：$\sigma^2(\varepsilon_{n,t})=4$，那么所有的预测相关系数，与之对应的标准差，和 $\sigma(\nu_n)$全部都要除以$\sqrt{4}=2$，而对应的 t 检验值将不会改变。如果我们通过设定 $\sigma^2(\varepsilon_{n,t})=1/(\alpha_y+\beta_y)^2$ 来进行标准化，并假定没有短期波动，或是，短期波动保持同样的水平，我们只考虑一个时期的不平等，这样公式(13.5)就变成：

$$\begin{aligned}\ln(FS_{nt}) &= \bar{y}_n+\frac{(\alpha_x+\beta)}{\alpha_y+\beta_y}\bar{X}_n+\frac{\alpha 2}{\alpha_y+\beta_y}Z_{nt}+\tilde{\varepsilon}_{nt}+\tilde{\nu}_n \\ &= \bar{y}_n+[\ln(g(\bar{X}_n, Z_{nt}))]+[\tilde{\varepsilon}_{nt}+\tilde{\nu}_n] \qquad (13.6)\end{aligned}$$

这里，对于再次标准化变量，我们去掉了星号。这可以看成收入对数，加上系统对数修正项，再加上一个随机误差项 $\tilde{\varepsilon}_{nt}+\tilde{\nu}_n$，其中，$\mathrm{var}(\tilde{\varepsilon}_{nt}+\tilde{\nu}_n)=\frac{1}{(\alpha_y+\beta_y)^2}\mathrm{var}(\varepsilon_{nt}+\nu_n)$。修正项表示的修正是为了使家庭 n 左边等于参考家庭的 $\bar{y}_n$，$\ln(g(\bar{X}_n, Z_{nt}))=0$，以及随机误差项也等于零。误差项表示遗漏变量和在满足度问题模型由需求离散观察值得出的整化误差。注意，如果仅有参考家庭，那么其他结构和伴随变量 X 和 Z 对财务满足度 FS_n^* 没有影响，那么 $\mathrm{var}(\ln FS_n^*)=\mathrm{var}(\bar{y}_n)$。现在我们提议将 $\mathrm{var}(\ln(FS_n^*))$作为主观收入不平等概念。事实上，我们主要对结构部分感兴趣，即排除误差项。我们今后把结构部分简称为 FS。主观收入对数的方差作为一个特例被囊括进主观收入不平等的更一般的概念之中。这也准确无误地阐述了我们应该怎样去分析我们新的不平等测量方法。在修正收入分配的方差对数中，修正是从经验满足度分析而不是表面上根据一些规则去设定得来的，正如 OECD 家庭等值规模一样[2]。所以，这个方法当然是对以往传统方法的改进，但它并没有将序列因素考虑进去，即效用转换 $U(\cdot)$。

实际上，我们可以用一个类似采用 Theil 的熵或是 Atkinson 的指数，通过 $I(FS_1, FS_2, \cdots, FS_n)$来定义主观对等的方法概括出任何主观收入不平等指数 $I(y_1, y_2, \cdots, y_n)$。“主观”这个词暗示着收入被“修正”收入替代，这里的修正基于满足度分析。

现在,让我们利用在第 3、第 4 章中使用过的德国 GOSEP 数据集来检验一下上述方法如何在实际中发挥作用。我们在第 3 章中估计了 POLS 回归等式(13.5);其结果如表 3.13。在此必不可少地又运用了同一等式,我们再次对其标准化,使得两个收入影响增加到 1。表 13.1 展现了四个子样本中收入满意度不平等的估计,在表中我们比较了对应的客观收入不平等。观测的次数指每个时期的观测次数。若家庭的数量是 N,时期数量为 T,则有观测次数 $N\times T$。然而,我们注意到并不是每一个个体在每一个时期中都被观察到。

表 13.1 德国客观和主观收入满意度不平等

	联邦德国工作者	民主德国工作者	联邦德国非工作者	民主德国非工作者
客观对数收入的方差	0.218	0.173	0.284	0.218
对数收入满意度的方差(结构部分)	0.186	0.141	0.357	0.328
总方差中的结构部分的百分率	6.03	8.94	12.41	12.70
数量	30 356	11 256	20 510	8 501

在表格的第一行中我们罗列了客观收入不平等;第二行,我们罗列了对应的收入满意度不平等,其被定义成估计收入满意度的结构部分的方差;第三行,我们罗列了结构方差在"总"方差中所占的比例,也就是,结构方差加上误差方差 $(\sigma^2(\nu)+\sigma^2(\varepsilon))$。对于工作者而言,总方差是结构方差的 20 倍,而对于非工作者,这个倍数只是 10。这个当然也是因为,以 R^2 或是 Pseudo-R^2 为表达方式的模型解释力度太小。这表明,到目前为止收入满意度不平等大部分是由未被观察到的个体不对称性和(或是)随机误差所引起的。我们不得不把这个作为生活的事实来接受。它并不意味着结构不平等已经变得不重要了。

从表 13.1 可以看出,客观收入不平等在联邦德国要比在民主德国来得大,同样地,在工作者间的要比在非工作者间的大。我们还可以从表中看出,收入不平等在非工作者间的要比在工作者间的大。我们注意到工作者的满足度不平等比客观收入不平等小,而对于非工作者来说却恰恰相反。比如,对于联邦德国的非工作者,它的客观不平等是 0.284,主观对等为 0.357。

接下来,我们关注一下收入不平等的细目分类。用这个方法,我们可以分析出每一个观察变量 X 和 Z 对于收入满意度不平等各自的影响贡献是多少。由于收入满意度不平等是用方差来定义的，因此研究不平等的原因与将收入满意度的方差分解为几个贡献影响因子是等价的。

对于这个过程不是很清楚的读者，我们有必要简要解释一下。让我们来考虑一下随机变量 Z，它是和的概念：

$$Z = \alpha X + \beta Y \tag{13.7}$$

这里 X 和 Y 是两个其他的随机变量。接着，Z 的方差就可以表示为 σ_Z^2，它依赖于 X 和 Y 的方差，分别表示为 σ_X^2 和 σ_Y^2。在 X 和 Y 两者随机独立最简单的情况下，这种关系就非常简单明了了：

$$\alpha^2 \sigma_X^2 + \beta^2 \sigma_Y^2 = \sigma_Z^2 \tag{13.8}$$

Z 的方差可以简单地分解为两个方差因子。所以，如果 $\sigma_Z^2 = 10$ 并且左边两个项目对应为 3 和 7 的话，那么就意味着 X 决定了方差的 70%，Y 则决定了 30%。需要注意的是，项目 $\alpha^2 \sigma_X^2$ 是两个因子的乘积。方差 σ_Z^2 部分是由变量 X 的方差决定的，部分是由因子 α 的大小决定的，这反映了 X 对 Z 的影响力度。现在我们也将运用这个方法来分析 $\text{var}(FS^*)$。

如果考虑等式(13.6)，我们可以看到 FS 可以写成随机项的和，但是事情并不像上述方差细目分解的例子那样简单。因为解释变量是作为一个相关联的规则，除了误差项 $(\tilde{\varepsilon}_{nt} + \tilde{\nu}_n)$，它是通过假设而不是与解释变量相关联。现在让我们继续分析我们的例子并且假设 X 和 Y 是相关的，它们的协方差为 σ_{XY}。由此，我们可以得到下述式子：

$$\sigma_Z^2 = \alpha^2 \sigma_X^2 + 2\alpha\beta\sigma_{XY} + \beta^2 \sigma_Y^2 \tag{13.9}$$

可见简单明了的分解已不可能了。我们无法推导出 X 的全部效应，因为 Y 也部分由 X 决定。然而，我们仍可以将 Y 进行如下分解：

$$Y = \beta_X X + \hat{y} \tag{13.10}$$

这个等式构建在 Y 对 X 的回归基础上。相关系数 β_X 是简单的回归系数，$\hat{Y}$ 是回归模型的残差且与 X 无关；也就是，$\text{cov}(\beta_X X, \hat{Y}) = 0$。我们可以理解为等式(13.10)中的第一项作为部分 Y 可以由 X 来解释，第二项作为不能由 X 所解释的部分 Y：仅仅是由 Y 自己做出贡献。运用等

式(13.7)和(13.10)我们可以得到:

$$Z=\alpha X+\beta(\beta_X X+\hat{Y})=(\alpha+\beta\beta_X)X+\beta\hat{Y} \tag{13.11}$$

我们可以通过对 Z 进行 X 回归,得到第一个效应,然后对 Y 的残差进行回归。这个方法,将一个变量分解成几个非相关因子,书面上称为"逐步回归"。值得注意的是,这里变量被引入的次序是不固定的。我们可以改变 X 和 Y 的角色。这个过程可以归纳应用于任意解释变量。因而我们可以写成:

$$\sigma_Z^2=(\alpha+\beta\beta_X)^2\sigma_X^2+\beta^2\sigma_{\hat{Y}}^2 \tag{13.12}$$

这是一个简单易懂又能说明问题的方差细目分类。如今仅存的问题是这个细目分类不唯一,因为它取决于解释变量引入的次序。现在有两个备选方法。其一是,变量引入次序的选择是按这样一个原则来的,第一个变量是在等式(13.12)中产生最大方差的第一项,第二个被引入的变量是产生第二大方差贡献的第二项,依次类推。我们把这叫做"最大化"方法,这是大多数多变量软件包中的标准选项。第二种备选方法就是我们在直觉、假设,或者甚至是理论的基础上,按照我们所考虑的最重要的一个解释的变量来确定引入变量的次序。

在表 13.2a 中,我们按照(样本特性)最大化次序列举了四个子样本中每一个以百分率形式表现的不平等的细目分类。在表 13.2b 中,我们列举了相对应的细目分类,其中根据变量在表 3.13 中的次序我们确定了每个样本的次序。

表 13.2a 运用逐步回归,"最大化"方法* 的收入满足度不平等(%)的方差分类

变　量	联邦德国工作者	民主德国工作者	联邦德国非工作者	民主德国非工作者
(ln(年龄))^2	2.59	1.30	2.62	1.62
ln(年龄)	3.40	11.54	14.97	22.03
ln(家庭收入)	0.87	56.69	0.86	26.43
性别(男性)	0.17	1.05	3.48	1.14
居住在一起	2.07	1.75	3.06	2.42
ln(受教育年限)	1.17	0.01	0.76	8.68
ln(家庭收入)* ln(儿童数量+1)	0.15	0.00	0.56	0.00

（续表）

变　量	联邦德国工作者	民主德国工作者	联邦德国非工作者	民主德国非工作者
ln(成人数量)	1.26	11.44	0.12	22.17
ln(儿童数量+1)	0.17	8.16	0.08	13.95
有收入者	0.05	0.59	—	—
ln(收入)的平均值	65.63	6.06	35.13	0.62
ln(儿童数量+1)的平均值	10.25	0.01	21.73	0.26
ln(成人数量)的平均值	12.21	1.41	16.62	0.69

注：* 过程是逐步回归，最大化顺序。

表 13.2b　收入满足度不平等(%)的方差分类——直觉*

变　量	联邦德国工作者	民主德国工作者	联邦德国非工作者	民主德国非工作者
ln(年龄)	0.12	5.68	9.18	2.72
$(\ln(年龄))^2$	1.34	1.77	23.41	50.06
ln(家庭收入)	56.60	61.55	42.99	29.68
ln(受教育年限)	6.48	1.32	1.43	0.68
ln(成人数量)	10.32	14.20	5.75	11.98
ln(儿童数量+1)	4.77	4.83	2.51	1.94
ln(家庭收入)*ln(儿童数量+1)	0.18	0.02	0.09	0.00
性别(男性)	0.28	1.12	3.88	1.00
居住在一起	3.41	2.06	3.63	0.38
有收入者	0.21	0.94	—	0.00
ln(收入)的平均值	13.12	5.14	5.05	0.62
ln(儿童数量+1)的平均值	0.48	1.37	0.23	0.68
ln(成人数量)的平均值	2.68	0.01	1.85	0.25

注：* 我们凭直觉确定变量的顺序。

我们在样本中发现了许多有趣的差别。对于联邦德国样本来说，我们发现大多数的不平等可以归结到收入的永久性差别，需要供养的孩子以及成人的数量。但对于民主德国样本而言，我们却看到了相反的模式，因为民主德国的不平等绝大多数是由收入短期波动和家庭成员数量引起的。对于德国的非工作者，我们也发现了一个重要的年龄因素影响。对于联邦德国的工作者阶层，我们并没有发现这个年龄影响，可能也反映了这样一个事实，即联邦德国的收入相对于民主德国的收入更不可变而且对年龄的依赖程度也更少。

最后,我们可以看看整个德国(G)的收入满意度不平等,它比民主德国和联邦德国的不平等的总和还要多;设 I_W 和 I_E 分别为民主德国和联邦德国的收入满意度不平等。我们也可以把两个部分中平均收入的差异考虑进去。更精确地,让我们假定有这样一个时刻,即在德国的两个部分中存在完全平等地分配,但是收入对数平均数(等价物)不同:将它们分别设为 $\tilde{y}_W$ 和 $\tilde{y}_E$。对整个国家而言其收入对数平均数为 $\tilde{y} = p_W\tilde{y}_W + p_E\tilde{y}_E$,这里的 p_W 和 p_E 表示德国的两个地区人口所占的相应份额。于是,我们可以得出整个国家的收入方差为 $\sigma^2(\tilde{y}) = p_W(\tilde{y}_W - \tilde{y})^2 + p_E(\tilde{y}_E - \tilde{y})^2$。这个方差因子被称为"组间"方差或是"组间"不平等,我们用 $I_{between}$ 表示。现在我们去掉两个地区存在完全平等分配的假设。同时,也不得不加入两个"内部"不平等贡献,即民主德国和联邦德国各自的分配。

然后,我们根据下面著名的方差分解式将德国不平等作为一个整体进行细分:

$$I(G) = p_W I_W + p_E I_E + I_{between} \tag{13.13}$$

细目分类的结果列于表 13.3a 中。实际上,我们可以细分两次;那就是,第一次,对德国两个部分的工作者与非工作者都进行一次细分,然后再对该两部分进行合计。

表 13.3a 收入满足度不平等的组际分类

人口份额	小组类别	子 类 别	收入满意度的对数的方差	
$P_W = 0.803$	联邦德国			0.264
$P_{WW} = 0.549$		联邦德国工作者(WW)	0.186	
$P_{WNW} = 0.451$		联邦德国非工作者(WNW)	0.357	
		介于联邦德国工作者和非工作者之间	0.001	
$P_E = 0.197$	民主德国			
$P_{EW} = 0.528$		民主德国工作者(EW)	0.141	
$P_{ENW} = 0.472$		民主德国非工作者(ENW)	0.326	
		介于民主德国工作者和非工作者之间	0.036	
	介于民主德国和联邦德国之间		0.010	0.265
	德国			0.274

表 13.3b 收入不平等的组际分类

人口份额	小组类别	子类别	收入满意度的对数的方差
$P_W = 0.803$	联邦德国		0.261
$P_{WW} = 0.549$		联邦德国工作者	0.218
$P_{WNW} = 0.451$		联邦德国非工作者	0.284
		介于联邦德国工作者和非工作者之间	0.0132
$P_E = 0.197$	民主德国		0.219
$P_{EW} = 0.528$		民主德国工作者	0.173
$P_{ENW} = 0.472$		民主德国非工作者	0.218
		介于民主德国工作者和非工作者之间	0.0248
	介于民主德国和联邦德国之间		0.0063
	德国		0.259

表 13.3a 显示,德国的收入满意度不平等是 0.274,民主德国不平等小于联邦德国不平等(这个不平等东部比西部少)。

这对于客观收入不平等也同样有效。结果见表 13.13b。而且,读者可以将该表中的结果与表 13.13a 中相应的结果进行比较。客观收入不平等是 0.259,低于收入满意度不平等。现在,联邦德国人正遭受着一个更大的不平等。

基数方法

在第 2 章中,我们也讨论了由满足问题提供的基数信息效用化的概率问题。如果回答类别为 0, 1, 2, …, 10;我们主张这样的事实,即回答者可以对这样的问题进行反应,也暗示着他们可以在一个基数的有限的间隔刻度范围上评估自己的财务满足度。若回答类别被定义为 1, 2, …, 5 或 1, 2, …, 7,或是其他任何有限间隔的显然都没有关系。让我们假定,个人用基数效用函数 $U = U(y;\ x)$ 来评估他或她的财务状况,那么他的在 [0, 10]刻度范围的 $U = 7$ 的回答意味着,这个真的 U 值一定在区间[6.5, 7.5],或是重新确定度量刻度到另一个单位间隔后,U 就一定在区间[0.65, 0.75]。然后,我们假定效用函数被规定为正态分布函数:

$$U(y;\ x,\ \varepsilon) = N(\alpha y + \beta' x + \beta_0 + \varepsilon;\ 0,\ 1) \qquad (13.14)$$

在上例中,我们发现:

$$P[0.65 < U \leqslant 0.75] = N(u_{0.75} - \alpha y + \beta' x + \beta_0) - N(u_{0.65} - \alpha y + \beta' x + \beta_0) \tag{13.15}$$

等式(13.15)暗示未知参数可以通过所谓的时间间隔(或经过检验的)回归模型来估计其值。令人讨厌的参数 u 没必要估计,但却可以外生确定。我们可以从等式:

$$\ln(FS_{nt}^c) = C_t^c + \alpha_y^c(y_{nt} - \bar{y}_n) + \alpha_x^c(X_{nt} - \bar{X}_n) + (\alpha_y^c + \beta_y^c)\bar{y}_n + (\alpha_x^c + \beta_x^c)\bar{X}_n + \alpha_z^c Z_{nt} + \varepsilon_{nt}^c + \nu_n^c \tag{13.16}$$

的上标 c 看出其基数观点。我们在第 2.8 节中发现

$$\ln(FS_{nt}^c) \equiv C \cdot \ln(FS_{nt}) + D \tag{13.17}$$

这里 C 和 D 表示需要从样本中去估计的参数正如在第 2 章中描述的那样。我们发现对于具体的德国样本,$C=0.5359$。接下来我们可以看到,在等式(13.16)中的 $\ln(FS_{nt}^c)$的所有系数都等于等式(13.5)中 $\ln(FS_{nt})$ 的对应系数乘上因子 C。所以 $\alpha_y^c = C\alpha_y$ 和 $\beta_y^c = C\beta_y$。如果我们通过除以 $\alpha_y^c + \beta_y$ 来标准化 $\ln(FS_{nt}^c)$,我们可以从等式(13.17)发现:

$$\ln(FS_{nt}^{c^*}) \equiv \frac{C\ln(FS_{nt})}{C(\alpha_y^c + \beta_y^c)} + \frac{D}{C(\alpha_y^c + \beta_y^c)} = \ln(FS_{nt}^*) + \frac{D}{C(\alpha_y^c + \beta_y^c)} \tag{13.18}$$

这样就可以看出,无论是从序数或是基数版本得到的满足度不平等都是一样的,其实也应该如此,即:

$$\mathrm{var}(\ln(FS_{nt}^{c^*})) = \mathrm{var}(\ln(FS_{nt}^*)) \tag{13.19}$$

因此,这个结论对上述的细目分类也同样适用。然而,值得注意的是,当且仅当我们对 $\ln(y)$进行标准化时这个结论才成立。现在我们应当考虑通过 IEQ 的方法是否能进行更深层次的探索。

13.3 由收入评价问题和个人福利函数得出的福利不平等

直到现在,在我们的分析中已经接受了标准的收入不平等的定义,

这是我们用修正收入 $\tilde{y}$ 来替代名义收入 y 得到的,这里的修正因子 $g(x) = \tilde{y}/y$ 是从财务满足度问题的序数信息中得到的[3]。我们可以类似的方法对所有现存的收入不平等方法进行修正,即便我们这里仅仅列出了方差对数的结果。如果人口和变量 x 是齐次的,那么便无须对其进行修正,我们用老方法即可。

在我们介绍本章时,我们只考查了 $I(\tilde{y}_1, \tilde{y}_2, \cdots, \tilde{y}_N)$ 而忽略了 $I(U(y_1), U(y_2), \cdots, U(y_N))$。后一种方法利用的是序数信息,而不是另外的基数信息。现在,我们也应当尽力去利用该基数信息。然而,在我们这样做之前,我们想根据可以被估测的收入或者是福利不平等来得到一个基本的规则,那就是对数—边际福利方差规则。

如果经济学家观察收入不平等,那么他们实际上从未把收入不平等视为一个单纯的统计方法。它通常带有伦理色彩。收入不平等法是估计社会福利分配公平正义的一个必不可少的方法。我们假定一个 Benthamite 类型(Bentham, 1789)的社会福利函数,即:

$$SW(U_1, U_2, \cdots, U_N) = \frac{1}{N}\sum_{1}^{N} U_n(y_n) \tag{13.20}$$

它是人口中的一个平均效用,在这里我们赋予所有的家庭 n 相等的权重。这个相等的权重,用我们的观点,反映了一个理想的民主。如果将其概括,该函数可写为:

$$SW(U_1, U_2, \cdots, U_N) = \sum_{1}^{N} w_n U_n(y_n) \tag{13.21}$$

其中,不平等的权重增加到 1,我们可以将分配 $(w_1, w_2, \cdots, w_N)$ 理解为社会中的权利分配。

让我们假定国民收入 Y 是固定的,那么 SW 的最大化意味着方法:

$$\max_{y_1, y_2, \cdots, y_N} SW(U_1, U_2, \cdots, U_N) \tag{13.22}$$

使得 $$y_1 + y_2 \cdots + y_N = Y$$

该方法由拉格朗日条件:

$$\frac{\partial SW_n}{\partial U_n} \cdot \frac{\partial U_n}{\partial y_n} = \lambda \tag{13.23}$$

得出,这里的 λ 是拉格朗日乘数。如果我们有一个民主的 SW 函数,这也就意味着所有的家庭 n 都应当有一个相同的收入边际效用。我们将其称为平等的收入分配,即每一个家庭从增加的收入中得到的满足度相同。这也不一定就表示收入平等,因为我们知道个人从同样多的金钱上可以得到不同程度的满足。为了简便起见,我们将导出的效用定义为 u_n。然后,一个公平的分配则为 $u_n = \bar{u}$,其中 $\bar{u}$ 表示平均边际效用。这对于对数—边际效用同样适用,即 $\ln(u_n) = \overline{\ln(u)}$。于是,得出一个分配非相等方法:

$$S_{\mu}^{2} = \sum (u_n - \bar{u})^2 \tag{13.24}$$

或是:

$$\sigma_{u}^{2} = \sum (\ln(u_n) - \overline{\ln(u)})^2 \tag{13.25}$$

因为第一种方法的变化是经过一个对 U 的正向线性转化而发生的,所以我们更喜欢对数变量。一旦我们替换了效用函数 U, σ_{μ}^{2} 就可以被计算出来。

我们考虑两个例子。常数绝对风险规避(CARA)函数是 $U(y) = 1 - e^{-\alpha y}(\alpha > 0)$。$\sigma_{\mu}^{2}$ 的结果可以用

$$\sigma_{\mu}^{2} = \alpha^2 \frac{1}{N} \sum (y_n - \bar{y})^2 = \alpha^2 s_y^2 \tag{13.26}$$

来计算。这是简单地由收入方差乘以绝对风险规避的平方。CRRA 函数可用类似的方法表示为:

$$U(y) = 1 + Cy^{-\alpha+1}/(1-\alpha) \quad (y \geqslant \delta > 0,\ \alpha > 1)$$

由此可得:

$$\sigma_{\mu}^{2} = \alpha^2 \sum (\ln(y_n) - \overline{\ln y})^2 = \alpha^2 \sigma_y^2 \tag{13.27}$$

或是收入的方差对数乘以相对风险规避 α 的平方。值得注意的是,当 $\alpha = 1$ 时,效用函数就是一个对数函数。这也可以从 Atkinson 和 Theil 的方法分别近似地等于 $1 - e^{-\frac{1}{2}\alpha\sigma_y^2} \approx \frac{1}{2}\alpha\sigma_y^2$ 和 $\frac{1}{2}\sigma_y^2$ 中看出来。如果收入服从对数正态分布那就会很准确了;事实上这在大多数社会里都仅是近似的。我们可以在这些例子中将 σ_{μ}^{2} 看成是 σ_y^2 的主观改进版,这是通过增

加个人效用参数 α 的影响得到的。

这里又有第二种双重方法让我们去分析 σ_{μ}^{2}。假设有一个具有非相等权重 w_n 的非民主的 SW 函数。于是,等式(13.23)可以写成 $w_n \cdot u_n = \lambda$。这暗示着一个非平等的分配,因此不平等 u 是一个确定的标记,它表示社会权重 w_n 在不同的家庭 n 中是不同的。更精确地来说,$w_n = (u_n^{-1}C)$,其中 C 被选中且权重增加到 1。从而得出 $\ln(w_n) = -\ln(u_n) + \ln(C)$。于是,权利不平等等价于边际福利对数方差(Logmarginal welfare variance):

$$\text{var}(\ln(w_n)) = \text{var}(\ln(u_n)) \tag{13.28}$$

例如,在 CRRA 效用函数这一例子中,权重函数与 y^{α} 成比例。权利随着收入 y 的增加而增加。然而,这样的解释却存在着一个问题。如果 $n(y)$ 表示收入分配的密度函数,权重的总和或者权重函数对收入分配的积分,即 $\int_0^{\infty} w(y)n(y)\mathrm{d}y$,将会等于 1,这意味着该积分收敛。我们在后面将会看到,虽然这样的情况在两个出名的 CARA 和 CRRA 效用函数中成立[4],但并非总是如此。这也就是我们不去强求真正的社会分配过程可以由 SW 函数求最大化的结果被描述出来这一想法的原因。把民主 SW 函数作为一个基准去估计理想状态中的背离是有效的。

与此研究相关的一点是,正如第 2 章所述,我们通过 IEQ,可以得到对个人福利函数的有效经验估计。在第 2 章中,我们列出当被标准化到[0, 1]区间时的收入效用函数,它可以通过对数正态分布函数 $U(y) = N(\ln(y);\ \mu,\ \sigma)$ 来描述,这里的 μ 和 σ 是个人参数。在此我们要强调的是,这个函数并不是一个理论构架,而是从一个具体的问题模型,即收入评价问题出发,进行了大规模调查得到的经验性估计。明显地,这个描述也摆脱不了所有的经验模型研究所犯的毛病,即不准确;一个从一组严密的、灵活的兼可控的规范中选取出的功能性规范;相关变量的可能特例;以及在观测中出现的随机干扰。在分析财务满足度的 COLS 方法中也找到了另外的证据[5],这里我们假定等式(13.14)中描述了财务满足度的潜在估测。现在,我们有机会在边际福利对数方法中应用这个效用函数了。这意味着,我们可以通过一个经验估计量替代一个虽富吸引力但又具理论性的函数。

当我们应用对数正态分布函数时,会出现一个异常的困难。这个函数不是在每种情况下都是凹的。那就是戈森第一定律,由应用边际效用开始,但不是在哪都应用该函数。在此,对数正态密度函数与边际效用函数相同,得模型 $y_{\text{mod}\,e} = e^{\mu-\sigma^2}$。

这意味着边际效用可以增加到一个临界值,它对 σ 有一个公共值,即 $U \approx 0.3$;这也是对应"非常不幸福"的一个值。这个在极低收入情况下的非凹度令一些经济学家(见 Seidl 1994 年的例子)着实不满。事实上,他们接受整体凹度这样一个理念。但是,除了一些没有被心理实验支持的心理猜想,很少有事实上的证据显示效用函数在任意地方都是凹的。这个假设被很好地应用于经济学文献的某些领域,因为它可以显示普遍下凹的效用函数,在我们经济学家喜欢的理想化问题中,其内部点上的选择数据都有一个唯一的最大值。事实上,也有相反的证据,那就是从博弈实验,投资分析、心理学家及经济学家更广泛地对不确定情况下的决策问题研究中得到的非凹度。一个 S 形基数效用函数在此情况下是相当常见的(见卡尼曼和 Tversky 1979 年的例子),因为它是唯一能描述在比对应彩票的数学期望还要高的价格接受福利彩票的真实性的方法。我们也可以发现,对数正态可以看成是 CRRA 函数的概括,因为这个函数的相对风险规避是线性对数收入的(比较 Van Praag, 1971 和 Hartog, Vijverberg, 2003,他们称其为转移对数效用函数)。

然而,由于一些二阶矩导出量可能非负,在更低端的非凹性也产生了一个 SW 函数最大值化的问题。在那些案例中,我们得到了一些拐点解,其中社会福利函数通过如下方法增加:即去掉一些低收入者,随后把这些低收入者的全部收入再分配给高收入者。虽然这在有良知的读者看来近乎疯狂,但是这实际上确实是一些经济落后国家经常使用的一种方法。这也解释了自杀性倾向。个人的物质财富如果低于阈限,他可能宁愿选择死亡。但是,对于文明和富裕的西方社会,国民收入 Y 很高以至于几乎或是所有个体的物质财富都高于那个阈限。而且,正如我们在第 4 章中看到的那样,个人不仅仅被财务满足度所驱动;财务满足度只是生活众多领域中的一个,当然也只是构成一般满足度的一个要素。在其他领域,收入也起着作用。因此,当默默地将财务满足度(福利)和一般满足度(一般福利)等同起来时,我们便犯了一个错误。

所以，我们假定$U(y)=N(\ln(y);\mu,\sigma)$，并且注意到参数$\mu$和$\sigma$随个人特征$y_n$和$x_n$的改变而改变。如果我们忽略（向量的）中介变量$x$，那么特定个体$n$可以通过函数$U_n(y)=N(\ln(y);\mu(y_n),\sigma)$估计其收入水平$y$，这里假定$\sigma$不是系统依赖于$y_n$和$x_n$，而是与人口保持不变。这是一个虚拟福利函数，它描述了如何通过n来估计收入。这可以与Kahneman等(1997)介绍的决策效用函数概念相比较。真实福利函数是$U(y)=N(\ln(y);\mu(y),\sigma)$，它描述了个人如何估计他们自己的真实收入$y$。这可与Kahneman的经验效用相比拟。

如果每个个体有他或她自己的效用函数，那就意味着个体基于他们自己的效用函数有他们自己的不平等估计$\mathrm{var}(\ln(u_n))$。这个发现是一个非常有吸引力的结果。它显示，至少对于收入分配而言，不同的个人对同一个社会可以有完全不同的评价。

如果我们假定一个对数正态个人福利函数$U_n(y)=N(\ln(y);\mu(y_n),\sigma)$，进而假定收入本身也是一个服从对应参数$\mu_2$和$\sigma_2$的对数正态分布函数，那么让我们现在来考查一下福利不平等是什么样的。众所周知，收入仅仅是近似地服从对数正态分布。然而，为了得到一个最佳的结果，我们假定上述假设成立。当然，从一个样本中估计任何分配的福利方差数值都是有可能的，但是在这个例子中我们却无法得到一个简洁的公式。容易推导得：

$$\frac{\mathrm{d}\ln u}{\mathrm{d}y}=-\ln(y)-\frac{1}{2\sigma^2}(\ln(y)-\mu(y_n))^2-\ln\sigma-\frac{1}{2}\ln(2\pi) \tag{13.29}$$

我们看出这是$\ln(y)$的二次函数。所以，它的方差是$\ln(y)$的第一个四矩函数（见Van Batenburg和Van Praag 1980）。在对数正态收入分布的例子中，我们可以将收入分配限定在一阶和二阶矩，经过计算我们发现公式：

$$\sigma_u^2=\mathrm{var}(\ln u)=\frac{\sigma_2^2}{2\sigma^4}[\sigma_2^2+2(\sigma^2+\mu_2-\mu(y_n)^2)] \tag{13.30}$$

如果加以考虑（这个事实），我们可以发现一个关于收入的对数线性依赖，即$\mu(y_n)=\beta_0+\beta_1\ln(y_n)$，接着等式(13.30)在$\ln(y_n)$中描述了一个

抛物线。$\frac{\sigma_2^4}{2\sigma^4}$的最小值在

$$\ln(y_a)=\frac{\sigma^2+\mu_2-\beta_0}{\beta_1} \tag{13.31}$$

时达到,对应在1997年联邦德国收入分配中处于第十分位的位置。我们根据方程(13.30)可以估计联邦德国的9个十分位数的σ_u^2。我们可以从表13.4看到,主观收入不平等随着收入增加而减少。不平等感最小的位置还远远不能达到。不同的收入框架范围中对不平等有着不同的理解。类似的估计和计算在Van Batenburg和Van Praag(1980)对1971年荷兰收入分配的数据处理中出现过。这些数据列于表13.4中的第三列。这两个结果是多么相似却又蕴含着差异。可以看到荷兰在1971年的不平等比26年后的德国还大。个人相关系数都差不多一样。在荷兰(1971)社会阶层间的收入不平等的比率差异看起来比联邦德国(1997)的更显著。

表13.4 1997年联邦德国和1971年荷兰的主观不平等

收入分位数	月收入	德国1997年的主观不平等程度	荷兰1971年的主观不平等程度
1	1 797	2.336	8.423
2	2 261	1.842	6.013
3	2 668	1.535	4.633
4	3 074	1.308	3.613
5	3 508	1.123	2.883
6	4 004	0.965	2.325
7	4 613	0.826	1.902
8	5 444	0.703	1.684
9	6 849	0.602	1.826
最小值	8 103		

注:对德国,
$\beta_0=3.20$;$\beta_2=0.59$;$\sigma^2=0.35$;$\mu_2=8.16$(家庭月收入);$\sigma_2^2=0.27$。
对荷兰,
$\beta_0=3.16$;$\beta_2=0.64$;$\sigma^2=0.29$;$\mu_2=9.19$(家庭年收入);$\sigma_2^2=0.53$。

13.4 结论

在本章节中,我们拓展客观收入概念来定义主观收入概念。我们开

拓了收入效用这个理念，即个人经验依赖于中介变量，比如有了孩子。它预示着鉴于满足度分析，任何对收入不平等的观测必须基于修正过的收入概念。满足度问题给出了如何去比较收入的关键。当主观收入满足度和收入相同时，主观的测量方法 I_{sub} 就包含了客观收入不平等这一特例。我们可以将此详细地描述为收入对数的方差，但是同样的改进也可以应用到其他评测收入不平等的方法中去。我们发现 I_{sub} 只有相对很小的一部分可以归结为观测因素。这也并不是说没有其他引起不平等的可观测因素了。在表 13.2a/b 中可以发现省略相关可观察变量的详细说明。然而，鉴于 GSOEP 中的许多有效的变量和我们在不同的可能规范下进行的探索性研究，这又不太可能。即使可观测因素所引起的方差非常小，假使客观变量是政策制定者们唯一能够考虑到的因素的话，对此进行研究也是非常有意思的。这表明收入在解释收入满意度不平等时不是很重要，而且它也不是唯一的因素。家庭成员的数量及其年龄分布也是重要的因素。所以，即使客观收入不平等仍然是掌控社会分配过程的一个重要统计量，这个研究表明，对不平等的心理感觉也与社会分配相关。毫无疑问，在我们能够得出结论之前，我们应当对其他人口再次进行此项研究。我们注意到，在第 2 章中提到的序数和基数方法都给出了差不多一样的结果。

本章讨论的第二个议题就是使用个人福利函数方法。它基于决策效用函数，但与经验效用函数对立，每个个体都有专属他或她自己的效用函数。个人的外表也同样适用此概念，基于这个概念，我们发现个体对不平等的估测也各不相同。于是，我们得到一个直观的、看似有道理的结果，那就是低收入个体比在富裕阶层的个体更能意识到分配不平等。

本章对研究不平等的文献所做的贡献在于利用收入满意度的概念来研究不平等，该概念可以用来和不平等的客观测算方法进行比较。收入满意度不平等有别于已有的通过个人感知使得收入可比较来测算不平等。传统的不平等评测方法通过直觉引入主观性，例如，通过利用家庭等值规模（如 OECD 规模），或是在选择一个具体的福利函数规范时进行反思（Atkinson，1970）。收入满意度的引入并不意味着客观评测方法应当全部被主观概念所取代，而是说明每种方法都扮演着不同的角色，各司其职。在我们看来,该主观概念是对家庭不平等评测方法的一个有价值的补充。在下一章里,我们将会思考该种方法可以推广到其他哪些因子满足度,或者总体满足度。

注 释

[1] 我们在本章中的观察单位为家庭,并假定其足够充分代表了家庭中主要承担生计的人。理论上来说,这尚有疑问,因为不清楚该家庭是否有典型的效用函数。在第 6 章,我们可以看到这个假设对于德国人民来讲经过实证是可接受的,因为丈夫和妻子都有广泛地一样的满足水平和满足函数。

[2] 组织对于经济合作和发展维度来讲是一个附加的维度,这里第一个成人值被定为 1.0,其他成人为 0.7,孩子在 0.5。

[3] 下一节内容基于 Van Praag(1997, 1978),以及 Van Batenburg 和 Van Praag(1980)的研究。

[4] 实际上,因为 $n(y)$ 必须由实际的收入密度函数替代,且只有限定情况下才成立,所以这并不成问题。

[5] 参考第 13.2 节和第 2 章的相关内容。

14. 衡量主观收入不平等的一般方法

14.1 引言

在上一章中,我们介绍了主观收入不平等的概念。在通常所说的不平等定义中是采用收入,而我们用与收入相对应的主观性概念——财务满足度取而代之。这样,就可以利用一些如年龄、家庭规模等干扰变量对收入进行修正,我们用财务满足度的不平等来定义主观收入不平等。在第 2 章,我们看到,在假定财务满足度 FS 的条件期望值$\overline{FS_i}$ 是位于财务满足度模型的第 i 个区间时,FS 就可以通过$\overline{FS_i}$ 进行量化。这个期望值可以用序数 POLS 变量或基数 COLS 变量表示。

现在我们提出的问题是,主观性收入不平等这个概念是否可以一般化应用到其他的因子满足度,如健康满足度和工作满足度。很明显,不同人在健康、工作等方面有很大的差别。然而,在已有的文献中,我们没有发现可行的方法。我们认为之所以没有这方面的文献是因为存在两类问题。首先,如何像用收入来测算收入不平等一样对健康满足度或工作满足度进行客观地测算。很明显,对于像健康、工作等这些因子来说,很难找到这种基本的变量。因此,像测量收入不平等那样来测量客观的健康不平等几乎是不可能。实际上,如果我们知晓收入是否满意的心理状态,那么,收入也成了一个无意义的变量。这是因为存在着干扰变量导致要对名义收入进行修正。然而,对于收入来说,我们可以假定,在名义收入和收入满足度之间存在着比健康和健康满足度之间更加紧密的关系。第二个使健康本质的区别于收入的问题是由于健康并不能由一个人向另外一个人传递。我们能够思考关于健康的分配,但是我们不可能实现健康的再分配,而对于收入的再分配却是可以的。由此导致有关伦理不平等的测算方法,比如说,Atkinson 指标无法应用到健康因子中。在 Atkinson 指标中存在一种理想状况,通过再分配可以达到这种状况。而不平等则被定义为是当前状况离理想状况的偏离。进一步我们可以推出,如果满足度不能被进行再分配,这些定义就是不切实际的。无奈之下,我们只能满足于对不平等的统计上的解释。

这就是说,应用第 13 章得到的方法来研究生活中除了财务之外的其他方面的主观不平等并不存在障碍。

14.2　同时的不平等性

在 GSOEP 和 BHPS 中,我们不仅找到了关于财务满足度的一个问题,也找到了健康满足度、工作满足度等的类似问题。我们可以用满足度回答向量 $DS_n = (DS_n^{(1)}, DS_n^{(2)}, \cdots, DS_n^{(k)})$ 来表示个体 n 的答案。其中之一是财务满足度 $\overline{FS}_n$。根据第 3 章,我们分别估计了 k 个满足度的方程。

$$DS_{i,n} = \alpha_i' x_{i,n} + \bar{\varepsilon}_{i,n} \quad (i = 1, 2, \cdots, k) \tag{14.1}$$

从方程中,我们注意到每一个满足度方程都拥有各自的解释变量的向量 x_i。如果我们假设有一个包含所有解释变量 x 的 m 向量和一个一致的$(k\times m)$矩阵 A,在矩阵 A 中,如果对应的解释变量没有出现在满足度方程中,则将 α 设为 0,通过这样我们可以得到一种表示符号。

接下来,我们就可以用矩阵符号改写因子满足度方程如下:

$$DS_n = Ax_n + \bar{\varepsilon}_n \tag{14.2}$$

我们注意到,误差向量和解释变量 x 都是不相关的。然而,解释变量本身之间是相关的,同样,对于各因子的误差也是如此。现在我们能够计算公式(14.2)的样本协方差矩阵:

$$\sum\nolimits_{DS} = A\sum\nolimits_{x} A' + \sum\nolimits_{\bar{\varepsilon}} \tag{14.3}$$

可以看出，$\sum_{DS}$ 是对一维的财务满足度不平等的一种自然归纳。它可以被分解成结构性的部分和随机性的部分。结构性的部分是依赖于解释变量的协方差矩阵 $\sum_{x}$、估计效果矩阵 A；随机性的部分即干预变量的协方差矩阵。需注意的是，对于离散型回答的后果，从中我们可以看出，后面的矩阵只不过是协方差矩阵的干扰。因此，这是对总协方差矩阵的低估。原则上来说，从我们内部协方差和正态结合（见 Maddala，1983：368）的假设的理论上估计内部协方差是可能的，但是从一个大的规模上计算是非常困难的，因此，（从现在开始）我们在多元情况下将忽略（不管多次）内部方差和协方差的状况。

在方程式(14.3)中，我们可以总结出两件事情。首先，满足度的不平等性在一部分上取决于客观变量的不平等。举例来说，对第一个解释变量 y 取对数，接着我们看一个满足度的不平等性，当相关因素 A 是非零时，对角线元素 $\sum_{DS}$ 取决于第一个对角线元素 $\sum_{x}$。第二，这些不平等性在两种渠道中的内部是独立的。第一个渠道存在是因为满足度领域取决于相同的 x 的价值。举例来说，两个领域的满足度（比如财务和健康）取决于一个变量 y，由此得出结论，如果变量值 y 增加，那么两种满足度变量都将增加。而第二种渠道的存在就是因为随机误差项的协方差是非零值。又由于离散的观察方式，那些误差的协方差就不能被准确地估计到。

现在让我们在总体上考虑一下关于生活满足度的另一个问题。我们把它称作一般的满足度(GS)。我们用 GS_n 来表示回答。

我们使用下面的方程式来估计[1]英国的数据：

$$GS_s = \alpha_{0,1}DS_{1,n} + \cdots + \alpha_{0,8}DS_{8,n} + \gamma Z_n + C + \varepsilon_{0,n} \quad (14.4)$$

在这里我们用变量把 Z 定义为首要的领域错误的组成部分。它用来纠正一个临近的内生变量的偏差（见第 4 章）。

就像我们能估计满足度领域的不平等性，我们现在能通过方差(GS)来评价一般满足度的不平等性，我们得到：

$$\mathrm{var}(GS) = \alpha_0' \sum\nolimits_{DS} \alpha_0 + \delta^2 \mathrm{var}(Z) + \delta\alpha_0' \sum\nolimits_{DS,Z} + \mathrm{var}(\varepsilon_0) \quad (14.5)$$

由此可以得出结论，总体的不平等性可能部分地通过领域不平等性来解释。然而,因为 $\sum_{DS}$ 不是对角矩阵,我们不能分离出 $k(=8)$ 这种不平等性领域的独立贡献,我们同样不能把 GS 写作是满足度领域不平等性的总和。我们使用一个逐步回归程序(见第 13.2 节)来消除重复计算。通过这种方法,我们把总体的不平等性剥离成对连续领域的独立贡献。这种剥离表明满足度领域是被 $\overline{DS}_1$, $\overline{DS}_2$, …, $\overline{DS}_k$ 所固定和替代,而 $\overline{DS}_1 = \alpha_{0,1} DS_1$, $\overline{DS}_2$ 是 $\alpha_{0,2} DS_2$ 的一个组成部分,它同 DS_1 并不相关,等等。

就新变量来说,我们可以把方程式(14.5)重新写成:

$$\mathrm{var}(GS) = \sum_{\overline{DS}} + \delta^2 \mathrm{var}(Z) + \delta \sum_{\overline{DS}, Z} + \mathrm{var}(\varepsilon_0) \qquad (14.6)$$

这里第一个矩阵是对角矩阵。我们注意到通过 DS 方程式(14.2)替代,方差(GS)将能得到进一步的分类分析。接下来,我们将能用客观测量得到的 x 向量的方差矩阵写这个方差。接着,我们将看到初始的不平等是如何影响 GS 的不平等性的。

表 14.1 列出了所有领域的不平等性。注意到我们在这里是使用 COLS 来说明的。我们之所以这样做是因为不止一种领域的因素包括在内。我们在第 2 章已经看到,在 POLS 的次序说明中,整体的测量方法是由反应比率中的分配比率决定的。对所有领域的方差也是如此。由此得出结论,因为要按次序来说明,所以很难得到一个有意义的两个领域的不平等性的比较。然而,如果我们以基本的评价来作为选择整体测量手段的基础,同时我们认为在区间[1, 7]中的估计值 5 和相同感情强度相一致,而不去考虑明确的领域,那么领域变量是可以比较的。

表 14.1 已婚且有工作的个人的各因子满足度的不平等程度

领　域	结构性不平等	各领域之间的误差访查	总方差	样本个数
工作满足度	0.023	0.625	0.648	6 408
财务满足度	0.133	0.655	0.78	10 388
居住满足度	0.094	0.667	0.761	10 361
健康满足度	0.047	0.858	0.905	10 371
闲暇利用满足度	0.083	0.719	0.802	10 347
闲暇机会满足度	0.210	0.742	0.952	10 340
婚姻满足度	0.286	0.893	0.938	10 341
社交生活满足度	0.049	0.663	0.712	7 406

表 14.1 表明,关于健康和休闲数量的不平等性是最高的,而关于工作满足度的不平等性是最低的。不平等性可以从一种相当于中等的程度得到解释。不平等性的主要部分被认为是随机的,至少从我们以前曾经使用过的选择变量上讲如此。当我们把财务满足度的估计总体误差 0.695 5 同中间方差为 0.655 相比较时,可以得出内部误差大约为0.040。因此,组间观测值之间的误差似乎可以忽略不计。

在表 14.2 中,我们对英国有工作并且结婚的个体的这个子群取总体方差/相关矩阵,更确切地说,我们取总协方差矩阵 $\sum_{DS} = A\sum_{x}A' + \sum_{\bar{\varepsilon}}$。表 14.3 展示的是结构部分的协方差矩阵,表 14.4 是内部随机误差 $\sum_{\bar{\varepsilon}}$。在表 14.4 中,对角线元素表示的是这些元素对自身的不平等性,在表左下方的元素我们表示的是对应的相互关系。为了表示的方便,对称矩阵的上半部分空缺。在表 14.4 的最后一行,我们包括了 Z 变量的协方差。

表 14.2 已婚且有工作的个人的各因子满足度总方差/相关系数的矩阵

	工作满足度	财务满足度	居住满足度	健康满足度	闲暇利用满足度	闲暇机会满足度	社交生活满足度	婚姻满足度
工作满足度	0.648	—	—	—	—	—	—	—
财务满足度	0.390	0.788	—	—	—	—	—	—
居住满足度	0.294	0.382	0.760	—	—	—	—	—
健康满足度	0.292	0.338	0.238	0.905	—	—	—	—
闲暇利用满足度	0.330	0.341	0.314	0.322	0.801	—	—	—
闲暇机会满足度	0.343	0.321	0.288	0.271	0.695	0.951	—	—
婚姻满足度	0.407	0.385	0.343	0.332	0.694	0.629	0.712	—
社交生活满足度	0.232	0.206	0.253	0.195	0.299	0.272	0.348	0.879

表 14.3 已婚且有工作的个人各因子满足度的结构性部分的总方差/相关系数的矩阵

	工作满足度	财务满足度	居住满足度	健康满足度	闲暇利用满足度	闲暇机会满足度	社交生活满足度	婚姻满足度
工作满足度	0.023	—	—	—	—	—	—	—
财务满足度	0.254	0.133	—	—	—	—	—	—
居住满足度	0.571	0.519	0.094	—	—	—	—	—
健康满足度	0.050	0.423	−0.239	0.047	—	—	—	—
闲暇利用满足度	0.391	0.399	0.810	−0.168	0.083	—	—	—

(续表)

	工作满足度	财务满足度	居住满足度	健康满足度	闲暇利用满足度	闲暇机会满足度	社交生活满足度	婚姻满足度
闲暇机会满足度	0.302	0.297	0.746	−0.317	0.935	0.210	—	—
婚姻满足度	0.357	0.455	0.666	0.023	0.884	0.725	0.049	—
社交生活满足度	0.511	0.200	0.654	−0.245	0.701	0.635	0.529	0.082

表 14.4 已婚且有工作的个人各因子满足度的误差方差/相关系数的矩阵

	工作满足度	财务满足度	居住满足度	健康满足度	闲暇利用满足度	闲暇机会满足度	社交生活满足度	婚姻满足度	
工作满足度	0.625	—	—	—	—	—	—	—	—
财务满足度	0.395	0.655	—	—	—	—	—	—	—
居住满足度	0.279	0.355	0.667	—	—	—	—	—	—
健康满足度	0.292	0.357	0.251	0.858	—	—	—	—	—
闲暇利用满足度	0.335	0.345	0.290	0.335	0.719	—	—	—	—
闲暇机会满足度	0.351	0.335	0.263	0.290	0.676	0.742	—	—	—
婚姻满足度	0.411	0.370	0.313	0.341	0.681	0.609	0.663	—	—
社交生活满足度	0.226	0.208	0.243	0.200	0.287	0.263	0.328	0.797	—
Z	0.463	0.155	0.004	0.299	−0.043	0.187	−0.100	−0.393	0.267

我们可以看出在这些满足度领域之间有着显著的正相关性。然而,表 14.4 中也有一些例外。例如,虽然年纪较大的人的身体健康状况比年纪较轻的人要差,但是他们却居住着较好的房子或者至少他们享有更高的居住满足度。这可能能够解释健康和住房之间的负相关性。同理,我们可以解释健康同婚姻的负相关性和健康同休闲满足度之间的负相关关系。

领域之间如此大的相关性表明领域的不平等性之间并不能被看作是相互独立的。领域 A 中一个较高的满足度预测得出领域 B 中一个较高的满足度,因此,一个较强的领域 A 的不平等性将使领域 B 同时表现出较强的不平等性。当我们考虑到在一种领域中起作用的结构变量 X 同样在另一种领域中起作用时,这种描述就没有什么差别了。因此,我们在整个矩阵中减去结构协方差矩阵。它使我们得到表 14.4 中随机误差 $\sum_{\bar{\varepsilon}}$ 矩阵。或许这并不出乎我们意料,我们看到满足度领域不平等性的主要部分并不能由观察到的个体的性质所解释,我们同样能看到误差项之间存在强烈的相关关系。这可能归因于一些潜在的例如乐观/悲观的心理变量，这些心理变量以一种相似的方式影响生活满足度的所有领域。

我们考虑第4章曾经涉及的评价方程(14.4)，我们发现总体满足度的不平等性同样能够被测量并分解成一个结构和误差的组合。在表14.5中，这种例子用于介绍有工作的结婚了的个体，我们使用这个例子，因为只有通过这个组，我们才能得到可以利用的关于工作和婚姻满足度的领域。

表14.5 已婚且有工作的个人的总满足度的不平等程度

	结构性不平等	误差方差	二者之和	样本总数
总满足度	0.211	0.104	0.315	5 041

从表14.5中，可以得到两个结论。首先就是总体解释方差远远地高于各自的领域解释方差。在表14.1中，我们看到解释方差百分比大约为10%。对于总体的满足度，我们发现他们的百分比在(0.211/0.315)之间或是大约为65%。然而，如果我们用它们的机构部分来替代满足度领域，这种百分比会更加的低。第二件事情是关于*GS*的总体不平等性只不过是不平等性领域的一半或者更少。这是因为*GS*是一些领域的组合体，个人可能在一些领域上的得分比较差，但是大多数情况下这种在一些领域的表现不佳将抵消掉其他领域中超过平均值的表现部分。

假如在方程(14.4)中存在显著地变量相关性的话，我们会有双重计算的危险。在我们通过计算得出一个较低的工作满足度同较低的财务满足度相关时，我们还想知道财务的独立贡献是什么？因此，我们对方程式(14.5)进行分类分析，在这里，我们对范围按照方程式(14.4)的递减作用进行排序。我们重复这种随机分类方式。我们使用这种分类分析方法对结构协方差矩阵进行分析。通过这种方式，我们根据独立组成部分剥除了不平等性，开始对关于在第二种领域中有多少不平等性不能被第一种领域的不平等性的问题来解释，等等。方差在表14.6中按顺序给出。

从表14.6中可以看出，工作满足度占据了总体满足度不平等性的最大部分，紧接着是大致相同的婚姻和社会生活。接着是财务和健康，其他领域所做的贡献可以忽略不计。我们注意到辅助变量Z的值小于1%。这种分类是显著的，因为它表明总体满足度不平等和财务满足度

表 14.6　已婚且有工作的个人的总满足度的不平等性的具体分布

	方　差	贡献度(%)
工作满足度	0.088	41.6
婚姻满足度	0.040	19.2
社交生活满足度	0.049	23.1
财务满足度	0.012	5.6
健康满足度	0.012	5.6
闲暇机会满足度	0.003	1.2
居住满足度	0.002	1.0
闲暇利用满足度	0.005	2.6
Z	0.000	0.1
总　计	0.211	—

不平等是不能等同的。实际上,财务满足度看起来是总体满足度不平等性中适中的组成部分。这和常用的经济至理名言相反,它们是用一维的收入概念来识别幸福、福利等等。

14.3　讨论和结论

结合当代关于满足度的幸福的文献研究我们在本章考虑是否能定义满足度的不平等性。结果证明这在总体方式上是可行的,不仅对于收入满足度,对于我们能够引出评价的任何组的个体满足度都是可以的。在本章中,我们研究了关于 8 种生活领域的满足度,即财务状况、健康、社会生活,等等。这些满足度领域的信息是从那些现在很多社会经济调查中被认为是一种科目的问题中取得的,像英国家庭调查和德国社会经济调查。当我们试着通过客观的可测量的变量去解释这些不平等性时,我们发现关于方差的解释是贫乏的。它揭示了不平等领域范围决定于一个我们现在不能测量得到的相当大的变量部分。不幸的是,它们隐藏在省略变量和随机误差项下。

实际上,我们考虑给每个个体一个满足度领域的变量,简称满足度向量。我们指出如果我们把满足度不平等变量定义为一种个体满足度向量的方差——协方差矩阵,这些满足度方面将会是高度相关的,它们的相关比率将达到 40%。

同样可以得出我们能够在总体上把生活满足度解释成几种领域的满足度的总合。而且，我们同样可能在总体上定义生活满足度的不平等性，或者是一种比关于一种领域不平等性更加重要的评价人口幸福度分布的指标，也简称为*GS*。由于贡献组成部分高度的相关，为了避免重复计算，我们将使用一种阶梯回归程序。我们发现对于组中的那些有工作的已婚者来说，总体上大约有2/3的生活满足度可以得到解释。兼职工作满足度、婚姻满足度、社会满足度的解释力度占80%。

很明显地，从这个分析中可以看出许多已经做出的选择正接受公开辩论。首先，只有我们假设人与人之间的关系是可以比较的，包含变量是重要的，不平等性的比较才是可操作性的。我们的选择就是假设满足度在1—7的取值区间上(Lilert, 1932)的数字评价方式是人与人之间可以比较的，并且同时有很强的重要性。第二点是我们对正态倒置的回答取方差。如果我们意识到我们禁止的分析或者间隔回归分析方法同样专注于这种规范，那使用我们作为标量规格就不像显示出的那么奇怪了。对于是否另外一种转换技巧或是分配的标准能将误差项处理得更好，这是一个经验性问题。如果是那种情况的话，逻辑分配的作用将不会得出任何重要的结论。

作为我们不平等性定义的方差的选择，它将进行公开清楚的讨论。首先，我们将考虑总体距离的作用而不是Euclidean模型，它反映不同不平等性的解释。明显的，通常组的分类能够被用在关于满足度向量的方差或者协方差矩阵上。

我们并不需要像Dalton转移原则之类的满足一系列道德上的正态限制的不平等性的概念。这是由于两个原因。首先，我们认为它的应用不是一种明确的科学方法。第二，我们不知道怎么样去做。不平等性概念应当是一个中立的概念。在本章中，我们通过给不平等性数据，同时估计起限制作用的因素来提供感情满足度和不平等性是如何感觉到的和它们是如何由客观的限定因素描述决定的。此外，通过概括许多领域像个体之间难以相信的满足度的可移动性，并不存在的一种全部满足度的再分配的不平等性概念，我们不能看出如何取定义一种基准的平等性，除了我们所有的相等之处。

依我们的看法，这里我们使用的方法和分析毫无疑问地表明满足度是那些能够用常规的计量经济方法处理的数据。此外,它们也能用作定义不平等性。

由于这似乎是这种方法的第一次使用,我们还不能对比经验估计和其他国家或者时间序列的估计数值。从收入不平等文献中很明显可以看出这种对比需要翻译成数字和得到不平等差别的感觉。在本章中,我们认为我们自己已经初步尝试改善了这种满足度不平等性调查的基本方法和工具。

注 释

[1] 我们在这里并没有给 $\bar{u}_{i,n}$ 的条件期望限定 x 的值和设定 $\sigma=1$。这样我们就可以尽可能地估计出大致的观测值,而不用去使用计算的观测值。

15. 贫　困

15.1 引言

从圣经时代以来，人类就已经开始关注贫困现象。众所周知，一些人比另一些生活于苦难时期或环境中的人过得更好，一些人在挨饿，而另一些人却很富有。尽管这个现象是人所皆知的，但却很难给贫困下一个统一的定义。那么如何来区别贫困家庭与非贫困家庭呢？通常，为了解决这个问题，我们可以用 y_{min} 来表示一个指定的家庭净收入，也可以称之为贫困线。如果一个家庭最低收入低于 y_{min} 则可视其为贫困。由此可知如何确定贫困线的位置相当重要。很明显这是一个与现代社会相关的问题，因为现代福利国家的主要任务之一就是创造和执行社会保障系统。这个系统可以归结为一个再分配系统，非贫困者通过缴税或捐钱给基金来减轻社会贫困状况。由此可见确定贫困线的位置是极其重要的。如果这个水平定得太高的话，例如，30%是穷人，则转移支付的数量就非常大了；若贫困线定得比较低得话，例如，5%是穷人，则转移支付的数量就相当少了。当然这个系统所要承担相对较小数量的再分配会比较大数量的再分配更易得到行政上的支持和接受，除非是在一个相当不平等的社会中。

现今有许多贫困的定义并且在美国、欧洲得到了应用。定义贫困线概念的困难在于贫困是一种感觉而不是一种客观的状况。而且，不同的个人对于相同的贫困状况有不同的感受。当然这与“商品支配”有关：我们可以根据商品组合或更准确些,用净收入水平 y 来描述一个家庭的消费水平。但是如何确定这个所描述的水平是否引起“贫困”的感觉呢?有些家庭在某个水平上觉得“贫困”了,而有些家庭在这个水平下却并不觉得贫困。解决这一问题的方法之一就是请一些专家,根据收入、商品组合或食物支出占总支出的具体比例来定义贫困线,其中我们常用的有恩格尔法则(1895),随着收入的增加,花费在食物上的支出占总支出的比例下降。这是一种客观方法,含有些专制意味。还有一种方法是由个人根据其收入水平确定其贫困线。这是所谓的主观方法,读者可在本书中了解这种方法。这两种方法都基于以下的假设:

(1) 相似的个人用同一收入界限定义他们的情况是“贫困”还是“非贫困”;

(2) 当描述他或她在贫困线上时,个体 A 所表达的福利缺乏与个体 B 表达的福利缺乏是可比较的和相等的。

这两个假设可以归结为,在贫困与非贫困边界线上的个体之间的福利比较是可能的。通常是对贫困的各种程度进行了区分,如“贫困”、“严重贫困”。上述种种情况下我们假定个体之间的福利比较是始终存在的(参见 Sen, 1796)。

在探讨贫困线时常常伴随着家庭等值规模的选择。从直觉来看,似乎两个人组成的家庭贫困线 $y_{min}(2)$将低于相应的四个人组成的家庭贫困线。然而,贫困程度相同的这两类家庭的贫困线比例 $e(4)=y_{min}(4)/y_{min}(2)$ 应该是多少呢?接下来,我们会看到等值系统蕴含着政治含义。贫困线的定义实际上包含两个问题:第一,如何为被参考家庭定贫困线,比方说两个人组成的家庭。第二,对于各种干预变量如何将贫困线等值化,以便不同类型的家庭可认为他们的贫困是等价的。我们注意到这里可能不止一个干预变量,例如家庭规模、年龄、地域、城市化程度,等等。

下一节(15.2)我们将介绍贫困线的概念。第 15.3 节将重点介绍一些著名的定义。第 15.4 节是介绍已应用的主要的等值系统。第 15.5 节是利用 20 世纪 80 年代后期在比利时所做的家庭调查,用其他变量而不仅仅是家庭规模变量来考察不同等值规模的可能性。第 15.6 节分析应用不同的等值系统时,各种贫困测量方法的运用情况。第 15.7 节介绍由

Ferrer-I-Carbonell 和 Van Praag(2001)研究的一份俄罗斯数据而得出的结论。第 15.8 节是结论。

15.2　贫困线的概念

在应用性贫困分析中,贫困基本是根据家庭收入来描述的,即家庭累计的总收入。这预先假设了家庭内部分配使所有家庭成员享有同样的福利水平。给定一个具体的税收和社会保障税,那么在净收入与毛收入间就可大致建立起一一对应的关系。相对于毛收入,被调查者通常更了解他们的净收入,因此我们通常更偏好于使用税后净收入概念。

一些异议:

1. 有些家庭收入可能是以货代款的形式(如园艺、烘焙、儿童保育、管道工人与牙科医生的交易)。若这种类型的收入占了家庭收入的大部分,那么以货币收入代表家庭福利就没有意义了。这在家庭由一人(多数是男人)或两人养家的那些国家尤其重要。两人养家的家庭比一人养家的家庭货币收入会更高,在其他的所有方面都可这样比较。他们之间最大区别是家庭产出。考虑如下情况:两个妇女打算不再打扫她们自己的家而是交换角色,因此她们彼此就成了被支付的清洁女工。最终家庭产出没变,但家庭收入就增加了,意味着更多的福利。Homans,Hagenaars 和 Van Praag 得出结论:当我们将影子价格归因于家庭产出时,包括家庭产出价值在内的一人养家的“完全”家庭收入与两人养家的“完全”家庭收入就大致等价。事实上,这并非不可思议,因为“完全”家庭收入的比较就暗含了(女性)劳动力的参与决定。因此,若通过增加家庭产出所得到的完全家庭收入比女性参与工作后所得到的收入更大,则女性将不参与,相反若女性参与市场比在家中的得到更多,包括附加的家庭设施以及帮助其他家庭做些事情来得到报酬等,则女性将参与。在单亲家庭与双亲家庭的比较时也会有同样的问题。

当比较城市家庭与农村家庭时也会遇到同样的问题,农村家庭的收入更有可能是以货代款的形式。在比较发达与欠发达国家时,这就变得尤为重要(参见 Pradhan 和 Ravallion, 2000)。

2. 毛收入与净收入的差别也常导致一些问题。我们通过支付税收来共享公共服务,如国防、安全、教育、国民医疗服务、司法等等。但更复杂的是给低收入者的收入补助以及某些特定商品以低价卖给低收入者,例如,发给失业者或贫民的粮票、疾病保险、社会住房、降低教育费用等等。这就意味着货币的价值对于高收入家庭与低收入家庭可能是不同的。

3. 在许多国家存在着相当多的"非正式"及"灰色"经济。在西欧经济中这种经济占了 GNP 的 16%—30%。很明显,用官方收入表示家庭福利就不可靠了。

在大多数关于贫困的文献中都忽略了以上几点,我们的研究也将如此开始。把收入设为 y,就可以得到各种类型的贫困线。首先假设所有家庭的家庭规模和其他相关变量都相同,只有家庭收入不同,我们应该考虑几个常用的概念。通过这样的假设我们就可以暂时不用考虑"等值"问题了。

贫困线常常根据社会生存线来定义。然而,却极少对定义生存线的形成原则进行探讨。

15.3 贫困线定义

15.3.1 相对方法

相对方法是把贫困视为一个相对概念。把收入分配从大到小排列后,排在尾部的那些人可确定为贫困,比如最靠后的 20%。若用 $G(y)$ 表示收入分配函数,那么贫困线 y_{min} 即在收入分配最低的 1/5 处,其中 $G(y_{min}) = 0.2$。

这种定义的思想源自社会心理。不管社会有多富有,贫困的人是社会中的低收入者。这表示任何社会,不管在绝对量上多富有,总是存在 20%的贫困者。这个定义只能被用于确定一个具体的社会中最贫困的阶层。这种定义不适用于国际比较,也不适用于与过去的比较。这里,贫困量固定为 20%。

这种十分位数的定义不考虑收入分配的模式。例如，有100户家庭，其中81户的年收入是30 000美元，19户的年收入是29 999美元，那么贫困线就是30 000美元。如果贫困户的年收入只有100美元，贫困线仍然定在30 000美元。为了修正这一情况，我们依据平均收入和偏斜度来考虑贫困线。

半-中位数和半-平均线

收入中位数 $y_{0.5}$ 即表示相对较低收入者和较高收入者各占总人口的50%的收入值，用公式表述即：$G(y_{0.5})=0.5$，$G(y)$ 代表收入分配函数。半-中位线定义为收入中位数的一半，即 $y_{\min}=\frac{1}{2}y_{0.5}$。

更温和的变量是把贫困线设在收入中位数的60%处。这一贫困概念也被欧洲统计局(EUROSTAT)用于欧洲贫困统计。

当我们假设收入分配呈对数正态分布时，就可以理解这种测量方法。这种近似值并不精确，但常用作粗略的描述。这种情况下60%-中位数线就等于 $0.6e^{\mu}$，其中 μ 代表对数-中位数收入。根据此度量标准，贫困率为 $N\left(\frac{-\ln(0.6)}{\sigma};0,1\right)$。贫困率只取决于对数收入的标准差 σ。在第13章，我们看到，σ 用来测度收入不平等。它说明，如果不平等保持不变，则这种测量结果也不变，它还说明，如果所有的收入增加但不平等不变，那么贫困并不会减少。

另一个选择是半-平均线。对数正态分布下的平均收入等于 $\exp(\mu+0.5\sigma^2)$，半-平均等于 $\exp(\mu+0.5\sigma^2-\ln(2))$，相应的贫困率为 $N\left(\frac{0.5\sigma^2-\ln(2)}{\sigma};0,1\right)$。同样的，这种度量方法也只决定于 σ。

15.3.2 绝对方法

相对贫困线有助于根据贫困定义来确定贫困家庭。贫困定义本身是公正的，因为人们贫困的想法是源自于与同阶层市民的比较。相对概念不易被接受，因为它没有把贫困与客观环境联系起来。例如，在印度的一个感到饥饿并且没有房子的个人和在荷兰的一个买不起自行车的个人，这两个人可能感到同样的贫穷。在物质方面，贫困的情况是完全不同的，而人们会毫不犹豫的认为印度的穷人比荷兰的下层阶级更贫困。

绝对方法则考虑到了这种想法。最早考虑到的是 Rowntree(1901,1941),而具有里程碑意义的是 Peter Townsend(1979)的研究。美国的贫困线定义由 Milly Orshansky(1965)提出,根据某个具体的食物组合的最小量而得出,食物的价格是当期价格。Orshansky 为各种家庭类型定义了这种食物组合的最小量。根据食物组合定义的食物支出所占的家庭总支出的比例为$\frac{1}{3}$的位置为贫困线,即贫困线是设在食物组合的最小量的 3 倍的位置。自从引入这一概念以后,贫困线每年都会随通货膨胀调整。我们注意到,由于是一组营养学家发展了食物组合的定义,此定义相当武断和主观。这种定义并没有体现人民的心声。事实上,这是用相当专断的程序去定义社会可接受的贫困线。而且,商品组合本身已经几年没有变化了。增加的程序也是有争议的。如之前提到的,这是一个经验性的事实,即恩格尔法则(随着收入的增加,花费在食物部分的比例下降)。因此,选择$\frac{1}{3}$的位置来定义贫困线。事实上,食物份额本身可以看作一种福利指数。食物份额越少,家庭福利越大。

加拿大的 Love 和 Oja(1977)建议改进这种度量方法,把它与预算份额明确地结合起来。若 E 代表服装、食物、房子上的花费,那么它们的比例 E/y 随收入下降。贫困线就根据特定价值下的特定份额 E/y 来表示。很明显,这种定义也比较武断和主观。

15.3.3 主观贫困的定义

第三种定义贫困的方法称之为"主观方法"。这种方法是基于这样一种思想:人们自己来确定贫困线位置。这里用到了"体验效用"或"实际福利"函数 $U(y)$(见第 2 章)。这里根据调查来做出估计。我们按照效用水平 0.4 或 0.5 或者更一般的 δ,并通过解方程 $U(y_{\min}) = \delta$,来指定贫困线 $y_{\min}$。同样地,我们可以考虑 $U(\cdot)$从最差到最好排列,并通过等式 $U(y_{\min})=$"bad"或 $U(y_{\min})=$"insufficient"来定义贫困线。最后两个等式(比较例外)可作如下解读:收入水平 $y_{\min}$ 可用"bad"(差)或"insufficient"(不足)来评估。

之前我们至少有两种方法估计体验效用函数,第一种方法使用如下满足度问题:

你对你现在生活的以下几方面的满意程度是多少？

（请用以下范围回答，0 意味着完全不满意，10 意味着完全满意。）

你对你的家庭收入的满意程度是多少……

用基数方法[1]（CP），并用 y 表示对数收入，我们估计福利函数：

$$U = N(\alpha y - \gamma;\ 0,\ 1) \tag{15.1}$$

可重新写成：

$$U = N\left(y;\ -\frac{\gamma}{\alpha},\ \frac{1}{\alpha}\right) \tag{15.2}$$

贫困线可通过解下面方程得到：

$$N\left(y_{\min};\ -\frac{\gamma}{\alpha},\ \frac{1}{\alpha}\right) = \delta \tag{15.3}$$

或者采用逆正态变换，

$$y_{\min} = \gamma + \alpha\mu_{\sigma} \tag{15.4}$$

第二种方法使用收入评定问题（IEQ）：

你对收入满意还是不太满意都取决于你个人的情况和期望。

你认为你的净家庭收入的状况：

非常低	DM ________
低	DM ________
不够	DM ________
够用	DM ________
较高	DM ________
很高	DM ________

如第 2 章，这里得出了个人福利函数（决策效用）：

$$U = N(y;\ \mu(y_c),\ \sigma) \tag{15.5}$$

其中 y_c 表示当前收入，我们可得到经验关系[2]，并且：

$$\mu(y_c) = \alpha y_c + \gamma \tag{15.6}$$

我们导出实际福利函数（体验效用）：

$$U(y_c) = N\left(y_c;\frac{\gamma}{1-\alpha},\frac{\sigma}{1-\alpha}\right) \tag{15.7}$$

贫困线可通过建立以下方程得到:

$$N\left(y_{\min};\frac{\gamma}{1-\alpha},\frac{\sigma}{1-\alpha}\right)=\delta \tag{15.8}$$

或者采用逆正态变换:

$$y_{\min} = \frac{\gamma}{1-\alpha}+\frac{\sigma}{1-\alpha}\cdot\mu_\delta \tag{15.9}$$

这种方法是由 Goedhart 等人(1977)提出的,称之为"莱顿贫困线"(LPL)。

Goedhart 等人还给出了相关的可供选择的办法,被称之为"主观贫困线"(SPL)。这也是根据一个简单的调查问题,即最小收入问题(MIQ),其运用如下:

根据你的情况,你认为你所最终满意的最小家庭收入是多少?

那会是 *DM*……/月。

在这种情况下,通过询问被调查者来解下面的方程:

$$N(y_{\min};\mu(y_c),\sigma) = \text{刚好收支相抵} \tag{15.10}$$

也就是,让被调查者告诉我们,已知他们的当前收入 y_c,什么样的收入水平能达到他们的"收支相抵"。如果我们假设文字标识"刚好收支相抵"对应特定的价值 $\delta\in[0, 1]$,我们来解对数线性方程

$$\frac{y_{\min}-\mu(y_c)}{\sigma}=\mu_\delta \tag{15.11}$$

或

$$y_{\min}=\mu(y_c)+\sigma\cdot\mu_\delta \tag{15.12}$$

有意思的是,可以说每个被调查者得出了他们自己的贫困线。这反映了一个事实,即每个属于不同社会阶层的人把贫困线定在了不同的收入水平。我们如何从这些普遍不同的评价中得到一个社会可接受的贫困线呢?

可知 $\mu(y_c)$是关于 log(收入 y_c)(y_c 取对数)的线性方程。因此,我们无需根据福利方程及方程 $\mu(y_c)$,而是用当期的个人收入推导出 $y_{\min}$,得到以下估计方程:

$$y_{\min}=\alpha y_c+\gamma \tag{15.13}$$

我们观察到绝大多数被调查者把“刚好收支相抵”的收入水平都定在低于他们的收入。对于他们而言 $y_{min} < y_c$。对于穷人而言 $y_{min} > y_c$。接下来很自然可得到两条线的交点 y^*_{min}（图 15.1），这就是与文字标识“刚好收支相抵”相关的社会可接受的贫困线。

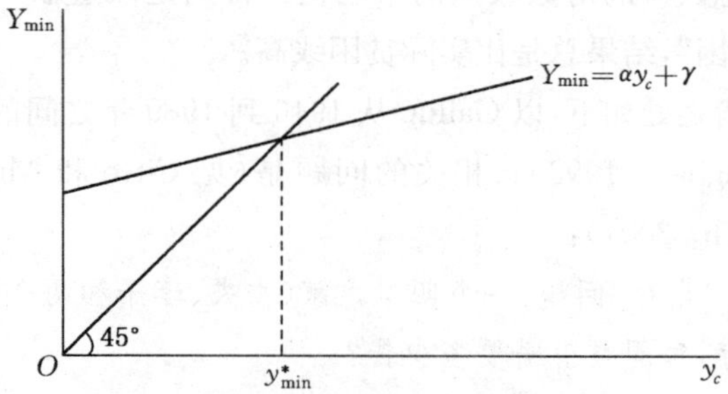

图 15.1　贫困线的推导

很明显，这种程序可同样用于其他任何口头标识。SPL 可看作指定的实际福利函数的一个点，而 LPL 用整个福利函数曲线得到整个实际福利函数。

SPL 方法的优点是我们无需假定个人福利函数呈正态对数分布，也无需估计 μ 便可以引出和估计贫困线。而除了由最低收入问题(MIQ)生成的 δ（通常不同于（大多数情况下超过）外生的固定值 0.4 或 0.5），结果往往是理论与实际相符。

由 SPL 导出的贫困线是常见的

$$y^*_{min} = \frac{\gamma}{1-\alpha} \tag{15.14}$$

这里还需提一下在应用性文献中的两个混淆之处。

第一混淆之处是我们应该用相应的对数收入水平 y_{min} 的平均值，代替我们刚刚所描述的间接方法。更准确地说，我们考虑

$$y^{**}_{min} = E(\gamma_{min}) = \alpha E(y_c) + \gamma = \alpha\mu_y + \gamma \tag{15.15}$$

其中 μ_y 是样本中对数收入的平均值。比较式(15.14)和(15.15)，很显然，通常这两种定义会得出不同的贫困线。正如我们所讨论的，式(15.14)的含义是家庭收入大于 y^*_{min} 的则认为他们不是非贫困者，而家庭

收入小于 $y^{*}_{\min}$ 的则认为他们是非贫困者。因为通常的情况是 $y^{*}_{\min} \neq y^{**}_{\min}$,结果采用 $y^{**}_{\min}$ 为贫困线使得原来属于"非贫困"阶级的成为"贫困"阶级,或原来属于"贫困"阶级的成为"非贫困"阶级。这种方法的另一个缺点是结果取决于样本中的收入分配。通常样本中的对数收入的平均值并不等于总人口的对数收入的平均值。特别是因选取不足的样本得到所谓的"贫困",结果总是比实际贫困线高。

第二混淆之处如下,以 Gallup 从 1946 到 1989 年之间的民意调查为例(见例 Vaughan, 1993)。相关的问题是(见 Citro 和 Michael, 1995, Van den Besch, 2001):

(1) "生存"问题:一个四口之家(丈夫、妻子和两个孩子)在现今社会生存,每周最少需要多少钱?

(2) "贫困线"问题:低于某一收入水平的人可视为贫困。这一水平称之为"贫困线"。现今社会的一个四口之家(丈夫、妻子和两个孩子)每周有多少收入,可定为贫困线?

这两个问题有同样的缺点。尽管这些问题试图摒弃特定的参考家庭,但不确定的是,是否不同的被调查者在回答问卷时会把同一家庭作为固定类型。首先,事实上当被调查者的家庭与参考家庭不同时,比如有更多或更少的孩子,被调查者就会对想象参考家庭的情况产生相当大的困难。其次,有一个常见的问题是富人不会真正了解穷人的状况,并且"生存"对于不同的家庭情况有完全不同的含义。事实上,参考家庭也没有定义,而且这取决于被调查者自己的情况。

问题涉及被调查者自身的情况。用我们关于"自身情况"的知识,我们可修正关于被调查者对"自身情况"的偏见,并且找出符合我们上述描述的代表总人口的方式。

15.4 等值规模

15.4.1 一维等值规模

到目前为止,我们假设收入是决定贫困的唯一因素,然而,这是相当重要的,例如,无论怎样,一个人必须养活自己或者家庭。因此,名义收入应该根据家庭规模和其他相关因素使家庭福利水平具有可比性。只有这样才能确切判定一个家庭是贫困还是不贫困。传统意义上讲,为了达到相同的福利水平 μ[3],假设一个大家庭比小家庭需要更多的收入。事实上,家庭规模只是影响财务满足度的一个因素而已,我们还应考虑到年龄、健康状况、教育、城市化程度、地区因素、气候等等。简言之,我们把所有这些变量设为 x。我们先考虑家庭规模 fs,因为这是一个传统的变量,在大多数文献中都涉及了。家庭等值规模定义为

$$\frac{c(\mu;\ fs)}{c(\mu;\ fs)} = e(fs;\mu) \tag{15.16}$$

即,在效用水平 μ 下维持家庭规模为 fs 所需的支出,与在相同效用水平 μ 下维持参考家庭的规模为 fs_0 所需的支出之比。基本上总是假设这样的家庭规模不取决于特定的效用水平。换言之,为了达到相同的水平,一个六人组成的贫困家庭的所需差不多是两人组成的家庭所需的 2 倍,同样的比率适用于富裕家庭。实际运用中,我们可以这样写:

$$c(\mu;\ fs) = e(fs)c(\mu;\ fs_0) \tag{15.17}$$

其中我们设 $e(fs_0)$为 1。

如果我们根据最小支出水平 $c_{\min}$或最小福利水平 $\mu_{\min}$为参考家庭定义贫困线,满足 $c_{\min} = c(\mu_{\min})$ 很明显这就可以转换为 $c(\mu_{\min};\ fs) = e(fs)c(\mu_{\min})$。因此,为了得到一个适宜的贫困线,家庭等值规模是极其重要的。而且,只有一个正确的规模。因此,如果我们采用不同的规模,不可避免的结果是根据不同家庭规模的贫困线将涉及不同的效用水平。如果所使用等值规模对有孩子家庭的补偿少于所规定的实际规模的话,贫困大家庭的数量将被低估。如果此线也用于决定某一家庭是否有资格拿社会救济金,等等,那么这些家庭将成为贫困线定义错误的真正牺牲者。一方面,当局可能有意采用这样的等值规模来遏制家庭变大。如果这样的话,那么贫困线在一定程度上是根据政治偏好来制定的。另一方面,若等值规模太过"猛烈",这很可能是打压人口数量的政策原因。在采用这种猛烈的规模情况下,许多大家庭将被错误地确定为贫困。

20 世纪初,甚至更早以前,一些国家已经根据不同的家庭类型转化的"消费者单元"制作了一览表。

局限于本章所讲的内容,我们不能客观地对这个领域作一个全面的调查。例如我们可参考 Van Praag 和 Warnaar(1997)。这里我们只给出一个简单的概括。粗略地说,我们有三种方法解决等值问题:政治方法、客观方法、主观方法。

政治方法因其简单而具有不可靠性。它不是基于大量的研究而是基于议会或政府公务员的政治决议。著名的例子就是后来被 OECD 采用的牛津规模,它把第一个成年人记为 1 个"消费者单元",剩下的成年人每人都记为 0.7 个"消费者单元",小于 16 岁的孩子记为 0.5 个"消费者单元"。很明显,这反映了某种经济规模。然而,除了一些营养学的研究,相对规模并不是基于科学的观察。这个规模的主要的吸引人之处是它是直观的,并且在实际应用中简单易行,因此被广泛应用于 OECD 国家。

第二个客观方法是试图根据不同的消费模式来确定不同的效用水平。很明显,不同的福利水平与不同的消费模式相关。例如,如我们知道的,恩格尔(1895)观测到花费在食物上的支出部分,即食物份额,穷人占得多,富人占得少(恩格尔法则)。因此我们可以把食物份额看作一个效用指数 U,然后就有 $U(y)=\frac{food\ \exp}{y}$。接下来我们假设两个家庭有相同的效用水平,即 $U(y_0, fs_0)=U(y_1, fs_1)$。若这个等式不成立,则方程式给出了一个简单方法来得到收入 y_1 等于多少。在美国,食物份额应为最低收入水平的 1/3。

关于这个方法还有一些问题。第一,食物份额是否可以解释为福利指数,还不清楚。第二,食物的定义是什么?它包括酒、烟等等吗?也许食物可以是"基本必需品",但是什么又是"基本"呢?而且,穷人之间也有不同的想法,例如,有人认为喝牛奶是"基本"的,而另一些人认为喝啤酒是必不可缺的。若我们意识到两个成年人组成的家庭与四个小孩组成的家庭消费模式是不同的话,则问题就变得更复杂了。

同样的 Vein Rothbarth(1943)以及之后的 Deaton, Muellbauer(1986)用家庭中成年人消费来确定家庭福利。更特别的是,他们定义了"成年人商品",如理发、酒、烟,并将这些成年人商品的消费视为家庭福利指数。如果不同构成的两个家庭中的成年人消费相同数量的成年人商品,则这两个家庭享有相同的福利水平。由于成年人商品的支出取决于收入和家庭规模,即 $A=A(y, fs)$,很明显可根据关系式 $A=A(y, fs)$,构造一个等值规模。然而,是否两个消费成年人商品相同量的成年人就享有相同的福利水平,这是令人怀疑的。而且,很难定义什么是"成年人商品",而这些商品的选择将影响关系式 $A=A(y, fs)$,进而影响到等值规模。

最后一个更为成熟的关于客观方法的例子是新古典主义的需求分析。此观点是个人将他们的钱用于购买 m 种商品,商品量分别是 q_1, q_2, …, q_m,他们的目的是令效用函数 $U(q)$ 最大化,其中限制购买的预算约束是 $p_1q_1+p_2q_2+\cdots+p_mq_m=y$。从购买方式可估计无差异曲线,并且根据这些信息可估计非直接效用函数 $U(y;\ p)$。按以上步骤我们可得到一个价格指数,因为价格变化 Δp 可由收入变化 Δy 来补偿,使得 $U(y;\ p)=U(y+\Delta y;\ p+\Delta p)$。

若家庭规模不同,则购买模式取决于价格和家庭规模。那么估计效用函数 $U(q;\ fs)$ 就成为可能。曾经有人认为这种方法可在收入与家庭规模间得出无差异曲线,进而得到家庭等值规模。然而,Pollak 和 Wales(1979)指出这种效用函数取决于家庭规模。他们认为:负担三个孩子的家庭所需的支出水平与负担两个孩子加 12 000 美元是否一样,并且这取决于家庭对孩子的不同感受。根据观察,两个和三个孩子的家庭消费模式的差别,甚至不能告诉我们有第三个孩子是幸福还是灾祸。他们认为存在一个非条件偏好,即偏好选择改变消费支出还是改变家庭规模。可以说,孩子应该被看成是一种商品。他们给出了一种可能的方法:可通过分析被调查者关于偏好或假设选择等直接问题的回答来得出人口变化的非条件偏好。尽管传统的经济学家质疑这种方法,但他们还是参考了 Kapteyn 和 Van Praag(1976)的基于 IEQ 的等值规模的例子。这就是主观方法。

关于主观方法我们在第 2.4 节中有过非正式的介绍。我们已经估计了体验效用函数 $U=U(y, fs)$。对于任何效用水平 U_0 和家庭规模 fs,可通过解方程 $U(y_0, fs)=U_0$ 得出达到效用水平 U_0 的净家庭收入 $y_0(fs)$。结果可得到等值规模:

$$\frac{y_0^*(U_0;\ fs)}{y_0(U_0;\ fs_0)}=e(fs;\ U_0) \tag{15.18}$$

我们注意到在一般的公式中,等值规模取决于特定的效用水平U_0。在本书方程$U(y, fs) = U(\alpha \ln(y) + \beta \ln(fs))$中,那么(15.18)简化为与效用无关的等值规模。

很明显地,在第2.4节中,根据估计的经验福利函数定义的等值规模是解决等值问题最自然的方法。那么因家庭规模不同的贫困线可采用简单的方法得出。U_0表示确定的福利水平,如$U_0 = 0.4$,这种情况下贫困线$y_{\min}^*(fs)$可从下面等式中得出:

$$U(y_{\min}^*, fs) = U_0 \tag{15.19}$$

由此得到用不同的货币量表示的贫困线是:

$$y_{\min}^*(fs) = y_{\min}^*(fs_0)fs^{-\frac{\beta}{\alpha}} \tag{15.20}$$

在第2章中幂为0.3。我们强调规模的特定行为,其值是$\frac{\beta}{\alpha}$,这取决于国家所估计的规模。给予大量家庭津贴的国家的幂比给予少量津贴安排的国家的幂要低。

如果国家津贴安排得出一个恰好的补偿,那么$\beta = 0$;过度补偿时$\beta < 0$。而此效用总是剩余的。(可以比较第11章噪音的效应)

15.5 多维等值规模

读者很容易想到有比家庭规模更多的因素影响财务贫困的感受。因此,贫困线可能也因为受其他变量的影响而不同。在Van Praag, Flik, Stam(1997)的文献中,考虑了比利时[4]的数据组,并且该研究加入了一家之主的年龄变量age。他们包含了$\ln(age)$和$(\ln(age))^2$。当人们年轻时,他们追求的是耐用消费品,例如,房子、家具。在晚年时人们已拥有了所需要的东西,新的购买需求就下降了。同样的,生命的早期随年龄的增长家庭规模会变大,而到一定的年龄以后,家庭规模趋向于随年龄的增长而变小。同样的道理,我们加上两个地区变量,把国家分成三个区域。并且加上工作情况变量,其中ONE表示一家之主或其配偶是有工作的(兼职的或全职的);ONETWO 表示夫妇俩都有工作,但至少有一个是兼职的;最后,TWO 表示夫妇俩都是全职工作。对于两个失业的夫妇,所有的虚拟变量都为 0。μ 方程估计的结果可如表 15.1 所示。

表 15.1　关于 μ 方程不同的规格

变　量	方程 1		方程 2		方程 3	
	效应	t 值	效应	t 值	效应	t 值
常数	5.768	38.3	3.029	3.5	3.258	3.5
y_c	0.424	29.0	0.412	28.8	0.372	24.3
Fs	0.177	13.8	0.149	11.0	0.166	12.4
ln(年龄)	—	—	1.615	3.5	1.704	3.7
$(\ln(\text{年龄}))^2$	—	—	−0.223	−3.6	−0.227	−3.7
REG1	—	—	—	—	−0.157	−8.8
REG2	—	—	—	—	−0.091	−4.8
ONE	—	—	—	—	0.033	1.8
ONETWO	—	—	—	—	0.090	3.4
TWO	—	—	—	—	0.130	5.2
N	1 917					
R^2	0.56		0.57		0.59	

这里年龄呈 U 形分布,最大值为 38。三个地区有显著的不同,其中在参考地区(布鲁塞尔)的人比生活在第二个区的人多需要 9.5%,比生活在第三个区的人多需要 17%。部分是因为地区价格水平的不同,例如,住房,部分是因为偏好的不同,因为 Flemish 和 Walloon 地区的文化是不同的。要达到相同的福利水平,两人(全职)养家的家庭比没有一人工作的家庭多需要 14%。比较三种家庭类型,我们看到从一种类型到另一种类型的影响是显著相等的。

从这个 μ 方程我们很容易得到一个多维等值规模。

$$\ln(y)-\mu=\ln(y)-\alpha\ln(y)-\beta_1\ln(fs)-\gamma_1 x_1-\cdots-\gamma_k x_k-\gamma_0 \tag{15.21}$$

其中 $x_1, x_2, \cdots, x_k$ 表示除了 fs 的其他影响收入的因素。若我们解方程:

$$\ln(y)-\alpha\ln(y)-\beta_1\ln(fs)-\gamma_1 x_1-\cdots-\gamma_k x_k-\gamma_0=\mu_{0.4} \tag{15.22}$$

可得到贫困线:

$$\ln(y_{\min}^{*})=\frac{\beta_1\ln(fs)+\gamma_1 x_1+\cdots+\gamma_k x_k+\gamma_0+\mu_{0.4}}{1-\alpha}\quad(15.23)$$

假设一个参考家庭有以下特征 $fs^{(0)}$, $x_1^{(0)}$, $x_2^{(0)}$, …, $x_k^{(0)}$。那么,我们可得到关于任意家庭和参考家庭的贫困线的比率:

$$\begin{aligned}y_{\min}^{*}/y_{\min}^{*(0)}&=\left(\frac{fs}{fs^{(0)}}\right)^{\left(\frac{\beta_1}{1-\alpha}\right)}\times\left(\frac{x_1}{x_1^{(0)}}\right)^{\left(\frac{\gamma_1}{1-\alpha}\right)}\times\cdots\times\left(\frac{x_k}{x_k^{(0)}}\right)^{\left(\frac{\gamma_k}{1-\alpha}\right)}\\&=e(fs)\times e_1(x_1)\times\cdots\times e_k(x_k)\end{aligned}\quad(15.24)$$

我们注意到多维等值规模有一个相当简单的结构。它是一维指数(·)的产物。显然,这个简单的结构是根据 μ 方程的对数(log)-线性方式得到的。对于乘数指数有一个经验基础:已知这一结构和单一的一维指数,则多维指数是可计算的,如表 15.2 所示。

表 15.2　关于家庭规模,年龄,地域,负担家计者的等值规模

家庭规模	1	2	3	4	5	6
等值规模	1.00	1.20	1.34	1.44	1.53	1.60
年　龄	25	35	45	55	65	75
等值规模	1.00	1.10	1.11	1.09	1.05	1.00
地　域	1	2	3	—	—	—
等值规模	1.00	1.11	1.28	—	—	—
负担家计者的人数	0	1	1.5	2.0	—	—
等值规模	1.00	1.05	1.16	1.23	—	—

通过这些结论,可为人口的各种子群估计贫困线。这种方法也可用于发现:某一具体的特征是否对贫困感有一个可度量的效应。如果这种效应为 0 或接近于 0,那么毫无疑问就应在等值规模中包括这些因素,并且根据这些因素来区分贫困线。然而,如果某个因素有重要的影响,那么就没有足够的理由用这些因素来区别贫困线了。在最后一个例子中,对于某个因素选择“等值化”是一种政治选择。例如,我们可按养家的人的数量来区分家庭,但也有人认为不应该这样区分。我们认为家庭中哪个家庭成员或多少家庭成员就业是自由的选择。因此,如果贫困是因对家庭作这样的选择而导致的,那么让国家来承担缓解家庭经济贫困的责任是否合理呢?实践中,这种区分受到家庭规模的约束。除了理论贫困

分析和国际比较统计，许多国家使用他们自己确定的家庭等值规模，这大多数但并不总是根据政治想法和营养学研究。我们可参阅 Van Praag 和 Warnaar(1997)，其中有关于100个不同的规模系统的全面概括。

很明显，相同的等值规模可根据最小收入问题(MIQ)来估计，其中我们用 y_{min} 来代替 μ；并不奇怪的是，所得到的规模在两种情况下几乎是相同的。事实可以证明这种规模是极其粗糙的估计。由 IEQ 得到的，MIQ 和作为结果的主观贫困线(SPL)(与 LPL 相比较而言)的缺点是：MIQ 是一个步骤的问题，而 IEQ 通常包括六个步骤。因此，IEQ 的回答比一级的最少收入问题(MIQ)的回答更标准。所以，LPL 的估计值比 SPL 的估计值更可靠些。第二个更重要的一点是通过改变界限值 0.4 到 0.5，如0.6，LPL 方法产生的贫困线有“严重”贫困、“中度”贫困、“接近”贫困等等。很明显，SPL 方法不可能这样。此外，哪一个效用值符合“收支相抵”并不清楚。对于财务满足度问题，相同的考虑与结果也同样成立。由那些问题得出的等值规模与由 IEQ 和 MIQ 得出的等值规模几乎相同(也可见第 2.4 节)。

15.6 贫困线与等值规模的比较

对经常使用的 OECD 规模与主观 LPL 规模进行比较是很有意思的，如表 15.3 所示。

表 15.3 OECD 与 LPL 规模的比较

家庭类型	规 模	
	OECD	主观 LPL
单 身	1.00	1.00
夫 妻	1.70	1.23
夫妻加一个孩子	2.20	1.40
夫妻加两个孩子	2.70	1.53
夫妻加三个孩子	3.20	1.63

从表 15.3 可以清楚地看出，OECD 规模极大地夸大了规模的影响力。这一点对于我们即将观察到的贫困比例很重要。我们比较了相同比利时

样本的各种贫困线,其中我们运用了OECD和主观的家庭等值规模。不同的是家庭收入根据两个不同的规模来标准化:主观规模(可以说是实际规模)与OECD规模。很明显,标准化后家庭在收入分配方面的排列次序将会改变。大家庭与一人组成的家庭比较,在OECD规模下比在主观规模下变得更穷。例如,两个成年人加两个孩子的家庭拥有的1 000美元,OECD标准化后相当于收入为1 000/2.7 = 370(美元)的一人组成家庭的收入,而主观标准化后的相应的收入是1 000/1.53 = 654(美元)。

在表15.4中我们考虑的是十分之一而不是十分之二。而且与SPL一起还引入了两级LPL值,即$U = 0.4$和$U=0.5$。另外,我们考虑3个观察单元,第一是家庭的样本,第二是穷人的数量,第三我们考虑独生子女的数量,并且计算有多少是生在穷人家庭的。当OECD规模夸大了大家庭(有许多孩子)的贫困时,毫无疑问,OECD规模过分夸大了孩子引起的贫困。表15.4举例说明了在贫困比例的确定上,等值规模的选择是很重要的。

表15.4 不同原则和两个不同规模的贫困度

	比 例	
	OECD	主观
家 庭		
十分之一	10.00	10.00
半中位值	4.05	6.44
SPL	5.26	6.67
LPL 0.4	2.02	3.37
LPL 0.5	4.32	5.81
个 人		
十分之一	11.71	6.54
半中位值	5.55	3.96
SPL	6.73	4.16
LPL 0.4	3.08	1.92
LPL 0.5	5.81	3.51
孩 子		
十分之一	16.09	3.42
半中位值	8.03	1.83
SPL	9.33	2.00
LPL 0.4	4.55	0.40
LPL 0.5	8.19	1.53

同样的,并不保证对于每一个家庭类型,贫困线都对应相同的福利

水平。在表15.5中我们对于各种家庭规模更精确地比较了十分之一,半中位值,LPL 0.4和SPL的结果。

从表15.5中我们可以推导出以下两个结论。第一,OECD规模对于大家庭更有利,我们甚至可以说在许多国家所发现的由使用OECD规模所引起的结果,贫困主要集中在大家庭,也许可以看作是人为效应。很明显这种陈述是基于主观规模是真实的规模的假设。若我们承认个人对他们的满足度有正确的评估,这是一个相当合理的假设。可见,已知等值指数对税收、社会保险福利的影响和家庭以货币和以货代款的补贴,等值指数的选择不是次要选择。这和社会福利政策的评估也是极其相关的。第二重要的一点是,SPL规模("收支相抵")与比利时福利水平为0.53相符合,即比平常水平高出0.4。

表15.5　家庭规模决定的贫困线的福利估算

家庭大小	十分之一		半中位值		LPL 0.4		SPL	
	OECD	主观	OECD	主观	OECD	主观	OECD	主观
1	0.41	0.60	0.29	0.52	0.22	0.40	0.33	0.53
2	0.61	0.60	0.49	0.52	0.40	0.40	0.53	0.53
3	0.72	0.60	0.61	0.52	0.52	0.40	0.64	0.53
4	0.79	0.60	0.68	0.52	0.60	0.40	0.72	0.53
5	0.84	0.60	0.75	0.52	0.67	0.40	0.78	0.53
6	0.90	0.60	0.83	0.52	0.76	0.40	0.85	0.53

注:两个成年人的家庭作为参考家庭类型。

由于存在大量的贫困指数,我们就考虑最简单的一个,贫困比例。那就是总人口中低于贫困线的家庭百分率,这个指数并不考虑刚好位于贫困线以下的家庭和远远低于贫困线以下的家庭之间的差别。这里有完整的文献(参见例 Hagenaar, 1986:第6章)。它试图通过满足某种理论需求来建立贫困指数。这一文献类似关于收入不平等的文献,因为这些公理几乎都含有道德的含义。最显著的例子是"转移支付公理",这个公理的依据是将财富从富人那里转移到穷人那里,将会降低贫困指数。事实上,整个问题可以看作是收入不平等文献的一个特定的例证。我们试图用分配函数$F(y)$估计特定的收入分配,其中我们假设家庭的不同只取决于收入y。将人口分成两个子群A_p和A_{np}:贫困和非贫困。对于贫困而言,$y \leqslant y^*_{\min}$成立,并且对于非贫困而言$y > y^*_{\min}$成立;贫困的部分(贫困比例)是$p =$

$F(y^*_{\min})$ 以及非贫困的部分是$(1-p)$。现在有三点很重要:

第一,怎样度量满足度或效用?我们可以考虑绝对收入 y,收入取对数 $\ln(y)$,或者任何效用函数 $U(y)$,在最后一种情况下,我们可以考虑事前决定效用函数或者事后体验效用函数,分别用 $U(y;\ y_c)$ 和 $U(y;\ y)=\widetilde{U}(y)$ 来表示。第二,我们对相关部分 p 感兴趣。最后,我们对贫困和富裕之间的效用差感兴趣。

对这效用差的度量方法是介乎两者之间的标准差的平方,即:

$$\sigma^2_{between}=p(\overline{U}_p-\overline{U})^2+(1-p)(\overline{U}_{np}-\overline{U})^2 \tag{15.25}$$

其中 $\overline{U}_p$ 代表穷人之间的平均效用,$\overline{U}_{np}$ 代表非穷人之间的平均效用。很明显我们可以根据效用函数的定义来构想等式的无限变化。它表明对于决定效用函数和体验效用函数,我们应该从经验估计(它表示自然对数分配函数是合理的)出发是显而易见的。我们注意到这里可以区别个人所认为的贫困,如基于虚拟福利函数的虚拟贫困,和基于实际或经验福利函数的实际贫困。

我们不再进行关于定义一个贫困指数的标准化问题的探讨。这是标准化收入不平等文献的一个分支。

15.7 其他贫困定义,以俄罗斯为例

我们在因特网上看到,世界上有数十个国家研究关于主观贫困法已经得到了应用,像拉丁美洲和中国(见如 Rojas, 2006b; Gustafsson, Shi 和 Sato, 2004)。然而,我们不知道那些已经将方法论作为官方手段来定义和度量贫困的国家。除了相关的新事物,也许主要的原因是此类研究的结果超出了政治权威的控制。贫困是政治上的敏感问题,作为已经建立的社会功能优劣的指示,而且,贫困与社会救助和保障进而公共财政相关联。难怪政治家们希望紧紧控制度量手段。

作者进行的贫困研究的国家之一是俄罗斯(参见 Ferrer-i-Carbonell 和 Van Praag, 2001)。我们也可参阅 Ravallion 和 Lokshin(2002),他们进行了关于另一个俄罗斯数据组的研究。Ravallion 和 Lokshin 没有定义贫困线而是根据一个经济阶梯问题研究“自我评价的经济福利”,这个经

济阶梯问题大致与 Cantril 问题相当，其中分类范围从“最穷”到“最富”。我们主要的结论也可见 Ferrer-i-Carbonell 和 Van Praag(2001)。我们用 IEQ 并且试图用另外两个方法来建立贫困线(同样可参见 Frijters 和 Van Praag 的早期的研究，1997)。

显然，基于 1997 年和 1998 年收集的两个家庭面板数据的研究遭受了涉及当时俄罗斯前所未有困难的情况。第一，俄罗斯社会曾经和现在都非常的动荡。因此，即使俄罗斯被调查者与西方被调查者同样愿意给出详细而真实的问卷答案，但由于这一答案可能会因为最近的历史而遭受怀疑，因而被调查者处于比在西方福利国家更难以描述并且更加复杂的环境。当一个家庭中有好几个成年人，并且每个成年人都有两份或者更多的工作时，人们常常不是很了解自己的情况。收入可能会因为一个人不知道他下个月是否会就业而变得相当的不确定；也可能会因为虽然他继续就业但是工资的支付是否会被推迟是不确定的。还存在各种各样的非正式收入成分。而且这些年存在剧烈的通货膨胀。这些事实意味着俄罗斯与西方的调查数据相比，这些数据更为不准确。第三点是俄罗斯的经济比西方更加非金融化。若收入是以货代款的形式，例如可能考虑来自于花园的蔬菜，那么就很难准确的观察这种类型的收入。综上所述，俄罗斯家庭收入与西方类似的数据组相比更不可靠。这并不暗示着资料收集者比他们的西方同事工作表现更差。相反的是，执行调查时是同样的仔细与可靠。

我们的数据组是 RUSSET 面板数据组，是由阿姆斯特丹大学组织的数据。这个项目的创始者和领导者是 William Saris，而资料收集由 CESSI (比较社会研究协会，莫斯科)来执行，由 Anna Andreenkova 博士来整理，这个调查是由荷兰国家基金会提供资金支持的。

A. 你对你家庭的财务状况的满足度是多少？

0	1	2	3	4	5	6	7	8	9	10
$\alpha_0=-\infty$	α_1	α_2	α_3	α_4	α_5	α_6	α_7	α_8	α_9	$\alpha_{10}=+\infty$
完全不满意										非常满意

B. 假设价格是不变的，你认为在以下状况下你的家庭每月需要多少收入(税后)：

	每月多少卢布
很差________	________
差________	________
一般________	________
好________	________
很好________	________

C. 你对你的整体生活水平的满足度是多少?

0	1	2	3	4	5	6	7	8	9	10
$\alpha_0=-\infty$	α_1	α_2	α_3	α_4	α_5	α_6	α_7	α_8	α_9	$\alpha_{10}=+\infty$
完全不满意										非常满意

图 15.2 基于 RUSSET 面板数据组的收入满足度问题

其中,问卷包括以下三个问题。第一个和第三个问题,每个被调查者必须在一个区间内设定他/她自己的位置。第二个问题是由五个等级的 IEQ,被调查者必须确定五个收入水平。

第一个和第三个问题通过有序概率来分析,而 IEQ 是用以上所描述的传统方法来分析,如表 15.6 所示。

表 15.6 wave 5(1997)和 6(1998)的估计结果

变量	Wave 5(1997)			Wave 6(1998)		
	SFS	IEQ(μ)	SWB	SFS	IEQ(μ)	SWB
$\ln y_c$	0.722	0.370	0.503	0.570	0.365	0.352
	(0.039)	(0.018)	(0.080)	(0.044)	(0.020)	(0.091)
$\ln fs$	−0.522	0.422	1.164	−0.328	0.392	0.579
	(0.061)	(0.032)	(0.427)	(0.066)	(0.033)	(0.470)
$(\ln fs)^2$	—	—	0.021	—	—	−0.085
			(0.120)			(0.114)
$\ln y_c \ln fs$	—	—	−0.167	—	—	−0.050
			(0.074)			(0.078)
调整 R^2(IEQ),Pseudo-R^2(SFS, SWB)	0.210	0.400	0.185	0.205	0.403	0.186
		$-\gamma_2/\gamma_1$			$\beta_2/(1-\beta_1)$	
Wave 5	—	0.724	—	—	0.670	—
Wave 6	—	0.575	—	—	0.618	—
Δ方法用于计算两种比例的标准差[5]	—	0.574	—	—	−0.251	—

当比较财务满足度问题和 IEQ 的结果，我们再次发现和第 2 章一样，两个问题所得出的家庭的效应非常相似。例如，在 wave 5 用 FSQ 时家庭规模弹性为 0.724，而由 IEQ 得到的弹性值为 0.670。两种估计值间没有统计上的显著差别。然而很明显弹性的大小比西欧国家（大约 0.3）高出 0.3。这表明俄罗斯的孩子和其他家庭成员比，比如德国，感到更沉重的财务负担。由此得出结论，对于大部分西欧国家来说太过猛烈的 OECD 规模，可能较适合俄罗斯。这种相对较高的弹性原因可能只能被猜测了。其主要原因可能是国家对于家庭补助发放较少，特别是大多数城市人口的居住空间很小，有时有两个家庭或一个几代同堂的家庭居住在一个房子或公寓里。另外，一个社会结构中的社会主义成分越少，越不可能为了缓解由不同的家庭规模、健康状况或教育程度导致福利的不同而让国家来补偿贫困家庭。20 世纪 80 年代，Van Praag，Hagenaars，以及 Van Weeren(1982)在比较一系列欧洲国家后发现类似的结果，结果表明英国、希腊、葡萄牙比欧盟中的核心国家——更富裕的国家(在那个时期)有更高的弹性。

相反，0.37 的收入效应偏好转移比西欧的大多数情况低了很多。这是由几个因素引起的：第一，俄罗斯的收入（实际收入和名义收入）随时间变化幅度很大。而且，俄罗斯比西方存在更多的以货代款形式或者非正式特性的收入，通常生存标准与可获得的收入没什么关联。这两个因素反映了一个事实，那就是作为一个定位点，当前收入比西方更不稳定。SWB 问题的结果与西方类型的结果也稍有不同，收入系数比通常情况下更高，这预示着多数人的根本需求（通过花钱得以满足）对清楚区分经济福利仍然是很重要的，而对于西方人而言，收入并不是福利的重要因素。

各种规模的数值可以作为定义贫困的依据，这一点仍不明确。当我们考虑界限分别为 3、4 和 5 时，通过统计有多少被调查者认为他们的家庭水平低于 3、4 或 5，我们得到表 15.7a/b。

表 15.7a/b 反映了那段时间俄罗斯的贫困程度惊人的高。通过与相应的德国被调查者关于相同问题的回答比较，差别是很明显的。事实上，超过 50%的人口生活在贫困中，并且从 1997 年到 1998 年存在着上升的趋势。对于“总体生活”我们找到了较小的数据，但这一数据也同样表明贫困程度相当的高。

表 15.7a/b 俄罗斯贫困的主要结果(1997/1998)
用主观财务满足度和主观福利方法来与德国做比较(%)

	FSQ		SWB	
(a) RUSSET	Wave 5 (1997)	Wave 6 (1998)	Wave 5 (1997)	Wave 6 (1998)
低于 3	57.8	67.8	23.0	40.7
低于 4	67.6	77.6	32.5	51.2
低于 5	82.9	89.3	57.6	72.5

(b) GSOEP	联邦德国*(1997)		民主德国*(1998)	
	FSQ	SWB	FSQ	SWB
低于 3	5.8	4.4	6.4	5.6
低于 4	11.2	8.5	12.6	10.5
低于 5	24.2	20.4	32	29.9

注:*表示生活在贫困家庭的人口数。

现在我们试图定义贫困线。对于 LPL 就很简单,如上所述。对于财务满足度问题,我们可采用相似的原理。潜在的变量 Z 解释了对于问题的回答采用以下方程

$$Z = \alpha \ln(y) + \beta_1 x_1 + \beta_2 x_2 + \cdots + \beta_k x_k \qquad (15.26)$$

对于一个个体的回答 i 意味着 $\mu_{i-1} < Z \leqslant \mu_i$。那些参数 μ_i 是通过概率方法估计的。我们应该注意,如果一个人评价她或他的财务满足度正好是 4,那就意味着他或她的 $Z = \mu_4$。这与集合化是相等的。因此,他的贫困线就定在

$$\ln(y^*_{\min}) = \alpha^{-1}[\mu_4 - (\beta_1 x_1 + \beta_2 x_2 + \cdots + \beta_k x_k)] \qquad (15.27)$$

同样地,我们可对主观福利问题构造贫困线,在表 15.8 中我们再次得出了相应的贫困比例,其中通过引入 SPS 和 LPL 评估,我们将财务满足度问题"水平 3"作为贫困边界。涉及个人的贫困比率时,不考虑他们的年龄,满足大家庭的贡献是成比例的。

作为比较,我们根据半-平均[6]和半-中间标准给出了所谓的客观贫困线。从这些数据再次验证了西方对不同程度的主观贫困是完全没有认识的。客观数字也很高,但是比起来还是相当低的。这表明,在我们的观点中,这种相当武断地定义"半-平均",或"半-中间"与真实的贫困感没有很大的关系。很明显,SWB 数据比相应的 LPL 和 FS 数据低得多。

表 15.8　根据不同的标准得到的 1997/1998 俄罗斯的贫困率(%)*

家庭规模	半均值		半中值		FSQ(3)		LPL(4)		SWB(4)	
	1997	1998	1997	1998	1997	1998	1997	1998	1997	1998
1	33	18	17	14	84	93	84	86	57	91
2	23	20	19	14	73	86	73	77	16	51
3	27	31	22	25	63	90	61	74	17	36
4	34	35	27	25	64	91	63	79	20	31
5	17	56	9	45	87	92	57	90	4	40
6	67	48	50	43	100	86	83	86	50	43
7	33	80	33	60	100	100	100	100	33	60
总和	29.5	34.2	22.9	26.3	67.8	90.3	65.9	79.9	20.5	41.2

注：* 表示生活在贫困家庭的人口数。

原因很明显，那就是总体生活的质量与财务满足度不一致。两种数据的不同表明了关于俄罗斯的一般福利的情况没有关于财务满足度的情况那么糟糕。

15.8　结论

这一章中我们试图定义了贫困。讨论定义是反抗贫困的第一步，也是必要的一步。我们需要一个一致的度量的程序，这样可以用它来估计问题的大小以及确定贫困的个人或家庭。我们承认任何“客观的”定义都缺乏可信度，因为贫困是一种感觉。如果贫困的定义不以个人的主观感觉为依据，那么贫困的定义就存在无法反映现实的风险了。被定义为贫困的家庭可能觉得“不贫困”，反之亦然。尤其对“等值”运算成立。如果家庭状况根据家庭净收入来描述的话，很明显家庭因家庭构成和其他特征(政治上接受的)而造成的不同，无法平等地满足相同的收入。这就需要一个“修正程序”。这个程序能够反映个人的感觉是很重要的。估计修正因素的唯一方法是将我们的工作以观察到的有关个人的感觉为依据。这些“有关个人”不仅仅是那些被认为是贫困的人。这将导致一个循环，因为我们需要一个优先定义，并且那正是我们所寻找的。我们需要的是全民关于贫困的看法。

如第 2 章以及本章所讲的,等值规模的引入并不需要一个具体的"基数效用函数"的概念(见 Van Praag 和 Van der Sar,1988)。然而,如果我们需要定义贫困就需要一个基数效用函数。例如,如果选择值 0.4 作为贫困界线,这只有在采用一个具体的对于所有个人都可比较的效用函数 $S_j(x_j)$。如上所述,选择另一个基数,那么值 0.4 就用 μ_4 来代替了。当然贫困边界的选择当然是一种政治选择。在单位区间规模上选择 0.4 或一个经济梯度比为 4∶10,这对于大多数人来说是可接受的,尽管在一些自由福利国家也用值 0.3、0.5 甚至 0.6。毫无疑问,这导致了不同的贫困人口数。

我们以不太乐观的语气结束了这一章。我们认识到当讨论贫困时总是就缺乏收入而言的。然而,许多领域并不是或只是略微由家庭收入来决定。因此,用传统的认识来讨论贫困时,这就意味着将其狭隘地限制在了(个人)财务领域。例如,对于家庭福利而言,政府在公共服务(医疗、教育)上的支出比增加个人收入更有效。第二,在欠发达国家货币收入可能只是家庭福利的第二决定因素,这与特别依赖于以货代款形式收入的家庭一样。另一个问题是如何定义大家庭。在调查中我们始终假设被调查者代表了家庭的想法(见第 6 章),但当家庭扩大成一个小群体时这就越来越困难了。

我们的观点是贫困的定义和度量方法是最重要的。然而,尽管大家在应付这个科学问题上有了一点进展,但这一领域的研究仍然处于最初的阶段。

注　释

[1] 这里使用第 2 章的结果,我们也可以用有序概率来估计。

[2] 方程(15.4)与(15.6)中的 y 和 α 是不同的。

[3] 这部分的经验数据来自于 Van Praag 和 Flik(1992)以及 Van Praag, Flik 和 Stam(1997)。

[4] 所用的样本是不完全有代表性的。它不包括自我雇佣以及农民。但对于我们进行方法论的研究,这没有区别。

[5] 标准差为$\left(\frac{(-\gamma_2/\gamma_1)-(\beta_2/1-\beta_1)}{\sqrt{\sigma^2_{-\gamma_2/\gamma_1+\sigma\beta_2/1-\beta_1}}}\right)$。

[6] 对于这一概念可以参考 Van Praag 和 Ferrer-i-Carbonell(2007b)。

16. 多 维 贫 困*

16.1 引言

让咱们重新考虑一般化贫困的概念。直到现在，我们总是或多或少不由自主地按照文学上的定义来假定贫困意味着缺少财务上的满足度，一个人的生活状况总是能被他的收入水平所刻画，如果必要，这个度量还可以用诸如家庭规模的个体特征来修正。事实上，这在很大程度上只是一个一维度量方法，与我们是采用主观或客观的度量方式无关。在这本书里我们已发现，财务方面只是主观福利的一个方面。因此，接下来，我们把财务贫困一般化为因子贫困。

对于贫困，我们可以有多种多样的解释。除了财务贫困，我们还可以考虑健康贫困、工作贫困、休闲贫困等等。最后，我们可以从对生活总体满足度的角度来定义贫困。这些概括将是本章的主题。这意味着一个一般化的贫困概念，它并不必然涉及贫困的金钱方面。

上面的例子已经展示了这种概括的实用性方面。但是，假如我们离开了西方社会的框架基础（这种体系以货币作为交换的媒介），而考虑那些西方以外的世界，这种概念的概括变得更加有用。我们大多数人脑海中的那种收入贫困概念有着太多的局限性。在许多发展中国家，在那里贫困问题是最紧迫的问题，这种概念不具理想的操作性。这不仅是由于

---

* 本章内容部分参考了 Van Praag and Ferrer-i-Carbonell(2007)的内容。

在这些国家里收入和消费统计可能不可靠,甚至不存在,而且从更基本上来讲,这些经济体里经济行为只是部分的货币化。那里市民的福利水平并非如此地依赖于他们的收入,而是依赖于他们的实物产量、他们以及他们家庭成员所拥有的技能、他们的健康状况、他们有多少孩子、他们以何种方式供养他们的家人、他们进行交换的可能性以及社会互助网络的有效状况。

在已有文献研究中有些作家已经认同了多维贫困的概念。在此我们列出这些作者,如 Maassoumi (1986), Slottje(1991), Pradhan 和 Ravallion(2000), Case 和 Deaton(2002), Bourguignon 和 Chakravarty (2003), Deutsch 和 Silber(2005),以及最近的 Duclos, Sahn 和 Younger (2006),这些作者都强调贫困是个多维的现象。Pradhan 和 Ravallion 以及其他作者则站在中间的立场上,他们认为,到最后,各个不同维度的贫困差距都将归结为金钱方面的差距。但是,很大一部分研究都因涉及公理的方面而难以具体操作。

本书第 3、4 两章拓展的因子满足度方法,给获得一个实证变量和获得一个研究多维贫困的直觉上似乎可行的方法提供了一个很好的出发点。或许不言自明,我们的出发点基于一个事实,贫困是一种感觉而不是一种生活的客观景况。什么才是贫困,这依赖于不同的个人。

如我们所看到的,人们可以通过区间变量来量化他们的因子满足度,比方说,从 1 到 10,或者重新设定区间,用[0, 1]来表示,从一个特定的因子 j 的角度来看,如果一个人对某一特定因子的满足度小于 0.4,也即 $S_j \leqslant 0.4$,那么我们就可以定义一个个体主观上是贫困的,很明显,数字 0.4 可以被 0.5,或者更加一般的,被任何数字 $\delta \in [0, 1]$ 所代替。相应的,我们也将会区分(0.4)或(0.5)-贫困,或者更一般的,δ-贫困。当 δ 增加时,贫困指标的严重程度下降,相应的,贫困率则会上升。

现在回想一下,有一些可供选择的模型和估计方法可以被用来描述因子满足度,这些方法在本书中曾经用过。在这里,我们考虑有序概率模型(Ordered Probit, OP),普阿松最小二乘法 POLS 和普通最小二乘法 COLS。

在所有的三个模型中,我们假设个人因子满足度用下式描述:

$$DS_j = \beta_j' x_j + \beta_{oj} + \varepsilon_j \quad (j = 1, 2, \cdots, k) \tag{16.1}$$

这里的因子 j 用一个特征向量 x_j 和一个随机干扰项 ε_j 来表达，ε_j 表示不能被观察的异方差、个体随机影响和观察误差。基于因子 j 的基数效用(使用普通最小二乘回归法)为：

$$S_j(Z_j) = N(\beta'_j x_j + \beta_{0j} + \varepsilon_j;\ 0,\ 1) \tag{16.2}$$

各个 β 值和 ε 的方差均被估计出来。

正如我们以前所看到的，对估计值的检验可以用多种方法来进行，并将得到相同的结果。唯一不同的只是计量尺度和截距的位置。

在各种可相互替代的模型中，贫困区域的定义不同。在 OP 中，回答类目(response categories)对应着分隔参数 μ_i 所分隔出来的实线的一部分。如果$(-\infty,\ u_5)$对应着回答类目 0，1，…，4 的集合，那么当 $DS_j \leqslant u_5$ 时，我们说一个人是贫困的。在 POLS 模型中，该方程对应着 $DS_j \leqslant u_5$，在这里，u_5 为一般五分位样本，有 $N(u_5) = p_0 + \cdots + p_4$。在 COLS 模型中，相应的条件为 $DS_j \leqslant v_{0.4}$，这里的 $v_{0.4}$ 由公式(2.38)定义。在这里我们将用 COLS 模型作为我们参照的框架。

现在，个人贫困通过 k 个贫困指标$(P_1,\ \cdots,\ P_k)$来描述，相应对应着 k 个因子，在这里

$$P_j = 0 \quad \text{如果 } DS_j \leqslant v_{0.4}(j = 1,\ 2,\ \cdots,\ k)$$

否则 $P_j = 1$。

很明显，我们可用 δ 代替数字 0.4。如果 δ 上升，那么贫困概念的严重程度变得越来越低，贫困人口的数量也将相应上升。

向量 P 只不过是因子满足度向量 S 的一个简单变换。同样，我们也可以从总体满足度 GS 中推演出总体或者说一般贫困指数 GP。实际上，如果我们把满意水平 0，1，…，4 放在一起作为一个响应集合，比方说响应集合 A，并把所有其他集合的集合看成 B，那么，我们可以应用二分概率模型(Bi-Probit)去解释贫困。

升序排列表

一个简单的 1996 年 GSOEP 波动升序排列产生如下的因子贫困结果(见表 16.1)，表中，属于满意水平 0，1，…，4 的各个范围内的个人被放在了一起。我们发现，财务贫困只占 6.76%，在健康方面，贫困占到了 11.34%，而在工作方面，贫困则达到了 10.44%。

表 16.1 1996 年联邦德国工作者贫困简单升序排列表 单位:%

满足度水平	生活总体水平	财务状况	健康状况	工作	休闲	环境	住房
0	0.23	0.31	0.68	0.80	1.02	0.81	0.93
1	0.25	0.33	0.54	0.55	1.33	0.71	0.50
2	0.71	0.77	2.03	1.73	3.57	1.78	1.51
3	1.35	1.89	3.59	3.04	5.49	4.73	2.49
4	2.76	3.46	4.51	4.32	6.32	6.64	3.50
5	9.72	9.35	12.13	10.93	13.68	16.95	7.89
6	11.07	10.62	10.11	9.96	11.51	14.56	7.68
7	23.98	22.19	17.49	17.97	16.86	22.15	14.85
8	33.51	30.10	26.06	27.89	21.40	20.29	25.72
9	11.63	13.46	13.25	13.73	10.01	7.68	17.87
10	4.77	7.53	9.62	9.08	8.81	3.69	17.06
≤4 则为贫困	5.31	6.76	11.34	10.44	17.73	14.67	8.93

数据来源:SOEP

表 16.1 显示,非财务贫困是一个非常实际的现象,因为很难或者不可能通过给予个人更多的金钱来补偿这类满足度的缺失。尽管数量巨大的金钱可能是作出这种补偿所必需的,但是金钱几乎不是一些特定的因子满足度的决定因素。事实上,正如我们以前所观察到的那样,财务贫困只是收入不平等的一个粗糙版本。同样的道理,多元贫困的概念可以被看作是第 14 章所讨论的多元不平等概念的一个粗糙版本。在那里我们看到,各个因子满足度是高度相关的。这意味着,一个人如果在一个因子来看是贫困的,那么他很有可能在另外一些因子内也是贫困的。用第 3、4 章建立的模型进行的分析也可被用在对贫困的分析上。

因子 j 的贫困区域是由如下不等式所定义的因子特征(x_j, ε_j)的集合。

$$DS_j = \beta_j' x_j + \beta_{oj} + \varepsilon_j \leqslant v_{0.4} (j = 1, \cdots, k) \tag{16.3}$$

16.2 贫困的预测

现在,第一个问题是这些模型对贫困的预测效果如何。COLS 模型框架下最初进行的设计是为了检验对每个人来说不等式 $DS_{nj} = \beta_j' x_{nj} +$

$\beta_{oj} \leqslant v_{0.4}$ 是否成立。在这个不等式中我们令误差项为零。由于 $(\beta'_j x_{nj} + \beta_{oj})$ 是 DS 的期望值，不等式 $\beta'_j x_{nj} + \beta_{oj} \leqslant v_{0.4}$ 暗含着不等式(16.3)；这意味着贫困被相当程度地高估了。基于 $DS_{nj} = \beta'_j x_{nj} + \beta_{oj} \leqslant v_{0.4}$ 所进行的估计就是我们所说的个人水平上的预测。现在我们回到第 3、4 章就会发现，在 OP 中，从相关系数和伪相关系数的角度来看，模型的解释价值非常小。这个发现可以这样来解释：我们的变量 x 对满足度有着显著性的影响，但是和一些我们没有或不能观察到的因素相比，这种影响的效果非常小，并且这些因素都被包括在误差项中。因此，不管我们是用有序概率模型，POLS 模型，还是 COLS 模型，在个人水平上的预测效果便非常差。一些数据显示在表 16.2 中。

表 16.2　依据三个模型所观察到和预测到的工作和财务贫困比率，1996，GSOEP

	工作满足度			财务满足度		
	OP	POLS	COLS	OP	POLS	COLS
观察到的贫困比率	10.44%	10.44%	10.44%	6.76%	6.76%	6.76%
个人贫困比率预期值	0%	0%	0%	0%	0%	0%
总体贫困比率预期值	10.41%	7.54%	10.14%	6.64%	4.28%	6.31%
	住房满足度			**健康满足度**		
	OP	POLS	COLS	OP	POLS	COLS
观察到的贫困比率	8.93%	8.93%	8.93%	11.34%	11.34%	11.34%
个人贫困比率预期值	0%	0%	0%	0%	0%	0%
总体贫困比率预期值	8.92%	6.15%	8.28%	11.31%	8.05%	10.95%
	休闲满足度			**环境满足度**		
	OP	POLS	COLS	OP	POLS	COLS
观察到的贫困比率	17.73%	17.73%	17.73%	14.67%	14.67%	14.67%
个人贫困比率预期值	0.002%	0%	0.001%	0%	0%	0%
总体贫困比率预期值	17.75%	13.76%	16.89%	14.64%	10.79%	14.52%
	总体满足度					
	OP	POLS	COLS			
观察到的贫困比率	5.31%	5.31%	5.31%			
个人贫困比率预期值	1.14%	0.49%	0.81%			
总体贫困比率预期值	5.22%	4.93%	4.69%			

另外一种方法便是我们所说的宏观方法。在这里，我们为每个个体

n 计算在各 X 变量确定的情况下该个体处于贫困的可能性。接着,我们再对样本中的各个个体贫困的可能性水平取均值,从而得到了样本或样本所代表的总体贫困比率。

在 COLS 模型中,这意味着我们在寻找事件 $DS_{nj} = \beta_j' x_{nj} + \beta_{oj} + \varepsilon \leqslant v_{0.4}$ 发生的可能性。也即,如果我们假设 ε 是正态分布的,个体 n 贫困的可能性服从 $N(v_{0.4} - (\beta_j' x_{nj} + \beta_{oj});\ 0,\ \sigma(\varepsilon_j))$,这里的 $\sigma(\varepsilon_j)$ 在 COLS 模型中被估计出来。这种可能性被描述为一个人的贫困倾向性。

如果我们想取总体平均可能性值,那么它等于样本贫困比率的期望值。我们可以看到,对于所有的因子,这个估计值均和实际值相当接近,并且这个结论对三个模型(OP, POLS, COLS)都成立,尽管 POLS 模型的效果绝对比其他两个模型的效果要差。

使用我们第 4 章和第 14 章中的结论,我们可以发现,以下这种情况是可能的,即一个人在某一个因子内是贫困的而在其他因子内则不是贫困的。我们同样也可以发现,尽管一个人在金钱上十分富裕,但是从生活总体上来看他可能仍然是贫困的。用于各个因子的分析同样被拿来用到了总体满足度分析上,这种分析是建立在双层模型(two-layer model)的基础上的。

16.3 持久性贫困和暂时性贫困

对贫困进行分析的人们有时候也在持久性贫困和临时性贫困之间作出区分。最基本的思想就是,一些人是临时性贫困,而另一些人则是永久性贫困。第一种状况是令人不愉快的,但是远没有持久性贫困来的严重。当我们如 GSOEP 那样建立一个时序-截面数据集时,我们就可进行这种区分的研究。如果我们把 t 时刻个人 n 的贫困状况定义为 $P_{n,t} = (P_{n,t,1}, P_{n,t,2}, \cdots, P_{n,t,k})$,每个因子 j 在贫困和非贫困之间的最大转换次数为 $(T-1)$ 次,个人 n 在某特定因子的波动性便可以用 $V_{n,j} = \frac{1}{T-1}\sum_{t=1}^{T-1}(P_{n,j,t} - P_{n,j,t-1})^2$ 来刻画。因此,波动性便是一个取值范围从 0 到 1 的百分数。

在表 16.3 中,我们列出了 1992～1996 年 GSOEP 数据集各个因子满足度的平均波动性水平。例如,财务满足度的波动性水平是 12.42%。波动性是用表中的个体总数而不是观察数据的总数计算出来的。剔除数据表中仅出现了一次的个体和虽然出现了数次但是不是在连续的年份出现的个体后,在财务满足度方面,我们还剩下 5 536 个个体。在所有这些剩下的个体中,大多数个体(4 221 个)在所有年份都没有发生贫困或富裕身份状况的转变。只有 1.18%的个体(50 个)在所有的年份均处于贫困状态。剩下的(4 171 个)个体的财务满足度则总是为 5 或以上。在所有的 5 536 个个体中,有 202 个(占 3.65%)个体在数据表中每年均处于从贫困转变为富裕或从富裕转变为贫困的状态转换中。但是在这 202 个个体中,130 个个体(占 64%)仅在数据表中出现了 2 年,这意味着他们只是转变了一次。实际上,只有 4 个个体在数据表中 6 年均出现并且每年都进行着贫困和富裕之间的状态转变。如果我们只取那些在数据表中 6 年每年均出现的个体(2 333 个),则波动性指数为 11.76%,这相当接近于当我们取所有的观察样本时得到的波动性指数(12.42%)。

表 16.3 总体上和各单个因子的 $P_{poor,\,rich}$,$P_{rich,\,poor}$ 及其相应的 $V_{n,\,j}$

	贫困到富裕 %	富裕到贫困 %	波动性 %
工作满足度	60.32	6.92	12.06
个体观察个数	18 453		5 434
财务满足度	68.99	6.92	12.42
个体观察个数	18 811		5 536
健康满足度	56.31	8.27	13.4
个体观察个数	18 904		5 553
住房满足度	59.91	5.56	11.29
个体观察个数	18 747		5 508
休闲满足度	48.61	12.21	20.05
个体观察个数	18 785		5 533
环境满足度	56.25	11.68	19.78
个体观察个数	18 812		5 538
总体满足度	61.87	3.92	7.02
个体观察次数	18 879		5 526

在表 16.3 中我们列出了波动性水平。接下来,我们区分向上的从贫困向非贫困转变的(条件)可能性 $p_{p\to r}$,以及向下的从非贫困向贫困转变的(条件)可能性 $p_{r\to p}$。这些可能性数值均以简单升续排列的基础列于

上表。波动性指标和条件可能性指标之间的主要差别在于,前一个指标是在个体水平上计算出来的,而条件可能性指标则是在样本水平上通过对年观察值取平均数而计算出来的。因此我们使用了所有的观察值。当然,表中个人最后一年的状况不能使用,因为我们不知道这个人明年的满足度将会如何。同样,第一年的状况也不能使用,因为我们不知道此人上年的满足度状况。另外,我们不能使用那些在样本中仅出现了一年的个体以及那些不在连续年份出现的个体。让我们取财务满足度作为一个例子。可用来计算条件可能性值的年观察值的总个数是18 811个。在1993年,有83个个体在1992年处于贫困状态并且在1993年仍处于贫困状态,有162个在1992年处于贫困状态而在1993年变得富裕,有174个在1992年处于富裕状态但在1993年变得贫困,有3 277个个体在1992年和1993年均处于富裕状态。因此,1993年的向上转变(摆脱贫困)的条件可能性为162/(162+83)=66.12%。相似的,向下转变的可能性为174/(174+3 277)=5.04%。相应的各年均值分别为68.99%和6.92%。这些数据列于表16.3。

我们的结论是,幸运的来讲,大多数的主观贫困可被归类为临时性贫困。

16.4 在减轻贫困方面的应用

最后,我们来看看怎样能够通过特定的政策措施来影响贫困状况和福利水平。因为如果我们改变 x 诸变量,那么我们实际上就可以改变满足度分布状况。例如,假如我们改变人口的收入分布,那么我们就可以改变财务贫困比率。其他变量诸如工作时间、教育和健康状况均如此。现在我们在这方面进行一些操作,在这里我们要强调,从一开始起,这些操作的政治意义不应被夸大。这是一个前提条件。在这一时刻,它们只是学术上的操作,但是它们将来可被用来制定政策。我们所注意的仅仅是直接效果。比如,如果我们通过改变税收和社会保险或者两者中的一个来改变净收入分配,那么我们就可以改变劳动的供给和需求,这相应的又会触发一系列的后继效应。因此,要进行一个实际的评估,我们就需要一个由所有间接效应组成的综合模型。但是,这并没有改变这一点，对这些措施的社会效应的最终评价必须以因子满足度和总体满足度的形式或其中一个形式来进行。

减少贫困的可能性

我们现在用 COLS 估计来分析个体贫困的可能性。分析的出发点是各个($v_{0.4}-\beta' x_n-\beta_0-\varepsilon$)值的差异。对于一个特定的因子或“生活的总体状况”来说，当这个值为正时，那么我们就说这个人在这个因子内或“从生活总体状况来看”是贫困的。

我们可以称这种差别为这一特定因子的贫富差距。对于个体 n，事件$[\varepsilon<(v_{0.4}-\beta' x_n-\beta_0)]$发生的可能性是$N\left(\frac{v_{0.4}-\beta' x_n-\beta_0}{\sigma(\varepsilon)}\right)=p_n$。表16.4显示了对应于联邦德国居民每个因子的这些可能性水平的数值，这些数值在人口总体的基础上取均值(注意到这些结果和表 16.2 的结果相同)。

表 16.4　1996 年联邦德国居民贫困的可能性

	工作满足度	财务满足度	健康满足度	住房满足度	休闲满足度	环境满足度	总体满足度
当前状况	10.14%	6.31%	8.28%	10.95%	16.89%	14.52%	4.69%
教　育							
教育年限≤10 的居民		7.61%	13.71%				
受过 11 年教育的居民		6.87%	12.76%				
工　作							
减少 20%工作时间的居民	4.69%						
健　康							
健康满足度≤5 的居民							12.41%
健康满足度=5 的居民							3.79%

我们所感兴趣的是我们是否可以通过改变个人的境况来减少个人变得贫困的可能性。因此，我们首先必须知道那些 x 变量可以被政府影响或决定。工作时间、健康状况、教育程度都是可能的变量。很明显这是一个法律和政治的问题，并且对于各个不同的社会其答案也各不相同。表16.4显示了一些变量的结果。如果联邦德国工人的工作时间比他们现在的工作时间减少 20%，那么他们在工作满足度的因子内变得贫困的可能性将会从 10.14%下降到 4.69%。得到这个结论时我们只考虑了直接效应，因而我们忽略了所有的减少工作时间可能导致的间接效应。比如，周工作时间减少或减少夜班工作时间的事实可能对总体满足度有影响。以下事实

可能导致一个糟糕的问题,即周工作时间的减少可能产生收入下降的效应。如果周工作时间的减少是在政府政策的框架内进行的,比如法国,对大多数工作岗位来说,那里的周工作时间被法定为不得超过35小时,那么劳动收入的相同比例的减少就不是必然的了。

同样的,考虑到个人可以更易于或更难的被解雇,劳动法可能影响工作的稳定性。这可能影响劳动的供给和需求并进而影响失业状况。对个人满足度的影响只是这些政策措施影响的一个方面,总体影响状况则取决于劳动力市场的效应。

其他两种措施则来自于健康和教育,我们看到,这两种因素均对满足度和生产率有着相当程度的影响。强制性的健康保险以及对健康的补贴对个人福利水平来说是十分重要的。这些政策的支出成本也相当可观。教育也是一样。因此,决定哪些措施或措施的组合对消除贫困最有效果便成了一个成本—收益分析的问题。最终的判断标准便归结为一个社会福利方程,它是个体满足度的加权平均和。个人的权重完全是个政治性的选择,在这里,一个左倾的政府会给予贫困者更多的权重,而一个更加右倾的政府则倾向于赋予民众同样的权重,或者相对于那些无钱人来说,赋予那些有钱人更高的权重。

表16.4显示,对于那些受教育年限较短的个体来说(例如,907个受教育年限为10年或少于10年者),在财务满足度方面的平均贫困可能性为7.61%,在健康满足度方面则为13.71%。这是我们找到的仅有的两个因子满足度,在这里,我们发现教育程度的影响是统计性显著的(见第3章)。假如我们赋予所有这些个体11年的受教育水平,那么,这些受教育程度低的子群在财务方面贫困的可能性将减少到6.87%,在健康方面则减少到12.76%。相对来说,这意味着财务贫困降低了大约9%,健康贫困降低了大约7%。

接着,我们分析相对于总体满足度,提高健康满足度对贫困状况的影响。取那些健康满足度为5或低于5的个体,总体满足度方面贫困的可能性为12.41%(见表16.4),如果所有这些个体的健康满足度水平被提升到6,那么,总体满足度方面贫困的可能性将降低到3.79%,这意味着总体满足度方面的贫困降低了70%。

正如以前我们说过的,到目前为止,在我们的讨论中,对实际的政策作出硬性的结论只能是一种假设状况。因此,我们需要一个关于各种措施如何影响各个子群体居民的详细的实证模型。但是，如果我们有了关于这一领域的可靠知识，我们就可以把它与我们关于福利的知识联系起来(这些关于福利的知识存在于本书中或别的地方)，进而从个人满足度的方面来评估各种政策措施。

收入转移：它的成本是多少

现在，让我们来进行另外一种实践，在这里我们关注于财务满足度，同时分析为了减少贫困，我们需要多少收入水平。如果一个人正处于贫困状况，那么我们需要给他多少钱以使他摆脱贫困？为了说明的目的，我们假设相关变量仅有收入的对数值 y，如果 $(\beta_1 y+\beta' x+\beta_0)+\varepsilon<v_{0.4}$ 或 $\varepsilon<v_{0.4}-(\beta_1 y+\beta' x+\beta_0)$，那么这个人便是财务贫困的。

接着，如果我们增加对数收入 $\Delta y=\frac{1}{\beta_1}(v_{0.4}-(\beta_1 y+\beta' x+\beta_0)-\varepsilon)$，我们将使得此人摆脱贫困。因此，对于 $\Delta y>0$，我们可以把 Δy 解释为相对贫困差距。

因为 ε 服从 $N(0,\sigma(\varepsilon))$ 分布，在这里，$\sigma(\varepsilon)$ 已经被估计出来，我们可以估计在 $\Delta y<0$ 的条件下个体 n 的期望贫困差距 Δy。

使用在第 2 章中给出的，现在用来计算条件期望的著名的公式，我们发现

$$E(\varepsilon \mid \varepsilon<v_{0.4}-(\beta_1 y_n+\beta' x+\beta_0))$$
$$=\sigma(\varepsilon)\cdot E\left(\frac{\varepsilon}{\sigma(\varepsilon)}\,\middle|\,\frac{\varepsilon}{\sigma(\varepsilon)}<\frac{v_{0.4}-(\beta_1 y_n+\beta' x+\beta_0)}{\sigma(\varepsilon)}\right)$$
$$=-\sigma(\varepsilon)\cdot n\left(\frac{v_{0.4}-(\beta_1 y_n+\beta' x+\beta_0)}{\sigma(\varepsilon)}\right)\Big/ N\left(\frac{v_{0.4}-(\beta_1 y_n+\beta' x+\beta_0)}{\sigma(\varepsilon)}\right)$$

个体 n 的预期相对贫困差距便为

$$\overline{\Delta y_n}=\frac{1}{\beta_1}(v_{0.4}-\beta_1 y-\beta_0-E(\varepsilon \mid \varepsilon<v_{0.4}-(\beta_1 y_n+\beta_0)))$$

个体 n 的绝对贫困差距是 $\overline{\Delta y_n}\cdot y_n$。现在，正如以前一样，对于个体 n 存在 $\varepsilon<v_{0.4}-(\beta_1 y+\beta_0)$ 的可能性是

$$N\left(\varepsilon<\frac{v_{0.4}-(\beta_1 y_n+\beta_0)}{\sigma(\varepsilon)}\right)=p_n$$

社会绝对贫困差距是对那些存在差距的个体通过以可能性 p_n 为权重对

个体差异加权平均而得来的。我们得到总和值 $\sum_n p_n \cdot \Delta y_n \cdot y_n$，这便是社会绝对贫困差距。我们在表 16.5 中给出了联邦德国 1996 年的数据。

表 16.5 联邦德国 1996 年消除财务贫困所必需的转移支付水平

		均 值	样本最小值	样本最大值
平均转移支付数额（德国马克/月）	$\sum_n p_n \cdot \Delta y_n \cdot y_n$	390	64.45	1 505.66

进行这种操作的意义何在呢？作为贫困和贫困严重性程度的一个统计指数，这个指数是很有意义的。另外，如上所述的一个转移支付真的能够消除财务贫困问题吗？当忽略参照效应（reference effect）时，我们对此表示怀疑。我们在第 8 章中已经看到，社会环境中的收入分配状况在决定一个人的个人满足度方面发挥着强有力的作用。

因此，如果每个贫困的家庭均得到转移支付，那么对个体的影响将远小于只有一个人得到转移支付时的影响。为了包括进参照效应，我们应当重新定义贫富差距为 $\Delta y = \frac{1}{\beta_1}(v_{0.4} - \beta' x - \beta_{ref} \Delta y_{n,ref} - \beta_0 - E(\varepsilon \mid K))$，在这里，$\Delta y_{n,ref}$ 是个人 n 的收入对参考收入的相对差距。因为参照效应的效果水平在实证上来看仍然不怎么清楚，所以从现在开始，我们将避开包含过多内容的广延性模型（extensive modeling）。

16.5 结论

在本章中，我们把主观贫困的定义扩展到了多维的概念领域。我们发现，在第 3 章和第 4 章里建立起来的模型为定义贫困的概念提供了一个直觉上看来似乎可行的基础。实际上，这里的贫困概念可以被认为是传统的满足度概念的一个二分的版本，在这里，连续的满足度水平被分成了两点——贫困和非贫困。在本章，这个分界线被设置为 0.4。

但是这个分界线的设置完全是武断的。我们同样也可以设定为 0.5 或 0.6。因此，仔细分析一下，这里形成的贫困概念并没有为本书已经建立起来的模型增加一些新的见解。但是，它展示了幸福概念的政治意义。即从政治上讲，贫困概念是相当有意义的。

17. 结　语

缺乏结语的话，从结构体系上讲一本书便是不完整的。让我们回顾一下本书中已经取得的研究成果，并展望一下今后的研究。

17.1 我们的研究发现了什么？

本书中，我们着手于系统地探讨和研究幸福度的问题。而幸福度问题是探讨我们对生活各个方面的满意情况，包括我们的健康、工作、财务状况等等，也将涉及一些与我们自身生活状况不是那么直接相关的问题。例如，我们询问人们对政府政策的评价。这样我们就能够区分政府政策影响我们自身状况与影响我们整个国家状况的区别。当然我们也会向人们询问一些假设的问题，例如，他们会如何看待和评价他们自身实际收入水平下降20%。对于后一种情况，当我们询问一些普遍的和（或者）一些假设的问题等时，主要是来观察和了解个人的行为规范。当然我们也会向人们询问一些其他问题，例如，他们是如何看待音乐会、足球比赛等，这些问题能够向我们提供回答者个人的感觉、性格等信息，最后一点，但并不是不重要，就是如何正确评价回答者的评价，称之为evaluandum。

当然在心理学和社会学中关于这类问题已经有很长时间的研究。这些学科对这些回答除了进行初步的分析外，还作了多元模型分析，例如,因素分析和主成分分析,但是经济学家总是怀疑这些问题的信息价值和有效性。因此,尽管在过去的10年当中,著名的经济学家Oswald,Clark和Frey已经进行了对数和概率分析,但是典型的计量经济学工具——回归模型(模型中因变量由一系列解释变量解释)在过去的几年中只是刚刚开始系统性地应用到满足度问题的分析上。而这些问题也刚开始用模型系统地分析,所以经济学家才这样命名该作品。在这些年里,在2004年该专论第一版本数以百计的文献已被写入其中,并且都进行了幸福等式的估计。然而,在第4章引用的"两层模型"仍然存在新的研究方法。在这本书中,我们试图发展和应用一种方法论来分析满足度,线性近似于一些计量经济学家现在借以按常规分析各种客观变量的方法。我们认为本书证明了这一尝试已经获得成功。当然,本书证明了可以应用一种与通常的计量经济学实例并无很大区别的方式来处理满足度变量。

但是存在另外两个困难。第一个是回答者回答这些问题主要按照有序的数字或口头的类别。传统上,经济学家采用OP模型。然而此法对于单一方程模型往往是有效的,但对于比较复杂的多方程模型往往就不是那么容易处理。第2章中我们揭示了POLS和COLS方法论,使我们不再受传统方法论的束缚。事实证明,在本书中这些方法虽然不像有序概率方法那样普遍,但是在实践中得出了几乎总是非常相似的结果。这当然也使用了相当多的相关特征因子,主要是7个或11个。第二个问题更难以解决,是关于基数、序数的问题。这里我们不想再重复整个讨论的问题。我们有把握说我们是遵循物理学的方式,物理学上许多概念经过研究者定义后都是可测量的,尽管这个定量的过程可能存在着争论。但是只要满足测量的结果不受观察者的影响,一般来讲这一测量过程是可以重复的而且结果相似(除测量误差以外),并且最终的测量结果适用于含有其他变量的实证方程,这也就是所谓的实证法则。在物理学上非常有名的例子就是欧姆定律。在我们的科学研究领域内,这样的定律没有像物理学上那样严格,而且含有更多的中间变量。然而,我们可以看到物理学上的对基数处理的方法相当有用和神奇:计量可以重复地进行而不受观察者的影响,当然最后实证法则也可以像偏好漂移(preference drift)和快乐跑步机那样得到追溯。这样的话,就不存在什么基数问题,因为这只是表面障碍而不是实际障碍。

事实上我们发现了实证法则，并且我们可以根据实证计量的结果定义新的变量，例如第 13、14、15、16 章定义的不等式。

在 1968/1971 年以前，Van Praag 研究收入估计问题，由此产生了收入估计函数也就是收入的福利函数。这项研究被称为莱顿学院（Leyden School）派。到目前为止，早期的莱顿研究方法和由 Oswald 和 Clark 最早提出的满足度问题研究方法之间的异同仍然很模糊。本书的研究已经缩小了两者的差异，同时发现它们两者之间的联系和互补性（见 Van Praag, 2007）。

这两种方法的互补性可以概括如下：莱顿学派（如 Kahneman 等人，1997）同时估计关于收入或财务满足度的决策效用和经验效用函数，主要涉及收入状况和财务状况，但是这种以个人收入正态分布为基础的方法已经很少应用到其他生活领域。而满足度方法只是估计经验效用函数，但是可以应用到生活中的各个领域。

17.2 前提是什么？

首先我们必须找到在其他领域也适用的估计决策效用函数的方法。因为我们已经知道经验效用函数和决策效用函数是两个不同的概念。自第一版本出版以来，我们已经通过设计事前（或决策）主观就业效用测量方法取得了一定的进展（Ferrer-i-Carbonell, Thedossiou 和 Van Praag, 2007）。满足度问题不会产生决策效用函数，尽管我们期望某些可观察领域的满足度函数可以由潜在效用决策函数加上一个适应过程（表现为特定领域的偏好漂移）转化而来。但是现在我们已经发现了经验效用函数和决策效用函数是两个不同的概念，因此我们不得不设计出一种新的测量方法；特别是我们必须设计出一种能够衡量个人行为准则的问题模块，而且这种问题模块可以通过收入估计问题一般化。

为了更精确的说明问题，我们设函数的定义域（除了财务）为向量 X，个人现状为 X_c，那么个人虚拟满足度函数为 $U(X;\ X_c)$，真实的满足度函数为 $\tilde{U}(X_c)=U(X_c;\ X_c)$。在这个时候，我们能够得到函数观察值 $\tilde{U}(X_c)$，而不是[1]个人的 $U(X;\ X_c)$。这样我们必须找到一种方法来估计每个人的$U(X;\ X_c)$(见 Ferrer-i-Carbonell, Thedossiou 和 Van Praag, 2007)。而且我们必须观察研究适应环境变化过程的本质。它的变化速度是多少?它与我们第7章中所讲述的过程是不是一样?也许我们可以用第3—6章所阐述的方法即按照 Mundalk 的相对简单的纵向模型,不过这样将不得不变得更加复杂,因为必须考虑时间的滞后性和提前性。

第二个需要我们关注的主要问题是最优性问题。我们很好奇决策过程是否遵循效用决定结构的路径。如果这是真实的,那么当个人在各个方向上的关于$U(X;\ X_c)$的边际效用相等时,个人就处于均衡状态。事实上,这一新古典主义情形只是一个基准而并非事实,例如在劳动力市场,相对于现实情况,很多工人或多或少愿意尝试不同的工作。这也许是人们理性的结果。也可能是当他们要决定是不是换工作时,他们的偏好已经转移了,但是当需要付出高额的物质和/或非物质交易成本时,他们是不会为了一个更好的或最优的选择而改变目前的现状。例如,正如我们在11章中所讲的那样,在阿姆斯特丹机场周围,我们会考虑非最佳的住房条件。如果前面假定的$U(X;\ X_c)$和$\tilde{U}(X)$之间的关系是正确的,那么对真实满足度函数的研究能够告诉我们个人是不是达到了均衡状态。

17.3 新古典主义均衡假设的合理性

事实上,对效用函数的直接观察,给我们提供了一个崭新的研究领域。在新古典主义经济学理论中,最基本的假定是个人是均衡的。也就意味着他们处于最优状态。然而,如果根据个人可以直接观察到效用函数,那么我们就可以来检验新古典主义的边际效用论是否成立。如果个人不处于均衡状态,那么我们也可以估算出偏离均衡状态的程度和由于处于不均衡状态而造成的效用损失,以及找到最有效的方法来使之达到均衡状态。事实上,我们可以把新古典主义均衡当作我们所观察空间(包括均衡和非均衡)的一个子空间。在第11章中我们以航空噪音和住房市场为例。这意味着我们并不总是需要为认为新古典主义均衡假设是理所当然的假设而做出明确声明。

正如所解释的那样,主流经济学的研究方法与经济学内外的其他社会科学家的研究方法是有所差异的,它们有各自的数据作为研究的信息来源。目前为止这两种方法确实多少存在着不同:主流经济学只注重偏好揭示方法,即人们做了什么;其他社会科学家则同时也关心人们在特定状态下将要做什么或喜欢做什么,这种获取信息的方法就是显示偏好方法。本书主要基于后一种研究方法。目前把这两种信息来源融合起来并且考虑这两种方法能在多大程度上互相结合使用似乎是恰当的。例如,对消费者行为而言,这意味着研究是购买行为和购买意图研究的结合。毫无疑问这两种方法的结合能给我们带来意想不到的研究成果,这是独立使用每个研究方法所不能及的。

17.4　需要各个学科通力合作

第7、第8和第10章所涉及的研究已经不属于传统经济学的范畴了。在第7章我们考虑了记忆和预期过程,而这些通常被认为是心理学的中心地带;第8章我们研究社会群体的定义和对社会群体所作的一系列的观察等基本问题,属于社会学研究的核心问题。我们没有想表明我们已经做出了巨大的贡献,只是想证实一点:即对满足度和行为准则的观察是经济学、心理学、社会学都涉及的相关信息来源。社会学科共享信息来源,进一步地,事实上这些学科在很大程度上研究的是同一个问题。因此,社会学科的研究需要心理学家、社会学家、经济学家、政治学家的通力合作;同时对这些学科互相独立开来感到困惑。

17.5　结论

我们的研究成果和方法论是否能够被其他研究者所分享是值得期待的,但是目睹了近年来大量的文献专著后,我们坚信本书的研究成果是在社会研究达到高潮时一个新的科学研究探索的重要一步。一般而言,在幸福经济学研究成果出来之前,我们的研究发现是十分可信的并且被证明是稳定的,因此可应用于实际需要,当然这仍然需要更多的观点和更多的时间。在我们之后将会有更多的人研究这一领域,当然我们自己也可能继续我们的研究。尽管摆在我们面前的研究道路是极其漫长和艰辛的,但同时也是极其有价值的。

注 释

[1] 除了收入以外。

参考文献

Aitchison, J., and Brown, J. A. C. (1960), *The Lognormal Distribution*, Cambridge: Cambridge University Press.

Atkinson, A. B., (1970), 'On the measurement of inequality', *Journal of Economic Theory*, 2: 244-63.

— and Bourguignon, F. (1999) (eds.), *Handbook of Income Distribution*. Amsterdam: North Holland.

— and Stightz, J. E. (1980), *Lectures on Public Economics*, Maidenhead:

Baarsma, B. E. (2000), 'Monetary Valuation of Environmental Goods: Alternatives to Contingent Valuation', Amsterdam: Thela Thesis Publisher.

Bateman, I. J. (1993), 'Valuation of the Environment, Methods and Techniques: Revealed Preference Methods', in R. K. Turner (ed.), *Sustainable Environmental Economics and Management*, London: Belhaven Press, 192-265.

Batenburg, P. C., Van, and Praag, B. M. S. Van (1980), 'The Perception of Welfare Inequality, a Correcting Note', *European Economic Review*, 13: 259-63.

Bentham, J. (1789), *An Introduction to the Principles of Morals and Legislation*, (London), repr. Oxford: Blackwell (1948).

Blomquist, G. C., Berger, M. C., and Hoehn, J. P. (1988), 'New Estimates of Quality of Life in Urban Areas', *American Economic Review*, 78/1: 89-107.

Bosch, K. Van den (2001), *Identifying the Poor, using Subjective and Consensual Measures*, Aldershot Ashgate.

Bradburn, N. M. (1969), *The Structure of Psychological Well-being*, Chicago: Aldine.

Brickman, P., and Campbell, D. T. (1971), 'Hedonic Relativism and Planning the Good Society', in M. H. Apley (ed.), *Adaptation-level Theory: A Symposium*, New York: Academic Press, 287-302.

Browning, E. K. (1987), 'On the Marginal Welfare Cost of Taxation', *American Economic Review*, 77/1: 11-23.

— and Johnson, W. R. (1984), 'The Trade-off between Equality and Efficiency', *Journal of Political Economy*, 92/2: 175-203.

Browning, M. (1992), 'Children and Household Behaviour', *Journal of Economic Literature*, 30: 1434-75.

Buhmann et al. (1988), 'Equivalence Scales, Well-Being, Inequality, and Poverty: Sensitivity Estimates across Ten Countries Using the Luxembourg Income Study (LIS) Database', *Review of Income and Wealth*, 34: 115-42.

Cantril, H. (1965), *The Pattern of Human Concern*, New Jersey: Rutgers University Press.

Card, D. (1994), 'Earnings, Schooling and Ability Revisited', NBER Working Paper 4832, Cambridge, Mass.

Carson, R. T., Flores, N. E., and Meade, N. F. (2001), 'Contingent Valuation: Controversies and Evidence', *Environmental and Resource Economics*, 19: 173–210.

Chamberlain, G. (1980), 'Analysis of Covariance with Qualitative Data', *Review of Economic Studies*, 47: 225–38.

Citro, C. F., and Michael, R. T. (1995) (eds.), *Measuring Poverty: A New Approach*, Washington DC: National Academy Press.

Clark, A. E. (1997), 'Job Satisfaction and Gender: Why are Women so Happy at Work?', *Labour Economics*, 44: 341–72.

— (1999), 'Are Wages Habit-forming? Evidence from Micro Data', *Journal of Economic Behavior and Organization*, 392: 179–200.

— (2000), 'Unemployment and Social Norms: Psychological Evidence from Panel Data', presented at the conference on 'Measuring Welfare and Well-Being', Tinbergen Institute and University of Amsterdam, Amsterdam.

— and Oswald, A. J. (1994), 'Unhappiness and Unemployment', *Economic Journal*, 104: 648–59.

— and — (1996), 'Satisfaction and Comparison Income', *Journal of Public Economics*, 61: 359–81.

Coase, R. (1960), 'The Problem of Social Cost', *Journal of Law and Economics*, 3: 1-44.

Collins, A., and Evans, A. (1994), 'Aircraft Noise and Residential Property Values: An Artificial Neural Network Approach', *Journal of Transportation Economics and Policy*, 28: 175–97.

Crown, D. P., and Marlowe, D. (1964), *The Appraisal Motive: Studies in Evaluative Dependence*. New York: Wiley.

Culyer, T., and Newhouse, J. P. (2000) (eds.), *Handbook of Health Economics*, i (*a*) *and* i (*b*), Amsterdam: Elsevier.

Cutler, D., and Richardson, E. (1997), 'Measuring the Health of the US Population'. *Brooking Papers: Microeconomics*, 217–71.

— and — (1998), 'The Value of Health: 1970–1990', *American Economic Review*, 88: 97–100.

Dalton, H. (1920), 'The Measurement of the Inequality of Incomes', *Economic Journal*, 30: 348–61.

Das, M. and Van Soest, A. (1999). 'A Panel Data Model for Subjective Information on Household Income Growth,' *Journal of Economic Behavior and Organization*, 40: 409–26.

Deaton, A., and Muellbauer, J. (1986), 'On Measuring Child Costs: With Application to Poor Countries', *Journal of Political Economy*, 94: 720–44.

— and Paxson, C. H. (1998), 'Aging and Inequality in Income and Health', *American Economic Review*, 88: 248–53.

De Vries, J., and Woude, A. Van der (1995), *Nederland 1500–1815: De eerste Ronde van moderne economische Groei*, Amsterdam: Balans.

Dhrymes, P. J. (1970), *Econometrics: Statistical Foundations and Applications*, New York: Harper & Row.

Diamond, P. (1996), 'Optimal Income Taxation: An Example with a U-shaped Pattern of Optimal Marginal Tax Rates', *American Economic Review*, 88: 83–95.

Diener, E., and Lucas, R. E. (1999), 'Personality and Subjective Well-being', in D. Kahneman, E. Diener, and N. Schwarz (eds.), *Well-Being: The Foundations of Hedonic Psychology*, New York: Russell Sage Foundation, Ch. 11.

Diener, A., O'Brien, B., and Gafni, A. (1998), 'Health Care Contingent Evaluation Studies: A Review and Classification of the Literature', *Health Economics*, 7: 313–26.

DiTella, R., MacCulloch, R. J., and Oswald, A. J. (2001), 'Preferences over Inflation and Unemployment: Evidence from Surveys of Happiness', *American Economic Review*, 91: 335–41.

Drakopoulos, S. A., and Theodossiou, I. (1997), 'Job Satisfaction and Target Earnings', *Journal of Economic Psychology*, 186: 693–704.

Drummond, M. F., O'Brien, B., Stoddart, G. L., and Torrance, G. W. (1997), *Methods for the Economic Evaluation of Health Care Programs*, 2nd edn, Oxford: Oxford University Press.

Duesenberry, J. S. (1949), *Income, Saving and the Theory of Consumer Behavior*, Cambridge, Mass.: Harvard University Press.

Easterlin, R. A. (1974), 'Does Economic Growth Improve the Human Lot? Some Empirical Evidence', in P. A. David and M. W. Reder (eds.), *Nations and Households in Economic Growth: Essays in Honor of Moses Abramowitz*, New York: Academic Press, 89–125.

— (1995), 'Will Raising the Incomes of All Increase the Happiness of All?', *Journal of Economic Behavior and Organization*, 27/1: 35–47.

— (2001), 'Income and Happiness: Towards a Unified Theory', *Economic Journal*, 111: 465–84.

Eck, R. Van, and Kazemier, B. (1989), 'Zwarte arbeid, een empirische en methodologische studie' (*Hidden Labour: An Empirical and Methodological Study*), Ph.D. thesis (University of Amsterdam).

Eggink, E., Hop, J. P., and Praag, B. M. S. Van (1994), 'A Symmetric Approach to the Labor Market with the Household as Unit of Observation', *Journal of Applied Econometrics*, 9: 133–61.

Engel, E. (1895), 'Die Lebenskosten belgischer Arbeiterfamilien frueher und jetzt. Ermittelt aus Familienhaushaltsrechnungen und vergleichend zusammengestellt', *Bulletin of the International Institute of Statistics*, 9: 1–124.

Falk, A., and Knell, M. (2000), 'Choosing the Joneses: On the Endogeneity of Reference Groups', Working Paper 59, Institute for Empirical Research in Economics, Zurich.

Feitelson, E. I., Hurd, R. E., and Mudge, R. R. (1996), The Impact of Airport Noise on Willingness To Pay for Residences, *Transportation Research, D*, 1: 1–14.

Ferrer-i-Carbonell, A. (2002), 'Income and Well-being: An Empirical Analysis of the Comparison Income Effect', Tinbergen Institute Discussion Paper, N.02–019/3, the Netherlands.

— (2003), 'Quantitative Analysis of Well-being with Economic Applications', Amsterdam; Thela Thesis Publisher.

— and Praag, B. M. S. Van (2001), 'Poverty in Russia', *Journal of Happiness Studies*, 2: 147–72.

— and — (2002), 'The Subjective Costs of Health Losses due to Chronic Diseases: An Alternative Model for Monetary Appraisal', *Health Economics* 11: 709–22.

— and — (2003), 'Income Satisfaction Inequality and its Causes', *Journal of Economic Inequality*, 1: 107–127.

— and Frijters, P. (2004), 'How Important is Methodology for the Estimates of the Determinants of Happiness?', *The Economic Journal*, July, forthcoming.

Frank, Robert G. (1985), *Choosing the Right Pond*, Oxford: Oxford University Press.

Frederick, S., Lowenstein, G., and O'Donoghue, T. (2002), 'Time Discounting and Time Preference : A Critical Review', *Journal of Economic Literature*, 40: 351–401.

Frey, Bruno S. and Stutzer, Alois (2002*a*) *Happiness and Economics*, Princeton, NJ: Princeton University Press.

— and — (2000), 'Happiness, Economy and Institutions', *Economic Journal*, 110: 918–38.

— and — (2002*b*). 'What can Economists Learn from Happiness Research?', *Journal of Economic Literature*, 40: 402–35.

Friedman, M. (1957), *A Theory of the Consumption Function*, Princeton, NJ: Princeton University Press.

Frijters, P. (2000), 'Do Individuals Try to Maximize General Satisfaction?', *Journal of Economic Psychology*, 21: 281–304.

— and Praag, B. M. S. Van (1997), 'Estimates of Poverty Ratios and Equivalence Scales for Russia and Parts of the Former USSR', Tinbergen Institute Discussion Paper N. 95/149, the Netherlands.

— and — (1998), 'The Effects of Climate on Welfare and Well-being in Russia', *Climatic Change*, 39: 61–81.

Frisch, R. (1932), *New Methods of Measuring Marginal Utility*, Tübingen: Mohr.

— (1964), 'Dynamic Útility', *Econometrica*, 32: 418–29.

Gerdtham, U.-G., and Johannesson, M. (2001), 'The Relationship between Happiness, Health, and Socio-economic Factors: Results Based on Swedish Microdata', *Journal of Socio-Economics*, 30: 553–7.

Gini. C. (1912), *Variabilita e Mutabilita*, Bologna: Tipografia di Paolo Cuppins.

Goedhart, T., Halberstadt, V., Kapteyn, A., and Van Praag, B. M. S. (1977), 'The Poverty Line: Concept and Measurement', *Journal of Human Resources*, 12: 503–20.

Gourieroux, C., and Montfort, A. (1995), *Statistics and Econometric Models*, Cambridge: Cambridge University Press.

Greene, W. H. (1991), *Econometric Analysis*, New York: MacMillan.

— (2000), *Econometric Analysis*, 4th edn., New Jersey: Prentice-Hall.

Griliches, Z. (1977), 'Estimating the Returns to Schooling: Some Econometric Problems', *Econometrica*, 45: 1–22.

Groot, W. (2000), 'Adaptation and Scale of Reference Bias in Self-assessments of Quality of Life', *Journal of Health Economics*, 19: 403–20.

— and Maassen Van den Brink, H. (1999), 'Job Satisfaction and Preference Drift', *Economics Letters*, 63 3: 363–7.

Gutmann, P. M. (1977), 'The Subterranean Economy', *Financial Analysts Journal*, Nov.-Dec.: 26–7.

Hagenaars, A. J. M. (1985), *The Perception of Poverty*, Ph.D. thesis (University of Leyden).

— (1986), *The Perception of Poverty*, (revision of the above thesis) Amsterdam: North-Holland.

— and Praag, B. M. S. Van (1985), 'A Synthesis of Poverty Line Definitions'. *Review of Income and Wealth*, 31: 139–53.

— and K. de Vos (1988), 'The Definition and Measurement of poverty', *Journal of Human Resources*, 23: 243–66.

Hahn, F. H. (1973), 'On Optimum Taxation', *Journal of Economic Theory*, 6: 96–106.

Hajivassiliou, V. A., and Ruud, P. A. (1994), 'Classical Estimation Methods for LDV Models Using Simulation', in: R. F. Engle and D. L. McFadden (eds.), *Handbook of Econometrics*, iv; *Handbooks in Economics*, ii, Amsterdam/London/New York: Elsevier/North-Holland, 2383–441.

Hartog, J. (1989), 'Distribution Policies in the Netherlands', in F. Muller and W. J. Zwezerijnen (eds.), *The Role of Economic Policy in Society*, The Hague: UPR, 17–46.

— Oosterbeek, H., and Teulings, C. (1993), 'Age, Wages and Education in the Netherlands', in P. Johnson and K. Zimmermann (eds.), *Labour markets in an aging Europe*, Cambridge: Cambridge University Press.

— Ridder, G., and Visser, M. (1994), 'Allocation of Individuals to Job Level under Rationing', *Journal of Applied Econometrics*, 9: 437–52.

— and Vijverberg, W. P. M., (2003), 'Do Wages Really Compensate for Risk Aversion and Skewness Affection?', Manuscript, University of Dallas.

Hausman, J. A. (1993) (ed.), *Contingent Valuation–A Critical Assessment*, Amsterdam: Elsevier.

— and Ruud, P. (1984), 'Family Labor Supply with Taxes', *American Economic Review*, 74: 242–8.

Herwaarden, F.G. Van, and Kapteyn, A. (1981), 'Empirical Comparison of the Shape of Welfare Functions', *European Economic Review*, 15: 261–86.

Hicks, J. R., and Allen, R. G. D. (1934), 'A Reconsideration of the Theory of Value, i, ii', *Economica*, 1: 52–75, 196–219.

Homans, E., Hagenaars, A., and Praag, B. M. S. Van (1991), 'Income Inequality Between One-earner and Two-earner Households: Is it Real or Artificial?', *De Economist*, 139: 530–49.

Houthakker, H. S. (1961), 'The Present State of Consumption Theory', *Econometrica*, 29: 704–40.

Hulshof, M., and Noyon, R. (1997), *Klagen over Schiphol: Oorzaken en Gevolgen Van Geluidhinder (Complaining about Schiphol: Causes and Consequences of Noise Nuisance)*, Amsterdam: Regioplan Stad en Land.

Kahneman, D. (1999), 'Objective Happiness', in D. Kahneman, E. Diener, and N. Schwarz (eds.), *Foundations of Hedonic Psychology: Scientific Perspectives on Enjoyment and Suffering*, New York: Russell Sage Foundation, Ch. 1.

— and Tversky, A. (1979), 'Prospect Theory: An Analysis of Decisions under risk', *Econometrica*, 47: 313–27.

— Wakker, P., and Sarin, R. (1997), 'Back to Bentham? Explorations of Experienced Utility', *Quarterly Journal of Economics*, 2: 375–405.

— Diener, E., and Schwarz, N. (1999), (eds.), *Foundations of Hedonic Psychology: Scientific Perspectives on Enjoyment and Suffering*, New York: Russel Sage Foundation.

Kapteyn, A. (1977), 'A theory of Preference formation', Ph.D. thesis (University of Leyden).

— and Herwaarden, F. G. Van (1980), 'Interdependent Welfare Functions and Optimal Income Distribution', *Journal of Public Economics*, 14: 375–97.

— and Praag, B. M. S. Van (1976), 'A New Approach to the Construction of Equivalence Scales', *European Economic Review*, 7: 313–35.

— — and Van Herwaarden, F. G. (1978), 'Individual Welfare Functions and Social Reference Spaces', *Economics Letter*, 1: 173–8.

Katona, G. (1951), *Psychological analysis of Eeconomic Behavior*. Amsterdam: Elsevier.

— (1975), *Psychological Economics*, New York: McGraw-Hill.

Keller, W. J., and. Hartog, J. (1977), 'Income Tax Rates and Proportional Sacrifice', *Public Finance*, 3: 321–32.

Kerkhofs, M., and Lindeboom, M. (1995), 'Subjective Health Measures and State Dependent Reporting Errors', *Health Economics*, 4: 221–35.

Klaveren, Chris Van (2002), *Political Satisfaction and Economic Policy*, MA thesis, (University of Amsterdam).

Kolm, S. C. (1976), 'Unequal Inequalities', *Journal of Economic Theory*, 41: 416–42.

Leu, Robert G., Burri, St., and Priester, T. (1997), *Lebensqualität und Armut in der Schweiz*, Bern: Haupt.

Likert, R. (1932), 'A Technique for the Measurement of Attitudes', *Archives of Psychology*, 140/5.

Loewenstein, G., and Prelec, D. (1991), 'Negative Time Preference', *The American Economic Review*, 81/2: 347–52.

Love, R., and Oja, G. (1977), 'Low Income in Canada', *Review of Income and Wealth*, 23: 39–61.
Luchini, S., Protière, C., and Moatti, J.-P. (2003), 'Eliciting Several Willingness to Pay in a Single Contingent Valuation Survey: Application to Health Care', *Health Economics*, 12: 51–64.
Maddala, G. S. (1983), '*Limited Dependent and Qualitative Variables in Econometrics*', Cambridge: Cambridge University Press.
McBride, M. (2001), 'Relative-income Effects on Subjective Well-being in the Cross-section', *Journal of Economic Behavior and Organization*, 45: 251–78.
McFadden, D. (1974), 'The Measurement of Urban Travel Demand', *Journal of Public Economics*, 3: 303–28.
Mill, J. S. (1965), *Principles of Political Economy, Collected Works, iii*. Toronto: University of Toronto.
Mirrlees, J. A. (1971), 'An Exploration in the Theory of Optimal Taxation', *Review of Economic Studies*, 38: 175–208.
—(1986), 'The Theory of Optimal Taxation', in K. J. Arrow and M. D. Intriligator (eds.), *Handbook of Mathematical Economics*, iii, Amsterdam: North-Holland, 1198–1249.
Morrell, P., and Lu, C.-H. Y. (2000), 'Aircraft Noise Social Cost and Charge Mechanisms: A Case Study of Amsterdam Airport Schiphol', *Transportation Research*, 5 (pt. D): 305–20.
Müller, M. J., and Baltes, K. (1979), *Handbuch ausgewählter Klimatstationen der Erde*, Trier: Gerold Richter.
Mundlak, Y. (1978), 'On the Pooling of Time Series and Cross Section Data', *Econometrica*, 46: 69–85.
Musgrave, R. A. (1959), *The Theory of Public Finance*, New York: McGraw-Hill.
Nelson, J. P. (1980), 'Airports and Property Values: A Survey of Recent Evidence', *Journal of Transport Economics and Policy*, 14/1: 37–52.
Orshansky, M. (1965), 'Counting the Poor: Another Look at the Poverty Profile', *Social Security Bulletin*, 28: 3–29.
Oswald, A. J. (1997), 'Happiness and Economic Performance', *Economic Journal*, 107445: 1815–31.
Parducci, A. (1995), *Happiness, Pleasure and Judgment*, New Jersey: Lawrence Erlbaum.
Pareto, V. (1909), *Manuel d'économie politique*, Paris: Giard & Brière.
Pearce, D. W. (1993), *Economic Values and the Natural World*, Cambridge, Mass.: MIT Press.
Persky, J., and Tam, M-Y. (1990), 'Local Status and National Social Welfare', *Journal of Regional Science*, 302: 229–38.
Pigou, A. (1920), *The Economics of Welfare*, London: Macmillan.
Piketty, T. (1993), 'Implementation of First-best Allocation Via Generalized Tax Schedules', *Journal of Economic Theory*, 61: 23–41.
Plug, E. J. S. and Praag, B. M. S. Van (1995), 'Family Equivalence Scales within a Narrow and Broad Welfare Context', *Journal of Income Distribution*, 4: 171–86.
—and—(1995), 'Welfare and Intelligence', Tinbergen Discussion Paper TI 1-95-196, University of Amsterdam.
—and—(1998), 'Similarity in Response Behavior between Household Members: An Application to Income Evaluation', *Journal of Economic Psychology*, 19: 497–513.
——and Hartog, J. (1999), 'If We Knew Ability, How Would We Tax Individuals?' *Journal of Public Economics*, 72/2, 183–211.
Pollak, R. A., and Wales, T. J. (1979), 'Equity; the Individual Versus the Family: Welfare

Comparisons and Equivalence Scales', *American Economic Review*, 69: 216–21.

Praag, C. M. Van (1992), 'Zomaar een dataset; een beschrijving Van 15 jaar onderzoek met het Brabant-cohort', University of Amsterdam.

Praag, B. M. S. Van (1968), *Individual Welfare Functions and Consumer Behavior*, Amsterdam, North-Holland.

—(1971), The Welfare Function of Income in Belgium: An Empirical investigation, *European Economic Review*, 2: 337–69

—(1976), 'The Individual Welfare Function of Income and its Offspring', in J. S. Cramer, A. Heertje, and P. Venekamp (eds.), *Relevance and Precision: essays in Honour of Pieter de Wolff*, Amsterdam, North- Holland.

—(1977), 'The Perception of Welfare Inequality', *European Economic Review*, 10: 189–207.

—(1978), 'The Perception of Income Inequality', in W. Krelle and A. F. Shorrocks (eds.), *Personal Income Distribution*. Amsterdam: North- Holland, 113–36.

—(1981), 'Reflections on the Theory of Individual Welfare Functions' report 81.14, Centre for Research in Public Economics, Leyden University, Proceedings of the American Statistical Association.

—(1988), 'Climate Equivalence Scales; An Application of a General Method', *European Economics Review*, 32: 1019–24.

—(1991), 'Ordinal and Cardinal Utility: An Integration of the Two Dimensions of the Welfare Concept', *Journal of Econometrics*, 50: 69–89.

—(1994), 'Ordinal and Cardinal Utility', in R. Blundell, I. Preston, and I. Walker (eds.), *The Measurement of Household Welfare*, Cambridge: Cambridge University Press.

—and Baarsma, B. E. (2001, revised 2004), *Using Happiness Surveys to Value Intangibles: the Case of Airport Noise*, forthcoming in *The Economic Journal*.

—and Ferrer-i-Carbonell, A. (2002), 'Age-differentiated Health Losses Caused by Illnesses', Discussion Paper 02-01513, Tinbergen Institute, Amsterdam.

—and Flik, R. J. (1992), Poverty Line and Equivalence Scales: A Theoretical and Empirical Investigation, in *Poverty Measurement for Economies in Transition in Eastern Europe*, International Scientific Conference, Warsaw, 7–9 October, Polish Statistical Association, Central Statistical Office.

—and Frijters, P. (1999), 'The Measurement of Welfare and Well-being: the Leyden Approach', in D. Kahneman, E. Diener, and N. Schwarz (eds.), *Well-Being: The Foundations of hedonic psychology, scientific perspectives on enjoyment and suffering*. New York: Russel Sage.

—and Kapteyn, A. (1973), 'Further Evidence on the Individual Welfare Function of Income: An Empirical Study in the Netherlands', *European Economic Review*, 4: 33–62.

—and Plug, E. J. S. (1995), 'New Developments in the Measurement of Welfare and Well-being', Discussion Paper TI 95-60, Tinbergen Institute, University of Amsterdam.

—and —(1998), 'The Costs and Benefits of Children', in S. Ringen and P. R. de Jong (eds.), *Fighting Poverty: Caring for Children, Parents, the Elderly and Health*, Aldershot: Ashgate, 53–70.

—and Sar, N. L. Van der (1988), Household Cost Functions and Equivalence Scales, *Journal of Human Resources*, 23: 193–210.

—and—(1991), 'Social Distance on the Income Dimension', in R. Vermunt and H. Steensma (eds.), *Social Justice in Human Relations*, ii. *Societal and Psychological Consequences of Justice and Injustice*, New York, Plenum, 209–28.

—and Spit, Jan S. (1982). 'The Social Filter Process and Income Evaluation-an Empirical Study of the Social Reference Mechanism', Report 82.08, Center for Research in Public Economics, Leyden University.

— and Warnaar, Marcel F. (1997), 'The Cost of Children and the Use of Demographic Variables in Consumer Demand', in M. R. Rosenzweig and O. Stark (eds.), *Handbook of Population and Family Economics*, Elsevier North-holland: Amsterdam, i (*a*): 241–74.
— and Weeren, J. Van (1988), 'Memory and Anticipation Processes and their significance for social security and income inequality', in S. Maital (ed.), *Applied Behavioral Economics*, ii: 731–51, Brighton: Wheatsheaf.
— Dubnoff, S., and Sar, N. L. Van der (1988), 'On the Measurement and Explanation of Standards with respect to Income, Age and Education', *Journal of Economic Psychology*, 9: 481–98.
— Flik, R. J., and Stam, P. A. J. (1997), 'Poverty Lines and Equivalence Scales: A Theoretical and Empirical Evaluation', in N. Keilman, J. Lyngstad, H. Bojer, and I. Thomsen (eds.), *Poverty and Economic Inequality in Industrialized Western Societies*, Oslo: Scandinavian University Press.
— Frijters, P., and Ferrer-i-Carbonell, A. (2003), 'The Anatomy of Subjective Well-being', *Journal of Economic Behavior and Organization*, 51: 29–49.
— Hagenaars, A., and Weeren, J. Van (1982), 'Poverty in Europe', *Review of Income and Wealth*, 28: 345–59.
— Kapteyn, A., and Herwaarden, F. G. Van (1979), 'The Definition and Measurement of Social Reference Spaces', *The Netherlands' Journal of Sociology*, 15: 13–25.
Van Klaveren C., Maassen Van den Brink H. and Van Praag B. M. S. (2002), *Political Satisfaction and Economic Policy*.
Pradhan, M., and Ravallion, M. (2000), 'Measuring Poverty using Qualitative Perceptions of Consumption Adequacy', *Review of Economics and Statistics*, 82: 462–71.
Psacharopoulos, G. (1985), 'Returns on education: A Further International Update and Implications', *Journal of Human Resources*, 20: 583–97.
Ravallion, M., and Lokshin, M. (2002), 'Self-rated Economic Welfare in Russia', *European Economic Review*, 46: 1453–73.
Ravestijn, A., Van, and Vijlbrief, H. (1988), 'Welfare Cost of Higher Tax Rates', *De Economist*, 136/2: 205–19.
Robbins, L. (1932), *An Essay on the Nature and Significance of Economic Science*, London: Macmillan.
Rothbarth, E. (1943), 'Notes on a Method of Determining Equivalent Incomes for Families of Different Composition', app. 4 in C. Madge (ed.), *War-time Patterns of Saving and Spending*, Cambridge: Cambridge University Press.
Rowntree, B. S. (1941), *Poverty and Progress*, London: Longmans, Green.
Samuelson, P. A. (1947), *Foundations of Economic Analysis*, Cambridge, Mass.: Harvard University Press.
— (1979), *Foundations of economic analysis* (1st pub. 1954). New York: Atheneum.
Sandvik, E., Diener, E., and Seidlitz L. (1993), Subjective Well-being: The Convergence and Stability of Self-report and Non-self-report Measures, *Journal of Personality*, 61: 317–42.
Sar, Nico L. Van der (1991), 'Applied Utility Analysis', Ph.D. thesis (Erasmus University, Rotterdam).
Schipper, Y. (1997), 'On the Valuation of Aircraft Noise–A Meta-analysis', *Journal of Air Transport Management*, 4: 117–24.
Schneider, F., and Enste, D. (2000), 'Shadow Economies Around the World–Size, Causes,and Consequences', IMF Working Papers 00/26, Washington DC: IMF.
Seidl, C. (1994), 'How Sensible is the Leyden Individual Welfare Function of Income?', *European Economic Review*, 38/8: 1633–59.
Sen, A. K. (1976), Poverty and Ordinal Approach to Measurement, *Econometrica*, 44: 219–31.

— (1995). Rationality and Social Choice, *American Economic Review*, 85: 1–24.
— (1999), 'The Possibility of Social Choice', *American Economic Review*, 89: 349–78.
Shizgal, P. (1999), 'On the Neutral Computation of Utility: Implications from Studies of Brain Simulation Reward', in Well-Being D. Kahneman, E. Diener, and N. Schwarz (eds.), *The Foundations of Hedonic Psychology, Scientific Perspectives on Enjoyment and Suffering*, New York: Russell Sage, ch. 26.
Silber, J. (1999) (ed.), *Handbook of Income Inequality Measurement*, Dordrecht: Kluwer Academic.
Smith, J. P. (1999), 'Healthy Bodies and Thick Wallets: The Dual Relation between Health and Economic Status', *Journal of Economic Perspectives*, 13/2: 145–66.
Stadt, H. Van de, Kapteyn, A., and Geer, S. Van de (1985), 'The Relativity of Utility: Evidence from Panel Data', *The Review of Economics and Statistics*, 67: 179–87.
Stewart, M. (1983), 'On Least Squares Estimation when the Dependent Variable is Grouped', *Review of Economic Studies*, 50: 141–9.
Stone, A., Shiffman, A. S., and De Vries, M. W. (1999), 'Ecological Monetary Assessment', in D. Kahneman, E. Diener, and N. Schwarz (eds.), *Well-Being: The Foundations of Hedonic Psychology, Scientific Perspectives on Enjoyment and Suffering*, New York, Russell Sage, ch. 2.
Stuart, C. E. (1981), 'Swedish Tax Rates, Labor Supply and Tax Revenues', *Journal of Political Economy*, 89/5: 1020–38.
— (1984), 'Welfare Costs per Dollar of Additional Tax Revenue in the United States', *American Economic Review*, 74/3: 352–62.
Stutzer, A. (2002), 'The Role of Income Aspirations in Individual Happiness', Forthcoming in *Journal of Economic Behavior and Organization*.
Suppes, P., and Winet, M. (1954), 'An Axiomatization of Utility based on the Notion of Utility Differences', *Management Science*, 1: 259–70.
Terza, J. V. (1987), 'Estimating Linear Models with Ordinal Qualitative Regressors', *Journal of Econometrics*, 34/3: 275–91.
Theil, H. (1967), *Economics and Information Theory*, Amsterdam: North-Holland.
— 'The Measurement of Inequality by Components of Income', *Economics Letters*, 2: 197–9.
Theodossiou, I. (1998), 'The Effects of Low-Pay and Unemployment on Psychological Well-Being: A Logistic Regression Approach', *Journal of Health Economics*, 17: 85–104.
Tinbergen, J. (1975), *Income Distribution, Analysis and Policies*, Amsterdam: North-Holland.
Tinbergen, J. (1956), 'On the Theory of Income Distribution', *Weltwirtschaftliches Archiv*, 77: 155–75.
— (1970*a*). 'A Positive and Normative Theory on Income Distribution', *Review of Income and Wealth*, 16: 155–75.
— (1970*b*), 'Belasting op bekwaamheid', (*Tax on Ability*), *Intermediair*, 30/6: 1–3.
— (1972), 'Some Features of the Optimum Regime', in *Optimum Social Welfare and Productivity*, the Charles C. Moskowitz lectures, New York: New York University Press.
Tsou, Meng-Wen, and Liu, Jin-Tan (2001), 'Happiness and Domain Satisfaction in Taiwan', *Journal of Happiness Studies*, 2: 269–88.
Varady, D. P., and Carozza, M. A. (2000), 'Towards a Better Way to Measure Customer Satisfaction Levels in Public housing', Cincinnati, Housing Studies, 15: 797–825.
Vaughan, Denton R. (1993), 'Exploring the Use of the Public's View to Set In Come Poverty Thresholds and Adjust Them Over Time', *Social Security Bulletin*, 56/2: 22–46.

Veblen, T. (1909), 'The Limitations of Marginal Utility', *Journal of Political Economy*, 17: 620–36.

Veenhoven, R. (1989), *Conditions of Happiness*, Dordrecht/Boston: Kluwer Academic.

— (1996), 'Happy Life-expectancy: A Comprehensive Measure of Quality-of-Life in Nations', *Social Indicators Research*, 39: 1–58.

Veenhoven, R. (1999), 'Quality-of-Life in Individualistic Society: A Comparison of Forty-three Nations in the Early 1990 s', *Social Indicators Research*, 48: 157–186.

Walters, A. A. (1975), *Noise and Prices*, Oxford: Clarendon Press.

Whiteford, P. (1985), 'A Family's Needs: Equivalence Scales, Poverty and Social Security', Research Paper 27, Department of Social Security, Australia.

Wottiez, I., and Theeuwes, J. (1998), 'Well-being and Labor Market Status', in S. P. Jenkins, A. Kapteyn, and B. M. S. Van Praag (eds.), *The Distribution of Welfare and Household Production: International Perspectives. New York and Melbourne*, Cambridge: Cambridge, University Press, 211–30.

译者后记

这是我们团队的第二本幸福主题的译著。

本书翻译开始于2006年6月，因为有了《经济学与幸福》（中文本，上海人民出版社2007年出版）的基础，也因为在国家自然科学基金项目、上海市浦江人才计划项目的研究中，团队成员逐步积累的经验，工作进展顺利。在完成译稿交给出版社时，原书出版社告知，本书修订版已经由作者完成，拟于2008年初出版，他们希望我们出修订版的中文本。

等收到他们寄来的修订版，我们的翻译工作几乎是重新回到了起点。接下来的工作确实变得更加艰难。我们从头至尾将两个版本进行仔细对照，从目录、序言、各章正文、各章注释、各章图表、公式推导、参考文献等各个部分，找出增加了哪些新内容，修改了哪些内容。然后再逐字逐句重头翻译。现在回想起来，尽管过程艰辛，但是我们也为有幸能在第一时间接触到幸福研究的最新进展而满心欢喜。

每一章的译稿，我们都经过了多轮的集体的反复讨论、认真修改（团队成员中有一些离开了学校，同时又有新的成员加入）。本书中出现非常多的Satisfaction一词，我们曾考虑统一译为“满足”或“满意”，但在中文的语境中，感觉还是分别用“满足”与“满意”为好。

各章分工如下：

目录及序言：陈维茗；第一章：丁奕；第二章：丁奕、陈俊颖、于波；第三章：王晶、彭卫华；第四章：张晓松；第五章：夏燕菊；第六章：范建；第七章：冯小伟；第八章：张贤、冯小伟；第九章：王瑾；第十章：黄芝华；第十一章：吴苑林、王瑾；第十二章：柯林；第十三章：王丰、周慧星；第十四章：王丰；第十五章：王焱、王瑾；第十六章：王鹏、丁奕；第十七章：王瑾、宋富敏。索引：团队（受篇幅所限，原书索引的中英对译，没有收入中文本。

有兴趣者请访问傅红春博客 http://fu77. bokee. com 中的“幸福研究”栏目)。

全书最后由文燕平博士、傅红春教授审校、统稿。

上海世纪出版股份有限公司高等教育图书分公司首席策划麻俊生先生,对本书的翻译与出版给予了大力支持,提供了大量的指导性意见。东华大学的单志勇副教授、湖南师范大学的袁灵芝同学,也给予了无私帮助,在此一并表示衷心感谢!

由于学识所限,也由于本书所涉及主题的跨学科的复杂性,本译著中可能有许多值得推敲和商榷的地方,欢迎批评与指正!

译 者

2008 年 11 月 25 日星期二

图书在版编目(CIP)数据

幸福测定:满足度计量方法/(荷)范普拉格,卡博内尔著;文燕平等译.—上海:格致出版社:上海人民出版社,2009.4

书名原文:Happiness Quantified: A Satisfaction Calculus Approach

ISBN 978-7-5432-1599-3

Ⅰ.幸… Ⅱ.①范…②卡…③文… Ⅲ.幸福-研究 Ⅳ.B82

中国版本图书馆CIP数据核字(2009)第061786号

责任编辑 王 静
特约编辑 孙彬彬
封面装帧 韩 璐

幸福测定:满足度计量方法
[荷]伯纳德·M.S.范普拉格
埃达·费勒-i-卡博内尔 著
文燕平 傅红春 等译

出 版 世纪出版集团 www.ewen.cc 格致出版社 www.hibooks.cn 上海人民出版社
(200001 上海福建中路193号24层)

编辑部热线 021-63914988
市场部热线 021-63914081

发 行 世纪出版集团发行中心
印 刷 上海商务联西印刷有限公司
开 本 635×965毫米 1/16
印 张 23.25
插 页 2
字 数 334,000
版 次 2009年5月第1版
印 次 2009年5月第1次印刷
ISBN 978-7-5432-1599-3/F·174
定 价 36.00元